死者の復活
神学的・科学的論考集

Resurrection
Theological and Scientific Assessments

T. ピーターズ Ted Peters
R. J. ラッセル Robert John Russell
M. ヴェルカー Michael Welker ―編

小河 陽 Ogawa Akira ―訳

日本キリスト教団出版局

故大庭淳二兄を偲んで
小河　陽

RESURRECTION

Theological and Scientific Assessments

edited by Ted Peters, Robert John Russell, Michael Welker

Copyright © 2002 Wm. B. Eerdmans Publishing Co.
Translated by Permission of
Wm. B. Eerdmans Publishing Co., Grand Rapids, MI, USA

Japanese Edition Copyright © 2016
Tr. by OGAWA Akira
Published by The Board of Publications
The United Church of Christ in Japan
Tokyo, Japan

目　　次

序論：来るはずのもの　　　　　　　……テッド・ピーターズ　6

第一部
復活と終末論的信頼性

1　体の復活、終末論、ならびに科学的宇宙論：
　　キリスト教神学と科学の相互作用
　　　　　　　　　　　　……ロバート・ジョン・ラッセル　23

2　神学的現実主義と終末論的象徴体系　……ミヒャエル・ヴェルカー　57

3　終末論の信頼性：創発的(エマージェント)で目的論的なプロセス
　　　　　　　　　　　　……ジョン・ポーキングホーン　72

4　進化から終末論へ　　　　　……ジェフリー・P. シュロス　89

第二部
体の復活と人格の同一性(アイデンティティ)

1　聖書と復活　　　　　……フランク・クリューゼマン　131

2　霊的な体についてのパウロの概念　　　……ペーター・ランペ　149

3　ルカにおける体の復活　……ハンス＝ヨアヒム・エックシュタイン　165

4　古代エジプトにおける復活　　　　　……ヤン・アスマン　177

5　虫けらにとっての希望：初期キリスト教の希望
　　　　　　　　　……ブライアン・E. デイリー　192

6　終末論と復活に関するシュライエルマッハーの見解
　　　　　　　　　……ベルント・オーバードルファー　229

第三部
復活と自然法

1　神が記憶を与える：神経科学と復活　……デトレフ・B. リンケ　253

2　サイバネティックス的不死 対 キリスト教的復活
　　　　　　　　　……ノリーン・ヘルツフェルド　262

3　復活の体と人格の同一性（アイデンティティ）：終末論的知識の可能性と限界
　　　　　　　　　……ナンシー・マーフィー　276

4　キリストの姿（イメージ）に変換されて：同一性（アイデンティティ）、人格、そして復活
　　　　　　　　　……アンドレアス・シューレ　298

第四部
復活、新しい創造、そしてキリスト教的希望

1　時間の流れの中の記憶と復活の概念　……ディルク・エヴァース　323

2　新しい生命への復活：終末論的変転の聖霊論的含蓄
　　　　　　　　　……ギュンター・トーマス　343

3　復活、有限性、そして生態学（エコロジー）　……エルンスト・M. コンラディ　370

| 4 | 復活：概念的挑戦 | ……テッド・ピーターズ | 395 |

　寄稿者　　　　　428

　訳者あとがき　　433

装　　丁　桂川　潤
カバー写真　ＮＡＳＡ

序論：来るはずのもの

テッド・ピーターズ

　「もしキリストが甦らされなかったのなら、私たちの宣教は虚しかったし、あなたがたの信仰も虚しい」（Ⅰコリ 15:14）。聖書の中で、聖パウロは論敵にこのように挑んで、キリスト者の信仰が、原則としては、反証可能であることを仮定している。イエス・キリストが死人たちの中から甦ったという主張が偽りであると証明できるなら、信仰は偽りであると証明できることになる。イースターがなければ、キリスト者の希望、信頼そして熱情も全て虚しい。

　キリスト者の信仰に対する反証は二つの形でなされ得る、一つは過去を振り返ってのもの、そして他の一つは未来の方を見てのものである。過去を振り返って、われわれはイエスが十字架につけられ、死んで、そして死んだままであったと主張するために持ち出される証拠を想像することができるだろう。われわれは、イースターの復活がキリスト教信仰が推測した仕方では起こらなかったと主張する歴史的議論を想像することができる。未来の方を見て、われわれは完成のない未来、イースターの復活によって約束された新しい創造のない未来を想像することができるだろう。イースターの復活に確固として解けがたく組み込まれているのは、終末論的な神の国到来時に起こる人類の未来的復活を先取りする期待である。キリスト教信仰によれば、キリストの復活はイエスの伝記の中の単なる一つの異常な出来事であったのではない。それは世界の変換の到来であった。この変換するという約束の成就がないとすれば、キリスト教信仰は虚しい。

　18 世紀の間に、科学で経験主義的方法が興隆するに伴い、西ヨーロッパの知識階級は、イエスがイースターに死人たちの中から甦ったというキリスト教の主張を疑い始めた。その直前の数世紀間は、理性の時代の興隆と共に、死後の生は断固として肯定されていた。万人の死後の生の存在を信ずること

は合理的である、そう宗教哲学者たちは言っていた。理性ある人なら誰でも、その通りだと分かる、と。しかしながら、理性が実験に屈するにつれ、また墓の彼方の生を実証する如何なる実験も考え出せなくなるにつれ、疑いが西洋人の心を摑んだ。

　自然の法則は、どこでも、またいつでも適用できる、一様なものと見なされるようになった。自然法則は決して休日を取らないし、暦の上のある日付に奇跡あるいは他の超越的な介入を受け入れるようなことは一日たりとてない。そして、それゆえに、これらの自然法則の一つが、死んだ人たちは死んだままであるということである。観察される限りのあらゆる死人が死んだままであったがゆえに、死ぬ人間は皆死んだままである、と帰納的に議論することは容易であった。誰一人甦らない。類推によって、また自然の一様性を仮定して、観察可能な死の終局性が、観察不可能なイエスのいわゆる復活の出来事にも適用されるようになった。他の誰も甦ることができないのだから、イエスも甦ることはできなかった。そう、論議は進んでいく。

　われわれはどうすべきか？　ロバート・ジョン・ラッセルが第1章で指摘するように、二つの基本的方策（ストラテジー）がキリスト教思想家の頭に浮かんだように思われる。客観的方策（ストラテジー）と主観的方策（ストラテジー）である。客観主義者は、経験上の観察から引き出された普遍的自然法則を見分ける課題を承諾し、自分たちが経験科学を喜んで受け入れているのを見出す。しかしながら、ことがイエスのイースターの復活ということになると、客観主義神学者はこれを一つの例外と呼んだ。ある者たちは、それは奇跡であった、と語った。すなわち、他の点では一様な自然法則に、一時的に違反した神の介入である、と。もっと最近では、ある客観主義者たちは、イースターの復活は偶発的な歴史的かつ自然的出来事である、すなわち、神が全ての死者たちを甦らせる時に新しい自然法則となるはずのものの最初の事例であると言った。

　客観主義者たちと同じように、主観主義者たちも現代科学の経験主義的前進を十全に受け入れた。そして、彼らは科学に、自然法則の斉一説〔過去の地質学的現象は、現在のそれと同じ作用で行われたとする考え。18世紀末J.ハットンが唱え、1830年代C.ライエルが確立した。「現在は過去を解く鍵」と表現される〕的な適用範囲を引き渡した。主観主義者たちが採用した仮説は、科学者たちが記述することのできないものは何一つ自然の中で起こらないというものであった。この仮説は、イースターでのどんな奇跡的介入も除外する。しかし、神

の霊の非奇跡的な働きは除外しない。したがって、イースターの復活はイエスの弟子たちの心と気持ちの中の出来事、言い換えれば、教会となったものを意識する中での出来事であると言われている。イエスの復活は個人的な変換の象徴となる。イースターにイエスの体に歴史的に起こったと言われる事柄は、イエスの信従者たちの霊に実存的に起こる事柄に適用されるのである。復活を肯定しながら、主観主義的方策(ストラテジー)は、それを科学的事実の領域から除いて、それを主観的な、解釈と意味の領域に移す。主観主義的動きの言外の意味の一つは、それが、誰も人間の主観性の中で起こることを反証できないという理由で、復活を偽りと反証し得なくすることである。この方策(ストラテジー)によれば、キリスト教信仰は現代科学の挑戦に対して免疫を持っている。

エントロピーと終末論

　格子棚の蔓(つる)のように、これら二つの方策(ストラテジー)は共に、挑戦(チャレンジ)が過去の振り返りを、つまり、イースターの出来事とそれに関連する事柄の史実性に関する挑戦(チャレンジ)を、処理しなければならなかった時に、伸びて大きくなってきた。もっと最近では、挑戦(チャレンジ)は未来を意識することから、前方を見ることから来ている。とりわけ、熱力学の第二法則とビッグバン〔宇宙大爆発〕宇宙論がキリスト教終末論に問題を提起している。熱力学の第二法則は、閉じた系の中では、エネルギーは一方向にのみ移動する、すなわち、高温から低温に移動し、その逆は起こらないと断言する。もしビッグバンが、過去の宇宙の始まりで、宇宙の歴史の中で最も高温の瞬間であって、かつ宇宙が開いていて、際限なく膨張しているとするなら、われわれが予期する未来は増大したエントロピーのそれ、平衡状態の中へと散逸してしまったそれである。要するに、宇宙はそれ自身凍結し、消滅してしまう運命にある。他方で、もし宇宙が閉じており有限であるなら、重力が宇宙を再度ビッグバン時の高密度な火の玉へと崩壊させるであろう。そして、それは再び爆発するであろう。いずれにせよ、現在の宇宙は終焉する。凍結するにせよ、あるいは焼結するにせよ、われわれの宇宙の中にある生命の未来は終わりのないものではない。感覚を有した生物個体のように、全体としての宇宙は、死ぬ運命にある。少なくとも、これが物理的宇宙論者の描く未来図である。

この未来図はキリスト教終末論が描くそれに似ているだろうか？　否である。エントロピーと終末論は衝突して引っ込みがつかないように見える。キリスト教終末論はその過去を忘れてしまった、平衡状態にある遠い未来を予期していない。むしろ、その終末論は今は鏡を通してぼんやりと、明るい輝く未来を、つまりイエスのイースターの復活において神により約束された新しい創造の未来を見ている。現在の創造は変えられるべく計画されており、イエスのイースターの復活は約束された大宇宙(マクロコスミック)の変換の縮小版(ミクロコスム)である。「しかし、事実、キリストは死人の中から甦らされ、死んだ人たちの初穂となられました」と聖パウロは書いている（Ⅰコリ 15:20）。キリストが復活したように、われわれも復活するだろう。そして、われわれが復活して成っていくものが、新しい創造である。

　物理的宇宙論とキリスト教終末論の間には、協和音というよりは、むしろ不協和音があるように見える。もし、科学者が自然の一様性を信頼しているなら、彼らが描く未来は観察と自然宇宙の過去の歴史を支配してきた原理とからの推論に基づかねばならない。自然の過去に基づいては、キリスト教終末論が宣言するような未来の変換の未来像(ヴィジョン)は描くことができない。現在の創造物に関わるわれわれの経験に基づいては、全く新しい創造を想い描くための何らの保証も与えられない。死んだ人々は死んだままであるというわれわれの観察に基づいても、未来の万人の復活を確言できる何の証拠も搔き集めることはできない。

　すると、原則として、科学者が探究する物理的宇宙論は、復活を信じるキリスト教信仰の偽りを証明する潜在能力を持っている。イースターの復活という考えそのものに全創造物の更新という神の約束が内含されているので、創造物が変換を受けることができないということは、キリスト教の主張を無効にすることになろう。もし、自然の一様性が勝ちを得るなら——すなわち、イエスは死んだままであって、われわれもそうであろうということ——その時には、キリスト教信仰は虚しい。

　われわれはキリスト教の主張することが偽りであると証明できる、と「原則的には」言えるかもしれないが、このことは経験によっては立証不能である。キリスト教の主張を最終的に論駁するためには、はるか遠い未来に宇宙が実際に消散するのを観察することが必要とされよう。けれども現世代の如何なる実験室も、それほど長く存続するとは期待できず、また如何なる科学

者もこれを観察するに十分なだけ長生きしそうもない。

　それはともかく、物理的宇宙論はキリスト教神学に挑み、方法論的に考えるよう挑発する。終末論は、概念的な支持を得るために、自然科学の現状に頼るべきではないように思われる。もし、神が約束したように、未来の新しい創造という出来事が実際に到来するのならば、その到来は神の介入のおかげであるべきだろう。自然世界は自力で新しい創造物に進化することはないだろう。もしそのような変換が起こるとしたら、それは神の創造行為のおかげで起こるにちがいないことだろう。誰も神の創造行為を予言できない。したがって、それは現在の科学的な目には見えないままにとどまるであろう。

　われわれがここにその概略を述べたような挑戦は、主として客観主義者たちに影響を及ぼす。あるいは、そのように思われる。それは客観主義者のものである。なぜならば、ここでは科学と神学が同じ探究領域を共有しているからである——すなわち、科学と神学は共に、自然と歴史の世界を扱うからである。イスラエルの神は自然科学者が顕微鏡と望遠鏡で調査するのと全く同じ世界の創造主であり、救い主である、と神学者たちは主張する。神学者たちは経験的観察と神学的構想の間の何らかの協和音、何らかの重なりを期待する。二つの間に明らかな不協和音が出現するなら、挑戦もまた出現してくる。

　しかし、主観主義者たちは科学の挑戦を完全に逃れることはできない。彼らが、人間の精神の中の客観化できない神的活動ということでもって主観性に避難したとしても、それはただ一時的なオアシスを与えるだけである。科学はその熱烈な追求において容赦ない。宇宙論と並んで、進化論や遺伝学、神経科学が、人の主観性を熱烈に追跡し、心を肉体に、精神を物質に還元してしまうのにやぶさかでない。科学的説明は、われわれが心や精神に仮定している相対的な自律性の足元をあっさりと切り崩すかもしれない。

　ずっとこれまで、主観主義者の方策(ストラテジー)は、その信頼性に挑戦する批判者たち、すなわち、事実と意味の間の結びつきを、科学と信仰の間の結びつきを、切断しようとするその企てに挑戦する批判者たちの足跡を残し続けることであった。その防御は、体と心の間、あるいは客体と主体の間のデカルト的二元論に、すなわち、モダニズムがポスト・モダニズムに道を譲るにつれてますます激しい砲火を浴びせられている二元論に、頼ることであった。ポスト・モダンの哲学は相関性、関連性、そして間主観性(インターサブジェクティビティ)を強調する。物

理学者や宇宙論者、ならびに進化論生物学者は、人間の主観性が自然の歴史に、ビッグバンから現在に至るまでの全ての自然の歴史に、深く埋め込まれていることを驚くほどに立証しつつある。人間の主観性とは、自分自身を意識するようになった自然である、としばしば言われる。これが今日のコンテクストとすると、宗教的意味を孤立した主観性の中に押し込んで私的なものにしてしまうことは信用を失いつつある。

今日、神学が様々な科学によって映し出された現実の万華鏡的な絵によって束縛されることなく前進できる「科学なしの（サイエンス・フリー）」区域は存在しない。キリスト教神学者が好むと好まざるとにかかわらず、今日の科学はわれわれに、「イエスは本当に死人たちの中から生き返ったのか？　そして、キリスト教信仰は信用できるのか、あるいは虚しいのか？」というような問いを無理矢理に問わせる。本書の問いは、こういう問いである、われわれは、復活を科学的および神学的にどのように評価すべきであるか？

神学的現実主義

本巻の課題は、キリスト教信仰が偽りであると立証することではなく、また客観主義神学を奨励することでもない。そしてもちろん、聖書の直解主義（リテラリズム）を弁護することでもない。むしろ、本巻の課題はキリスト教の神学的熟考をそれと関連する自然科学と対話させること、われわれが「神学と自然科学センター」で創造的相互交流と呼んでいるものへとせき立てることである。

そのような創造的相互交流が、一連の会議や本書の発刊へと導いた目標であった。ハイデルベルク大学、カリフォルニア州バークレーの神学連合大学院の神学と自然科学センターの教授陣、それに、その他の場所からの教授たちが、学際的研究のために国際的に連携した。われわれは、2001 年にハイデルベルクの「国際学術フォーラム（*Internationale Wissenschaftsforum*）」で会合した折りに、物理学、生物学、神経科学、聖書学、エジプト学、教会史、組織神学の研究と教育に携わる教授陣を含むセミナー・チームを発足させた。われわれは科学と宗教の間でなされる対話の通常の方向を逆転させた。通常、対話は科学上の新しい発見をもって始まり、それから宗教の代弁者が反応する。しかし、今回の場合は、われわれは一つの具体的な神学的問いでもって

始めた。われわれは体の復活をどのように理解すべきかとの問いで始めたのである。われわれはこの問いを、様々な科学やキリスト教神学の様々な専門分野から諸々の貢献を誘い出すような仕方で提起した。

　神学者たちは科学者たちが何か関連性のあることを提示してくれるかもしれないと感じてはいるが、それが何なのか、今のところはまだ明らかでない。科学者たちも、極めて慎重に、この新しい研究題目への方向づけを探し始めている。われわれはかつてアルフレッド・ノース・ホワイトヘッドが哲学的「掻き集め（アセンブリッジ）」と呼んだ研究段階にある。この段階では、われわれは関連する資料と推測するものを集めてはいるが、まだ仮説を立てたり、体系を確立する用意ができるまでには全く至っていない。

　科学の内部で、また神学の内部で共有されている活力（エンテレキー）から、衝動が生じている、すなわち現実的（リアル）であるものを知りたいという衝動、われわれが知っているものは真理であるものに根ざしていることを確信したいという衝動である。現実についての知識だけが真理を構成しているのであり、そして真理だけが探究へと導く渇きを癒すことができる。それゆえに、神学者の信仰は、此処ではもっと完全な理解を探り求めている。そして、彼らの抱く疑いは、宇宙の未来や人間の体の働きについて科学者が知っていることは、新しい創造や体の復活というキリスト教の終末論的約束を理解するのに関連があるかもしれない、というものである。

　出発点は難しい。ミヒャエル・ヴェルカーが彼の執筆した章で言っているように、われわれは世界的規模の文化交信（コミュニケーション）の只中にいるが、しかしそれは多種多様な形の理性の働きを伴ったものである。科学も神学も、人間の経験と意味を、その長さと広がりの全域にわたって包み込む単一の思考体系を提供するものではない。世界のどこにも、われわれは単一の包括的、総合的、そして首尾一貫した *Weltanschauung* ないし世界観を提供してくれるメタ合理性（ラショナリティ）を見つけることはできない。

　しかしながら、この合理性の多元主義の中で、科学と神学は何か相通ずるものを共有している。両者共に存在論的渇望に、現実をあるがままに知りたいという渇望に駆られている。両者共に妄想を避ける。両者共に真理を捜し求める共同体によって探究される。両者共に、通常の知識を進んで精査にさらし、そして進んで訂正、修正、また新たな方向づけを謙虚に受け入れる。もちろんのこと、われわれは例外のあることも承知している。われわれは科

学と無神論を同一視する還元主義者やマルクス主義者のことも承知している。また、われわれは脆くも時代遅れの権威を擁護する宗教的独断主義者(ドグマティスト)のことも承知している。しかしながら、科学がその最善の状態にあり、また神学がその最善の状態にある時には、両者は、私が「仮説的協和」と呼ぶプロセスで彼らが現実について学ぶことによる新しい方向づけに開かれた、真理を探究する共同体によって推進されているのである。

ビッグバンから新しい創造へ

ロバート・ジョン・ラッセルが彼の執筆した章でしていることは、宇宙の未来についての科学的未来像(ヴィジョン)と神学的未来像の双方のために、共通の議論の場を設けることである。われわれが科学で知るに至ったようなビッグバンの宇宙論には、聖書から生じてくる創造の教義との注目すべき協和が見出される。宇宙は偶発的で、時間に束縛されており、歴史的である。しかし、この注目すべき協和は、主として、過去に関わるものである。われわれが科学的に、シナリオを未来に投影すると、神学的終末論との不協和を引き起こすことになる。はるかかなたの未来の凍結シナリオあるいは焼結のシナリオは、来るべき新しい創造というイースターの約束に合致しない。この緊張を解くことなしに、ラッセルは引き続き探究を続けていくための幾つかの指針を推奨する。そのうちの一つは、未来の科学的研究のための理論の選択を示唆する再概念化を神学が提案する、というものである。

ラッセルは、神学と科学という研究分野は共通の領域を分かち合っていると確信しているので、神学は科学的な会話に何らかの間接的影響力を持っているかもしれないと助言できる。ラッセルにとって、イエスのイースターの復活は新しい自然法則の最初の具体的例示である。復活は、自然法則に反する奇跡というよりも、自然法則を変える、神によって起こされた出来事である。未来には、われわれ全ては甦るであろう、自然に。

しかし、歴史上の今の時点では、われわれがこのことを言えるのは神学的にであって、科学的にではない。このことによって、神学は科学によって偽りであると証明されるリスクにさらされる位置に置かれることになる。そして、ある意味では、そのことは現行の科学は神学によって偽りであると証明

されるリスクにさらされる位置に置かれるということでもある。もし、未来が新しい創造をもたらすのであれば、すると現在の科学的な予想は修正を必要とすることだろう。もし、未来が科学的宇宙論者が予言するものをもたらすのであれば、それが凍結にせよあるいは焼結にせよ、その場合には、神学的希望は粉砕されることだろう。

　地球上の生命の進化に関わる宇宙的物語の章にわれわれの目を向けると、状況は多少とも、もっと曖昧である。一方で、はるかに遠い昔から今に至る時の間に、進化は目覚ましい変化をもたらした。他方で、われわれは、その存在が死のえじきにならなかった、死によって強奪されなかった生物学的生命を了解することができない。現在の生物学から死のない終末論をわれわれは推測することができるだろうか？　それはできそうにない、とジェフリー・シュロスは言う。もし、われわれが終末論的希望を信頼するとするなら、それは何か根本的に新しいものの約束、すなわち、われわれがこれまでに知ってきたような自然を超越する現実(リアリティ)の約束に支えられねばならないだろう。

　もし、物理学者の終末論の恐ろしい予言が実現されるとするなら、われわれは「全てが虚しい」と結論づけなくてはならない、そうジョン・ポーキングホーンは論じている。もし、何十億年も後になって、炭素を基盤とする進化途上の生命が宇宙史上の単なる一時的挿話にすぎなかったことが判明するとしたなら、その時には、このことは神学に対して、創造主の究極の意図について、非常に深刻な疑問を提起することになる。これらの問いに対する答えは、単に科学的な影響を受けた期待が推測させるものを超えたところに見出されなければならない。ポーキングホーンは、誠実な創造主は自然法則を不変に維持するよう拘束されていない、と強く主張する。かの誠実な創造主は、*ex vetera*〔古きものから〕、宇宙の物質の終末論的変換をもたらす。物質宇宙を変換する過程で、神は人間の魂を構成する情報パターンを神的記憶の中に刻み込むであろう。そして終末には、神は変換された物質的創造物の中に人間の個性を回復させるであろう。ポーキングホーンがここで言っていることに注意して欲しい。人間の魂はわれわれの現在の地上的体から抽出することができ、そして未来の復活させられた体に回復させることのできる情報パターンから成り立っている、と彼は言うのである。

　そのような議論は、ある唯物主義の、ないし還元主義の科学者たちがサイバネティックス的不死を提案していることをわれわれに想起させる。これら

人工知能（AI）分野の科学者たちは、魂と同一視される人間の頭脳の情報パターンをコンピューターにアップロードして、さらにそれらを新しい物理的基盤〔プラットフォーム〕に、おそらくはロボットに、移し換えるであろう。われわれの人格的同一性〔パーソナル・アイデンティティ〕は、ソフトウェアのように、新しく、そしてより長持ちするハードウェアの中に立ち上げられる情報パターンによって運ばれ続けるであろう。するとわれわれは、自分が宿る機械が存在する限りは、存在することになる。われわれは生物としての有機体〔オーガニズム〕が通常稼ぐ時間より一層時間を稼ぐことであろう。サイバネティックス的不死は、人間の技術的業績の結果として生じる科学化された終末論を構築するのである。

本書で執筆している神学者たちはサイバネティックス的不死の未来像〔ヴィジョン〕に反対するであろう、なぜなら、キリスト者が考える復活は神の行為の結果であり、技術的進歩の業績ではないからである。ノリーン・ヘルツフェルドは彼女の執筆した章の中で、二つの理由で反対している。第一に、サイバネティックス的不死というのは科学ではなく、空想科学小説〔サイエンス・フィクション〕のように聞こえる。それはとても科学的に実現可能ではない。第二に、それは唯物主義的であるけれども、自我あるいは人格を情報パターンに、非物質的な形態に減じる。これと対照的に、ヘルツフェルドは、われわれの有限の体は本質的にわれわれの同一意識〔アイデンティティ〕に属すると主張する。奇妙なことに、サイバネティックス的不死は唯物主義的でありながら二元論的なのである。

デトレフ・リンケは体から魂の情報が脱皮することをさらに容認しそうにない。たとえ、頭脳と体の相互作用を構成する神経細胞〔ニューロン〕活動が人間の意識ないし振る舞いと同形でなくとも、神経細胞〔ニューロン〕基質の安定構造が記憶を保持する。そして、それが意識的活動のための要因〔パラメーター〕を与える。復活について思いめぐらせると、体の変換は必然的に人間の意識を著しく変化させることだろう。このことは、われわれが魂の情報パターンを体から離脱させ、その後に起こる体の組み立ての中でそれを回復させることなどできないということを意味するのだろうか？

われわれはここで、手がかりとして、どんな聖書資料に頼ることができるだろうか？　新約聖書の中のパウロ書簡群に釈義的に立ち帰って、ペーター・ランペは、異邦人への使徒が体と魂の一体的統合を採用した、と主張している。体なくしては、「復活」の語を正当に用いることにならない。「復活」は物理的な復活でなくてはならない。そうとは言っても、「キリストに

おいて」存在していると記述される、ある種の中間期は、現在の世(アイオーン)から新たな世(アイオーン)へと至るわれわれの移行期を記述する。このことは、ポーキングホーンや他の人たちが記述する、神によって記憶されている情報パターンないし魂であり得るだろうか？　ランペはパウロが何ら形而上学的に詳しく述べていないこと、かくして、科学が補足説明的な理解を得るための何の手がかりも提供していないこと、を暗示している。

　ハンス＝ヨアヒム・エックシュタインはルカ文書群と復活における物理的身体性の強調というルカの奇妙な関心にわれわれの注意を喚起している。ルカにとって墓は空っぽであり、甦ったイエスは朝食に魚を食べることさえできるほど物理的に描写されている。エックシュタインは、イエスが「主またメシア」（使 2:36）になるべく栄光のうちに高挙することが、物理的体に戻る必要性を回避しているように見えることに当惑している。彼は、イエスの墓がいかに一杯であったかということに対するルカの関心は復活の信仰を空っぽにする危険を冒す、と洒落をまじえて断言する。

　フランク・クリューゼマンもイエスの復活を論ずるのに聖書を用いているが、彼の目的は、ヘブライ聖書〔旧約聖書〕と新約聖書における復活の扱い方について、両者の間の不連続性というよりは、むしろ連続性を強調することである。かくして、クリューゼマンはイエスの復活を歴史的また文化的によりずっと大きな背景(コンテクスト)の中で解釈することの重要性を際立たせており、それは、アブラハムの信仰と、イスラエル人の歴史の輪郭を明確にし形づくる、神の約束とを含んでいる。彼は二つの重要な論点でもって結論している。第一は、死者の復活が創造者なる神の賓辞であること、かくして、それはもっぱらキリスト論だけに基づいて展開され得ないこと、である。第二に、復活させられたイエスの諸々の顕現は異邦人に対する神の約束を実現するのであり、イエスの名において説教し、洗礼を授けるという弟子たちの任務に異邦人らが含められるためのはずみを与えるのである。

　ポーキングホーン、ヘルツフェルド、ランペ、エックシュタインならびにクリューゼマンがわれわれを置き去りにするところは、人格的同一性(パーソナル・アイデンティティ)の問いに関わっている。イエスあるいはわれわれが死を通って復活へと移行する時の問題は連続性と不連続性の間の逆説的弁証だということになると、復活するのはいったい誰なのであろうか？　どのようにして、イースターのキリストは十字架につけられたイエスと同一なのであろうか？　もしわれわれ

が甦るとしたなら、われわれのどの局面(アスペクト)が甦り、その結果甦ったのが自分であって、自分とは全く異なった何ものでも誰でもないことを、われわれは知るのだろうか？　死を超えて何が続くのだろうか？　われわれの体だろうか？　われわれの心だろうか？　われわれの魂だろうか？　われわれの情報パターンだろうか？　続くものは何もないのだろうか？　あらゆるものが続くのだろうか？

　ナンシー・マーフィーが登場してくる。マーフィーは非還元的物理主義の代弁者である——つまり、彼女は独立した不死の魂という概念を伴う物質二元論を否定する。人間の自我は常に体化(エンボディド)された自我である。したがって、復活における同一性(アイデンティティ)はわれわれの体との連続性を、地上の生活を生きる間のわれわれ個々人の生活史との連続性を、維持しなければならない。もしわれわれが復活において更新されるのであれば、何が同じまま残るのだろうか？　われわれの現在の体の物理的要素だろうか？　われわれの意識だろうか？　われわれの記憶だろうか？　連続性を決定的に維持するものはわれわれの道徳的性格である、そう彼女は論じる。人格としてのわれわれの同一性(アイデンティティ)は、それが記憶や意識や体に依拠していると同じだけ、われわれの性格に依拠している。それゆえ、もし神が、われわれの情報パターンに従って、われわれを違う「素材」から複製したとしても、われわれがわれわれの美徳や（そして悪徳も？）愛情や、またわれわれの道徳的認識を持ち続けるのでなければ、われわれ自身ではなくなってしまうだろう。

　誰がわれわれの同一性(アイデンティティ)を統制するのか？　自我だろうか？　神だろうか？　われわれが死ぬ時、われわれはわれわれの同一性(アイデンティティ)の統制を失う。われわれは記憶されているかもしれないが、しかし、どの記憶が生き続けていくかはわれわれの統制の及ばぬところである。われわれは、主観的な不死がわれわれの同一性(アイデンティティ)をわれわれの自我の中に含む一つの手段であるのに対して、客観的な不死はわれわれの相続人の記憶の中か、あるいは神の記憶の中に存在する同一性(アイデンティティ)である、と考えがちである。客観的な不死は誰か他者の主観性に属するもので、われわれの主観性に属するものではない。アンドレアス・シューレはこのようなことに重きを置いていて、復活は、含まれた同一性(アイデンティティ)と含まれていない同一性(アイデンティティ)との関係を理解することにわれわれが取り組むことをわれわれに要求すると結論している。すでにこの〔世の〕生、死のこちら側において、われわれの同一性(アイデンティティ)はキリストの中で成長する

ことができる。キリストにおける同一性(アイデンティティ)は、復活の中で来り起こるべきものの手付金、頭金、先取(プロレプシス)ないし初穂（Ⅰコリ 15:20）のようなものである。死においてわれわれの同一性(アイデンティティ)の統制を失うことは、われわれが自分の同一性(アイデンティティ)を失うことを意味しない、とりわけ、神が復活を約束する時には。

　最後に、なぜ、復活についてのキリスト教教義が人間の文化の歴史に出現したのだろうか？　この教義は、世襲の王権を正当化する政治的アヘン剤として機能するのだろうか、ちょうど、ヤン・アスマンが古代エジプトでそうであったことをほのめかしているように？　この教義は、われわれに生態環境保護責任(エコロジカル・レスポンシビリティ)に対する予防接種をするための倫理的アヘン剤として機能するのだろうか？　それが、エルンスト・コンラディが取り組む問題である。この教義は、ベルント・オーバードルファーのシュライエルマッハーについての解説の中に見るように、教会の好戦的活動家に対して勝利を約束することによる励ましとして機能するのだろうか？　それはディルク・エヴァースが断言しているように、平安(シャローム)ののろしとして、時間の移ろいやすさを気遣うわれわれに対する終末論的安息として機能するのだろうか？　あるいは、結局、復活の概念とはイースターという歴史的出来事の神学的説明、われわれが未来に主と共に天の楽園で祝宴を持つことを約束した甦った主との、使徒の得た体験の反映であろうか？　もし後者なら、すると提起されるべき一つの問いはこうである。すなわち、われわれはこの約束の真なることを信頼できるか？　科学と神学の間の対話は、この終末論的約束の内容に関して、批判的に査定し、理解できるようにする試みである。

　われわれ科学者と神学者とから集められたチームは、信仰でもって始め、その後にわれわれの理解を広げ、深めることに努める。ここで、われわれは長い道のりを辿る第一歩となるであろう一歩を踏み出した。これこそが信仰である。

一人の者が、愛ゆえに、木の上で死んで、
石造りの墓の
中に横たわってから、
見よ、私は神秘を示そう。
全ての墳墓は
空しく封印されている！

理解は、いまだ彼方の水平線上にある。

ジョン・リチャード・モーランド、1880-1947年

第一部

復活と終末論的信頼性

1 体の復活、終末論、ならびに科学的宇宙論：キリスト教神学と科学の相互作用

ロバート・ジョン・ラッセル

> 私たちの主イエス・キリストの父である神が、ほめたたえられますように！　神は豊かな憐れみにより、死者の中からのイエス・キリストの復活を通して、私たちを生き生きとした希望の中へと新たに生まれさせてくださいました。
>
> 第一ペトロ書 1:3

　キリスト教信仰を定義している宣教使信(ケーリュグマ)、すなわちイエスの復活は、新約聖書学と組織神学において決定的な役割を果たしているが、とは言え、復活はこれまで、今日の自然科学が投げかける挑戦に照らして、注意深く議論されたことはめったになかった。皮肉にも、このことは急速に進展しつつある神学と科学の分野で、そうした相互の働きかけがそれらの分野の存在理由(レゾンデートル)となっているような分野にさえも当てはまる！　本論文の目的はこの議論に着手することである。

　ビッグバン宇宙論を簡単に概観した後に、復活が特に決定的に重要である二つの神学領域を例として挙げる。すなわち、悪と神義論、それに終末論の二つである。それから、私は新約研究における復活に関して競合する立場を要約する。私の意図は、イエスの復活の意味について現在進行中の学問的討

このエッセイはフィラデルフィア科学研究センターからの研究および著作助成金による支援を一部受けた。著者はこのエッセイおよび関連のエッセイについての詳細な議論に対して、ジョージ・エリス、ナンシー・マーフィー、テッド・ピーターズ、ビル・ステーガー、およびクロード・ヴェルチの諸氏に深く感謝を申し上げる。

論に立ち入ることではない。私の意図はそうする代わりに、キリスト教信仰の信頼性に対する「最悪の事態のシナリオ」を、つまり体の復活を、採用することである。なぜならこの立場こそが科学との深刻で、そしておそらく解決不能な衝突と矛盾を引き起こすからである。その後に、私は神学と科学に直接目を転じる。そこでは、過去40年にわたって数多くの前進があったにもかかわらず、復活が注目され続けることはほとんどなかった。実際このことが、ここでの課題を、探究するに十分値するものとするのである。なぜならわれわれの中でも、神学と科学は真っ向から衝突対立するのでなくむしろ建設的に相互に影響し合う状態にあるべきだと力説する者たちにとって、体の復活は最高順位のテストケースの意味を持つからである。

さらに前進する目的で、私は現在の神学と科学における現行の方法論の拡大を示唆したい。それは、神学と科学の両者を、私が「創造的相互作用」と呼んでいるダイナミックな関係に据える。最後に、科学の光に照らして終末論を再構築し、また終末論の光に照らして物理的宇宙論への新しいアプローチを探究するために[1]、幾つかの指針(ガイドライン)と具体的な示唆を提示してこの章を閉じることにしたい。

ビッグバン宇宙論の挑戦

> もし、宇宙が本当に全てを網羅する死へと突進していることが示されるとするなら、しからば、このことはキリスト教信仰が偽りであることを証明し、キリスト教的希望を撤廃してしまうことになるかもしれない。[2]
> ジョン・マッコーリー

宇宙を科学的観点(パースペクティブ)から考察するためには、われわれは物理学とビッグバン宇宙論に向かわなくてはならない。

---

1 前者の手始めの議論については、Robert John Russell, "Eschatology and Physical Cosmology: A Preliminary Reflection," in *The Far Future Universe: Eschatology from a Cosmic Perspective*, ed. George F. R. Ellis (Philadelphia: Templeton Foundation, 2002) を見よ。

2 John Macquarrie, *Principles of Christian Theology* (New York: Scribner's, 2d ed. 1977 [1966])、第15章、特に351–62頁。

ビッグバン宇宙論とはるかな未来[3]

　1920年代に、エドウィン・ハッブルによる望遠鏡観測は、われわれの銀河系を取り囲む星雲が、われわれからの距離に比例した速度でわれわれから遠のいていることを示した。この発見でもって、アインシュタインの一般相対性理論で記述されているような、宇宙の膨張が発見されていたのである！

　膨張には三つの可能な型(タイプ)がある。第一の型(タイプ)は閉じたモデルである。宇宙は有限の大きさを持った三次元の球体である。この球体は、今からおよそ1000億年から5000億年すると最大限の大きさまで膨張し、その後に再収縮する。第二の二つの型(タイプ)は開いたモデルである。その「平坦」と「鞍型」の両モデル共に、宇宙は大きさが無限であり、永久に膨張し続ける。これらは宇宙が100億年から150億年にわたる有限の過去の命を持ち、また時刻t＝0に無限大の温度と密度と零(ゼロ)の体積という出来事で始まると説明するものだから、これら三つの型(タイプ)全てが「ビッグバン」モデルと呼ばれるようになった。

インフレーション的ビッグバンと量子宇宙論[4]

---

[3] 非専門的入門書としては James Trefil and Robert M. Hazen, *The Sciences: An Integrated Approach* (New York: John Wiley, 2d rev. ed. 2000), 第15章、George F. Ellis and William R. Stoeger, S.J., "Introduction to General Relativity and Cosmology," in *Quantum Cosmology and the Laws of Nature: Scientific Perspectives on Divine Action*, ed. Robert J. Russell, Nancey C. Murphy, and Chris J. Isham, Scientific Perspectives on Divine Action Series (Vatican City State: Vatican Observatory Publications; Berkeley, Calif.: Center for Theology and the Natural Sciences, 1993), 33–48 を見よ。専門的入門書としては、Charles W. Misner, Kip S. Thorne, and John Archibald Wheeler, *Gravitation* (San Francisco: W. H. Freeman, 1973)〔若野省己訳『重力理論 Gravitation——古典力学から相対性理論まで、時空の幾何学から宇宙の構造へ』丸善、2011年〕パートⅥを見よ。

[4] 非専門的入門書としては Donald Goldsmith, *Einstein's Greatest Blunder? The Cosmological Constant and Other Fudge Factors in the Physics of the Universe* (Cambridge, Mass.: Harvard University, 1995)〔ドナルド・ゴールドスミス（松浦俊輔訳）『宇宙の正体——アインシュタインの大いなるミス?』青土社、1997年〕の第10章以降を見よ。より専門的入門書としては Chris J. Isham, "Creation of the Universe as a Quantum Process," in *Physics, Philosophy, and Theology: A Common Quest for Understanding*, ed. Robert J. Russell, William R. Stoeger, S.J., and George V. Coyne, S.J. (Vatican City State: Vatican Observatory Publications,

1970年代以降、標準ビッグバン・モデルの多種多様な問題が科学者たちをインフレーション的ビッグバンと量子宇宙論を探究することへと導いていった。インフ・レ・ー・シ・ョ・ン・によると、極めて早い時期に（おおよそプランク時間、つまり t = 0 から 10^{-43} 秒までに）、宇宙は指数関数的に急速膨張し、その後迅速に、標準ビッグバン・モデルのよりゆっくりした膨張率へと落ち着いていった。膨張中は、全体宇宙を多数の宇宙に分割して、つまり、各々がその中では自然定数や物理学の特定法則さえもが異なり得るような、巨大な時空の部分へと分割して、無数の領域が発生したかもしれない。量・子・宇・宙・論・においては、われわれの宇宙は永久に膨張し続ける、無限に複雑な巨大宇宙(メガ)の一部である。しかしながら、量子宇宙論の根底にある量子重力に関係する諸理論は経験的に試験することが悪名を馳せるほどに難しいから、量子宇宙論は非常に思弁的な分野である。

ビッグバンとはるかな未来：凍結か焼結か

　たとえ、インフレーション的宇宙論ないし量子宇宙論が永続的な重要性を持つものであると証明されたとしても、プランク時間から現在までの可視的宇宙はビッグバン宇宙論によって説明され、その可視的宇宙のはるかなる未来に対しては二つのシナリオがある。凍結（freeze）か焼結（fry）か、の二つである。凍結：もし宇宙が開いていて、平坦であるなら、宇宙は永遠に拡大し続け、現在の温度（約 2.7°K）から冷え続けて、漸近的に絶対零度に近づいていく。焼結：もし宇宙が閉じていれば、10億年から5000億年後に最大限の大きさにまで拡大し、その後に再度崩壊して勝手気ままに小さな寸法になり、温度はとどまることなくより高まっていき、幾分か過去に生じた拡大の反転像(ミラーイメージ)のようなものになる。〔アインシュタイン方程式による〕宇宙定数（Λ）の存在が、宇宙の拡大を加速させるか、あるいはひょっとして宇宙を閉ざしてしまうかということがあり得るけれども、はるか未来のシナリオは依然として凍結か焼結か、そのどちらかである。

　宇宙の中にある生命の未来についてはどうだろうか？　宇宙が開いている

1988)〔クリス・J. イシャム「量子的過程としての宇宙の創造」、G. コイン他編（柳瀬睦男監訳）『宇宙理解の統一をめざして——物理学・哲学・神学からの考察』南窓社、1992年抄訳〕, 375–408; Edward W. and Michael S. Turner Kolb, *The Early Universe* (Reading: Addison-Wesley, 1994) を見よ。

か閉じているかにかかわらず（すなわち、凍結か焼結かにかかわらず）、全体的な状況は見通しの暗いことが判明する。フランク・ティプラーとジョン・バロウ[5]によれば、50億年後には太陽は地球と火星の軌道を呑み込む赤色巨星となり、最後には白色矮星になるという。400億年から500億年後には、われわれの銀河では星の形成は終わっているであろう。10^{12}年後には、全ての巨大恒星は中性子星かブラックホールになっているだろう[6]。10^{19}年後には銀河の周端近くの死滅恒星は銀河系間の空間の中に漂っていくであろう。そして、銀河の中心近くの恒星は一緒になって崩壊し、巨大なブラックホールを形成するだろう。10^{31}年後には陽子と中性子は崩壊して陽電子（ポジトロン）、電子（エレクトロン）、中性微子（ニュートリノ）、光子（フォトン）などになるだろう。10^{34}年後には死滅惑星、黒色矮星、それに中性子星は消滅し、これらの質量は完全にエネルギーに変換され、ただブラックホール、電子（エレクトロン）-陽電子（ポジトロン）プラズマ、それに輻射だけを残し、そして全ての炭素ベースの生命体は絶滅するだろう。それから先は、太陽の質量の、銀河の質量の、そして最後に超銀河集団の質量のブラックホールが、ホーキング輻射によって蒸発してしまうだろう。最後的結末は明らかである。「陽子の崩壊は……人間（ホモ・サピエンス）および原子から成る全ての生命体にとって最後的審判を意味する。……」[7]。

さてここで、われわれはわれわれの中心的疑問に戻ることができるのである。キリスト教終末論はこれらの科学的シナリオと相反しないと見なすことができるのか？

---

5 John D. Barrow and Frank J. Tipler, *The Anthropic Cosmological Principle* (Oxford: Clarendon, 1986), 第10章、さらに William R. Stoeger, S.J., "Scientific Accounts of Ultimate Catastrophes in Our Life-Bearing Universe," in *The End of the World and the Ends of God: Science and Theology on Eschatology*, ed. John Polkinghorne and Michael Welker (Harrisburg, Pa.: Trinity Press International, 2000) も見よ。

6 もし宇宙が閉じているなら、10^{12}年のうちに宇宙はその最大の規模に達して、もとの熱いビッグバンのような特異点に再崩壊して戻っているだろう。

7 Barrow and Tipler, *The Anthropic Cosmological Principle*, 648.

復活、終末論、および宇宙論に関する四つの動き

　今日の神学と新約聖書学における四つの重要分野は、中心的なキリスト教宣教使信(ケーリュグマ)、すなわちイエスの復活とその終末論的含意に新たにかつ精力的に取り組むことへと向かっていくか、あるいはそれに由来しているかのどちらかである。注目すべきことであるが、四つの分野のどれ一つ、科学的宇宙論がそれらに提起した挑戦に取り組んだことはこれまでなかった。ここで、私はまずそのうちの二つを簡単に指摘し、その後に他の二つに詳細に取り組むこととする。

1．悪と神義論の問題

　今日の神学における道徳的悪と神義論の問題は、特に20世紀の人間の残虐非道に鑑みると、計り知れないほどである。一つの中枢となる応答は、キャサリン・モウリー・ラカニアとユルゲン・モルトマンの言葉をそれぞれ使えば、「三位一体の回復」と「十字架につけられた神の神学」によって修正された神の教理である。しかし、この教理は、次には、復活と終末論の確固たる神学を必要とし、そしてこのことは直接的に、今日の宇宙論の挑戦へとつながっていく。一方、38億年にわたる地球の歴史における生命の進化に照らした自然悪の問題、またそれゆえの自然の中の甚だしい苦難や病気や死や死滅の問題を考慮すると、神義論の挑戦は途方もなく拡大されて、学者たちを自然の救いと「新たな創造」の終末論について考察することへと導いていく。しかしながら、またしても、物理学と宇宙論からの挑戦にはほとんど注意は払われない。

2．キリスト教終末論

　19世紀と20世紀に新約聖書の宣教使信(ケーリュグマ)が本質的に終末論的次元を持っていることが再発見されたが、その再発見は今日の神学のあらゆる分野に影響を与えている。今日のキリスト教終末論の途方もない多様性の中に、人は人間や社会や、そして場合によっては世界全体の変換への——現在「すでに実現された」変換も、これから歴史の終末にやって来るはずの変換も、両方共への——希望を見出す。科学的宇宙論は、霊的、道徳的、対人的、社会的、

ないしは歴史的な諸範疇に限定された終末論に挑戦すると見なす必要はないが、しかし、上に示唆したように、終末論が地球上の環境とその生命の歴史を包み込むまでに拡大し、また地球を巨大な宇宙の小さな一部分と見なすなら、その時には、キリスト教終末論は物理的宇宙論の挑戦と直接的にぶつかる。ピーターズの言うところによれば、「もし仮に、ビッグバン宇宙論と熱力学の第二法則の結びつきによって予想されているような最終的未来がやって来るとしたら……、われわれは自分たちの信仰が虚しいものであったという証拠を手にすることになろう。神は存在しない、少なくともイエスの信従者たちが信仰する神は存在しないことが判明することになろう」[8]。とは言え、この警告に対して、これまでほとんど注意が払われることはなかった。

3. 復活と新しい創造の終末論についての新約聖書の討論

新約聖書学者たちや今日の神学者たちはイエスの復活に関して多様な見解を持っているけれども、それらはおおよそ私が「客観的」解釈および「主観的」解釈と呼ぶものに分けることができる。

主観的解釈によれば、イエスの復活はただ単に最初の弟子たちの経験について語る一つの方法にすぎない。そうした経験は、復活をイエスの死と埋葬の後にイエスに起こったこととして述べているけれども、それは実のところは、言われているような、神によってイエスに与えられた新しい命の中で起こった出来事についてのことではなくて、ただ単に弟子たちに与えられた、新たにされた信仰の経験についてのことである。ヴィリー・マルクスセンによれば、「福音書記者たちが示したい事柄の全ては、イエスの活動がさらに続くということである。……彼らはこのことを、絵画的な言葉で生き生きと表現する。しかし、彼らが言おうとしていることはただ単に、『われわれは信じるようになった』ということである」[9]。ルドルフ・ブルトマンは20世紀における主観的解釈の最も傑出した擁護者の一人であった。他には、ジョン・ドミニク・クロッサン、ジョン・ヒック、ゴードン・カウフマン、ハンス・キュンク、サリー・マクファーグ、ノーマン・ペリン、そしてローズマ

---

8 Ted Peters, *God as Trinity: Relationality and Temporality in the Divine Life* (Louisville: Westminster/John Knox, 1993), 175–76.

9 Willi Marxsen, *The Resurrection of Jesus of Nazareth*, trans. Margaret Kohl (Philadelphia: Fortress, 1970), 77, 156.

リー・ラドフォード・リューサーなどがいる。

　客観的解釈によれば、ナザレのイエスの磔刑、死、埋葬の後に、実際に何事かが彼に起こった。すなわち、神はイエスを死者の中から甦らせた、イエスは神と共に永遠に生きている、そしてイエスはわれわれの生活と教会共同体の中でわれわれに現存している。それゆえに、復活においてイエスに起こったことを完全に復活顕現と空っぽの墓についての伝承で報告されているような弟子たちの経験に還元してしまうことはできない。レイモンド・ブラウンの言うところによれば、「われわれの世代は神がイエスにおいて行おうと選んだことに……従順でなければならない。そして、われわれはそのイメージに、神が行ったはずだとわれわれが考えることを押しつけることはできない」[10]。カール・バルトは客観主義的解釈の傑出した擁護者である。他には、ジェラルド・オコリンズ、ウィリアム・レイン・クレイグ、スティーブン・デイヴィス、ヴォルフハルト・パネンベルク、フィーム・パーキンズ、テッド・ピーターズ、ジャネット・マーティン・ソスキス、サンドラ・シュナイダーズ、そしてリチャード・スウィンバーンなどがいる。

　客観的解釈はナザレのイエスと復活したイエスとの間の連続性と不連続性の要素を強調し、これら二つを、「変換」、「変貌」、そして「変換における同一性（アイデンティティ）」などの言葉によって緊張状態に保つ[11]。復活をただの蘇生に還元してしまうものは何であれ拒絶する一方で、大抵の学者たちは、ナザレのイエスと復活したイエスの間には、たとえ根本的な不連続性があるにせよ、人格的また霊的な連続性と共に、少なくとも最小限の物理的／物質的連続性の要素が多少なりとも消されることなくあると主張する。私はこの見解を、それが物理的／物質的連続性を含んでいることを強調するために「体の復活」と呼ぶことにする。これとは対照的に、若干の学者たち[12]は「人格的復活」と呼べるものを支持する。ここでは、イエスの復活は人格的かつ霊的な連続性を含んでいるが、しかし物理的また物質的な連続性を含んでいない（あるいは必ずしも含んでいない）。かくして、復活顕現は双方の見解の本質的構

10　Raymond E. Brown, *The Virginal Conception and Bodily Resurrection of Jesus* (New York: Paulist, 1973), 72.

11　Gerald O'Collins, S.J., *The Resurrection of Jesus Christ* (Valley Forge, Pa.: Judson, 1973), 95.

12　例えば、Thorwald Lorenzen, *Resurrection and Discipleship: Interpretive Models, Biblical Reflections, Theological Consequences* (Maryknoll: Orbis, 1995), 特に第 8 章を見よ。

成要素であるのに対し、空っぽの墓の伝承は、体の復活のアプローチにはこれまた本質的であるが、しかるに人格的復活の支持者たちは空っぽの墓の伝承には不可知論者であり得る、あるいは、イエスの体は他の誰の体とも同じように、朽ち果てたと主張することさえできる。

　最後に、イエスの体の復活と、それと共に空っぽの墓の伝承を支持する学者たちは、普通、イエスの復活を時間の終わりにおける全人類の復活と新しい創造の到来とに結びつける。復活との類推から、新しい創造は世界全体と世界の中にあるもの全ての変換であることだろう。かくして、新しい創造は現在の世界と連続的であると同時に不連続的でもあり、そして、イエスの復活との関係では、連続性の要素はこの世界の物理的／物質的特徴を持った何ものかを含んでいる。

　この章において、私は体の復活のアプローチを想定し、そしてそれゆえ、宇宙が新しい創造へと終末論的に変換されることを想定することとする。なぜなら、まさしくそれこそが、科学から受ける最大の挑戦へと突き進む立場だからである。かくして私は、体の復活がキリスト者の取ることのできる、あるいは取るべき唯一のアプローチであるという標準的ないしはドグマティックな議論をしているわけではない。私が示唆しているのは方法論的なものである、すなわち、体の復活というアプローチ、またそれに必然的に伴う、新しい創造における宇宙の終末論的変換は、神学と科学が衝突を避けることができ、また生産的な相互作用の関係にあることができるという主張に対する並はずれて力強い「テストケース」を提示する、ということである。

4．神学と科学の内部での復活、終末論、ならびに宇宙論：
　　驚くほどの関与の欠如

　四つ目の動きは一層成長しつつある神学と科学の分野である。神学と科学は必然的に真正面から衝突している、ないし神学と科学は二つの別々の世界であるという相克する主張に反対して、今や世界的規模で、神学と科学とを対話と相互作用を通して関係づけることにけた外れに大きな進展がなされてきている。過去40年以上にわたり、物理学、宇宙論、進化論、遺伝学、そしてその他の自然科学の分野が、建設的に神学議論の中に持ち込まれてきた。ビッグバン宇宙論における「$t = 0$」での宇宙の始まりと、生命の進化の可能性のための明らかな宇宙の「微調整」とは、多くの人によって、*ex nihilo*〔無から〕の創造の神学に調和するものと見なされている。同様に、進化生物学および分子生物学は、当たり前のように、連続する創造の神学に完全に一致するものと受け取られている。神は、これら二つの生物学の存在と規則性を維持しつつ、その間(かん)にさえも、自然科学が方法論的自然主義によって研究するまさしくその自然のプロセスの中で、またそれを通して、働くのである。自然における正真正銘の開放性（非決定論）を求めることで、客観的に特別な、不介入的な神的行動を明確に述べるという目標に特別な注意が払われてきた[13]。しかしながら、驚くべきことに、科学に照らしたイエスの復活とその終末論的含意にはこれまでほとんど注意が払われてこなかった[14]。

この注意の欠如は特に皮肉である。なぜなら、神学と科学の分野が過去40年以上にわたってかくも豊かに発展することを可能とさせたことに本質的な役割を演じてきたその同じ方法論的枠組みが、キリスト教終末論に対して宇宙論によって提起された決定的な問題をわれわれが回避するようなことはさせなかったはずであったのだから。このことを理解するために、われわれはその中心的主張のうちの二つを要約する必要がある[15]、つまり、認識の序列(ヒエラルキー)と類推の方法論の二つである。これら二つはイアン・バーバー[16]ならびにアーサー・ピーコック[17]、ナンシー・マーフィー[18]、フィリップ・クレイ

13　CTNS/Vatican Observatory 刊行、University of Notre Dame Press によって頒布された、神の行為についての5巻組シリーズを見よ。

14　Stoeger, "Scientific Accounts of Ultimate Catastrophes in Our Life-Bearing Universe," 19–20.

15　批判的な現実主義者たちもまた、言語は本来的に隠喩(メタフォリカル)的であると主張し、彼らは一致対応、首尾一貫性、そして有用性によって保証される真理の指示理論を擁護する。

16　Ian G. Barbour, *Religion in an Age of Science*, Gifford Lectures, 1989–90 (San Francisco: Harper & Row, 1990).

17　Arthur Peacocke, *Theology for a Scientific Age: Being and Becoming — Natural, Divine and Human* (Minneapolis: Fortress, enlarged ed. 1993). 特に、217頁の図3とそれに付随する本文を見よ。

18　Nancey Murphy, *Theology in the Age of Scientific Reasoning* (Ithaca, N.Y.: Cornell University, 1990). マーフィーは神学と科学を関係づける方法論の展開に貢献したけれども、彼女は「批判的現実主義」という用語には非常に批判的である。彼女の著書 *Anglo-American Postmodernity: Philosophical Perspectives on Science, Religion, and Ethics* (Boulder, Colo.: Westview, 1997) を見よ。

トン[19]、ジョン・ポーキングホーン[20]、またその他多数の人たちの先駆的著作の上に直接うち立てられている。

　第一の主張は、神学を含めて、科学と人文学は、これらが研究する諸現象が複雑さを増していく程度を反映する一連の認識レベルの中に位置づけることができる、というものである。この「認識の序列（ヒエラルキー）」の中では（「二つの世界」〔の主張〕に反して）下位レベルは上位レベルに制約を加えるが、しかし（「認識的還元主義」〔の主張〕に反して）上位レベルは下位レベルに完全に還元させられはしない。かくして、物理学は生物学に制約を加え、神経生理学は心理学に制約を加える。他方で、上位レベル（例えば生物学）の諸プロセス、諸特性そして諸法則は、下位レベル（例えば物理学）の諸プロセス、諸特性、諸法則に完全に還元させられはしない。

　第二の主張は、この序列の内部では、各々のレベルが同様の理論構築と理論検証の方法を含む、というものである。かくして、神学的方法論は科学的方法論に類似する（もっとも、幾つかの重要な違いはあるのだけれども）[21]。この主張は多くの神学者が実際に作業する方法の記述（*description*）であると同時に、神学的研究での進展のための規範（*prescription*）でもある。神学的教理は、間違って信じられたり、隠喩（メタファー）やモデルによって構築されたり、今や科学の成果を含んでいる神学のデータに照らして検査されたりする作業仮説として見なされるべきである。

　これら二つの考え方——認識の序列（ヒエラルキー）と類推の方法論——を単一の図式（ダイアグラム）に結合して（34ページを見よ。当面は道筋の6、7そして8は無視せよ）、会話を物理学と神学に限定することが有益である[22]。この図式（ダイアグラム）では五つの道筋が物理学から神学へと導く。(1) 物理学の諸理論は神学に制約を加えるデータとして直接的に働き得る。例えば、神の活動についての神学理論は特

19　Philip Clayton, *Explanation from Physics to Theology: An Essay in Rationality and Religion* (New Haven, Conn.: Yale University, 1989).

20　John C. Polkinghorne, *The Faith of a Physicist: Reflections of a Bottom-up Thinker*, Theology and the Sciences Series (Minneapolis: Fortress, 1994).

21　もちろん、バーバーやその他の人たちが注意深く力説するように、神学の方法論と自然科学の方法論の間には重要な違いがある。

22　物理学、生物学、そして神学を伴ったより複雑な図式を作ることができるだろう。例えば、神学に対する生物学の影響と同様に、生物学と神学の双方に対する物理学の影響を含める必要もあるだろう。等々！

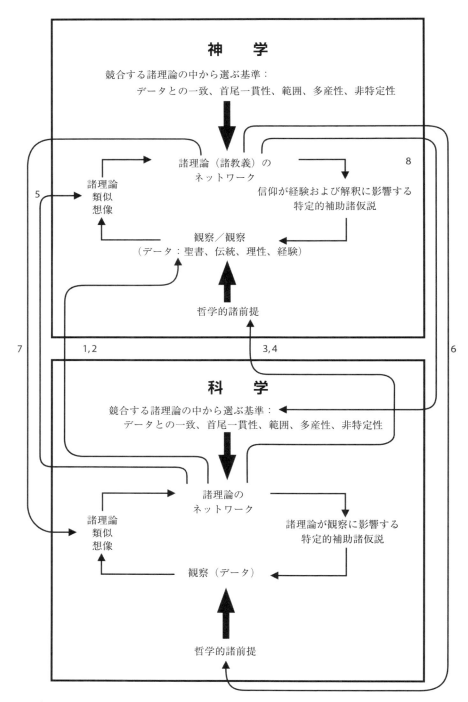

殊相対性理論を侵害してはならない。(2) 諸理論は神学によって「説明される」データとして、あるいは建設的な神学的議論の基礎として直接的に働き得る。例えば、標準ビッグバン宇宙論での t = 0 は *ex nihilo*〔無から〕の創造によって神学的に説明され得る。(3) 諸理論は、哲学的分析の後に、神学のためのデータとして間接的に働き得る。そこで、量子力学の非決定論的解釈は、自由意志が体により演じられるための物理的前提条件を提供することによって、神学的人間論の内部で機能し得る。(4) 物理学の諸理論もまた、それらが十分に明確化された自然哲学（例えば、アルフレッド・ノース・ホワイトヘッドのそれ）の中に組み込まれた時には、神学のためのデータとして間接的に働き得る。最後に、(5) 物理学における諸理論は、概念的ないし審美的インスピレーションを提供することで、神学的な発見の背景（コンテクスト）の中で発見的に機能し得る。そこで、生物学的進化は神の自然の中の内在について新鮮な解釈の着想を与えるかもしれない。便宜上、私はジョージ・エリスが示唆したシンボル「SRP → TRP」を使って[23]、科学的研究の諸プログラム（scientific research programs, SRPs）が神学的研究の諸プログラム（theological research programs, TRPs）に影響を与え得る五つの方法を示したい。

　今やわれわれは、なぜ終末論と宇宙論の問題が、神学と科学の諸分野を可能にしてきたのと同じ方法論的枠組みによって、われわれに強いられているのかをはっきりと理解する用意ができている。科学的宇宙論（例えば、ビッグバン宇宙論、インフレーション的ビッグバン、量子宇宙論、等々）は物理学（例えば、宇宙に応用された、相対論的に正しい重力理論）の一部なのである。それゆえ、「凍結か焼結か」の予測――あるいは未来におけるそれらの科学的な代替理論――は、神学が終末論的に主張できるものに制約を加え、また挑戦するはずである。偶発性、量子物理学、カオス理論、存在論的予測不能性、新奇性、突然変異、未来、あるいは形而上学、どれほどそれらを頼みにしてみても、それらだけではこの問題を解決するのに十分ではないだろう。

　アーサー・ピーコックとジョン・ポーキングホーンが終末論と宇宙論を多少詳しく扱っている。二人ともイエスの復活の客観的解釈を擁護しているが、私が人格的アプローチ対体（からだ）的アプローチと呼んでいるものについての支持

23　これはジョージの実際の示唆（私的な交信）を少しばかり修正したものである。

の点で違いがある。そしてこのことは、今度は、科学的宇宙論が二人の立場に挑戦する度合いを決めている。

ピーコックによれば[24]、復活を理解するのに二つの選択肢がある。(1) 一つは、連続性を肯定することである。この連続性のうちに、イエスの体は「根本的な変換」を受けて、彼の復活した状態に至る——私が「体の復活」と呼ぶものである。(2) その二つ目は、「歴史的問いは未決のままであることを認めて、不可知論者にとどまることである——すなわち、体の復活か、あるいは人格の復活か、それには結論を出さないでいること」である。ピーコックの意見では、双方の見解共にキリスト教信仰の「本質的中核」を含んでいる。イエスの全人格が栄光を受け、彼の同一性(アイデンティティ)が保持され、彼は今や神と一つになって存在し、そして彼は弟子たちに姿を現した。しかしながら、ピーコックが彼の主張を展開させるにつれ、彼が実際は「人格的復活」のほうをより好み、まさに彼が選択肢 (2) と呼んでいるものではないことが明らかになる。例えば、彼は選択肢 (1) の体の復活を拒否する。なぜなら、この選択肢はイエスの死とわれわれの死との関係、そしてわれわれの人格の同一性(アイデンティティ)の連続性とわれわれの体の変換との間の関係を疑わしいものにするからである。というのは、イエスの体の構成要素と違って、われわれの体のそれは朽ちて、地球のあちこちに散乱し、そこで他の有機体に貢献するのだから[25]。ピーコックが人格的復活の考えに傾いているということは、さらに、彼の終末論についての論議と、それが「現在の経験における人(マン)[原文のまま] と神の間の軸」に焦点を置いていることとによって、示されている。われわれの希望は、神の諸々の目的が「最後には、時間と空間を超越して、まさに神御自身の存在そのもののうちで成就されることである。……人の真の国籍は天にあり、そして……人の真の運命は空間と時間を超越したところにある。……」[26]。人

24　Peacocke, *Theology for a Scientific Age*, 279–88.

25　Peacocke, *Theology for a Scientific Age*, 332 をも見よ。ピーコックが Hans Küng, *On Being a Christian* (Garden City, N.Y.: Image Books/Doubleday, 1976/1984), 364–66 を用いていることは、彼が「体的」見解から遠いことのさらなるしるしであることに注意せよ。これは、オコリンズがキュンクに反対する議論の中で参照指示しているものである。Gerald O'Collins, S.J., "The Resurrection: The State of the Questions," in *The Resurrection: An Interdisciplinary Symposium on the Resurrection of Jesus* (Oxford: Oxford University, 1997), 13 を見よ。

26　A. R. Peacocke, *Creation and the World of Science: The Bampton Lectures, 1979* (Oxford:

類の究極的な運命は、ダンテの『神曲　天国篇』の中で表現されたような「至福をもたらす未来像」である[27]。

　ポーキングホーン[28]は体の復活を意味する解釈と空っぽの墓の史実性を支持して広範に議論を展開している。彼は、イエスは墓の中での体の腐敗という点でわれわれと運命を共にしているはずだという主張に同意しない。そうではなくて、空っぽの墓は「物質には運命がある」ということを意味している、ただし、変換された運命ではあるが。ポーキングホーンは、フランク・ティプラーの「物理的終末論」というラベルを貼られた「幻想的で奇妙にぞっとさせるようなプログラム」も含めて、厳密に自然のプロセスに基づいた終末論的見解を拒否する。そうではなくて、われわれの希望は神の中に宿っていなければならず、神の被造物の中に宿っているべきではない。彼は体を持った魂としての人間の本性（ヒューマン・ネイチャー）という二元論的見解もまた拒否する。そうではなくて、われわれは精神身体的統一体（サイコソーマティック・ユニティ）である。死とはこの統一体の分解であるが、しかし復活にあって、われわれは神によって「新たな環境」の中に再－創造されるのである。

　神はどのようにしてこの新たな環境を創造するのであろうか？　ここで、われわれは空っぽの墓の決定的重要性が分かる。ちょうどイエスの体が復活し栄光を授けられた体に変換されたように、この新しい環境の「物質」は「この世界の変換された物質」から生じるはずである。「この新しい創造は、神による、彼（ヒー）が［原文のまま］古い創造で最初にしようと企てたことの二回目の試みではない。……最初の創造は *ex nihilo*〔無から〕であったが、それに対して、新しい創造は *ex vetere*〔古きものから〕であり……新しい創造は古い創造の神的贖（リデンプション）いである。……［この理念（アイデア）］は古い世界の廃絶を含意するのではなく、むしろそれの変換を含意する」[29]。*ex vetere*〔古きものから〕の創

Clarendon, 1979）〔A. R. ピーコック（塚田理、関正勝訳）『神の創造と科学の世界――ウィリアム主教記念講座』新教出版社、1983 年〕第 8 章。

27　Peacocke, *Theology for a Scientific Age*, 344–45.

28　John Polkinghorne, *The Way the World Is* (Grand Rapids: Eerdmans, 1983)〔J. ポーキングホーン（小林徹郎、松本武三訳）『世界・科学・信仰』みすず書房、1987 年〕第 8 章、Polkinghorne, *The Faith of a Physicist*, 第 6、9 章、特に 163–70、John C. Polkinghorne, *Serious Talk: Science and Religion in Dialogue* (Valley Forge, Pa.: Trinity Press International, 1995) 第 7 章。

29　Polkinghorne, *The Faith of a Physicist*, 167.

造とは、「現在の創造された秩序は……深遠な重要性を［持っている］、なぜならそれは、そこから新しいものが生じる原材料だからである」、ということを意味する。それはわれわれの惑星の環境に対するわれわれの関心を強調しており、受難の問題、そしてそれゆえ神義論に対する唯一の迫真の返答を提供している。新しい天と地がどんなものであるかを知る手がかりは、復活についての福音書の記事と聖餐の中に見出される連続性と不連続性のテーマから得られるかもしれない。それ以上に、われわれは連続性を理解する上での助けを科学から、あるいはもっとより正確には、ポーキングホーンが「メタ科学……、多数の個別物の科学的探究からある一般的理念(アイデア)を抽出すること」と呼ぶもの[30]から、得られるかもしれない。

要するに、イエスの復活の人格的解釈、そしてそれと共に、神の幻(ヴィジョン)に限定された終末論の方をより好むことによって、ピーコックは凍結か焼結かの見通しの暗い予測を伴う宇宙論の挑戦を回避するのである。他方で、ポーキングホーンは空っぽの墓を含め、イエスの体の復活に同意していることをはっきりさせている。それだから、彼は科学的宇宙論が掲げる挑戦を認めて受けとめねばならない。彼は凍結か焼結かの予言を決してはっきりとは拒否しないけれども、私は彼が *ex vetere* 〔古きものから〕を支持することの中に、これが暗黙のうちに示されていると見なすのである。もしわれわれが「最悪の事態のシナリオ」を追究する中で、この点を越えて進みゆくことになるとすれば、われわれは拡大された方法論を必要とするだろう。

科学的宇宙論と終末論の新たな研究のための方法論とガイドライン

お前は私が言っていることだからこれらの事柄は真実であると信じていることは私に分かる。
とは言え、どのように真実であるのかは、お前は分かっていない。

---

30 John Polkinghorne, "Eschatology: Some Questions and Some Insights from Science," in *The End of the World and the Ends of God: Science and Theology on Eschatology*, ed. John Polkinghorne and Michael Welker (Harrisburg, Pa.: Trinity Press International, 2000), 29–30.

かくして、信じられているけれども、真実はお前からは隠されている。

ダンテ・アリギーリ [31]

　もしそれが不可能であるなら、それは真実ではあり得ない。しかし、もしそれが真実ならば、それは不可能ではあり得ない。

　明らかに、人がもし神学と科学の現行の方法論を仮定し、イエスの体の復活と宇宙論的変換の終末論に取りかかるとするなら、その時には、人は否応なく現今の科学的宇宙論の諸予言との直接的な矛盾に追い込まれるように思われる。議論を前進させるために、私はわれわれの方法論を拡大することを提案する。それは、神学と科学の間に正真正銘の相互作用を可能とするためである。

挑戦を受けて立つための新たな方法論：
キリスト教神学と自然科学との相互に創造的な相互作用

　先に、われわれは科学が神学に与える影響の五つの道筋を図に描いた。今、三つの新しい道筋を追加することで、影響の方向を逆転させていただきたい（34ページの図式(ダイアグラム)上の道筋6、7および8を参照されたい）。これらの道筋は、神学が科学の根底にある哲学的前提に与えるかもしれない影響と、しばしば「発見の文脈(コンテクスト)」と呼ばれる現行の研究の開始段階で機能している、インスピレーションの発見的(ヒューリスティック)源泉を表現している。私は再度エリスの提案を使って、これらの道筋を「TRPs → SRPs」と表現することにする。

　第一の新しい道筋は、科学の根底にある哲学的前提に関わる。今や極めて明らかなことは、歴史的に、神学的理念(アイデア)が科学的方法論の根底にある哲学的前提の幾つかを提供したということである。科学史家と科学哲学者は、*ex nihilo*〔無から〕の創造の教義が、世界の合理性というギリシア的前提と、世界は偶発的なものであるという神学的前提とを結合することによって、どのように近代科学の勃興に重要な役割を演じたかを詳細に示した。これらの前提は一緒になって、自然のプロセスを表現するための経験主義的方法と数学の利用の出現を助けた [32]。

31　Dante Alighieri, *The Divine Comedy*, trans. John Ciardi (New York: W. W. Norton, 1970), The Paradiso〔ダンテ『神曲　天国編』〕第二十歌 88–90 行。

32　自然を *ex nihilo*〔無から〕の創造と見なすことは、宇宙が偶発的で合理的であること

第二および第三の新しい道筋は、科学における発見の文脈に関わる。私の見解は、神学的理論は新しい科学的理論を構築する際にインスピレーションの源泉として働くことがある、というものである。一つの興味深い例は、ホイル〔Sir Fred Hoyle〕の「定常」宇宙論の探究に与えた、無神論の名状しがたい影響である[33]。また、神学的理論は、科学における理論選択の基準のうちで選択の規則(ルール)へと導いてくれたり、あるいはそれを示唆してくれたりすることもある。例えば、もし人が、ある神学的理論が真実であると考えるなら、その時には、人はその理論が真実であり得るためには物理学のうちでどんな条件を獲得しなくてはならないか、線引きすることができる。そして、これらの条件が今度は、個々の研究科学者ないしグループ仲間が特定の科学的理論を追求するために、その動機づけとして役立つのである。

　神学と科学の間の非対称性は今や明々白々である。神学的理論が科学にとってデータとして機能することはなく、科学的理論が神学に制約を加えるような仕方で、どんな科学的理論が構築できるかということに対して神学が制約を加えることはないのである。それでも、依然として神学と科学の分野を支配している、もっと限定された方法論と違って、今や神学が科学に影響を及ぼし得るのである。神学は科学の下支えとなる暗黙の自然哲学のなかで、また科学的発見の明示的な背景(コンテクスト)のなかで、建設的で発見的(ヒューリスティック)な役割を演じることができる。八つの道筋は一緒になって、科学と神学をより一層の相互作用的様態(モード)で描いている。私はこれを創造的相互作用の方法と呼ぶよう提

を含意する。これらは、現代科学が基礎としている基本的な哲学的前提の二つである。例えば、Michael Foster, "The Christian Doctrine of Creation and the Rise of Modern Science," in *Creation: The Impact of an Idea*, ed. Daniel O'Connor and Francis Oakley (New York: Scribner's, 1969); David C. Lindberg and Ronald L. Numbers, eds., *God and Nature: Historical Essays on the Encounter between Christianity and Science* (Berkeley: University of California, 1986)〔D. C. リンドバーグ、R. L. ナンバーズ編（渡辺正雄監訳）『神と自然――歴史における科学とキリスト教』みすず書房、1994年〕; Gary B. Deason, "Protestant Theology and the Rise of Modern Science: Criticism and Review of the Strong Thesis," *Center for Theology and the Natural Sciences Bulletin* 6.4 (Autumn 1986); Christopher B. Kaiser, *Creation and the History of Science*, The History of Christian Theology Series, no. 3 (Grand Rapids: William B. Eerdmans, 1991) を見よ。

33　Helge Kragh, *Cosmology and Controversy: The Historical Development of Two Theories of the Universe* (Princeton: Princeton University, 1996).

案する。それは二つの相互に連結した段階(ステップ)を持っている。道筋の1から5を辿っていくと、われわれは物理学と宇宙論に照らしての、終末論のもっとニュアンスを持った理解を構築することができるし（SRPs → TRPs）、さらに道筋の6から8を辿っていくことで、この終末論に照らしての、現行の科学的宇宙論の新鮮な解釈、ないしはひょっとしてその修正、を探ることになる（TRPs → SRPs）。

それゆえ、神学と科学の本当の進歩の兆候は、それら双方が自身の学問分野としての進歩の基準の中で、相互作用が実りの多いものであることを見出すということであろう。もし、このような企画(プロジェクト)が仮にも成功するとするなら、これら二つの軌跡を、少なくともごく予備的な仕方で一つにまとめて、イエスの復活と来臨(パルーシア)におけるその終末論的完成に照らして、現在可能であるよりももっと首尾一貫した宇宙の歴史と運命の全体像を描くことが、最終的には可能となるかもしれない。

しかしながら、この企画(プロジェクト)は明らかに長期にわたる企てで、科学、哲学、そして神学の様々な分野からの学者たちの参加を必要とするものである。われわれはどのようにしてそれを始めることができるだろうか？　私は、われわれにはまず最初にわれわれに実り多い方向を指し示してくれる指針(ガイドライン)が必要だと信じる。それらの指針を用いて、われわれは研究へと分け入るための特定の方法の探究を開始することができる。

建設的神学のための一般的哲学的指針(ガイドライン)（G1–G4）

われわれは今日の科学に照らして神学を構築していくための指針(ガイドライン)でもって始めることとする。われわれの最初の四つの指針(ガイドライン)は、建設的神学における全般的な哲学的および方法論的問題に関わるものである。注意されたい。これらの指針(ガイドライン)は科学に照らしての神学的研究に当てはまる。それらは科学的研究には当てはまらない（これについては下記の指針(ガイドライン) 8–10 を見られたい）。このことは特に指針(ガイドライン) 1 についてそうである。なぜなら、科学者たちが自分たちの理論を経験的(エンピリカル)な証拠によって検証するとしたら、彼らは類推の原理と、そしてもっと具体的には、自然法則の普遍的適用性を前提としなければならないからである。

41

指針1：科学についての二つの哲学的前提の拒否：
類推による議論と、法則論的普遍性としてのその表現

　第一の指針(ガイドライン)はわれわれがここで考察しているような種類の終末論、すなわちイエスの体の復活に基づいた終末論に対して、物理的宇宙論が提起してくる根本的な挑戦に関わるものである。最少限の形で示せば、この挑戦とは以下のようなものである。もし今日の科学的宇宙論の予言が実現するとすれば、来臨(パルーシア)はただ単に遅延するというだけではない、それは決して起こらないであろう。そして、もしこのことがそうであるなら、第一コリント書15章のパウロの論理は厳然として動かせないものである。もし全ての人の復活が決してないのなら、キリストは死者から復活させられなかったのであり、われわれの希望も虚しいものである。挑戦は神学から科学になされると見なされることもできる。もし、実際に、イエスが体を持って死者から復活したことが本当であるなら、全ての人の復活が不可能であるはずがない。このことは、今度は宇宙の未来が科学的宇宙論の予言するものではなくなる、ということを意味する。

　われわれは言い争っているように見える。われわれはこの根本的な挑戦をどのように解決すべきだろうか？　私の応答は、その挑戦が科学からなされているのでなく、われわれが当たり前のように科学に持ち込む哲学的前提から、すなわち、科学的予言は無条件に抱いている前提からなされていることを認識するということである。この前提は二つの議論を含んでいる。(1) その最も根本的なレベルにおいて、未来はまるっきり過去の通りであろう、という議論（あるいは、人があまねく「類推による議論」と呼ぶことができるもの）。(2) 過去と現在を支配するその同じ自然法則が未来をもまた支配するであろう、という議論（あるいは人が「法則論的普遍性」と呼ぶことができるもの）。

　しかしながら、科学が宇宙の過去の歴史について記述しまた説明することを全て受け入れる一方で、科学の未来の予言については非常に異なった想定を受け入れることも全く可能である。最初の一歩は、自然法則が記述的（descriptive）なものであるのか、それとも規範的（prescriptive）なものであるのかを決定することである。この点では、ウィリアム・ステーガーが議

論しているように、科学だけではこの問題に決着はつけられない[34]。すると、哲学的根拠に基づいて、自然法則は記述的であるという確固たる主張がなされ得るのである。すると今度は、神学的根拠に基づいて、科学が記述する自然のプロセスは創造主としての神の現在進行中の行為の結果であると、人は主張することもできるのである。自然のプロセスの規則性は神の忠実さの結果である、と。しかし、神は人間の歴史においてのみならず神の創造物である宇宙の現在進行中の歴史においても、徹底的に新しいやり方で行動する自由を持っている。

このような主張をするもう一つ別の仕方は、全ての科学的法則は *ceteris paribus* 〔その他が同じであるなら〕という条項を伴うこと、すなわち、科学的諸法則の予言は「他の全てのことが同等であるならば」有効であるということを認識することである。しかし、もし神の規則的な行為が、われわれが自然法則によって記述するものを説明するのであれば、そして、もし神が世界を変換するために徹底的に新しい仕方で行為するのであれば、それならばもちろん、他の全てのことは同等ではない[35]。もしも神がイースターに行為しなかったならば、そして、もしも神が宇宙の現在進行中の終末論的変換をもたらす行為を継続しないのであれば、「凍結か焼結か」の予言は宇宙論的未来に対して当てはめ得たかもしれない、とわれわれは言えるのである。

指針（ガイドライン）1はまた法則論的普遍性に決定的に重要な制限を加えもする。その制限とは、宇宙論的未来についての予言は、明らかに、過去と現在における全体としての宇宙に適用できるけれども、われわれが現在知っているところの自然の諸法則を際限なく未来に拡大することはできない、というものである。要するに、もしも神がイースターに行為しなかったならば、そして、もしも神が宇宙の現在進行中の終末論的変換をもたらす行為を継続しないはずであれば、「凍結か焼結か」の予言は宇宙論的未来に対して当てはまったかもしれない、とわれわれは言えるのである。

34　William R. Stoeger, S.J., "Contemporary Physics and the Ontological Status of the Laws of Nature," in *Quantum Cosmology and the Laws of Nature*, ed. Russell, Murphy, and Isham, 209–34.

35　この点を私に（私的な交信の中で）力説してくれたことに対して、私はナンシー・マーフィーに感謝している。

指針2：終末論は宇宙の過去と現在に関して
方法論的自然主義を包含すべきである：形式的議論

　われわれが如何なる終末論を構築するにせよ、それは宇宙の過去の歴史記述においては科学的でなければならない。もっと正確に言うならば、終末論は過去の記述においては方法論的自然主義によって制約されねばならない。それは自然の（二次的）原因、プロセス、またその固有の性質を説明する際には神を持ち出してはならない[36]。

　この指針は形式的な議論である。それはこの指針による提案を「インテリジェント・デザイン」のようなアプローチからできる限り鋭く分け隔てる。そうしたアプローチが、物理学と生物学に対して、ないしはそれらのどちらかに対して、その説明の仕方に神的媒介を含んでいないことで批判的である限りにおいて、そうする。

指針3：如何なる修正された終末論にも課せられる「制限条件」
としてのビッグバン宇宙論とインフレーション的宇宙論
（道筋1および3）：実質的議論

　指針3は実質的議論である。それは、考え得る如何なる終末論にも標準的そしてインフレーション的ビッグバン宇宙論ないし（量子宇宙論のような）その他の科学的宇宙論が制限的条件を据える、と述べることで、道筋1と3を辿っていく。宇宙とその中にある生命の歴史と展開についてわれわれが知る全てが、神学、殊に哲学的に解釈された神学のためのデータとなる。

指針4：形而上学的選択肢：
制限されてはいるが、しかし強制されてはいない

　今日の終末論を修正するについては、われわれがそこから選ぶことのできる多様な形而上学的選択肢がある。それらの選択肢はわれわれに強制されてはおらず、あるいは科学によって決定されてもいない。他方で、終末論は神を前提として始まるので、還元的唯物論と形而上学的自然主義を排除する。自然科学を理解することで、他の形而上学的選択肢は、プラトン的ないしデ

36　方法論的自然主義への傾倒は神の存在／非存在について如何なる存在論的含意も帯びていない（つまり、それは本来的に無神論的ではない）ことに注意することが重要である。

カルト的な存在論的二元論を含め、見込みの薄い候補となる。他方で、幾つかの形而上学的選択肢は、物理主義、創発的一元論（emergent monism）、二局面的一元論（dual-aspect monism）、存在論的創発（ontological emergence）、そして汎経験主義（ホワイトヘッド派形而上学）も含めて、科学およびキリスト教神学と両立できるものである。

科学に照らしての特定の神学的構築のための指針（ガイドライン）（G5–G7）

われわれは今や、科学の、そして特に科学的宇宙論の、あらゆる発見を取り上げかつ組み込んだ仕方で、指針（ガイドライン）1が取り組もうと意図した哲学的問題に戻ってしまうことなく、われわれの終末論理解を再検討するという巨大な仕事を始めなくてはならない。

指針（ガイドライン）5：「変換可能性」とその可能性に対する形式的条件（「〜であるように」[37] ないし「超越的」議論）

われわれの出発点は、新しい創造が古い創造の代替ではなく、あるいは、*ex nihilo*〔無から〕の第二の異なる創造でもないということである。そうではなくて、ポーキングホーンの語法を借用すれば、神は神の創造物たる宇宙を *ex vetere*〔古きものから〕新しい創造物へと変換するのである。そうであれば、神は宇宙を、それが変換可能であるように創造したのに違いない、すなわち、宇宙は神の行為によって変換され得る、ということになるのである。具体的に言えば、神は宇宙を、宇宙が神の新たな行為によって変換可能であるために宇宙が前提条件として必要とする諸条件と諸特徴でもって、まさしく創造したのに違いないのである。その上、もし宇宙が変換されることになっており、置き換えられるのではないのであれば、神は宇宙を、新しい創造の一部となるような諸条件と諸特徴でもって、まさしく創造したに違いないのである。科学は宇宙の過去と現在の歴史についての深い理解を提供してくれるので（指針（ガイドライン）2、3）、科学は、もしわれわれがこれらの必要条件、特徴、なら

---

[37] 特に、本論考集に収められた、ノリーン・ヘルツフェルド、ナンシー・マーフィー、テッド・ピーターズ、ジェフリー・シュロス、それにミヒャエル・ヴェルカーによる論文を見よ。

びに前提条件が何であるかを、少なくとも若干の蓋然性をもって確認する方法を見出せるなら、かの変換について何かを理解するという神学的課題にとって、計り知れない助けとなり得るのである。体の復活と新しい創造についてのわれわれの以前の議論を用いて、私はこれらの諸条件と諸特徴を「連続性の諸要素」と呼ぶこととする。

指針5は超越的ないし「～であるように」の議論と考えることができる[38]。一つの単純な類似と言えば、開放的存在論は、主意主義的な自由意志が成立するための一つの前提条件を提供してくれると考えることができようが、しかし明らかに、そのための十分な根拠を提供してくれはしない、というものである。科学はまた、現在の創造のどの諸条件と諸特徴が新しい創造に継続されていくとわれわれが期待しないかに光を投げかけてくれるかもしれない。これらは、創造と新しい創造の間の「不連続性の諸要素」と呼ぶことができる。かくして、物理学と宇宙論は、創造にとって何が本当に必須であるのか、そして癒しをもたらす変換が生じる中で何が後に残されるはずであるか、それを選別しようとするわれわれの試みにおいて深く大きな役割を演じるかもしれない。

指針5は、イエスの復活についての神学的文献に見出される「連続性」と「不連続性」という用語に、より一層正確な意味と科学との潜在的関連とを与えている。その指針がしかるべく整えられるなら、われわれは最終的には実質的議論へと進んで、それらの連続性と不連続性の諸要素がまさに何であるのかを問うことができる。

指針6：不連続性の中の連続性：関係性の逆転

先行する指針と密接に関連しているのは、連続性と不連続性の諸要素の相対的な重要性についての第二の形式的議論である。これまで、神学と科学において不連続性は、「創発（エマージェンス）」という用語によって暗示されているように、自然の中の連続性という根底にある主題（テーマ）の内部では二次的役割を演じてきた。したがって、他に還元できない新しい諸プロセスと諸特性（すなわち不連続性）は、自然の全体的かつ全面的な、そして持続的な背景（すなわち連続

---

[38] 私は、ここで「超越的」という用語を示唆してくれた（私的な交信）ことに、カーク・ウェグター＝マックネリーに感謝している。

性）の内部で生まれてくる。かくして、生物学的現象は物理的世界の連結体(ネクサス)から進化し、有機体はその細胞と器官という基底構造から作り上げられ、心は神経生理学的状況(コンテクスト)から生まれてくる、等々。しかしながらここで、復活と終末論ということになると、私はこの関係を逆転させることを提案する。連続性の諸要素は存在するだろうが、しかし、ex vetera〔古きものから〕の神の新しい行為による宇宙の変換によって示されているように、もっと徹底的(ラディカル)で基本的な不連続性の内部においてである。この逆転によって、基本的なものとしての不連続性は、「物理的終末論」のような自然主義的なまた還元主義的な見解と関係を断つ合図となり、他方、連続性は、たとえ二次的であるとは言え、「〔別々の〕二つの世界」の終末論を排除するのである。

　このことは、われわれが選択すべき諸理論の候補を探究することに対して重要な意味合いを持つ。これは「不介入主義的な客観的で特別な神的行為」を候補から排除する。なぜなら、これは自然全体の変換を伴わないからである。事実、これらのアプローチは、客観的で特別な神的行為を自然諸法則の違反あるいは中断を必要とすることなしに可能にするのは通常の自然諸法則の連続的働きなのだ、と前提してはいる。しかしイエスの体の復活はわれわれをもっとずっと根本的な見解に導く。空間、時間、物質そして因果関係という背後の条件の根本的変換、そしてそれと共に、現在の自然諸法則の少なくともほとんどのものの永久的変化、という見解である[39]。

指針(ガイドライン)７：「相対論的に正しい終末論」：今日の物理学に照らしての終末論の構築（道筋１、２ならびに３）

　われわれは、ビッグバンが宇宙の未来について提示する予言は脇に置いておくけれども、道筋１と２を辿って、宇宙論が宇宙の歴史についてわれわれに教えてくれる事柄と共に、今日の物理学——具体的には相対性理論および量子物理学——に照らして終末論に関する現行の作業を再構築する準備が整えられていなければならない。私はこの企画(プロジェクト)を「相対論的に正しいキリスト教終末論」と呼ぶことにする。

---

[39] 私は、以前の不介入主義的神的行為についての研究は復活の問題を扱っていなかったというオコリンズの批判に同意する。O'Collins, "The Resurrection," 21 n.52 を見よ。

科学における建設的な作業のための指針(ガイドライン) (G8–G10)

われわれの企画(プロジェクト)は、神学領域におけるそのような修正が今日の科学にとって——少なくとも、ここで展開されているような終末論への関心を共有し、そのような関心が研究科学への創造的洞察を活気づけられるかどうかに興味を抱いている個々の科学者にとって——何らかの利益になるかどうかという問いをもまた含むのである。非常に異なった指針(ガイドライン)が科学的研究には有効である。科学者たちは神学的研究にのみ適用される先の指針(ガイドライン)を脇に置き、その代わりに指針 8–10 を考慮すべきである。

指針(ガイドライン) 8:哲学的また科学的修正に導く自然の神学的再概念化(道筋6)

ここでは、われわれは道筋6に沿って進みながら、自然を創造でもありまた新しい創造でもあるとする、自然のより意味豊かな神学的概念が、現在のところ自然科学の根底に横たわる自然哲学の中に、つまり、今日の物理学や宇宙論における空間、時間、物質また因果関係に関する哲学の中に、重要な修正を生み出すことができるかどうかを発見していく。

指針(ガイドライン) 9:現存諸理論の間での理論選択基準を示唆するものとしての神学(道筋7)

われわれはまた道筋7に沿って進んで、理論物理学と宇宙論における現行の選択肢の哲学的相違を探究することができる。研究科学者たちの神学的見解は、すでに検討中の理論的プログラム(例えば、量子重力への多様なアプローチ)のうち、どれを追求すべきかを選択する上で何らかの役割を演じるかもしれない。

指針(ガイドライン) 10:新しい科学的研究の諸プログラム(SRPs)を示唆するものとしての神学(道筋8)

最後にわれわれは道筋8に沿って進んで、その動機が、少なくとも部分的には、神学的関心に由来する新しい科学的研究の諸プログラム(SRPs)の構築を提案できる。

この節を結ぶにあたり、私は科学におけるそのようなプログラムの全ては、

神学ないし哲学がその発端において演じたかもしれない役割の演じ方（しばしば「発見の文脈(コンテクスト)」と呼ばれるもの）には関係なく、科学的共同体（しばしば「正当化の文脈(コンテクスト)」と呼ばれるもの）によって検証されなくてならないだろうということをもう一度強調しておきたい。

SRPs → TRPs：科学に照らしての変換としてのキリスト教終末論の再構築

　われわれの根本的問題点は明らかである。われわれは、イエスの体の復活、そしてそれゆえ変換の終末論に対するわれわれの傾倒(コミットメント)、それに加え宇宙の過去の歴史と現在の状態に関する科学的宇宙論、および特殊相対性理論や一般相対性理論や量子力学のような基礎的理論における科学的宇宙論の基礎、これら双方と首尾一貫したキリスト教終末論を再構築しなければならない[40]。そのような企画(プロジェクト)は可能だろうか？　私は、これは正真正銘未解決の研究問題であると信じる。この問題を実際に遂行しようと試みる前に、前もって答えが与えられることなどできないのである。

　最初の一歩として、われわれは連続性と不連続性、そしてそれらの前提条件に焦点を当てながら——それらの前提条件はかの変換の一部となっているのである——道筋5と6を辿っていくことができるだろう。これらは、新約聖書の中で描き出されたイエスの復活と神の支配、そしてキリストの生きた体、すなわち教会におけるそれのおぼろげな感知、この題材の否定神学的(アポファティック)性格〔否定的言説によって神を規定する神学〕をはっきりと心に留めておくことなどから、こつこつ拾い集められるある種の示唆的な諸々の終末論的暗示(ヒント)の中に見出されるかもしれない。

連続性と不連続性
　(a) イエスの復活からの連続性の暗示(ヒント)：イエスに触れることができた、イエスは食べることができた、パンを裂くことができた、姿が見えた[41]、声が

40　この企画(プロジェクト)は、最終的に、これらを重力の量子論およびそれに類するものにまとめる試みも含むであろう。
41　「見ること」は「恩寵」を必要とするだろうか？　O'Collins, *The Resurrection* における

聞けた、そして彼であると確認することができた。これらの、「実現された終末論」の諸事例は、古い創造の内部で先取(プロレプシス)的に拡大された新しい創造の領域を示唆している。すなわち、イエスの昇天と共になくなるが、しかしそれが存在する時には、イエス、弟子たち、そして彼らの環境を含む領域を示唆している[42]。不連続性の暗示(ヒント)：これらの復活した主との出会いは、単なる蘇生や、身体的特徴への通常の制限と袂を分かつものである。(b) 新約聖書と教会における神の支配からの連続性の暗示(ヒント)：新しい創造は共同体の中にある人と彼らの倫理的関係を含む[43]。不連続性の暗示(ヒント)：神の支配の中では、アウグスティヌスの適切な表現を借用すれば、「罪を犯さないことは可能でない」現在の創造に比べて、「罪を犯すことは可能でない」であろう。(c) 歴史的な神学と今日の神学における死と万人の復活との間の人格的同一性の問題からの連続性の暗示(ヒント)：(1) パウロの種(たね)の類推(アナロジー)[44]。(2) 歴史的キリスト教思想における死と万人の復活との間の数的、物質的、そして／あるいは形式的な連続性[45]。不連続性の暗示(ヒント)：今や死が全ての人を待っているけれども、万人の復活は、イースターでのイエスの復活のように、蘇生ではないであろう。パウロの四重の対比〔を参照〕[46]。

これらの連続性と不連続性の前提条件

次に、われわれはこれらの連続性と不連続性を可能にする前提条件を探索する。一つの方法は、連続性の諸要素を可能にするか、あるいは不連続性の諸要素に導くような諸特性に焦点を合わせながら、専門分野の序列(ヒエラルキー)を認識

オコリンズとデイヴィスの間の討論を見よ。

42 ミヒャエル・ヴェルカーは「終末論的補完性」によって、すでに現在的なものとしての神の国と黙示的なものとしてのそれとの間の関係に関する非常に想像的な定式的表現を提供している。本書中の彼の章を見よ。

43 このテーマの非常に創造的な展開について、本書に収められたナンシー・マーフィーによる章を見よ。

44 第一コリント書 15:35 以下。

45 Caroline Walker Bynum, *The Resurrection of the Body in Western Christianity, 200–1336* (New York: Columbia University, 1995); Sandra Schneiders, "The Resurrection of Jesus and Christian Spirituality," in *Christian Resources of Hope* (Dublin: Columba, 1995), 81–114. また、本書所収のブライアン・デイリーによる論文をも見よ。

46 第一コリント書 15:42 以下。

に関して下方へと進んでいくことである。さしあたり、社会学、心理学、および神経科学に見出せる多くの階層は脇に置き、直接物理学に進む。ここで、われわれは連続性と不連続についての議論の根底に横たわる種々多様なテーマを見出す。一つの中心的テーマは時間性、あるいは神学的な主題としては時間と永遠の関係、である。別のテーマは、共同体の中にある人が愛において自由に行為するための前提条件としての存在論的開放性（すなわち、非両立主義［incompatibilist］的自由を前提して〔様々な哲学上の立場は、あらゆる事象は決定されているか否か（決定論 対 非決定論）について、また同様に、自由は決定論と共存できるか否か（両立主義 対 非両立主義）について意見を異にしている〕）である。さらに、創造と新しい創造は三位一体の神の行為であるから、存在論的関連性のテーマも含まれる[47]。われわれが現在知っているような数学は、もしそれが何らかの意味で神の心の中に基礎を置いているとするなら、新しい創造の中に存在するだろうということは、議論の余地がある[48]。

神学的研究プログラム（TRP）：終末論の再構築

次のステップは、〔これまで記してきた〕これらの議論に照らして、そして指針（ガイドライン）3と7を辿りつつ今日の科学と宇宙論に照らして、キリスト教終末論の再構築に着手することである。これは、明らかに本章の限界をはるかに越え出た広汎な調査を必要とすることだろう。それにもかかわらず、前進のための幾つかの示唆は、当該企画（プロジェクト）の一つの局面に、つまり、時間と永遠の関係に短く焦点を当てる中で見出すことができる。

今日の三位一体論を唱える神学者[49]の間で幅広く共有されている決定的な

47　ポーキングホーンは "Eschatology"、特に 29–30 頁で非常に似通った提案をしている。

48　Robert John Russell, "The God Who Infinitely Transcends Infinity: Insights from Cosmology and Mathematics into the Greatness of God," in *How Large Is God*, ed. John Marks Templeton and Robert L. Herrmann (Philadelphia: Templeton Foundation Press, 1997).

49　「時間と永遠」の問題についての三位一体論を唱える神学者たちの役立つ概観については、Peters, *God as Trinity* および Robert John Russell, "Time in Eternity," *Dialog* 39.1 (March 2000) を見よ。もちろん、三位一体論の教義についての現今の議論には根本的な問題がある。そうした根本問題の中には、その教義の根源（それは分析的か、それとも総合的か？）、神格の意味、それらの一体性の原理、経綸的および内在的三位一体論、等々が含まれる。ここで私はこれらの問題の間の裁定を試みることはしない。私はただ、科学との対話を開始する方法を示唆するために、議論の余地はあるが、大抵の三位一体

議論は、永遠とは無時間性であるとか、終わることなき時間であるというよりも、時間性についてのより意味深長な概念である、というものである。本質的に、永遠はわれわれが知っているような、そして新しい創造においてわれわれが知ることになるような時間の源である。永遠は時間の完全に時間的な源かつ到達点なのである。バルトはこれを「超時間的」と呼んでいる。モルトマンはそれを「未来の未来」と呼んでいる、そしてピーターズは未来をただ単に明日がもたらすもの（futurum）ではなくてわれわれのもとに到来するもの（adventus）と呼んでいる。パネンベルクは神が先取的に永遠から行動すると主張する。神はこの世を贖うために、〔永遠から〕遡って時間の中へと達する、特にイエスの生涯、宣教活動、死、そして復活の中へ。このアプローチにおいて、時間と永遠の関係は、有限なものが無限なものに関わる関係をモデルにかたどられる。ここでは、（プラトン／アウグスティヌス的な、永遠を無時間性と考える見解においてそうであるように）無限なものは有限なものの否定ではない。そうではなくて、無限なものは絶えず有限なものを超越しつつそれを包含するのである。

　私の意見では、永遠についてのこの見解には、少なくとも五つの明瞭に区別できるテーマが含まれている。(1) 全ての出来事の共‐存在（co-presence）、そこでは時間の中で明瞭に識別できる出来事が、それにもかかわらずその明瞭な区別を破壊したり、包摂したりすることなく、相互にとって存在する。(2)「流れる時間」、そこでは各々の出来事が「過去／現在／未来」（past/present/future = ppf）構造ないしは「不均質な時間的存在論」を有する。(3) 持続、そこでは各々の出来事が経験においてと同様、自然においても時間的な厚みを持ち、また出来事はそれ固有の時間的構造を欠いた点的な現在の瞬間ではない。(4) 先取（プロレプシス）、そこでは未来が現在の中にすでに存在し、そして活動しているが、他方で、イエスを死者の中から起こすことにおける神の行為によって例示されているように、未来は未来のままに留まっている。そして(5) 巨視的（グローバル）未来、そこでは全ての被造物が共同体の中に存在していることのできるために、創造の全てにとって単一の巨視的（グローバル）未来がある。

　注意されたい：永遠における流れる時間と共‐存在の結合は、全ての出来事が「同時的に存在」し、（ボエティウス流に）〔Boethius (c.480–524 年) は「最

説的表現が共通して持っている幾つかのテーマを持ち上げているだけである。

初のスコラ哲学者」と評されることもあるローマの哲学者。古代ギリシア哲学に傾倒し、倫理の根拠をイデア説と〈想起〉に置いて、理性によって感情と外界の障害を克服しようとした〕互いにいつでも求めに応じられるが、とは言え、各々の出来事はそれ自身の独一的同一性(アイデンティティ)を保持している、ということを意味する。かくして、新しい創造においては、「流れ」は「共－存在」を「今（nunc）」に還元してしまうことを阻止する一方で、「共－存在」は「流れ」を孤立した瞬間の絶え間なき流れに還元してしまうことを阻止する。

　われわれの指針(ガイドライン)は今や三つの問いに導く。すなわち、(1)これらのテーマのうち、どれがすでに創造の中に存在しており、そしてそれゆえ、創造が新しい創造へと変換する際に連続する諸要素であるのか？　(2)どのテーマが、いまだに創造の中に存在しておらず、しかしその代わり、新しい創造の中においてのみ生じる不連続性の諸要素を表しているか？　(3)そして後者に関して、現在の宇宙は、それら不連続性の諸要素が新しい創造の中に出現することが可能であるための前提条件を含んでいるのか？　これらの問いに対する答えは物理学と宇宙論における時間についての入念な討論を必要とするであろう。また、これらの神学的テーマを、20世紀の物理学と宇宙論から引き出された、時間についてのわれわれの現行の理解の観点から表現し直すこともわれわれには必要であろう。

　再定式化は始まったばかりであるが、それにもかかわらず、私はこれら三つの問いに対して返答となり得るものを予想することができる。最初の問いに対して、私は流れる時間と持続は自然における客観的様相であると主張したい。もっとも、これは論争の余地があるものではあるのだが。特殊相対性理論における時間は、相反する解釈にさらされている（例えば、「流れる時間」のみならず「ブロック宇宙」も）。その上、共－存在を欠くと、「流れる時間」とは、われわれにとって、消滅しつつある過去と未だ実現されていない未来を伴った孤立した現在を意味することになる。道筋3を辿りながら、私は特殊相対性理論の「共－存在する流れる時間」という解釈を時間と永遠についての神学的議論に導入してみたいと思う。持続はもっと難しい問題である。今日の物理学は時間を点のようなものと見なす、あるいは持続しないと見なす見解を想定するからである。私は自然における持続を弁護する一つ

の主張を、パネンベルクの議論[50]を拠り所とすることができると信じている。

　第二の問いと第三の問いに対しては、私は不連続性の要素は共‐存在、先取(プロレプシス)、それに巨視的未来(グローバル)であると確認し、そしてそれゆえ、自然の中におけるこれらの前提条件を求めて物理学をくまなく調べる。例えば、流れる時間が共‐存在する流れる時間へと変換することは、流れる時間の非同質的存在論が明瞭に識別できる時間的出来事が共‐存在しているという可能性を論理的に排除しないと論証できるなら、もっともらしく思われるのである。先取(プロレプシス)の前提条件は過去に遡る因果律、局所的因果律の違反、ならびに巨視的因果律の違反を含み得るのである。最後に、巨視的未来は、特殊相対性理論により除外される一方で、宇宙のトポロジーは物質の分布に左右されるとする一般相対性理論では理論的に可能である。

　ここでの神学的課題は、このような洞察力を心に留めて、またわれわれの神学的諸概念を今日の物理学に照らして系統立てて定式表現し直して、終末論を再構築することであろう。例えば、時間と空間は古典物理学では独立した数量として取り扱われる。同様に、永遠と遍在の神学的な取り扱いでは、時間と空間を独立的に取り扱うことを当然のこととするのが一般的である。しかし特殊相対性理論においては、時間と空間は複雑な相互関係の中に置かれ、さらに一般相対性理論においては物質とつながっている。すると、われわれの課題は、「共‐存在する流れる時間」と持続としての時間に顧慮しながら、特殊相対性理論と一般相対性理論に照らして永遠や遍在というような

50　要するに、ヴォルフハルト・パネンベルクは持続が聖書的また初期西洋の時間理解の一部であったこと、それがアウグスティヌスによる主観的時間と客観的時間との分離により失われたこと、そして現代物理学は後者の、持続なしという見解を受け継いだことを主張している。それから彼は、一部キリスト教神学に根を下ろしている、ベルグソン、ハイデッガー、それにホワイトヘッドの著作におけるように、物理的時間を持続の観点から考察する試みがなされてきた最近の哲学を指示する。Wolfhart Pannenberg, "Theological Questions to Scientists," in *The Sciences and Theology in the Twentieth Century*, ed. A. R. Peacocke (Notre Dame: University of Notre Dame, 1981); Wolfhart Pannenberg, *Metaphysics and the Idea of God* (Grand Rapids: Eerdmans, 1990)〔パネンベルク（座小田豊、諸岡道比古訳）『形而上学と神の思想』法政大学出版局、1990年〕; Wolfhart Pannenberg, *Systematic Theology*, trans. G. W. Bromiley (Grand Rapids: Eerdmans, 1991), vol. 1; Wolfhart Pannenberg, *Toward a Theology of Nature: Essays on Science and Faith*, ed. Ted Peters (Louisville: Westminster/John Knox, 1993)〔パネンベルク（標宣男、深井智朗訳）『自然と神――自然の神学に向けて』教文館、1999年〕を見よ。

神学的範疇(カテゴリー)を系統立てて表現し直すことであろう。同じような神学的再構築は、量子力学等々における時間と空間の取り扱いにも有効であろう。

TRPs → SRPs：物理学と宇宙論の新たな研究

相互作用についてのわれわれの方法論は二番目の協議事項(アジェンダ)を含む。それは、上述で提案した修正された終末論が、科学の根底にある修正された自然哲学、科学の現行諸理論の中からの理論選択の基準、そして新たな科学的研究の諸プログラム（SRPs）の構築に導いてくれる方法を探ることである。

科学に照らして終末論を修正するという最初の企画(プロジェクト)はまだほんの初期段階にある。もっと多くのことが達成されるまでは、われわれは比較的限定されたアプローチで二番目の協議事項を追求するのもよいであろう。つまり、われわれの現行の終末論、上に列挙したものと同じ連続性や不連続性の諸要素、またそれらの前提条件から始めること、そしてそれらがどんな SRPs を示唆するかを尋ねてみること、である。再度言うべきは、時間性はここでは他に勝って非常に重要なテーマであるから、われわれは「時間と永遠」のテーマから始めることができるが[51]、しかし、ここでは現行の物理学と宇宙論にとってこのテーマが暗に意味することを二つの方法で探ってみることとする。(1) われわれはまず、自然の時間性の諸局面の中でも、世界の終末論的変換に関して連続性の要素と不連続性の要素を構成する局面から始める。しかしながら今回、ここでの分析は現行物理学における時間に関する興味ある問題へと導いていくはずである。(2) われわれはまた、物理学は見落としてしまったかもしれないが、終末論の観点からは現在存在していると思われる時間性の諸局面を考察することにする。もし、こうしたことを念頭において物理学が再考察されるなら、それは物理学における研究計画のために具体的な提案を生み出せるであろうか？ 例えば、特殊相対性理論での「流れる時

---

51 「時間と永遠」に焦点を当てることは、大抵の今日の神学者たちが彼らの終末論を *creatio ex nihilo*〔無からの創造〕の枠組みの内部に深く植えつけているから、此処でのわれわれの課題に特に適切である。かくして、彼らが時間と永遠について主張することの多くが、現在の創造と新しい創造としての宇宙に当てはまるのであって、ただ単に新しい創造として存在してくるものだけに当てはまるのではない。

間」対「ブロック宇宙」をめぐっての討議に立ち返ってみよう。ここでは絶対的同時性のないことが「流れる時間」への大方のアプローチの効力を弱めてしまう。われわれは、「流れる時間」と首尾一貫しつつ、しかしこうした問題を回避する特殊相対性理論の新しい解釈を構築することができるだろうか？　私はこれを SRP 1 と呼ぶことにする。この代案として、「ブロック宇宙」という解釈よりも「流れる時間」という解釈を擁護するために特殊相対性理論の修正を企ててもいいだろう、私はこれを SRP 2 と名づけることにする。興味深いことに、量子力学の大抵の解釈は「流れる時間」を前提としている。例えば、コペンハーゲン解釈における「観測問題」に対する絶対現在の重要性を考えてみればよい。しかし、この解釈における技術的問題によって幾人かの学者は、「流れる時間」を支持しかつこうした〔技術的〕問題を避ける量子力学の代替的解釈を構築することを考慮したり（SRP 3）、あるいはシュレーディンガー方程式の非線形版ないしは確率版のように、「流れる時間」を支持する量子力学の修正を考えたりする（SRP 4）ようになっている。最後に、持続としての時間を表現するための数学的方法を探した上で、それが物理研究に対しても持つ含蓄を探究することによって、持続は自然の中に見出されるべきだとするパネンベルクの主張を追いかけてもよいであろう（SRP 5）。要するに、われわれは自然についての拡大された科学的概念は、もしそれが創造の神学の代わりに終末論から受け継がれるとしたら、いったいどのようなものになるのか、そして、これは現行科学に対してどのような派生的問題を与えるであろうかを問うているのである。このプログラムは現在進行中である。

2　神学的現実主義と終末論的象徴体系

ミヒャエル・ヴェルカー

「神学的現実主義」には多くの定義がある。最小限主義者(ミニマリスト)の定義では、神学上の主張は実際にあり得る経験と矛盾しないものであるべきだと述べる。あり得る経験の判断基準には絶えざる検証や、真実を探し求める諸共同体内での、また諸共同体間での、折衝が必要である[1]。真実を探し求める共同体は、真実を確実性と意見の一致(コンセンサス)に還元させてしまうことなく、確実性と意見の一致(コンセンサス)を問いただし、また高めることに努める。真実を探し求める共同体はそうすることができる。なぜなら、彼らもまた複雑な事情を反復と予測が可能な仕方で分かりやすいものとすることを望むからである。そのような共同体は、確実性と意見の一致(コンセンサス)、そして内容豊かな、共有された洞察力を互いに高めることを目指すから、彼らはまた、真実を——ひょっとして取るに足らない——当該の主題の反復可能、予測可能、かつ正確な調査に減少させてしまうことに対して警戒もするのである。

真実を探し求める共同体は種々様々な題目の分野に注目を集中し、種々様々な合理性を用い、また種々様々な目的を追求するから、どんなものがあり得る経験に数えられるのかについてのこうした折衝は容易ではない。こうした折衝には衝突がたっぷりあることさえある[2]。しかしながら、この重荷や衝突を避ける人たちは、現実と合理性についての還元主義的な観念をもって、あるいはイデオロギー的観念をさえもって、研究するというリスクを冒すこ

1　John Polkinghorne, *The Faith of a Physicist* (Princeton: Princeton University, 1994), 149; *Faith, Science, and Understanding* (New Haven: Yale University, 2000), 29–30; John Polkinghorne and Michael Welker, *Faith in the Living God: A Dialogue* (London: SPCK; Minneapolis: Fortress, 2001), 特に第9章参照。

2　終末論的話題についての神学と科学の間の談話の場合における、潜在的に有益なシナリオの注意深い記述が本書の中でロバート・ジョン・ラッセルによってなされている。

とになる。彼らは真実を探し求める共同体を、確実性や慣例の維持を目指す共同体に狭めてしまうリスクを冒すことになる。科学と神学の談話は、諸々の期待の単なる確実さと保証を保持するために、知識を細分化したり、経験を確立された慣例の分野に還元したりすることに対して、大胆に立ち向かう試みの一例である[3]。

野心的企画としての神学的現実主義

　マルティン・ルターは、人間についての彼の有名な論文である 1536 年の『人間論 *Disputatio de homine*』[4] の中で、哲学は――すなわち、アリストテレス哲学は――死すべき運命の、この世の人間を定義できるだけであると述べている。哲学が理性的存在、*animal rationale* 〔理性的動物〕について語る時、哲学は理性の力と尊厳に言及することで、人間の中にある何か神的なものを把握しようと努める。しかしながら、この哲学が人間と彼ないし彼女の運命について本当に知っていることをより綿密に見てみると、人はかなり失望するのである。アリストテレス派の哲学者たちは、何が人間存在と彼ないし彼女の存在を形づくっているのかについて、全く確信を持っていないのである。彼らは、彼らが「魂」と呼ぶ「形成原因」についてただ漠然とした話を提供するだけである。

　ルターは言う、哲学に比べて、神学が、人間とは肉体と生ける魂からできた神の被造物であり、また始めから神の似姿として形成され、実を結び、数を増し、地を支配するように招かれており、永遠の命へと定められていると語る時、それは人間についてずっと完全な説明をしてくれている、と。神学はさらに、人間の堕落、罪と死への隷属、そして彼ないし彼女が自分自身の力によって悪の力を克服することができないことを語る。最後に、神学は人間を解放し、人間に永遠の命という賜物を授けたキリストの救いの働きにつ

3　このことは、期待の保証が宗教的共同体にとって最も重要な善ではないということを意味しない。Michael Welker, "Security of Expectations: Reformulating the Theology of Law and Gospel," in *Journal of Religion* 66 (1986): 237–60 参照。

4　*Weimarer Ausgabe*, 39.1.175–77.

いて語る[5]。

　これらの神学的洞察に照らして、ルターは人間の理性は常に「善」を、あるいは「最善」さえをも目指している、そして人間は善悪の選択ができる力を持っているという考えのような、幻想にすぎない哲学的言明に挑戦する。ルターは、この世の生においては、人間は――他の全ての被造物と同じように――罪と無益さの力の下で生きていると結論づけている。しかし人間は同時に、未来の生のために神が用いる材料であり、その未来の生において、人間は imago Dei、すなわち神の似姿として回復され、完成されるのである[6]、と。

　ルターが、罪や死や自分自身を危険にさらすことや無益さといった現実的かつあり得る経験を持ち込むことで、人間の生に合わせた焦点を大きく拡大していることは明らかである。解決をみていない問いは、ルターが喚起する神学的象徴がはたしてこれらの経験の諸分野を誠実に、かつ説得力を持ってあらわにし、また解明することが可能であるかどうか、またどのようにして可能であるかということである。実際、神学は人間の現実(リアリティ)についてより十分な説明を与えているだろうか、あるいは、それは虚構と幻想の分野に踏み込んでいるのだろうか？

　ルターのそれと驚くほど似たような方法で、20世紀の神学者カール・バルトは彼の著書である『教会教義学』の創造論[7]の中で種々様々な哲学的人間学や科学的人間学を精査している。彼は自然主義的、観念論的また実存主義的人間学はわれわれに対して単に「人間の諸現象」を述べているにすぎないとの結論に達している。このような人間学は「現実にあるがままの人間」を示してこなかった、と。バルトはルートヴィヒ・フォイエルバッハの無神論哲学についての、彼独自の初期の徹底的で透徹した解釈[8]に基づいて、ま

5　『人間論』命題 21–23。

6　同書、命題 35–38。

7　『教会教義学』III/1–4、特に III/2, 71 以下。

8　Karl Barth, *Die Theologie und die Kirche: Gesammelte Vorträge* (München: Kaiser, 1928), 2:212ff. の中の "Ludwig Feuerbach"〔井上良雄訳「ルードヴィッヒ・フォイエルバッハ」、『カール・バルト著作集 4』新教出版社、1999 年所収〕。これは、バルトがミュンスターで 1926 年夏に行った神学と哲学についての講座の中の一章である。後に、この講座のずっと弱々しくされた出版がフォイエルバッハについての元来の講義のより強烈な版に取って代わった。K. Barth, *Die protestantische Theologie im 19. Jahrhundert: Ihre Vorgeschichte und ihre Geschichte* (Zürich: Evangelischer Verlag, 1946)〔吉永正義訳「十九

ずフォイエルバッハの反観念論的人間学を賞賛する。バルトは、フォイエルバッハが人間の官能性と本来的に備わっている社交性を強調することで、バルトが「現実にあるがままの人間」と呼ぶものを、少なくとも幾ばくか、遠くから垣間見ていた、と示唆する。しかしながら、フォイエルバッハの大きな問題点と間違いは、バルトによれば、彼が被造物は死を免れないということと人間実存を罪の力が支配しているということとを忘れ去ってしまっていることである[9]。バルトは、キリスト論に定位された見方だけが、人間実存の底知れない喪失状態と、この実存に対する神の配慮と意図、すなわち、この実存が神の栄光に参与することとに焦点を合わせてはっきりとした像を結ばせることができるのだと確信している。

現代の科学者たちがルターやバルトのような天才的神学者のこうした言明に直面させられると、彼らの多くが皮肉と当惑の入り混じった反応を見せることは、全くありそうなことのように思われる。これらの神学者たちが発言する場合に、その発言の基礎となっているものは何であろうか？　過去についての宗教的物語や未来の生についての高邁な考え、神のイメージ、それに神的栄光が、「現実にあるがままの人間」に焦点を合わせるという仰々しい主張のごとくに見えるものの土台であるように思われるのである。そのような主張の現実状態(リアリティ・ステイタス)とはどんなものであろうか？　それらの主張は現実的な諸現象や現実的な経験と何らかの結びつきを持っているのだろうか？　それらの主張は、真理主張を持ちこたえるために、どんな挑戦にも立ち向かうことができるであろうか？　私は以下の省察において、それらの神学的主張を肯定しようと思う。私は聖書の終末論的象徴体系の幾つか[10]を精査することによって、この非常に困難な課題に着手したいと思う。広くいきわたっ

世紀の福音主義神学」、『カール・バルト著作集4』所収〕, 484ff. 参照。さらに K. Barth, *Vorträge und kleinere Arbeiten, 1922–1925*, ed. Holger Finze, Gesamtausgabe 19 (Zürich: Theologischer Verlag Zürich, 1990), 6ff. にある "Feuerbach, 1922" をも見よ。

9　Barth, "Ludwig Feuerbach," 237 は、フォイエルバッハが「『彼の世紀の忠実な子供』として、『死を知らない者』、また『悪の誤解者』であった」と述べるハンス・エーレンベルクのルートヴィヒ・フォイエルバッハへの手引 Hans Ehrenberg, *Philosophie der Zukunft* (Stuttgart: Frommann, 1922), 94 頁に従っている。

10　「象徴体系」によって、私が理解しているのは、象徴と合理性との結合であり、合理性は探究することができるし、また顕示的に他の経験領域に再投資できる、あるいは少なくとも実りある仕方で異なった経験領域で営まれている他の象徴結合と対比できる。

た偏見によると、終末論的象徴はわれわれが経験できる現実とは「完全に別の」領域を指示しているように見える。われわれが科学者と神学者の間の多年にわたる対話の中で詳細に論じてきたように、聖書の終末論的象徴と本文はこの〔現世の〕創造と「新しい創造」との間の興味深い関係を表している。「古典的また正典的な宗教的諸伝承にあるほとんどの終末論的象徴とテクスト……はこの世界と来るべき世界との間の・連・続・性と・不・連・続・性について語っている」[11]。「現実の」人間に焦点を合わせているルターやバルトと同じように、終末論的象徴と象徴体系はまさしく、科学が無視できない、あるいは断念することさえできない、実際に起こり得る経験と現実に焦点を合わせてはっきりとした像を結ばせている。私はこの現実を「神における」個人的生としても共同体的生としても理解される、・生・の・充・満・の・現・実と名付けたいと思う。

イエスの生と彼の個性の充満の現存としてのキリストの復活

　長い間、「復活」の一般的理解は、復活と身体的に再び命を吹き込まれることや蘇生との混同によって——そしてこれに対する甚だしい疑念によって——支配されていた。再三再四、有名なそして自称有名な新約聖書学者たちが、この問題に関心を抱く大衆に対して、新約聖書の復活に関わる本文は死んだイエスが再び命を吹き込まれたことについて語っているが、しかし今日、人は死んだ人間が再び命を吹き込まれることができるなどと説得されるようなことはないだろうと断言して、マスメディアで派手に言い立てた。それゆえに、体の復活の経験と現実は疑いを差し挟まれねばならない[12]。

11　Polkinghorne, "Introduction: Science and Theology on the End of the World and the Ends of God," in *The End of the World and the Ends of God: Science and Theology on Eschatology*, ed. John Polkinghorne and Michael Welker (Harrisburg, Pa.: Trinity Press International, 2000), 1–13; M. Welker, "Resurrection and Eternal Life: The Canonic Memory of the Resurrected Christ, His Reality, and His Glory," in Polkinghorne and Welker, *The End of the World and the Ends of God*, ed. Polkinghorne and Welker, 279–90; *Faith in the Living God*, 40ff., 60ff. 参照。

12　Rudolf Bultmann, "Neues Testament und Mythologie: Das Problem der Entmythologisierung der neutestamentlichen Verkündigung," in *Kerygma und Mythos*, Bd. 1 (Gütersloh: Gütersloher, 3. Aufl. 1988); Gerd Lüdemann, *Die Auferstehung Jesu: Historie, Erfahrung, Theologie* (Göttingen: Vandenhoeck & Ruprecht, 1994); "Zwischen Karfreitag und Ostern," in *Osterglaube*

学問的な評判を気遣う神学はこの話題を避けたか、さもなければ、せいぜい実存主義的また超自然主義的な形の思想の装いのもとに、それを落ち着かせたにすぎなかった。この状況において、ヴォルフハルト・パネンベルクやその他の人たちが提案したことは、われわれは新約聖書の復活証言の中で立証されている光の出現だけを考慮すればよいのであって、復活したキリストとの個人的な遭遇の報告や空っぽの墓の伝承は考慮しない、というものである[13]。この見方では、史実性があると考えることのできる光と幻（ヴィジョン）の出現が復活についての証言の基礎である。しかし、この提案は満足のいくものではなかった。この提案は共観福音書の復活に関する記事の大半を除外しなければならなかった。また、この提案はどれほど厳密にイースター以前のイエスが光の出現の中で新しい形で認識され得るのかという問いも未決のままにしていた。

　皮肉なことに、新約聖書の復活記事にある幾つかの、人を当惑させるような複雑さを冷静に自覚することが、われわれを二つの行き止まりの通路から導き出してくれる。つまり、蘇生として理解する復活に対する賛否に関する論争と、歴史的かあるいは主観的ないしは精神病質的でさえある幻（ヴィジョン）としての復活かという二者択一に関する論争の二つから。

　1. 新約聖書の記事は触知できることと顕現の間の不思議な緊張をわれわれに与える[14]。キリストの復活は明らかに身体的に生き返り蘇生することで

---

ohne Auferstehung? Diskussion mit Gerd Lüdemann, ed. Hansjürgen Verweyen (Freiburg/Basel/Wien: Herder, 1995), 13ff. 参照。

13　Wolfhart Pannenberg, *Grundzüge der Christologie* (Gütersloh: Gütersloher, 6. Aufl. 1982)〔パネンベルク（麻生信吾、池永倫明訳）『キリスト論要綱』新教出版社、2003 年〕, 85ff.

14　私はこのことを "Resurrection and the Reign of God," in *The 1993 Frederick Neumann Symposium on the Theological Interpretation of Scripture: Hope for the Kingdom and Responsibility for the World, The Princeton Seminary Bulletin*, supplementary issue, no. 3, ed. Daniel Migliore (Princeton: Princeton Seminary, 1994), 3–16 および "Auferstehung: Dietrich Ritschl zum 65. Geburtstag," *Glauben und Lernen* 9 (1994): 39–49 において詳しく述べた。同様の結果は、Joachim Ringleben, *Wahrhaft auferstanden: Zur Begründung der Theologie des lebendigen Gottes* (Tübingen: Mohr-Siebeck, 1998) によって、またもっと最近には、Bernd Oberdorfer, " 'Was sucht ihr den Lebendigen bei den Toten?' Überlegungen zur Realität der Auferstehung in Auseinandersetzung mit Gerd Lüdemann," および Günter Thomas, " 'Er ist nicht hier': Die Rede vom leeren Grab als Zeichen der neuen Schöpfung" によってもたらされている。両方共に Hans-Joachim Eckstein and Michael Welker, *Die Wirklichkeit der Auferstehung* (Neukir-

はない。もし、われわれが聖書の若干の章句をその文脈から聖書主義的な仕方で切り離すなら、その時にのみ、われわれはキリストの復活が単なるイースター以前のイエスの蘇生であると考えるよう導かれることができる。復活した者の臨場があらゆる触知可能性と身体性とのしるしを持っていたという全ての確言の中で、最も写実的で生き生きとしたものがルカ 24 章に見られる。弟子たちとその仲間たちが「自分たちみんなが亡霊を見ている」と思った時、復活者は自分の肉と骨を指さして、彼らの目の前で一切れの魚を食べさえするのである。それから彼は「聖書を理解させるために彼らの心の目を開き」そして世界中に福音の宣教を開始するために、聖霊が注がれるのを待つようにと彼らに命ずるのである。最後に、その箇所は語る、「彼らを祝福している間に、彼は彼らから離れて、天に挙げられた」（ルカ 24:51）。

触知可能な臨場と退出、触知可能であることと顕現との同様な結びつきが、やはりルカ 24 章にあるエマオ物語にも描かれている。それは、復活したキリストに出会った弟子たちの目は遮られていて彼だとは分からなかったと述べている（24:16）。これは、弟子たちが亡霊を見たという印象に反対する以上に、明瞭に蘇生に反対する話になっている。復活したキリストがパンを手に取り、それを祝福して裂き、それを彼らに分け与えた時、弟子たちの目は開かれ、彼らは復活者だと分かるのである。しかし、続く文ですでに、テクストははっきりと述べる、「そして彼は彼らの視野から姿を消した」（24:31）。復活したキリストがいることに対して弟子たちの目が開かれた後に、彼は彼らの視界から姿を消したのである。このことを嘆き悲しんだり、幽霊のような出来事に不満を述べたりする代わりに、今や弟子たちは回顧的に、食卓の交わりでの儀式行為において自分たちの目が開かれる前ですら、復活した者の臨場を感じていたことを認めるのである。「彼らは、『道で私たちに話しておられた時、また聖書を解き明かしてくださった時、私たちの心は燃えていたではないか？』と互いに語り合った」（24:32）。その後は、彼らは他の人たちの前で復活について証言する。

触知可能であることと顕現との間のこの緊張は、正典伝承の復活記事の大半の特徴である。マルコのいわゆる長い方の結びは、復活者の「別の姿で」の顕現について語っている（マコ 16:12）。パウロは光の顕現で復活したキ

---

chen: Neukirchener, 2002) に所収。

リストと邂逅しており、これ自体が明らかに、単なる身体的な生き返りへの批判となっている。ヨハネは「家の戸に鍵がかかっていた時に」復活者が突然現れたことを語っている（ヨハ20:19）。どんな場合にも、聖書の証言はイースター以後のキリストがイースター以前のイエスと同じように、彼の弟子たちや他の人たちと共に生きたという印象は与えていない。それらの証言はイースター以前とイースター以後のイエス・キリストの間に同一性(アイデンティティ)と連続性の双方があると主張するけれども、それらは解き明かされねばならない複雑な同一性(アイデンティティ)と連続性とを指し示している。

2. 触知可能であることと顕現との間のこの緊張に、復活者の臨場への礼拝と疑いという二重の反応が結びついている（マタ28:17）。復活者の接触は神の啓示として、すなわち神顕現として経験される。弟子たちと女たちは復活者の前で平伏する。信じていなかったトマスは「わが主、そしてわが神よ！」と叫ぶ。「イエス様、私たちの間でまたお目にかかれるとは何とすばらしいことでしょう！」と叫ぶのではない。

3. 空っぽの墓の発見と、多かれ少なかれ目を見張らせる天の使者たちの顕現とが、いまだ復活信仰を生み出していないことは、このような複雑な様相に合致している。空っぽの墓への最初の反応は恐怖と沈黙（マコ16章）、懸念、あるいは死体の盗難が起こったという世間の噂（マタ28章、ヨハ20章）、あるいは復活したという主張は女たちの単なる噂話にすぎないとの信念（ルカ24章）などである。

4. 聖書によって証言されている復活したキリストとの邂逅は、一人の人についての光の幻視からあらゆる触知可能な印象を持った出現に至るまで、種々非常に異なった形を取っているということを知ることは重要である。ただ一つの、目を見張るような経験が復活を信じる信仰へと導くというような事態ではない。ただ一つの顕現からではなく、むしろ様々な顕現から、復活したキリストが私たちと一緒にいたし、また一緒にいるという確固たる確信が生じる[15]。これらの顕現は、初期の教会の生活や礼拝を構成することにな

---

15 私はこの点を、"Die Gegenwart des auferstandenen Christus als das Wesentliche des Christentums," in *Das ist christlich: Nachdenken über das Wesen des Christentums*, ed. W. Härle, H. Schmidt, and M. Welker (Gütersloh: Gütersloher, 2000), 91–103 で指摘した。Sarah Coakley, "The Resurrection and the 'Spiritual Senses': On Wittgenstein, Epistemology and the Risen Christ," in *Powers and Submission: Spirituality, Philosophy and Gender* (Oxford: Blackwell,

る象徴的、典礼的、ないしは宣教的な行為に結びついているのである。例えば、「あなたたちに平安があるように！」との挨拶、パンを裂くこと、聖書を開くこと、メシアの秘密を打ち明けること、弟子たちを祝福し派遣すること、それにその他の宗教儀式化された行為や身ぶりなどである。聖書本文は復活者のこの臨場と結びついた問題を和らげようとはしていない。聖書本文はこの現実(リアリティ)と結びついた恐れ、疑い、嘲笑、そして不信を記している。全体として、復活証言はこの臨場が単純な経験上の現実ではないことを非常に冷静に認めている、ただし、それはそのような現実の幾つかの特徴を持ってはいるのだけれども。

甦ったキリストとの結びつきは、まさしく「証言」と呼ぶことのできる、様々な経験から生まれてくる。この用語は、一方では、その経験の個人的な信憑性と確実性とを示し、他方では、その断片的性格と観点(パースペクティバル)的性格を示している。フランシス・フィオレンツァは証言のこの性格が不可欠のものであることを強調している。彼は、これらの必然的に多種多様な証言は、それらが互いを指し示す際には、隠喩(メタフォリカル)的な発言に突き進んで、かつそれらが観点(パースペクティバル)的に指し示す複雑な現実を主題化しようと努めもすることを示している[16]。

イースター以前とイースター以後のキリストの連続性を示すために、聖書の伝承は「体」という言葉を使う。聖書本文は、空っぽの墓の物語は種々の解釈を許容することを明瞭に述べている。非常に現実主義的でまた極端に超自然的な解釈が可能である。しかしながら、全ての解釈に共通なことは、イエス・キリストのイースター以前の体は検死、ないし綿密な身体検査には利用できないということである[17]。変換した体、変貌した体、「霊的な」あるい

2002) は最近、復活証言の認識論は復活によって語りかけられる場面の多音(ポリフォニー)に注目しなければならないという事実に注意を喚起している。つまり、「最後には把握され得ず、むしろ『見る』ことしかできない──それも『目だけでではなく』──、甦ったキリストの現実(リアリティ)を表現することにおけるわれわれのうち続く困難」は、復活者の臨場と共に到来する知識の豊かさに由来させられる。さらに本書所収のナンシー・マーフィーの寄稿も見よ。

16 Francis Schüssler Fiorenza, "The Resurrection of Jesus and Roman Catholic Fundamental Theology," in *The Resurrection: An Interdisciplinary Symposium on the Resurrection of Jesus*, ed. S. T. Davis, D. Kendall, and G. O'Collins (Oxford: Oxford University, 1997), 213–48, 238ff.

17 本書所収のハンス＝ヨアヒム・エックシュタインの寄稿を参照せよ。かくして、「イ

は「栄光を与えられた」（Ⅰコリ 15:46、フィリ 3:21 参照）と呼ばれる体は復活者の体である。この体は、非常な複雑さと完全さのうちにその人本人であることの必須のしるしを示しているので、一方では、これを認識することは単に生物学上の体を認識するよりもはるかにもっと複雑になり得る。他方では、この変貌された体は単なる自然の体よりももっと多くの認識や共同体や本人確認のための手段を開くのである。

　顕現〔場面〕のただ中で触知可能という局面を主張することによって、聖書テクストは復活した体が単なる想像とか幻想の産物でないことを示し、またそのことを強調さえするのである。イースター以前のイエスの生と〔個性を持った一個人としての〕人に基づいて、復活した体は記憶と想像を生み出す。それは、イースター以前のイエスの生と復活した主の啓示によって形づくられた生き生きとした文化的で規範的な記憶[18]を作り出す。この事実——文化的で規範的な記憶がイエスのイースター以前の生によって形づくられていること——は、われわれが変貌した体の客観性を肯定することを許す。事実、この体は幻想の産物ではない。それはまた、ただの多数の、個人の、また共同体の回想でもない。生き生きとした文化的で規範的な記憶は、単に個人的また共同体的経験や期待の流儀を形づくるだけではない。この記憶を担う人たちの生と体そのものが、この記憶を作り上げまた維持するところの、まさにその人と生によって形づくられるのである[19]。変貌した体の文化的また歴史的な客観性という基礎の上に、われわれはこの体に特徴的な顕現がキリストの目撃証言と共存することになることを認めることができる。ルターとバルトが正しく述べている通りである、「復活したキリストには彼の証人たちがいないということはない（Der auferstandene Christus ist nicht ohne

---

　エスの腐敗についての事実的記述が、私にとって、彼の復活の文脈における諸問題についてのその後の全ての研究の出発点である」というゲルト・リューデマンの見解は乏しい釈義的また神学的認識を示している。"Zwischen Karfreitag und Ostern," in *Osterglaube ohne Auferstehung? Diskussion mit Gerd Lüdemann*, ed. Hansjürgen Verweyen (Freiburg/Basel/Wien: Herder, 1995), 13ff., 27（翻訳はミヒャエル・ヴェルカー）。

18　*The End of the World and the Ends of God*, ed. Polkinghorne and Welker, 284ff. 参照。ヤン・アスマンの「文化的記憶」の概念（Jan Assmann, *Das kulturelle Gedächtnis* [Munich: Beck, 1992]）と、共同体的、文化的、および規範的記憶との相違を共に参考に。

19　ジェフリー・シュロスの「進化論的終末論」と共に、われわれの命の単なる連続ではなく、その終末論的「強烈化」について語ることができよう。

die Seinen)」[20]。〔復活者の〕この臨場に証人が関与していることが、救済論上の最大の重要性を持っているのである。

　復活者の変貌した体は栄光を与えられた生に証人たちが関与することを要求し、その関与は、今度は証人たちの生を変換するのである。証人たちは「キリストと一つ」になり、彼らは神的な生に参与し、神自身の創造力により[21]「栄光から栄光へ」と変換されるのである。復活についての象徴体系の領域内でのこのプロセスを説明することは難しい。復活したキリストの生への関与を論じる正典伝承には緊張が見られる。例えば、第二テモテ書は「復活はすでに起こったと言って真理の道を踏み外した」人々に警告している（Ⅱテモ 2:18）。他の本文は、コロサイ書 3:1 のように、「さて、あなたがたは、キリストと共に復活させられたと言うなら、上にあるものを求めなさい、そこにはキリストがおられます。……」と信者たちに訓戒している。われわれはすでに復活に関与しているのか——あるいは復活は未来の出来事なのだろうか？　それとも、それはこれらの両方なのだろうか？　どのような経験が正典的記憶の中の復活したキリストの生の十全さが存在することと結びついているのだろうか？　この難関から抜け出す道を見つけ出すためには、他の終末論的象徴に目を向けることが有益である。

他の終末論的象徴体系を援用して説明される復活

　「神の支配」というような終末論的諸象徴は、われわれがこの世における生と「来るべき世」における生との間の連続性と不連続性の双方を開示するという困難に取り組む際に、少なからぬ助けを提供してくれる。あらゆる終末論的諸象徴はただ「同じもの」を意味するだけだという主張は擁護できない。終末論的諸象徴は、敬虔な推測にゆだねられるべき漠然とした、あるいは奇跡的でさえある「変換」を指示しているのではない。しかしながら、も

20　『教会教義学』IV/2, 63。

21　John Polkinghorne, *The Faith of a Physicist*, 162ff. および本書のテッド・ピーターズによる結びを参照せよ。さらに、Andreas Schuele, "Gottes Handeln als Gedächtnis. Auferstehung in kulturtheoretischer und biblisch-theologischer Perspektive," in H.-J. Eckstein and M. Welker, *Die Wirklichkeit der Auferstehung* も見よ。

しわれわれがこの〔終末論的諸象徴が〕提供することを役立てたいと望むなら、もろもろの異なった象徴体系の内的な首尾一貫性と合理性とを尊重しなくてはならない。このことは、異なった象徴体系はお互いを解明し合うことができないということを意味しない。私が明らかにしたいのは、「神の支配」に結びついた象徴体系は個人の身体的存在よりも共同体の変換により大きな焦点を当てているように見えるが、それは、（過去の出来事としての）キリストの復活と、信仰において、また聖霊の働きを通して、人間がこの復活に参与すること（現在の出来事）と、そしてまた、例えば使徒信条が述べている「終わりの日」における復活（未来の出来事）との間の結びつきをわれわれが理解する上で助けになるということである。

神の支配の象徴体系と復活の象徴体系という二つの異なった象徴体系を、時折明確に結びつけているのがルカである。すなわち、イエスが、貧しい人、体の不自由な人、そして目の見えない人に対し憐れみを示した者たちは「義人が復活する時に報いられる」と言う時、「宴席の客」の一人は決まり文句で応答する、「神の国で食事をする人は、なんと幸いなことでしょう！」と（ルカ 14:14, 15。ルカ 20:35 参照）。

神の支配の象徴体系はそれ自体で非常に重要な終末論的な相補性を示していて[22]、それも、復活の象徴体系よりもずっと明瞭に示している。この終末論的な相補性とは何を意味しているのだろうか？　一方では、神の支配は突発的に現れる現実として描かれ、そこにおいて——多種多様な経験や愛、思いやり、赦しの行為において——一つの新しい現実がひそかに現れ出てくるが、それは危険にさらされ、あらゆる方面から覆い隠され、信仰の目だけにしか見えない。他方では、神の支配は時間の終わりに神が完全に顕現する時にだけ十全に到来する[23]。この時間の終わりにおける神顕現は世界の歴史の

---

22 私はある知識領域から別の知識領域に専門用語を移すことに伴う危険に気づいている。私にこの危険を冒すよう励ましたのは、異なった認識論的複雑さと利得を持った二つの異なった形にある一つの現実の必然的開示という強い類似である。この話題についての洞察と参考文献でもって私を支えてくれたことに対して、私はロバート・ジョン・ラッセルに感謝している。私の用語移転の専門的また方法論的議論はそれ自体の一章を必要とするものである。

23 本書所収のジョン・ポーキングホーン「終末論の信頼性：創発的(エマージェント)で目的論的なプロセス」参照。さらに、Michael Welker, "The 'Reign' of God," *Theology Today* 49 (1992): 500–515; Michael Welker and Michael Wolter, "Die Unscheinbarkeit des Reiches Gottes," in

中でのただ一つの特定の時間上の位置に置かれるべきではない。それは全時間の「最後の日」なのであり、歴史の全ての部分に近くもあれば、また同等に全ての部分から遠くもあるのである。この点で、時間の終わりの十全な神顕現は全ての時間と（共-）存する現実であり、これは必然的に、世界の歴史の中における如何なる特定の展開によっても充分に表現され得ない。

突発的出現という特徴的性格(テクスチャー)は必然的に疑いに伴われ、また不可避的に一般的復活の現実を明確に位置づけることの不可能性に伴われるが、その性格は、歴史的時間の水準では、時間の終わりにおける神顕現の終末論的現実に対応している（マタ 24:23、マコ 13:21、ルカ 17:21, 23 参照）。新約聖書伝承においては神の支配の突発的出現の現実とその完全な終末論的開示との終末論的相補性が、「来るべき支配」とその「近さ」という概念において表現されている。これらの表現は特定の歴史的状況が生の十全性、現実の十全性を包含するには必然的に不可能であることを反映している。

復活の象徴は、死と罪の敗北の象徴として、突発的出現の合理性とは簡単に両立し得ない。身体的存在が徐々にそして部分的に変換していくことは、復活の象徴主義の言語ではほとんど表現できない。「進行中の」復活を考えることは難しい。復活と時間の終わりにおける神顕現とは同時に起こるように思われる。しかし、これが言えることの全てだとしたら、われわれには詩人フリードリヒ・シラーが彼の詩『巡礼者』の中で次のような言葉で把えた抽象的な終末論的超越が残されるだけになるだろう。「ああ、わが頭上の天は／決して地に触れることなく／また、彼処にあるものは決して此処にあるものに〔触れることはない〕」[24]。

この痛々しい状況のなかで救済をもたらす展望(パースペクティブ)を打ち開いてくれるのは、イースター以前のイエス・キリストの復活である。彼の復活は、まさしく歴史の中のある空間的・時間的位置の中で起こったのである。そして彼の復活の現実(リアリティ)は空間と時間の中にある特定の身体的存在により形づくられている。その復活はこの身体的存在をそれの十全な形にまでもたらす[25]。それ

Marburger Jahrbuch Theologie, 11, ed. W. Härle and R. Preul (Marburg: Elwert, 1999), 103–16 を見よ。

24 Friedrich Schiller, *Sämtliche Gedichte: Zweiter Teil*, Deutscher Taschenbuch Verlag, Gesamtausgabe 2:171–72.

25 "Who Is Jesus Christ for Us Today?" *Harvard Theological Review* (2002) の中で、私はこれ

は人を引きつけまた変化させる具体化された言葉ないしメッセージ、つまり福音という形で一つの現実となるのである。それはこの現実に関わることを許す――すなわち、諸科学が「形質転換情報〔トランスフォーミング〕」と呼ぶであろうものの現実に。そしてこの参与は「生と来るべき世」においてそれに参与する人たちを含むのである。神の支配の象徴主義から学ぶことで、われわれははっきりと、ここで再度われわれは突発的出現の現実に注視していることが分かる。十分な理由で、われわれは歴史的には終末論的現実に対応する現実を明確に位置づけることが必然的に不可能であることを認めなければならない。誰一人とて、私の生と体のこの部分はすでに復活の生を生きているとは言えないのである。

が歴史のより深い理解への衝撃を持っていることを論じた。復活への新しい関心は（「イエスを発掘すること」についての熱狂を持った）歴史の「考古学主義的」理解を新しい理論的枠組〔パラダイム〕に取り替えることと結びついているように見える。「歴史的なものについてのこの新しい理論的枠組〔パラダイム〕において、私たちは時間と空間におけるどのような点においても、またあらゆる点においても、われわれは原則として記憶と期待の連続体を開くことができるという前提でもって始める。過去でも現在でもあらゆる点で、われわれは原則として過去、現在、そして未来によって構築されている地平を引き出すことができる。歴史家たちは、記憶と期待の第一次の背景〔コンテクスト〕とそれらの背景〔コンテクスト〕の担い手――これらの担い手もやはり次には歴史的に近づくことができなければならないのだが――それら双方の選択について説明をしなければならない。歴史家たちは、彼らが選んだ背景〔コンテクスト〕に時間的また空間的に近接していたが、しかし歴史的人物と出来事の通常とは相違する提示が必要となる、記憶と期待の別の背景〔コンテクスト〕の可能性をも考慮しなければならない。具体的には、イエスが都会的なエルサレム住民に与えたのとは違った衝撃をガリラヤ住民に与えた公算が大であることをわれわれは考慮しなければならない。われわれは、ローマの占領に直面してモーセ律法や神殿祭儀を高く掲げようと願った者たちは、ローマ文化を喜んで受け入れようと望んだ者たちとは違った風にイエスを認識したという、大いにありそうなことを考慮しなければならない。私たちは、イエスが癒しと受容的態度でもって出会った者たちは、イエスについての主たる印象がローマとエルサレムとの衝突の中で生じた者たちとは違った証言を彼について行ったに違いないという、大いにありそうなことを考慮しなければならない」。復活者の生はこの多重的背景〔ポリコンテクストチュアル〕の存在を統合し、また無限の豊かさと集中度で展開する。期待と経験の特有の多重性を生じさせ、また助長するのは史的イエスの生それ自体である。相互に緊張関係にある、ときに矛盾さえするイエスのイメージに特有のスペースを打ち開くのは、この〔独特の〕生である。歴史的であるものについての再定義された見解は、考古学主義的思考態度によって幻想の産物としてもはや退けられることのできないような形の象徴的表示を必要とする現実〔リアリティ〕を再構成するようにわれわれをたきつける。

70

第三の一揃いの象徴体系をもって、新約聖書伝承はこのいらいらさせる状況の中でわれわれに助けとなり、またわれわれに指針を与える方法を見つけてくれる。キリストの共同体においては、信仰によって、サクラメントに参加することによって、そして imitatio Christi〔キリストの模倣〕によって仲介されて、信者たちは少なくとも復活と来るべき生に向かって進み、あるいは、すでにそれに参与していさえする（ヨハ 11:25、ロマ 6:5、フィリ 3:10–11、コロ 2:12 参照）。パウロは助け手たる聖霊について語る、聖霊によって、神、つまり「キリストを死者の中から甦らされた方は、あなたがたのうちに宿っている彼の霊を通して、あなたがたの死ぬはずの体にも生を与えてくださるでしょう」、と（ロマ 8:11）。霊は神的な力であり、それによって——イエスの生に啓示された——神的かつ永遠の生の十全さが人間の魂と体とに浸透する。愛と義と憐れみと真理の力がキリストの体を通して、また身体を伴って具体化された人間である、この〔キリストの〕体の肢体を通して仲介されて、創造に浸透するのである。このプロセスの中で、人間は「言葉ロゴス」の一部となり、「福音」の担い手また仲介者となる[26]。人間は神の創造に対する神のメッセージを〔自らと〕合体させ、そして彼らは創造を維持し、救助し、高貴にするところの神的な力と生に参与し、決して滅ぶことがないのである。

26　本書所収のペーター・ランペの寄稿を参照。

3 終末論の信頼性:
創発的(エマージェント)で目的論的なプロセス

ジョン・ポーキングホーン

　われわれの知る限り、宇宙に生命(いのち)が現れたのは宇宙の誕生から110億年経ってやっとのことであり、自意識のある命が現れたのは宇宙の歴史が始まって150億年後になってやっとのことであったけれども、宇宙が当初から命を宿していたことに真の重要性がある。人間原理[1]の洞察によれば、ビッグバン後の世界の物理的構成は、炭素ベースの命がともかく現実のものとなり得るためには、非常に精確かつ特定の形態を取らなくてはならなかったことが示唆される。そのように考察すること自体がすでに、宇宙の歴史における偶発的出来事のなかで何事かが進行してきていたのかどうかという目的論的問いを提起する。そのような「微調整」は単なる幸運な偶発的出来事には見えない[2]。それでは、宇宙のプロセスの背後には一つの目的が存在するのだろう

1　John Barrow and Frank Tipler, *The Anthropic Cosmological Principle* (Oxford: Oxford University, 1986). さらに、Christian de Duve, *Vital Dust* (New York: Basic Books, 1995)〔ド・デューブ（植田充美訳）『生命の塵――宇宙の必然としての生命』翔泳社、1996 年〕をも見よ。〔人間原理 Anthropic Principle とは、宇宙の状態がなぜそのようになっているのかという問いに対し、そうした問いを発する知的生命体の存在がそのような宇宙の状態と関係があると考えるという意味で、地球上に観測者として人間が存在するという事実によってすでに、宇宙に関する諸理論は拘束を受けているとする立場のことである。〕

2　John Leslie, *Universes* (London: Routledge, 1989). さらに、John Polkinghone, *Reason and Reality* (London: SPCK; Harrisburg, Pa.: Trinity Press International, 1991), 第 6 章をも見よ。〔なお、目的論 teleology とは、世界には最終的な目的があるという考え方のことである。これを肯定すると、自然現象には目的があるとすることになるが、これは、自然現象においてうまく適応した形態・生態が存在することを観察して出てきた考え方である。この立場は、生気論哲学においては、現象が機械的に起こるだけでなく、それ自体を実現させる目的へと進んでいるとする説となり、倫理学においては、行為の正・不正を人生

か？　この問いは終末論的考え方に関係するものである。なぜなら、もし過去の歴史に意味がないとしたら、未来の成就を予期する理由もないはずだから。

　この目的論的な問題提起は科学的洞察から生じたものであるけれども、それがわれわれに指し示すのは科学の研究題目であり得るものの範囲を越え出ているということに注意して欲しい。後者は十分正直になって、その成功が限定された種類の質問だけに取り組むことに自己制限したつましさによって獲得してきたものであることを認めなくてはならない。人間についての議論が考察するのは自然法則の実際的形態である、すなわち、科学自体が自然のプロセスに関する科学的記述の説明できない基礎としてただ扱うことができる事柄である。それゆえ、もし新しい自然神学がこのメタ科学的議論に貢献するとしたら、それは科学への補完として貢献するのであって、科学と衝突してのことではない。これは（自然の巧妙なメカニズムを設計して作り上げた神的な時計職人としての神に訴えるウィリアム・ペイリーの訴えのような）古いスタイルの自然神学とは対照をなす。この古いスタイルの自然神学は、眼という光学系の発達のような出来事についての科学的説明に対して、競争相手として姿を現したのである。

　われわれが科学的理解における最近の幾つかの進展についての考察を進めていく時、世界の実り豊かさに付与されるべき意義についてますます強烈に問うようになる。初めて、科学者たちは複雑系（コンプレックス・システム）の作用について詳細にわたる理解を獲得し始めている。このなされるべき前進を可能にした手段はコンピューターによるモデル化によって提供された。今のところ、この方法で扱うことのできる体系は最も単純な生きたバクテリアの複雑さにさえも遠く及ばないけれども、その作業はすでに新しい種類の自然作用について極めて興味深くまた予想もしないヒントを与えている。これらの洞察は、複雑系が自然発生的に驚くべき度合いで大規模な秩序を生み出す力に集中する。

の最高の目的に向かっているか否かで判断する立場となる。〕

複雑性の創発的特性

　単純ながらしかし教訓的な例をスチュアート・カウフマン[3]の研究から引くことができる。彼は一つのデジタルモデルを考察するが、物理的体系の見地から見たその論理的類似は次のようなものとなろう。ずらりと並べた電球の中で、各々の電球の動作（オンないしオフ）がそのシステム内の何処かにある他の二つの電球のオン／オフ動作によって影響を受けるような配列を組み立てる。それら二つの電球は最初の電球に隣接していなくてもよく、配列内のどの場所にあってもよい。強いられる相互関係は次のようなものである。すなわち、システムの次の状態では、ある電球は、もしそれと相関関係のある他の二つの電球が今オンであれば、オンである可能性の方が高い。配列内の全ての電球はこの種の相互間関係に左右される。（専門的には、このシステムは連結性（コネクティビティ）2のブーレアン・ネットと呼ばれる論理的存在物（エンティティ）に該当する。）このシステムは、無作為に選んだ配置で、幾つかの電球はオン、幾つかの電球はオフとして開始させ、その後は、規定のルールに従って展開していくままにされる。

　このネットワークはいつまでもでたらめに明滅し続けると予想するかもしれない。しかしながら、実際にはそうならない。もし相関関係の強さが一定範囲内で適切に選択されているなら、このシステムは間もなく限られた組数の照明パターンによる周期的動作に落ち着いていき、その数はおおよそ配列中の要素数の平方根になる。もし10,000の電球があれば、それらは間もなく約100通りの異なったパターンの周期で点灯することになる。配列全体が見出されるかもしれない、ざっと10^{3000}通りの異なった点灯状態が可能性としては存在するのだから、観測結果は全く驚くべき程度の秩序が自然発生的に生じることを暗示するのである。

　複雑性の創発的特性（プロパティ）の調査はまだ特定のコンピューターモデルの研究に頼った「自然史」の段階にある。この研究は、このような予期しない、また意義深い、秩序生成の特性が存在することを明らかにしているが、特定の動

---

[3] Stuart Kaufman, *At Home in the Universe* (Oxford: Oxford University, 1995)〔カウフマン（米沢富美子訳）『自己組織化と進化の論理——宇宙を貫く複雑系の法則』筑摩書房、2008年〕第4章。

作のこうした注目すべき事例の根底に間違いなく存在しているはずの一般的理論は現在のところ知られていない。私はこの分野において理解を拡大させることは、われわれが21世紀に望むことのできる最も重要な科学的進歩の一つになりそうだと信じている。

このパターン発生への強い傾向は自然の基本的なプロセスについて科学が描き出す常套的なイメージが拡大される必要があることを強烈に示唆している。今日までのところ、科学の主たる技法は「分割し、そして支配する」のそれであった、すなわち、体系(システム)をその諸々の構成部分に分割するという方法論的戦術であった。それは、そのような「半端な断片」のアプローチからしばしば結果として生じる単純さゆえに功を奏する、取るべき戦略であった。重要な洞察が勝ち取られ、それは構成要素間のエネルギー交換の観点から表現された。しかしながら、この還元主義的流儀では決して発見できない、全体としての体系に関わる重要な特性が存在することが明らかになりつつある。複雑性の研究はすでに、われわれが諸断片よりもむしろ全体から見て考えられた、そしてエネルギー交換よりもむしろ情報（動的パターンの仕様）に関連した、補完的説明も必要とすることを示唆した。

カウフマンは、こうした新しい考え方が生物学的思考に対して関連性を持つことが立証されるかもしれないとして、その関連性に特に関心を抱いている。彼は、比較解剖学者たちが様々な種の研究において認識する相同構造のうちの幾つかは、物質が所有するある普遍的なパターン形成傾向の中に、その起源があるのかもしれないと示唆している。伝統的な新(ネオ)ダーウィニズム的思考は、こうした相似性は歴史上共通の祖先の偶発的特徴から生まれたものだと仮定している。カウフマンは、実際には、相似性は複雑系が特定の種類の秩序を生み出すという固有の傾向に起因する、歴史には無関係の特徴であるかもしれないと示唆している。（既述の、電球配列の 10^{3000} 通りの可能性から発現した100の特定パターンを思い起こして欲しい。）

こうした考え方はまだ初期の段階にある。なすべきことが多数残っており、また解決されるべき多数の論争点が残っている。それにもかかわらず、自己創出(オートポイエーシス)（秩序の自己生成）は科学の研究予定表にしっかりと書き込まれている。ある全体論的(ホーリスティック)〔複雑な体系の全体は、単に各部分の機能の総和ではなく、各部分を決定する統一体であるとする考え方〕な自然法則が、目下のところはわれわれに未知ではあるが、しかしそれらの諸法則が多くの創発現象を統制してい

ること、また、これまでずっとわれわれには馴染みがあった諸々の構成要素たる自然法則を補完するのに必要とされることは、全くあり得ることのように思われる。エネルギーが世界の諸プロセスを理解するための重要なカテゴリーであることが疑いもないように、情報もまた同じくそうであることがきっと証明されるように思われる。

全体論、無神論、および有神論

　これらの展開についてのメタ科学的な評価は曖昧さを示しているが、この曖昧さはより広い世界観の探究の特徴である。私が示唆している種類の実り豊かな生成についての全体論的な法則が存在するとするなら、無神論者は、それらの法則を世界のプロセスについての純粋に自然主義的説明を擁護するものとして示すことができる。他方で有神論者は、自然法則の中に組み込まれた驚くほど豊饒な潜在力を指摘して、これを単にむき出しの事実（「うれしい偶然の出来事」）として扱うだけで十分であるのか、それとも、これは次のような問いをさらにもっと強烈に提起するのではないかと問うことができる。すなわち、そのような注目すべき諸特性が十分に理解できるものとなるのは、われわれがそれらを、宇宙に本来備わっている実り豊かさの背後で自らの意志を働かせている神的行為者（エージェント）の精神と目的の表現と信じる時にのみではないのか、と。

　確かに、創造の教義を支持する人は誰も、神と自然の諸法則が相互に排除し合うとは考えないだろう。なぜなら、そのような諸法則の規則性は、それらを定めた創造主の誠実さの反映であると有神論者は理解するだろうからである。有神論者はまたこれらの諸法則を不変の必然性とは理解しないで、それらがそうあるべきだと創造主が決めている限り踏みとどまっているだけのことであるとも理解するだろう。神は創造された世界の信頼性を覆すような気まぐれな、あるいはつまらぬ魔法じみた仕方で振る舞いはしないだろうが、しかし、何か全く新しいことをすることが神の意志と誠実な目的に適えば、神にその可能性を否定することもできない。そのような状況は、もし創造の現行プロセスがもはや何らさらなる未来の豊饒への見込みを与えないような点にまで落ち込んでしまうなら、起こり得ることなのである。

自己創出的(オートポイエーシス)な自然の諸法則に関する論議は、人間原理についてのわれわれの以前の短い考察に関わっていたそれとは若干異なっているように思われる。以前の考察では、問題は比較的はっきりとしていた。もし原子物理学の諸法則が、実際には全く今ある通りというのでなかったなら、恒星はその内部の核燃焼炉の中で炭素を製造することはできないであろう。すると、単純に炭素が存在しないという理由で、炭素ベースの生命の可能性はないであろう。人間〔原理〕の場合では、核力〔原子核内の陽子・中性子といった各核子の間に働く力〕の強さについての有効な自然主義的説明はない——それゆえに、有神論の脅威をそらしたい無神論者は、われわれには未知で知ることのできない無数の他の宇宙が存在するのであって、それらの膨大な総資産(ポートフォリオ)の中から、われわれの世界は生命が実際に進化できた世界であることがたまたま立証されたのであると仮定するという、幾分破れかぶれの形而上学的便法に追いやられる。これと対照的に、自己創出(オートポイエーシス)は幾分より一層形而上学的に曖昧であり、議論の結果は一層論争の余地を残していることをわれわれは見てきた。

神学的脅威としての宇宙の死

それにもかかわらず有神論者は、過去の宇宙の歴史と今日までの宇宙の進化している実り豊かさを熟慮して、誠実に次のように主張できる。すなわち、世界が一つの創造物であるという信仰は、これを全て可能にしてきた本来備わった固有の実り豊かさについての知的に満足のいく理解を提供してくれる、と。しかしながら、われわれの目を宇宙の未来に向けると、その目に映る状況は暗鬱になる。地球上の命の存続を脅かしかねない多数の危険（大きな隕石の衝突、〔地球という〕惑星を致命的な放射線ですっかり浸す近距離で起こる超新星爆発、50億年後には太陽が赤色巨星に変わるという確実性）があるだけでなく、全宇宙そのものが最後には無用となるべく運命づけられているのである。宇宙は死にかかった腐朽のすすり泣きで終わるか、爆発(バン)を起こして宇宙大崩壊(ビッグクランチ)のるつぼの中に溶解することで終わるか、それは科学的にこの上なく確実なことなのである[4]。最後には、科学的に理解される通り、現在

---

4 John Polkinghorne and Michael Welker, eds., *The End of the World and the Ends of God*

のプロセスから推定すると、「全ては虚しい」という避けがたい結論へと導かれる。もちろん、このような恐ろしい予言は何十億年というとてつもなく遠い未来のことである。とは言え、時間の尺度は極端に長いけれども、結局のところ、炭素ベースの生命は宇宙の歴史においてはただの過渡的エピソードにすぎなかったことが証明されるだろうということを知ること、このことは創造主の究極の意図について、深刻な問いを神学に投げかけるのである。もし答えが見つけられるとすれば、それは必然的に、科学に影響された予測から単純に推測したものを超え出たものであることだろう。神学的なジレンマは究極的に神学的解決を要するのである。われわれはすでに、誠実な創造主は創造物をその自然な豊饒期間を超えてまで不変のままに維持しなければならないことはないと論じた。

　運命という究極的問題はその性格という点で基本的に神学的問題であるけれども、それにもかかわらず、議論してきた種類の科学的考察は今日における終末論的思考に必要な背 景(コンテクスト)を与えてくれる。われわれは、宇宙が豊饒（fertile）であると共に究極的には不毛（futile）であることが分かった。物理世界の性質についてのわれわれの観念は、エネルギーと共に情報を、構成要素たる原子論と共に相関構造を受け入れ始めている。贖われた究極的な現実に対するキリスト教的希望の表現は、常にそれの目下の現実の性質についての当時の理解によって左右されてきた[5]。それは、復活の希望が必然的に連続性と不連続性との間の緊張と関わり合っているからである[6]。このことは、来るべき新しい命についてそれが抱くイメージの骨組みはそれが古い命の終末論的変換であるという観点から作られていて、ただ単に古い命の廃止や代替であるという観点から作られてはいないという事実から起こる結果である。それゆえ、終末論は創造物の性格を見抜く現下の洞察力を最大限活用しなくてはならない。この戦略を使った過去の試みを考察してみると、これには限度があることをわれわれに思い起こさせるが（個人の魂の体に「属する」諸原子の再組み立てというニュッサのグレゴリオス〔c.330–395年？東方教会の教父、小アジアの小さな町ニュッサの司教であったが、ニカイア派の指導者の一人として三位一

　(Philadelphia: Trinity Press International, 2000) の第1章および第2章を見よ。
5　本書所収のブライアン・デイリー「虫けらにとっての希望：初期キリスト教の希望」を見よ。
6　Polkinghorne and Welker, *The End of the World and the Ends of God*, 諸処を見よ。

体説を正統教義として確立することに貢献、大バシレイオスの弟〕が抱いた観念——生物学的な命を維持する不断の物質的変化という、われわれが持つ知識には何らの意味もなさない考え——のことを考えて欲しい）、しかしこの努力は、われわれの思考において不可欠な要素であり続ける。今日、終末論の信頼性を探究するに当たっては、諸々の諸要因のなかでも特に、科学がこれに提供できる理解や推測のための手段を十二分に利用しなければならない。

宇宙の死は、個々の人間の死というさらに一層確かな事実と共に、次のような問題を強要する。すなわち、宇宙は本当に〔秩序と調和を持った宇宙である〕コスモスなのか、それとも単なる混沌(カオス)なのかどうか、歴史は全的で永続的な意味をなしているのかどうか、あるいはそれは、究極的には、マクベスが言ったように、「痴れ者によって語られた、音と憤怒に満ちているが、何一つ意味をなさない夢物語」で、つかみどころのないものなのかどうか、という問題を。神学にとってこれ以上興味をそそる問題を想像することはほとんどできない。

神的誠実さか、進化論的楽観主義か

適切な神学的応答は二つの基本的信仰に依拠していなくてはならない。第一の信仰は、あらゆる終末論的希望は神の永続する誠実さに基礎が据えられているというものである。それはただ現在のプロセスからの推定にだけ頼った一種の進化論的楽観主義に基づいたものではあり得ない[7]。進化論的楽観主義は妄想的希望を頼りにしたものであろう。なぜなら、死が個人の死であれあるいは宇宙の死であれ、死を超えたところにまで及ぶ自然な期待など存在しないからである。死すべき運命の事実は現実的であるが、しかし、それは究極的現実ではない。なぜなら、神のみが究極的現実だからである。イエスは、彼の周知の、サドカイ人たちとの対決の中で、この点を明瞭かつ決定的に主張した。イエスは彼らに、アブラハム、イサク、ヤコブの神は全く誠実で信頼できる神、「死んだ者たちの神ではなく、生きている者たちの神」であることを指摘した（マコ 12:27）。ただ此処にのみ、永続する希望への基

7　本書所収のジェフリー・シュロス「進化から終末論へ」を見よ。

礎が見出されるのである。

　第二の信仰は、全ての創造物は創造主にとってそれの本性に適当な仕方で重要であるはずだ、というものである。それゆえ、全ての被造物は、究極的に、それぞれの真の成就を見出すはずである。確かに、成就が取る形態は当該の被造物の種類によって変わるであろう。私は、かつて生存した全てのバクテリアが復活させられて永続する運命を享受するとは信じていない。しかし、神にとって本当に永遠に重要なのは人間だけであるということも私は信じていない。これまで神学はそれが抱く関心においてしばしば過度に人間中心的であって、あたかも歴史が単に数万年にわたる文化の記録にすぎず、そしてまた、あたかも人間以外の創造物はただ人間劇が演じられる舞台の背景を設（しつら）えるだけのものであるかのようであった。われわれはつむじ風の中からヨブに告げられた激しい叱責に心を留め、目を上げて、われわれの周囲で起こっていることの中に主が抱いておられる多くの関心事を見る必要がある（ヨブ 38–42 章）。新約聖書は驚くほどこの視野の狭窄を免れている。ロゴスは、それによってあらゆる物が作られたものである（ヨハ 1:3）。宇宙的（コスミック）キリストは、あらゆる物がその方を通し彼の十字架の血によって贖われる方である（コロ 1:20）。多分、とりわけ最も注目に値するのは、パウロがローマの信徒への手紙の中で、腐朽の束縛から解放されて、神の子供の栄光に輝く自由を獲得することを熱烈に切望しつつ待ち望んでいる全創造〔世界〕を描くことでもって伝えている洞察である（ロマ 8:19–21）。視野が宇宙的な規模であるような終末論的概念を持っているのでなければ、現在の創造〔世界〕の非人間的次元は何ら永続的な価値を持っているようには見えず、それだから生態学的（エコロジカル）な関心はただ単に自分自身の必要に対する思慮深い人間の備えの事柄としてのみ理解されるであろう[8]。

　宇宙的範囲の贖いへの展望を強調することは空っぽの墓の使信（メッセージ）によって確かに強められる。それが言外に意味するのは、主の甦り栄化された体は彼の死んだ体が変化された形だということである。もちろん、それに関係しているのは復活の終末論的変換であり、蘇生という陳腐なものではない。甦ったキリストは体を持っており、依然として受難の傷跡を帯びているが、しか

---

[8] この最後の点への異なったアプローチについて、本書所収のエルンスト・コンラディ「復活、有限性、そして生態学（エコロジー）」を見よ。

しその体は全く新しい特性を有しており、それゆえに鍵のかかった部屋の中に現れたり姿を消したりする。キリストの究極的運命は純粋に霊的な性格のものであるはずだから、彼の未来にとってもはや必要でないことが判明していた物質的というまさしく無関係なものは処分したのであったから、墓はなおさら空っぽである。われわれは、新約聖書の比較的後期に書かれた文書の中に、起こされたキリストの身体的局面の強調を見出すが[9]、その強調は同様な点を指摘している。

そのメッセージは明白であるように思われる。キリストの中に、男や女に対する運命と同様に物に対する運命も存在するのである。当代の相当多数の神学的議論において歴然としているように、空っぽの墓と体の復活を軽視することは、われわれの終末論的理解の重大な貧困化であると、私は信じている。

連続性と不連続性

こうした神学的考察は、以前に指摘した科学的な論点とどのように関係しているだろうか？　われわれはすでに、多くの終末論的思考が連続性と不連続性との間の緊張の解決策を探ることに集中していることに注目した。アブラハム、イサク、そしてヤコブが神の国において再び生き、彼らが古い名前を与えられただけの新しい人物ではないと本当に言うことができるためには、十分な連続性が存在しなくてはならない。私が何処か他のところで強調したように[10]、連続性を言い表す別の方法は、新しい創造物は *ex vetere*〔古いものから〕、古い創造物の贖われた変換として生じるのであって、第二の、全く新しい、*ex nihilo*〔無から〕の創造物として生じるのではない、と理解することである。とは言え、新しい創造が古い創造の余分な繰り返しだけではないことを保証するために、十分な不連続性もまた存在しなくてはならない。一種の永遠回帰の観念は、どのようなものであれ、それは希望の否定に他ならない。パウロが第一コリント書15章で彼の考えを「物理的」体と「霊的」体

9　本書所収のハンス＝ヨアヒム・エックシュタイン「ルカにおける体の復活」を見よ。

10　John Polkinghorne, *Science and Christian Belief/The Faith of a Physicist* (London: SPCK; Princeton: Princeton University, 1994), 第9章。

という言葉で明確に表現しようと悪戦苦闘する時、彼はそこでこれらの問題と取り組んでいるのである[11]。これらの定式表現に *sōma*〔体〕という語が繰り返されるのは連続性を表現しているのであり、他方で、翻訳不可能な形容詞 *psychikon*〔魂的〕と *pneumatikon*〔霊的〕の分離は不連続性を表現しているのである。

　個々の人間の連続性が終末論的変換の進展する間どのように維持されるのかを理解する伝統的な方法は、魂が復活して再び体を持つという表現によることであった。私は、キリスト教的希望を信頼に足る仕方で明瞭に表現するためには、何かこのような言葉が依然として不可欠であると考えるが、しかし、その内容は人間の本性についての当代の理解に照らした再調査が必要である。

　問題の論点は、魂の意味とは何であり得るかということである。私は、プラトン的な種類のものであれ、デカルト的な種類のものであれ、人間についての二元論的概念はわれわれにとってもはや可能なものだとは思わない。われわれが動物的生命のより原初の形態と進化の系列上つながっていることは、人間の精神的経験への薬物効果や脳損傷を知っていることと共に、われわれが精神身体的統一体──よく知られた表現を使えば、「肉体を付与された魂というよりも命を吹き込まれた体」であるという見方を非常に強く促すのである。もちろん、この結論はヘブライ聖書の著者たちにとってはほとんどショックとはならないだろう。しかしそれならば、われわれは人間の魂を、もしそれがかつてそれを住まわせていた体の死と腐敗の後も生き残る分離不能の霊的構成要素だとしたら、特に終末論的思考に関して、どのように理解すべきだろうか？

　人間としての人の本性と、それと関連した、何が人間の同一性を維持させ得るのかという問いとが、観察される体としての連続性の観点から議論できるような状況を越え出る状況下において、本書の多くの寄稿者の関心である[12]。疑いもなく、そのような議論は貴重であるし、また論点として復活の合理性の考察には極めて重要ではあるが、神学的人間学は未だ十分に発達しておらず、われわれにとっての全ての難問を解決してくれる明解な答えを提

11　本書所収のペーター・ランペ「霊的な体についてのパウロの概念」を見よ。
12　本書所収のナンシー・マーフィー、テッド・ピーターズ、そしてアンドレアス・シューレの寄稿を見よ。

供してくれない。この進行中の論争への一つの寄与として、これこそが一層の啓蒙に導いてくれる将来の進展を探し求めても良い方向であると考えるようわれわれを励ましてくれると私が示唆してきた、複雑系の萌芽的な科学的研究からの一般化に基づいて、私は情報の概念を用いる一つのアプローチを素描してみたい。これ以前の世代の神学的思考と幾らかの接触を保ちたいという願望から、私は「魂」という言葉を使い続けることにする。もっとも、人によっては「人格(パーソン)」あるいは「自我(セルフ)」の中核というような別の用語の方を好むかもしれない。

　もし、われわれが「魂」という用語を用いるとしたら、それは確実に、「本当の私」を指していると理解されることが可能でなければならない。それが何を意味し得るかは、生きている内でも、死の向こう側でも、問題をはらんでいる。何が今日の私と60年前の写真の中の幼い学童を結ぶ連続性の担い手であり得るだろうか？　その役を演じるのは、確かに私の体の問題ではない。体は摩滅や飲食によって常に変化している。われわれのうち誰一人、今日われわれの体の中に僅か2年前にあった原子さえ持っていない。物質的に、われわれは流動状態にあるのである。

情報を担う型(パターン)としての魂

　われわれは、魂をいつ何時でもその中でわれわれの体の問題が有機的に構成される、ほとんど無限に複雑で、ダイナミックで、情報を担った型(パターン)として理解しなければならないと私は考えている。この型(パターン)は絶えず命の中で発達し、若かった時のわれわれと、今日あるわれわれとの間を結ぶものを構成する。読者は、これは近代的な装いで披露された古い考えであると悟るだろう。なぜなら、私は魂が体の形であると言っているのであって、これはアリストテレスにもあるいはトマス・アクィナスにも奇妙だとは思えなかったであろう考えである。もっとも、私は多分、これに関して二人が持っていた傾向よりさらにダイナミックに考えたいのではあるが。

　もちろん、この概念は私が言ったことの中でただ漠然と表現されているだけである。私は、今日われわれにこの考えをより厳密にする力があるとは考えない。少なくともこれだけは言える。すなわち、それは、世界の進行

過程の科学的説明において進展している、情報（パターン）の重要性への認識について私が以前から主張してきたことに一致しているということである。もっとも、人間の魂という概念は、われわれがほどほどに複雑な体系（システム）の研究から直接的に推論できるような、どんなものをもはるかに遠く越え出たところまで行ってしまうのではあるけれども。非常に大雑把なイメージで、魂は体というハードウェア上で動いているソフトウェアである、と言ってよいかもしれない。しかし、これは極端に不適切な言い方である。なぜなら、人間は単に「肉でできたコンピューター」[13]と言うよりもはるかにずっと巧妙な何かであると信ずる十分な理由がわれわれにはあると私は信ずるからである。その上、人間の命の豊かさについての正しい説明を考え出す努力の一部として、私が今まで使ってきた個々の人間のどちらかと言えば個々独立した要素（アトミスティック）からなる姿を拡大していく必要性があると私は考えている。「私であるもの」は単に私の体によってだけ担われているのではなく、私の命がその中で発達している諸々の関係の集合体（ネクサス）によっても担われているのである。魂であるそのパターンが体を取ったものは、何か皮膚の表面で終わってしまうようなものではないと信ずる十分な理由がわれわれにはある。成就についてのキリスト教的希望を表現する一つの方法が、われわれはキリストの体に統合されるという集合的用語による言い方であるのは意味深いことである。

　自然な条件では、私であるパターンは、それが実際にはどのような形を取ろうとも、私が死ぬと解消するだろう、私の体が朽ちて、私の諸々の関係も減少して、単に他の人たちによって次第におぼろになる記憶に留められるだけになった時に。とは言え、永続的に誠実な神はそのパターンを神の記憶の中に完璧に保ち[14]、その後、最後の審判の日に、新しい創造物が展開していく時の充満の中に入っていく時に、復活という神の究極の終末論的行為においてそれに再度体を与えることは、全く首尾一貫した信仰であるように見え

13　Roger Penrose, *The Emperor's New Mind* (Oxford: Oxford University, 1989)〔ロジャー・ペンローズ（林一訳）『皇帝の新しい心——コンピュータ・心・物理法則』みすず書房、1994 年〕、John Searle, *Minds, Brains, and Science* (London: BBC Publications, 1984)〔ジョン・サール（土屋俊訳）『心・脳・科学』岩波書店、1993 年〕、それに本書所収のノリーン・ヘルツフェルド「サイバネティックス的不死 対 キリスト教的復活」を見よ。
14　本書所収のディルク・エヴァース「時間の流れの中の記憶と復活の概念」を見よ。

る。

　このような条件では、魂は実際に、依然として現世を来るべき命の世界に結びつけている、人間の連続する同一性(アイデンティティ)の担い手と理解される。それが神の記憶の中に保たれている死と復活の間の中間状態は、静的な保存以上のものとなり得るのである。なぜならば、それは神の現実(リアリティ)とのより密接な接触と相互作用を通して、贖いの変換プロセスの可能性をも伴い得るからである。とは言え、この中間状態は完全に人間的とは言えない、というのは完全な人間性の回復は再度体を与えるという、さらなる復活行為を必要とするであろうからである[15]。それは何か陰府の国における陰の命のようなものである。もっとも、神的記憶が果たす役割の強調は、それがヘブライ聖書の大部分に見出されるよりもはるかにずっと肯定的な意味で理解されることを可能にするであろうが。死後の、すなわち復活前の命のために暗示されているイメージは、パウロが「裸である」可能性について語った時に心に抱いていたことに一致するかもしれない（Ⅱコリ 5:4）。もちろん、人間はいろいろ違った時に死ぬけれども、全ての人が復活の日に一緒に到来するのであって、中間状態は全く必要ないという可能性もある[16]。このことが考えられるのは、新しい創造物は古い創造物の贖いであるけれども、二つの世界は単一の時間を共有する必要がなく、ただ一方が他方に連続して続くことが必要となるだけであるという理由からである。二つの相互の関係は、その性格において、それよりも一層微妙なものであり得る[17]。実際、甦ったキリストの顕現、そして、特に聖餐式において経験されることであるが、終末論的希望の実現された次元である、永遠の命への現在的参与は、二つの世界の間にある程度の「並行性」とさらには相互作用さえも暗示している。

　われわれはさらに進んで、「この復活の再体(からだ)化の媒体は何であろうか？」と問わなければならない。明らかに、これはこの現在の世界の事柄ではないだろう。「肉と血は神の国を受け継ぐことができず、朽ちるものは朽ちないものを受け継ぐことができません」（Ⅰコリ 15:50）。別の仕方で考えるとすれば、再度死ぬために、再度生きるという絶望を受け入れることとなろう。

15　本書所収のペーター・ランペとハンス＝ヨアヒム・エックシュタインによる中間状態についての議論を見よ。

16　Polkinghorne, *Science and Christian Belief/The Faith of a Physicist*, 173.

17　同箇所。

この宇宙の物質は、媒体としての進化の役割に相応しい物理的性格を持っていて、その媒体の中で、被造物は彼らの創造主からは若干の認識様態上の距離を置いて存在し、自分たち自体であること、また自分たち自体に作り上げることを許されている。古い創造物であるこの世界では、死が必要である。なぜなら、それは新しい命が存在するようになることが可能となるための避けられない代価であるからである。この世界においては、細胞変化が新しい命の発達進化を推進すると共に、創造物に癌が存在する原因ともなっているのである。

贖う物質

しかしながら、これが、神が創造的に存在させておくことができるたった一つの種類の世界だと信ずる理由は全くない。古い創造物と新しい創造物の間の、ある程度の不連続性という神学的原理は、個別的詳細にわたって明確に表現するにはわれわれの力が及ばないものを、一般的な仕方では想像することを許してくれる。すなわち、そこの「物質」と「物理」は「もはや死はなく、もはや悼みも叫びも痛みもない。なぜなら、最初のものは過ぎ去ったからである」（黙 21:4）というような世界である。これは首尾一貫している神学的可能性である。なぜなら、新しい世界はもはやその創造主から離れたところに存在せず、宇宙的キリストを通して、新たな、そしてごく親密な仕方で、神の命とエネルギーとに統合されるだろうからである。この贖われた関係は、終末論的プロセスが現在のプロセスと非常に異なる理由である。新しい創造物は、いつか腐朽への束縛から解放されているであろう。なぜなら、それは「神の子供の栄光に輝く自由を獲得している」（ロマ 8:21）からである。現在は、われわれは聖礼典(サクラメント)を含む世界に住んでいる。来るべき世界は、〔それ自体が〕完全に聖礼典(サクラメント)的なものであるだろう。その世界の「物質」の中に、われわれは神の終末論的な目的が完全な創造された秩序において成就されているのを見るであろう。私はこの希望を「万有内在神論は終末論的成就として真であり、現在的現実として真なのではない」[18]と主張することで

---

18 同書 168 頁。

表現した。われわれの正教会(オーソドックス)の友人たちが、被造物の最終的結末は *theosis*、すなわち、神の命に分かち与っていることだと言う時、彼らは確かに正しいのである。

　こうした考え方は胸をわくわくさせると共に神秘的でもある。こうした考え方を了解するためのわれわれのただ一つの本当の手がかりは、起こされて栄化されたキリストについてのわれわれの知識の中にある。このキリストの復活は、私が話そうとしてきたことを前もって少し経験することであり、また保証するものでもある[19]。しかしながら、ひとが言おうとしているのかもしれないさらに何か追加的なことがある。新しき創造物は古き創造物から（*ex vetere*）生じるのだから、その特性を古き創造物のそれと比較してみる時、ある程度の不連続性と共に連続性もあることをわれわれは予期してよいかもしれない。われわれの現在の宇宙では、科学は空間、時間、そして物質が単一の一般相対性理論の仕組みに統合されるものと理解する。この種の「一括処理」は、新しい創造物の中でも、贖われた形で継続しそうに私には思われる。体が与えられることは、人間に本来備わったものである。一時的であることも、人間に本来備わったものであると私は信じている。来るべき世界の命は〔啓蒙的〕解明の永遠の瞬間ではなく、神的性質の無尽蔵の豊かさを永続的に探究することであろう。そこでは今やわれわれがこの探究に明瞭に、また親密な仕方で近づくことが可能とされたのであり、それはこの〔世界の〕命においては、聖人たちの中で最も偉大な者にとってさえも可能であるものを超え出たものである。確かにわれわれの究極の運命は退屈なものではないだろう。なぜなら、それは想像し得る限り最も心はずませるような種類の命に関わるものだろうからである[20]。

　来るべき世界の命を無限に続く霊的前進と探究だとする観念は教父たちの幾人かに、とりわけニュッサのグレゴリオスに見出すことができる[21]。今日、われわれにとっては、それは創造物の進化的特徴や、それに関連した、神の継続的創造（*creatio continua*）の教義[22]をわれわれが理解することによって

19　本書所収の、終末論的認識論の資料について論じるナンシー・マーフィーを見よ。
20　本書所収のギュンター・トーマス「新しい生命への復活：終末論的変転の聖霊論的含蓄」を見よ。
21　本書所収のブライアン・デイリーを見よ。
22　Arthur Peacocke, *Creation and the World of Science* (Oxford: Oxford University, 1979)〔A.

強められる期待である。古き創造物であるこの世において次々と進展していくプロセスを通して働く忍耐強く捉えがたい神は、それに相応してゆるやかで発展的な仕方で終末論的成就をもたらしてくれると期待されよう。事実、有限な創造が破壊的でない仕方で適切にその創造主の無限の実体(リアリティ)と遭遇することができるような仕方は、他には絶対にあり得ない。それゆえ、ミヒャエル・ヴェルカー[23]が認める、復活という一度限りの行為と永続する神の国という継続的統治との間の必然的な終末論的緊張の重要性があるのである。

確かな希望

　終末論的思考は細部については必然的に憶測の要素を含む。その思考の視界は、此岸〔世界〕の命のうちで理解され得る事柄については、必然的に限定される。とは言え、それは決して幻想の中での知的訓練ではない。むしろそれは、その談話が合理的であり、またその希望には十分な動機づけがあることを示すことで、「敗北者を打ち負かす」ために十分なだけ先にまで推し進めることができる可能性の探究である。私は、精神主義的な(スピリチュアリスト)〔魂の〕生き残りの観念によらず、キリスト教的な死と復活の概念によって組み立てられた信頼に足る希望、すなわち、それの実質がすでにわれわれの主イエス・キリストの復活にはっきりと示され、その信頼性がアブラハム、イサクそしてヤコブの神の誠実さという基礎の上に築かれている希望をわれわれは抱くことができるように、科学的洞察と神学的理解を組み合わせることができる、と信じている。

　R. ピーコック（塚田理、関正勝訳）『神の創造と科学の世界——ウィリアム主教記念講座』新教出版社、1983 年〕第 6 章。
23　本書所収のミヒャエル・ヴェルカー「神学的現実主義と終末論的象徴体系」を見よ。

4　進化から終末論へ

ジェフリー・P. シュロス

　命がその原初の形態から支払わねばならなかった恐怖の代価、そして命がより野心的な形態へと上昇するにつれ着実に増していったその巨額な代価は、〔より野心的形態へと上昇する〕この冒険的企ての意味についての問いを掻き立てる。そしてひとたび尋ねられるや、二度とその問いを止めさせることがない。この問い、最後には人間によって尋ねられた、不可避であると共に僭越でもある問い——命の黎明期に物質によって企てられた形の試みと同じほどに、本当に僭越である——この問いの中に、初めはあやふやであった命の本性が、何十億年という歳月にわたって沈黙のうちに執拗に主張された後に、声と言葉を見出したのである。[1]

　もしナイーブさが、教育を受けていない想像力ゆえに問題の濃密さをよく理解することができないことであり、僭越さが、問題を見抜こうとする過剰なまでに熱狂的な想像力の自信であるならば、私は終末論についての科学的観点の問題を述べようとすることさえが両方の誤りを同時に犯す危険を伴うのではないかと危惧する。しかしおそらく、それはそうであるべきなのだ。二極間の相克する緊張は、「われわれの中にある希望に対する根拠」を有意義に解釈する上で必要でもあるし、また望ましくもあり、科学と宗教の間の対話はわれわれが解釈を進めていくのを助けてくれるかもしれない。科学的観点は、われわれが科学と関係を絶った神学的観念論にナイーブに耽ることを回避するのを助けてくれるかもしれない。神学は、この世界を減少させてわれわれが現在持っているところの限られた、またしばしば歪んだ科学的理

---

[1] Hans Jonas, *The Phenomenon of Life: Toward a Philosophical Biology* (New York: Harper and Row, 1966), 6.

解に適合するよう従わせてしまう僭越さからわれわれを呼び覚ましてくれるかもしれない[2]。

この世界と次の世界における有機体的命

　復活の問題を思索する生物学者は生物学的存在論の二つの異なったレベルでそうせざるを得ない——有機体的レベルと生態学的(エコロジカル)レベルの二つである。有機体的レベルについては、持ち上がってくる最も差し迫った、そして当惑させる問い（しかし、決して追求すべき最も有益な問題ではない）は、いったいそのようなことがどのようにして地上で（あるいは天上で）起こるのかという問いである。これは素朴な問いに見えるけれども、まさしくその素朴さがその問いを目立たせるのかもしれない。私のよちよち歩きの幼児が以前、「お母ちゃん、神様は私たちをどうやって天国に連れて行ってくれるの？　神様の飛行機に乗せて？」と聞いた時、年上の兄たちはこの下の子を馬鹿にして笑った。なぜなら、兄たちは体から離脱した永遠の魂は天に昇るのに物的な装置は要らないことが理解できるだけ物分かりがよかったからである。しかしもちろん、彼らのより未熟な弟の言ったことは、おそらく子供らしい文字通りの解釈のおかげで正しかったのである。永遠の命という聖書的概念は物理的復活および〔復活以前と〕連続した身体性(エンボディメント)と一対になっているので、これを全くその物質的具体性の点で熟考することは袋小路に迷い込んでしまうことになるかもしれない（あるいはそうはならないかもしれない）が、しかしわれわれを間違った方向に連れていくことはないであろう。われわれが不連続性の輪郭を明らかにすることができるのは、連続性の前提を探究することにおいてだけである。もしわれわれが完全な不連続性から始めると、われわれは熟慮という骨の折れる仕事を怠けて避けるだけでなく、観念論の中で惨めに過ごすことになる。人はどうやって子宮に入って、再び生まれることができるのだろうか？　もし駱駝(らくだ)が針の穴を通らねばならないとしたら、誰が救われることができるのだろうか？　どうやってわれわれはキリストの

---

[2] Fraser Watts, "Subjective and Objective Hope: Propositional and Attitudinal Aspects of Eschatology," in *The End of the World and the Ends of God: Science and Theology on Eschatology*, ed. John Polkinghorne and Michael Welker (Harrisburg, Pa.: Trinity Press International, 2000).

肉と血を食べることができるのだろうか？　福音書の中のこうした表向きはナイーブな問いは、厳然たる誤解だけでなく、キリストの言明はある種の触知可能な現実を述べているのだという、それにふさわしい真摯な確信をも打ち明けている。

　有機体的レベルでの二番目の、より深遠であるが潜在的にはより扱いやすい問いは、復活させられるとは、新たな体を持つとは、永遠の命を持つとは何を・意・味・し・て・い・るのか？という問いである。もしわれわれが永遠の命についての聖書の約束を単にいつも通りの命に添えられる追加の時間に関わるものとしてだけでなく、変換され、癒され、深められた命――ただ量的にではなく、質的に増加された命――として理解するなら、その時には、命そのものが何・で・あ・るかを考える上で助けになるであろう。そしてもしわれわれが、生ける神は聖書の言葉にあるごとく、本当に「このように死すべき体に命を与えてくださった」のであって、ただ単に非物質的命を細胞質組織の死の領域内に閉じ込めたのではないと信じるなら、その時には、生ける存在についての研究はこの「生きていること」をさらに所有することが何を意味するかについて、神学的に省察するための似合いの対話相手である。

　もしわれわれが、有機体的命はより大きな創造の中に埋め込まれていて、生態学的(エコロジカル)相互依存の諸共同体や人との係り合いや神の居住を伴うのだという生態学的(エコロジカル)でもありまた聖書的でもある概念を考慮するならば、上記の問いは生物学的存在論のより高いスケールで拡大される。かくして、生態学的(エコロジカル)－進化的レベルの統合が生じてくる。そのような共同体的現実には、エヴィリン・ハッチンソンがすばらしい表現をした通り、「生態学的(エコロジカル)舞台上での進化劇」がつきものである。せりふ、役者、そして筋立(プロット)てさえも進化の時間的経過の上で変わるかもしれない。もっともそれらは小道具、舞台装置、また生態上の瞬間をどう振り付けるかの構成法などによって絶えず制約を受けるのではあるが。それゆえに、復活については、それはただ単に永遠の高みへとフワフワ運ばれるお手玉のような個々人の体に関係するのではなく、適切な環境の素地に、すなわち「新しい天と地」に新たに植えられ、繁茂することに関係するのである。この環境は復活させられた人間の永遠の命を維持するために快適であるだけでなく、もしわれわれが聖書の記述を真面目に受けとるとすれば、ある意味で、それは他の生ける存在をも含むけれども、しかし死、捕食、涙、あるいは悲しみ、欠乏、性的絆、そして如何なる夜さえも含

まない。

　有機体的復活は思案するにはそれほど難しいことではないと言わぬばかりに、この新しい世界はわれわれ自身の世界の見地からはわれわれにほとんど認識できない。とは言え、まさしくその違いの認識は連続性にかかっている。それは、馴染みの捕食動物の見慣れない不在と全く目新しいこの世のものならざる生き物の存在ではなく、変換されたこの世の生き物である。〔例えば、〕羊と一緒に横たわっているライオンである。それは、われわれが食べ物を必要としないというのではなく、新しい食べ物があるだろう、というのである。それは、われわれがエネルギーを必要としないとか、あるいは昼も夜もなくて伝達によらない神秘的な生気の注入があるのではなく、神自身が光を与えてくれるような永遠の日があるだろう、ということである。確かに、このようなイメージは文字通りでなく、隠喩的に捉えられることを意図したものである。（実際、この事態を他にどのように言えようか？　とは言えおそらく、隠喩と指示対象との相違そのものが純粋な天的現実（リアリティ）の熱で蒸発してしまう。）しかし、たとえそうした比喩的表現においてさえ、隠喩は何かの隠喩であって、何もないということはない。何かについて熟考するということは、連続性をわれわれに可能な限り遠くまで押し進めることを意味し、これは不連続性の限界を固定して明確にするためである。どのようにしてそんな世界がやって来ることが可能だろうか？　そのような領域に居住するということは、再び、われわれが命について知っていることの見地からは、何を意味するのだろうか？

　私は、他の人たちが、三つの異なったレベルのリスクを伴う、科学と神学との間の三つの異なった流儀の嚙み合い方として記していることの中で、これらの問いについて熟考することを提案する。私はこのことを組織的鋳型（テンプレート）として熟考してみるが、それはこの鋳型が科学と宗教の対話のための分類学上の体系を表しているからではない。まず最初にそしてごく控えめに言って、自然神学と自然の神学の双方を敬遠し、科学に内容として神学に情報を与えさせる試みを避けても、それにもかかわらず科学は神的啓示や神学的熟考の中で遭遇する概念的イメージに具体的な経験を提供するかもしれない。C. S. ルイスは、自然の世界はわれわれに神は栄光に満ちていることを教えてはくれないが、しかし、それを何処か他所で学んだ後には、自然は栄光を経験することの実質的中身を提供してくれる、と断言する。あるいは、科学は

われわれの直の経験の外で、真理に対する隠喩の蓄積を提供してくれる。私はこの二分法があまりにも単純すぎると主張するつもりだが、これが論議のための出発点である。

　第二に、より野心的であるが、われわれは科学的理解を評価したり推測したりすることで、神学的理解に貢献するよう試みることができるかもしれない。伝統的に、自然神学がこの大仕事を、特に究極的起源ないしは計画について過去に遡る推測と共に、伴ってきた。しかし、われわれは聖書の解釈学的またテクスト分析的取り組みの中で、また神的摂理についての聖なる歴史に埋められた信仰にとって重要な理解を伝えるための聖書的、考古学的試みの中で、より近似の歴史的推測も用いる。実際、過去を振り返ることは非常に重要であるから、信仰深い人々はしばしばそれを可能にするための準備をするのである。ベテルの石〔創 28:19〕や追憶の詩編は、信仰を現実の世界に根付かせるのに大変重要な、この過去に遡る推測を容易にする努力を成すものである。そして、そのような石のないところでは、われわれは論理的同等物を探す。つまり、キリストの復活を支持する議論[3]は、本来、経験の実証ないし合理的説明を超えた、ある出来事を振り返って推測するための納得のいく根拠を示す試みを必然的に伴っているのである。すると、同様に、われわれは未来に向けて推測するよう試みてもよいだろう――聖書の終末論的約束の信頼性を確認するため、あるいは少なくともそれらの重要性を探究する助けをするために。

　第三に、最もリスクのあるものだが、われわれは神学と科学の間での正真正銘二方向のやりとりに目を向けつつ、それらの間の不連続性ぎりぎりのところに従事してよいだろう。そこでは、神学は科学的主張に一方的に順応せず、科学的な思考を修正するか、あるいは少なくとも情報を与える意図でもって「押し戻す」のである。このプログラムの強力で、もちろんのこと最もリスクの大きい種類のものは、信仰と結びついた（ただし、神学的に議論したのではない）修正主義的科学を含んでいる。修正主義的科学とは、例えば、当今の「インテリジェント・デザイン」、ガイア理論であるとか、あるいは 20 世紀の中間四半期に広く受け入れられた優生学や人種学に反対した、

---

[3] Michael Welker, "Resurrection and Eternal Life: The Canonic Memory of the Resurrected Christ, His Reality, and His Glory," in *The End of the World and the Ends of God*, ed. Polkinghorne and Welker, 279–90.

イデオロギー的動機づけを持った多種多様な修正主義的民族差(エスニック・バリエーション)の理論のようなものである。(結局、このような見解のうち最も平等主義的なものに対する経験主義的擁護は 50 年後まで説得力あるものとならなかった。)このプログラムのより弱い版で、私がここで追求しようとするものは、神学が、伝統的な科学的手段によって調べられるべきなのに、しかし現在支配的な理論それ自体の推測によっては示唆されないかもしれない諸仮説の貯蔵庫ないし「宝の地図」として役立ち得る、という考えを必然的に伴う[4]。祈りないし宗教的没頭と病的状態との関係についての当代の調査、あるいは正真正銘の利他主義に対する人間本性の受容能力についての当代の調査は、宗教的信仰によって示唆される仮説の例であり、今日の科学的理論が論理的帰結として伴うものではないが、科学的な方法論により十分に吟味可能なものなのである。すると、同様な仕方で、ある種の終末論的観念は有機体的尺度と生態学的尺度(エコロジカル)双方での進化の分析のための研究課題を示唆してくれるであろうし、あるいは少なくとも、われわれが未だ本当にはっきり知っていないことについて、はっきり知っておくための助けになる。「キリスト教的希望は、われわれが幻想から生まれ出ることを防ぐことで、逆説的にわれわれの知識を豊かにしてくれる」のである[5]。

「分かりやすさは現実への鍵である、しかし現実は分かりやすさに資金を提供するものである」[6]、とジョン・ポーキングホーンとミヒャエル・ヴェルカーは言う。終末論的な分かりやすさを得るために、われわれは生物学的な分かりやすさに注目することにする。

生態学的尺度(エコロジカル):理想 対 実際のニッチ

〔ここでのニッチとは、有機体・種の生存に必要な要素を提供する生息場所、共同体に

---

4 Robert John Russell の論文 "The Relevance of Tillich for the Theology and Science Dialogue," in *Zygon* 36.2 (2001): 269–308 を見よ。また、本書のラッセルの執筆になる章も参照。

5 Nicholas Lash, "Production and Prospect: Reflections on Christian Hope and Original Sin," in *Evolution and Creation*, ed. E. McMullin (Notre Dame, Ind.: University of Notre Dame, 1995), 281.

6 *The End of the World and the Ends of God*, 4.

おいてある有機体が占める生態学的役割。〕

　環境生理学における最も基本的な関係の一つは、多種多様な組織体レベル（酵素の活動から有機体全体の働きまで）での有機体の活　動（パフォーマンス）のほとんどの局面が、単純な形態学的特徴の頻度と非常によく似た、最適の頂点（ピーク）と二つの減少の尾部を持つ準正規曲線中の環境の変動（例えば、温度、水素イオン指数（ペーハー））と相関しているという観察と関わっている[7]。もしそのような多軸上の有機体と環境間の相互作用の曲線を統合してみると、その概念的な結果は一つの「n 次元の超空間」である――生息場所ではなく、生態学的（エコロジカル）必要条件ないし生態学的ニッチの概念的統一である。こうした変数が環境曲線勾配（緯度ないし経度のクライン〔地域的な連続的変異〕による平均気温の上昇、ないしは塩性沼沢地の土壌塩度のようなもの）に沿って目盛られる場合では、われわれは無生物の変動と同一軸上に有機体の分布図を描くことができる。それは、中央の最適頂点（ピーク）と豊富性が減少していく尾部とを持った、類似の曲線を示す。しかしながら、興味深いことは、分布が活　動（パフォーマンス）と相関していないわけではないが、他方で、最大の豊富性の頂点（ピーク）がほとんど最適の活　動（パフォーマンス）の頂点（ピーク）に一致しないことである。

　有機体の生活史の理想的な状態と実際の状態とのこの隔たり（ギャップ）は、想像的ではないとしても適切ではある言い方をすると、理想 対 実現されたニッチの間の相違と呼べる結果を生んでいる。この乖離には多くの原因があるが、主たる原因は他の種による競争的置換に応じた有機体のニッチの移動ないし圧縮であると考えられている。最近の研究は、同様な〔最適水準に次ぐ〕準最適性現象が種の内部での競争の結果として社会的環境の中で発生することもまた明らかにしてきたことが分かっている。優劣性勾配で下位の位置を占める個体は、それら自身の〔種〕内部の生理学的最適条件からの置換をこうむるのである[8]。周辺に追いやられるということは文字通り病気になることである。

7　P. Calow and C. R. Townsend, *Physiological Ecology: An Evolutionary Approach to Resource Use* (Sunderland, Mass.: Sinauer, 1981).

8　R. Sapolsky and J. Ray, "Styles of Dominance and Their Physiological Correlates among Wild Baboons," *American Journal of Primatology* 18.1 (1989): 1–15; C. E. Virgin and R. Sapolsky, "Styles of Male Social Behavior and Their Endocrine Correlates among Low-ranking Baboons," *American Journal of Primatology* 42.25 (1997): 25–39.

逆に、環境的環境においても社会的環境においても、競争が緩和されることは、環境的環境ではニッチの拡大と、社会的環境では増大した生理学的強靭さと結びついて、跳ね返りあるいは競争免除という結果になるのである。経験的に感知できる意味では、多くの有機体は競争的置換という生態学的重荷の下で生理学的にうめいているように見える。

　私がこの現象を引用したのは、天にまで、あるいは終末論的未来にまで推測するよう挑発しようとしてのことではなく、どのようにして科学が天と地の双方について終末論的省察のイメージを提供することができるのかを示唆しようとしてのことである。私はしばしば、神がその建造者であり作り手である天というものを、被造物がその理想的なニッチを自由に占有するだけでなく、ニッチの超空間それ自体が変換していくニッチの拡大を経験するかもしれないような、究極的な競争免除の場所ないし時として考えていることを告白したい。そして地球は、幾世紀にもわたってロマン主義と自然神学により甘ったるく感傷的に記述された後に、現在の生態学では、被造物が必要とするものと一時的な蓄えとの間の曖昧で部分的な相互関係で充たされたものと見なされている。実際、この曖昧さが自然の世界の記述をめぐって進化生物学者の間での悪意に満ちた論争をあおっている[9]。曖昧さの感覚はキリスト教的啓示における創造に対する古代の両義性と一致している[10]。詩編の作者は「獅子は獲物を求め神に向かって吠える」、しかし「若獅子さえも獲物がなくて苦しむ」と主張する。創造は善きものであり、そして「この世は主のものである」、とは言え「それは無益さにさらされ」、また「苦痛にうめいている」。自然科学と異なり、生物学は目的論的諸系統に加えられるストレスを説明することから免れることができない[11]。これは単に、あらゆる有機体

9　George Williams, "Huxley's Evolution and Ethics in Sociobiological Perspective," *Zygon* 23.4 (1988): 383–407; George Williams, "Mother Nature Is a Wicked, Old Witch," in *Evolutionary Ethics*, ed. Matthew H. Nitecki and V. Doris (Albany: State University of New York, 1993); Sarah Blaffer Hardy, "Response to George Williams," *Zygon* 23.4 (1988): 409–11; Lynn Margulis and Dorion Sagan, *Slanted Truths: Essays on Gaia, Symbiosis, and Evolution* (New York: Springer, 1997).

10　Holmes Rolston III, "Does Nature Need to Be Redeemed?" *Zygon* 29.2 (1994): 205–29; and Paul Santmire, *The Travail of Nature: The Ambiguous Ecological Promise of Christian Theology* (Minneapolis: Fortress, 1985).

11　Jonas, *The Phenomenon of Life*; Robert Rosen, *Essays on Life Itself*, Complexity in Ecological

はエントロピーに抗して苦闘していること[12]、あるいは生きとし生けるものは究極的にはその戦いに負けて死に至ることにさえ注目するというだけのことではない。このことを指摘するのにわれわれは確かに科学を必要とはしない。しかし、実際に生きられた条件と最善に機能するための理想的に達成可能な条件との間に、競争によって誘発された乖離は、何ごとか生態学的に明らかなことである[13]。

こう述べた後では、私は取り急ぎ、このような生態学的(エコロジカル)制約の、この概念の内容と使用との双方に対する三つの条件を指摘しなくてはならない。第一に、ある人々が科学的また哲学的な理由で、理想的ニッチと現実のニッチの概念を、アリストテレス的生物学に特徴的な本質主義を伴ってはいるが、しかし目的因〔アリストテレス哲学で、事物の運動または生起に必要な質量因、動力因、形相因、目的因という四原因の一つ〕を控える生物科学には不適切であるとして批判してきたことは、理解できることである。もはやほとんどの生物学者は、動物が彼らの肉体化した存在に命令をくだす魂を持っているとか、魂が形態の完成へと向かう発達から暴力的に追い出され得るとか、そういうことは信じない。彼らは二つの理由から、自然に理想的ニッチを読み込んだり、あるいは神学的熟考に知らせるために自然からイメージを得たりするのは不適切であると主張する。一つ目の理由は、有機体が占有したいと「欲する」ような理想的ニッチなどというものは存在せず、われわれが必然的にすることは相反する変数間で最適化された意匠取引(デザイン・トレードオフ)から成る、最適なニッチを占有することである。しかしながら、これに対する応答は、最適性それ自体が依然として生態学(エコロジー)における活発な論争の事柄であり、たとえ最適性が存在するとしても、大抵の個々の有機体が占有してはいない、単なる統計上の構築物にすぎないということである。二つ目の理由は、理想的ニッチと実際のニッチの区別には目的論的な含蓄があり、理論的ないし理想的に有機体が占有「すべき」ニッチがあるという仮定を伴っていることである。これに対する

Systems Series (New York: Columbia University, 2000).

12 E. Schrodinger, *What Is Life?* (Cambridge: Cambridge University, 1944)〔シュレーディンガー（岡小天、鎮目恭夫訳）『生命とは何か——物理的にみた生細胞』岩波書店、1951年〕; Jonas, *The Phenomenon of Life*; Rosen, *Essays on Life Itself*; Eric J. Chaisson, *Cosmic Evolution: The Rise of Complexity in Nature* (Cambridge, Mass.: Harvard University, 2001).

13 Calow and Townsend, *Physiological Ecology*.

応答は、自然科学と違って生物学は不可避的に目的論に支配されているということである¹⁴。恒 常 的〔生物体が化学的成分、体温など体内環境を一定範囲に保つ働き〕統合と機能的老化との間、ないし生理的活力と病理学との間の区別そのものは生物的系統(システム)を記述するために適切でありまた必要であるが、しかし、非生物的系統(システム)についてはそうでない。これは機能的組織体レベルでも生態学的レベルでも真である。したがって、「損傷された生態系の復旧」¹⁵ について語っても差し支えないが、だが、何に復旧すべきなのかの論点は、科学的にも¹⁶ 神学的にも¹⁷、とてつもなく大きな問題である。このような論争自体が、生きている世界を記述するわれわれの能力に深く根ざしている曖昧さを暴露しているのである。

　第二に、われわれは自分自らの苛立たしさの経験を生態学に読み込んで、その後に科学がその同じ人間的経験から生じた神学的観念と調停できるイメージを与えてくれると主張して、自然を擬人化することには慎重である必要がある。しかしながら、この警告は確かに適切である一方、それは認識論的問題と形而上学的問題の双方を巧みに回避する。認識論的に、われわれは、われわれが外部世界と係りあうために用いるまさにそれらの概念を調達するためには、われわれ自身の生物的な経験を必要とするのである。原因と結果さえも、生来の直観的洞察でも合理的論証でもなく、動作主によって引き起こされた体の運動の経験から導き出された拡張伸展を伴っているのである¹⁸。形而上学的に、「擬人観」は人間存在の性質が他の生命形態の存在と同延〔時間または空間において同一の広がりを持つこと〕なのかどうかの問いには、否定的答えを当然と思うのである。ハンス・ジョナスはわれわれの生命体についての記述の大方は、不適切な擬人観ではなく、不可避の動物形態観〔zoomorphism 神などを動物の形象や属性で表すこと〕を伴い、その上生命は、目的(テロス)と混沌(カオス)、欲望と拒絶、繁栄と摩滅、存在と非存在の間に緊張を呼び起こさないような言

14　Robert Brandon, *Concepts and Methods in Evolutionary Biology* (New York: Cambridge University, 1996). 特に第2章 "Biological Teleology: Questions and Explanatios" を見よ。
15　John Cairns, Jr., *Rehabilitating Damaged Ecosystems* (Boca Raton, Fla., Lewis, 1995).
16　同書。
17　Rolston III, "Does Nature Need to Be Redeemed?" 205–29.
18　Jonas, *The Phenomenon of Life*.

葉では記述できないことを指摘している[19]。生きている有機体がこのような緊張を具現化し、操縦していく方法を科学的に調べると、それら有機体の終末論的解決についてわれわれが熟考する方法に対するイメージを提供してくれるかもしれない。

> かくも釣り合って安定しているものの、有機体は条件づきで存在しているのであり、消滅もあり得る。この新陳代謝の双子の局面——その力とその必要性——と共に、非‐存在が存在自体に統合された代替物としてこの世に出現した。それによって存在そのものが初めて断固たる意味を持つ。つまり本来的に、それの否定という脅威によって存在の資格を得て、存在は自らを肯定せねばならず、そして実在はその実在を関心事として肯定したのである。命にとって非‐存在の可能性はそれほどに重要な構成要素であるので、まさしくその存在自体が本質的にこの奈落の上を舞っているもの、また奈落の縁沿いに通るものである。この状態は、絶えず存在するその反対物に対立して、つまり非‐存在に対立して、絶えず新たに摑まれるべき状態なのであり、非‐存在は必然的に、最後にはそれを呑み込んでしまうであろう。[20]

第三に、上記の二点が暗示するのは、終末論（または神学のどんな局面でも）についての熟考を活気づけるイメージを与えてくれる生物学的世界の能力そのものは、啓示によって供与される輪郭を型通り絵の具で彩色するだけの単なる経験的絵の具板（パレット）よりももっと多くのものが作用しているという事実から、結果として生じるのかもしれないということである。経験的イメージを供与する自然と、神学のための概念的内容とを区別するルイスの区別はあまりに単純にすぎ、過度なまでの二分化と言えるかもしれない。もし、命に生ける神から与えられた存在が伴っているなら、命そのものは霊的現実の単なる隠喩ではなくて、それら霊的現実の貯蔵所なのである。このことは、われわれが虚無的唯物主義と実体のない観念主義の間の中道的立場を肯定するのであれば、真実であるに違いない。かくして、理想的ニッチ 対 実際のニ

19　Jonas, *The Phenomenon of Life*; Rosen, *Essays on Life Itself*.
20　Jonas, *The Phenomenon of Life*, 4.

ッチの緊張関係は、単に終末論的希望の必要性の例示を表すだけでなくて、それへの諫めをも表しているのかもしれない。

有機体的尺度Ⅰ：皮のない有機体

「有機的な体は、あらゆる既知の存在論の潜在的危機と、科学として名乗り出ることができるであろうあらゆる未来の存在論の基準とを知らせる」とハンス・ジョナスは書いている[21]。われわれの有機体としての経験は、われわれの終末論的思弁に対し基本となるものである。

最近の進化論から出現している最も魅力的で、新奇であり、かつ意欲をそそる概念の一つは、リチャード・ドーキンスの「皮のない有機体」ないしは延長された表現型(フェノタイプ)〔表現型とは、(1)生物個体の外面的形質(2)遺伝子型と環境条件との相互作用によって生じる生物体の外観のことを言う〕という観念に必然的に伴う、有機体としての正体(アイデンティティ)についての修正主義的解釈である[22]。これらの観念は、幾つかの有機体は自分のというより、むしろ他の有機体の遺伝子を伝える働きをしているという観察を含む、進化論の中で未解決のままの難題に由来しているのである。ウィリアム・ハミルトンの包括的適応度という有名な観念（1964年）は、遺伝子の適応度ということを子孫だけでなく親族をも含めるように再概念化する、ないしは「拡大する」ことで、このことを部分的に解決した。未解決の問題の解決をするために、ドーキンスは、それと同様の提案を有機体レベルに拡大して行っている。要するに、彼は一定のゲノム〔染色体上の遺伝子が持つ情報〕が環境を調整する全ての方法を含めるために、表現型(フェノタイプ)の拡張ないしは遺伝子の観察可能な発現を提案しているのである。ビーバーの歯は、遺伝子統合された再調整の中への環境資源の組み込みを引き起こすが、われわれはそれをビーバーに特徴的な表現型(フェノタイプ)の形質と観察する。ちょうどそのように、ビーバーの堰堤(ダム)も同様である。したがって、そ

---

21 同書 19 頁。
22 Richard Dawkins, *The Extended Phenotype: The Gene as the Unit of Selection* (Oxford: Oxford University, 1986)〔ドーキンス（日高敏隆他訳）『延長された表現型』紀伊國屋書店、1987 年〕; Richard Dawkins and Daniel Dennett, *The Extended Phenotype: The Long Reach of the Gene* (Oxford: Oxford University, 1999).

の体は、つまり有機体としての正体(アイデンティティ)ないし「表現型(フェノタイプ)」は皮を超えて延長すると、すなわち、その環境に対するその表現型(フェノタイプ)の適応度を高める影響全体を含むと見なしてよいかもしれない。

　このことは、雄弁術的にずる賢いのでないとすれば、再生に逆効果の行動という難題へのすばらしく頭の切れる応答をなすものである。なぜなら、別の有機体の遺伝子のために働くどんな有機体も、脱構築的に、他の遺伝子の体と見なすことができるからである。有機体の表現型(フェノタイプ)的特徴は常に遺伝情報と環境資源および環境制約との間の相互作用と理解されてきたが、しかし、皮のない有機体という観念が示唆することは、配列を生じさせる遺伝情報は皮の内部にあるとは限らないということである。有機体の正体(アイデンティティ)は流動的となり、かくして、ある体が「誰の」体であるのかは曖昧となる。有機体とは単にある遺伝子が自らを再生する方法であるという以前の観念は、体の再概念化へ向かっての最初の動きであった[23]。いったんこれを当然とすれば、一層急進的であるが、これに相伴う観察は、遺伝子の空間上の位置は重要でないということである。マーグリスは補完的とは言え対照的な観念を追求して、個々の競争よりも、むしろ集団的正体(アイデンティティ)ないし共生的協力を強調している[24]。

　このような考えが暗に意味するものは躊躇なく受け入れられるにはほど遠いけれども、数十年前の、有限的でこれ以上縮小できない生物単位としての種の正体(アイデンティティ)の性質や種の現実についての議論をしのばせる仕方で、活発に討論されている。目下の論争が指し示すものは、生きた体ないし有機的個体の根本的な生物学的存在論における相対性、あるいは最低限でも不可避の曖昧さである[25]。私は、体を科学的に理解する際のこの曖昧さ、それに出現しつつある生物学的説明とこの地上の体についての伝統的な常識的観念との間の不連続性は、復活した体化(エンボディメント)についての聖書的観念および常識的観念の

23　George Williams, *Adaptation and Natural Selection* (Princeton: Princeton University, 1966); E. O. Wilson, *Sociobiology: The New Synthesis* (Cambridge, Mass.: Harvard University, 1975)〔エドワード・O・ウィルソン（坂上昭一他訳）『社会生物学』新思索社、1999年〕; Richard Dawkins, *The Selfish Gene* (Oxford: Oxford University, 1976)〔ドーキンス（日高敏隆他訳）『利己的な遺伝子』紀伊國屋書店、増補新装版2006年〕。

24　Margulis and Sagan, *Slanted Truths*.

25　In *Annual Review of Ecology and Systematics* 11 (1980): 311–32.

中にある類似する曖昧さと、それらの間の不連続性とを反映しているのだということを示唆したい[26]。一方で、正しい者たちも正しくない者たちも復活して裁きを受け、見かけ上は個々の運命に与る（マタイ25章、しかし常にそうではない）。他方では、われわれは集団的にキリストの花嫁と説明される。他方でさらに、われわれはまさにキリストの体そのものを集団的に形づくっていると説明される。

体についてのわれわれの地上における経験に由来する上記のイメージが、天における現実と類似したものかあるいは相同したものかは、また別に議論すべきことである。しかし、如何なる場合であっても、われわれは体の離散性という常識的観念に基づいた霊と肉体という、ないし生物学と文化という二元論に訴えがちであったが、それは上記の曖昧さを分かりやすくするため、あるいはおそらくそれを避けるためでさえあった。例えば、われわれは過激な二元論によって、しばしば個々にキリストの体として表現されている。キリストの霊は、ちょうどわれわれ自身の非物質的魂がわれわれの有機的体に宿るために受け入れられるのに似て、われわれのうちに宿っている。あるいは、われわれは集団的に、有機的統合体ではなく社会的結合を伴った、共同体的に寄せ集められたもののうちにあるキリストの体と見なされるのである。かくして、体の各部分は文化的な特殊化と協力の単なる隠喩となるだけで、有機体的な命の何ら新しい性質も示唆しないのである。しかしながら、共生的統合と遺伝的「距離をおいての働き」の双方についての新たな説明と結びついた体的同一性（アイデンティティ）の曖昧な境界が、まさにわれわれのこの体がどのように神の言葉によって変換されまた統合されるのかを解釈するための（メカニズムではないが）イメージを提供してくれる。ポーキングホーンは「私は万有内在神論を現在の現実としては受け入れないが、しかし、それは終末論的現実にはなるだろうと信じる」と言いきっている[27]。実際、進化生物学者のデイヴィド・スローアン・ウィルソンは神学的根拠ではなく、厳格に科学的根拠に基づいて、幾つかの現在のキリスト教共同体は文字通りの意味の生物学的超有機体を構成していると主張している[28]。

26　John Polkinghorne, "Eschatology: Some Questions and Some Insights from Science," in *The End of the World and the Ends of God*, 1–13.

27　同書40頁。

28　David Sloan Wilson, *The Religious Organism* (Chicago: University of Chicago, 近刊)。

有機体的尺度Ⅱ：魂的有機体

体的同一性(アイデンティティ)についての上記の主張や論争と対照的に、遺伝子中心の還元は単に淘汰の単位ないし有機体の境界を誤解しているだけでなく、まさに命の性質そのものを退けたり、歪めたりしていると主張する、より一層根本的な論争がある。多くの人によれば[29]、幾つかのダーウィン説による説明は体と霊、ないしは有機体と環境の二元論ではなく、遺伝子型(ゲノタイプ)と表現型(フェノタイプ)、ないしは生殖細胞系列と体(ソーマ)という新しい二元論を含意する。体的ないし生きているものが、ゲノム的ないし生きていないものによっても、またそうしたもの・・・・のためにも、理解されるようになる。

> かくして、唯物論者の領域そのものの中に、二つの連絡し合うことのない物体(サブスタンス)というデカルト的モデルの奇妙な滑稽なまね(パロディ)が生じる。……一方には、上層世界からのどんな光も浸透できない地下の暗黒の中で演じられる、発生初期という歴史の目に見えない自律運動がある。そして他方には、体(ソーマ)という上層世界がある、体は命という点で世界と出会い、その運命を追求し、その戦いを戦い、その勝利と敗北の刻印を受けている——そしてこれらは全て、隠された指令が継続しているかあるいは取り除かれているかの結果以外の、その隠された指令に対する他のどんな重要性もないのだが。古典的定式表現のどんでん返しで、人はこう言わねばならないだろう、発達したものは発達しなかったもののためにあり、木は種(たね)のためにある、と。[30]

この見解に対する批判は、それが間違っているというよりも、それが一面的であり、非関係的であるということである。生存生物は二つの先端、情報

29　Jonas, *The Phenomenon of Life*; Dawkins, *The Selfish Gene*; Hull, "Individuality and Selection"; Leon R. Kass, M.D., *Toward a More Natural Science: Biology and Human Affairs* (New York: Free Press, 1985); Susan Oyama, *Evolution's Eye: A Systems View of the Biology-Culture Divide* (Durham, N.C.: Duke University, 2000).

30　Jonas, *The Phenomenon of Life*, 52.

端とエネルギー端で開いており[31]、遺伝子と新陳代謝双方との相互作用に関わる強制力に対して開いている組織(システム)であり、このことは組織(システム)が「熱力学的崩壊に抗して組織(システム)の状態を維持する低エントロピー状態を獲得する」不平衡で散逸的構造物として機能することを可能にするのである[32]。完全に正確な言葉でないにせよ、強調された言葉を使用すれば、「命のない物体はその周辺の力によって動かされるが、しかし生きている有機体は内部的な生命力と活力を持ち、有機体がこうした自然の諸力に立ち向かい、自立的なあるいは方向づけられた諸活動を行うことを可能にする」[33]。コンラート・ローレンツが非常に雄弁に述べているように、生物にとって非常に重要であるのは、恒常性(ホメオスタシス)の機能ないし目的論的作用のこのような局面なのである。

> 命とは、エネルギーの蓄えと知識の蓄積とを獲得することを目的とした際立って活動的な大仕事であり、一方を所有することは他方を獲得することへの助けとなるのである。これら二つのフィードバック循環は幾重にも繰り返される中で結合され、そうした循環の計り知れない効果が、命が無情な非有機的世界の卓越した強さに対抗して自己主張する力を所持していたという事実に対する前提条件、実にその説明である。[34]

さて、そのように自己主張することにおいて、生存生物はエントロピーの劣化に抗してその構造的な完全状態を維持しているのである。そしてこのプロセスとこの構造的組織そのものの双方をこそ、命の本質と見なしてよいであろう。

> 関係性生物学(リレーショナル・バイオロジー)は還元主義的な考えの正反対のものと考えることができる。還元主義の本質は、ある意味で、有機体が作り上げられている物質を保持し、組織は物質から効果的に取り戻され得ると信じて、組織を放

---

31 Schrodinger, *What Is Life?*; Rosen, *Essays on Life Itself*.
32 Stuart Kauffman, *The Origins of Order* (Oxford: Oxford University, 1993).
33 John McFadden, *Quantum Evolution* (New York: W. W. Norton, 2000), 256.
34 Konrad Lorenz, *Behind the Mirror: A Search for a Natural History of Human Knowledge* (New York: Harcourt Brace Jovanovich, 1978)〔ローレンツ（谷口茂訳）『鏡の背面――人間的認識の自然誌的考察』新思索社、1996 年〕.

擲してしまい……関係性生物学(リレーショナル・バイオロジー)は、むしろ組織を保持して、物質を放擲しようとした、つまり、組織そのものを事••柄••として扱い、実現のプロセスを通して特定の物質的局面を取り戻そうとしたのである。[35]

この考え方には二つの結論がある。まず最初に、ある意味で、それは二元論的ないし生気論的意味でではなく、機能的目的因(テロス)ないし実体に対する形相というアリストテレス的な意味での、生きた魂という概念の復権である。遺伝物質が元のままに保たれる手段は、有機体にとって、目的そのものとなる。有機体は環境に対して自らを開き、生理学的に反応し、目的論的設定値を内面化する。例えば、有機体が監視したり、あるいは「得(え)ようと求める」ものは温度であり、水素イオン指数であり、欲望の解決であって、適性ではない[36]。

　……知覚や感情などのような生き延びる「手段」は決して単に手段と判断されるべきではなく、保存されるべき命の質、それゆえ目的の諸局面と判断されるべきである。命が目的を修正する手段を用い、手段そのものが命の一部となることは、命の逆説の一つである。……こうした能力がなければ、保存すべきものはずっと少なくなるであろうし、この保存されるべきものがより少ないということは、それが保存される手段がより少ないのと同じことである。[37]

その上、有機体はこうした目的を比較的大きな成功度で達成したり、あるいは比較的小さな成功度で達成したりするかもしれない。「目的は目標(エンド)であると共に基準(ゴール)でもある。目的論的分析は目的を確認することと、目的がどれほどうまく達成されたか、あるいはどれほどうまく達成されなかったかを評価することの双方に関わっている」[38]。かくして、生きているということは、

35　Rosen, *Essays on Life Itself*, 261.
36　Jeffrey P. Schloss, "Wisdom Mechanisms as Homeostatic 'Laws of Life,'" in *Understanding Wisdom: Sources, Science and Society*, ed. Warren Brown (Philadelphia: Templeton Foundation, 2000), 153–91.
37　Jonas, *The Phenomenon of Life*, 109.
38　Kass, *Toward a More Natural Science*, 257.

自らを生きている程度において認めることと理解されるかもしれないのであり、その程度は、有機体生命の生み出す産物の拡大だけではなく、そのプロセスの拡大をも伴っている。感覚、移動、そして認識などの力が拡大していくことを通して空間的、時間的および組織的スケールの水準が高まっていくことと相俟って、環境に関与し、また自由に反応していく能力の前進がある。「魂の上昇は、世界を絶え間なく一層強く意識し、世界に開かれる可能性と、世界の中で絶え間なく拡大する自由の可能性の双方を意味してきた」[39]。これは神秘的な主張ではなく、体の形態と機能の系統発生学的伸展の経験的観察である。

　第二の、そして付随的な含蓄は、体がこの意識と自由のために必要であるということだけではない。体はそれの唯一の発現だということである。体を離脱した命、ないしは非物質的な命は、生きていない物質と全く同じく——それ自身に対しても世界に対しても——死んでいるのであり、両者とも外なる世界の驚異と挑戦には、自己の内なる欲望の充足と拒否には、そして〔外なる世界と自己の内なる欲望という〕両者間の活気を生むけれども緊張を帯びた掛かり合いには無感覚である[40]。

　さて、私はこうした生物学的観察を二つの仕方で終末論の熟考のために使ってみたい。まず最初に、より多くの命を持つということが、ただ時間的な量の延長という点だけでなく、存在の質の強化という点でも何を意味しうるか、われわれは熟考してよい。イエスは、われわれが「命を持ち、そして命をより豊かに持つことができるように」やって来たと主張する時、彼は命を死に対する質的なアンチテーゼとしてだけでなく、程度の事柄としても理解すべきであることを示している。その上、イエスは「命の空虚さを、命を延長することで癒そうと努める」態度に挑戦する[41]。事実、復活そのものの記事は、復活が「ナザレのイエスの古いイースター前の活気と 体 化（エンボディメント）を取り返すだけ」よりも多くのことをなしたということを示唆している[42]。

39　同書 271 頁。
40　同箇所。
41　同書 316 頁。
42　Welker, "Resurrection and Eternal Life," 283.

生物学からの終末論的な推察

　しかし、そのより多くのこととは何であろうか？　もしわれわれが、命はどのようにして漸増的に得られるのかの示唆を求めて有機体レベルの生物学に目を向けると、内なる予定表に従いエントロピーの力によって平衡状態に耐えていく能力の強化、そして同時に、外部世界を知覚し、またその中に自分を拡張させていくより優れた能力の強化という二重の強化を見ることになる。最初の能力はまさしくパウロの、「あなたがたはこの世に順応してはなりません。むしろ、心を新たにすることによって自分を変えなさい」（ロマ12:2）という奨励に必然的に含意されるものである。二番目の能力はジョナスとカスの両者が、人間でその頂点に達するのだが、漸進的に高められていく感覚、移動、情緒、そして認識を通して世界への関与が拡張されることを記述する際に主張したところのものである[43]。モルトマンは、「……人が生きているということは命に興味を抱き、参加し、交信し、そして自分自身の命と他者の命とを肯定することである。……われわれの『魂』が存在するのは、われわれが何かに完全に没頭し、情熱的に興味を持ち、そして愛がわれわれを強くしてくれるゆえに、命を押しとどめず、われわれの外へと出ていく時である」と観察している[44]。すると、外部の危険が天上で減少したことだけで命が変換される、あるいは充足されると考える、実際のニッチから理想的ニッチに移動したと考えるのは間違いであろう。より多くの命を得るためには、相伴う意志的な関与がなくてはならないのである。おそらく両者とも、〔神の〕言葉の持つ呼び出す力への応答である。

　第二の含蓄は、われわれがただ一般的な、豊かな命を理解するだけでなく、特に復活した体をも理解することが必要だということである。「われわれは何になるのかまだ定かでない」のに、われわれがなるはずのものはある意味で現れる何かであるに違いないのである、すなわち、ローゼンの刺激的イメージを使えば、われわれは物質を交換するかもしれないが、しかし組織体は生物的に規定するものであり、それゆえに保持されるものである。このこと

---

[43]　Jonas, *The Phenomenon of Life* および Kass, *Toward a More Natural Science*.
[44]　Moltmann, "Is There Life after Death?" in *The End of the World and the Ends of God*, 244.

はポーキングホーンが沈思黙考して見事に敷衍している。

> 言い換えれば、魂というトマス〔神学〕のアリストテレス的観念を体の形態、ないしは型(パターン)として再生させることを望むことができ、その結果、それを復活という神的行為における精神身体的(サイコソーマティック)存在へと回復させることは、この世界で死ぬ者を来るべき世界の「物質」の中で再び体を得て生きる者に結びつける要素を構成するのである。[45]

　私はここで危ない橋を渡って、人間の同一性(アイデンティティ)の物質的存在論に関連する理由で、われわれの体の形態における連続性は永遠の命の関係性資質に寄与する、と考えるのは道理に適ったことだと示唆したい。このアプローチに比べて望ましさでは劣る代替のアプローチでは、非物理的触感や聴覚、発光体の直接的認識、そして感情や思想や意志や霊的啓発のテレパシーによるやりとりのようなものを可能にするために、体化されていること(エンボディメント)の制約を跳び越える人間の精神的能力について思弁するための純粋な神秘的経験を推測することが必要になるだろう[46]。私は宗教上の経験の重要性も、想像を絶する驚異を知覚する亢進された能力に対する希望も無視したくないが、しかし私は、経験の天上での拡張が、進化の系統発生学的展開で起こったことに類似した方法で、体の形態の亢進に関連していると考えるのが一層好都合だと思う。例えば、ポルトマンは形態学と動物の感覚的および情緒的状態の間の関係について、左右相称と頭化(ケファリゼーション)〔重要器官の頭部集中傾向〕によって促進される移動と視覚的交信とが可能にする、欲望に対する能力の増加も含めて、説得力のある記述を提供している[47]。シュトラウスはこれを拡大して、人間の直立した足取りの効果を記述しており、これは、体毛が薄くなり顔の筋肉組織が増えることと共に、われわれの内なる命をお互いに目に見えるようにする

45　Polkinghorne, "Eschatology," 39.
46　Michael Murphy, *The Future of the Body: Explorations into the Further Evolution of Human Nature* (Los Angeles: Tarcher, 1993).
47　Adolf Portmann, *Animal Forms and Patterns*, trans. Hella Czech (New York: Shocken, 1967)〔A. ポルトマン（島崎三郎訳）『動物の形態――動物の外観の意味について』うぶすな書院、1990年〕.

のである[48]。カスは、われわれが内臓の方向には動かない唯一の地上の四肢動物であること、そして自分の口とは違った方向を指すことができる唯一の地上の四肢動物であることを観察している。方向指示は社会的仕草(ジェスチャー)になるのであって、われわれ自身にではなく、他者に対して何かを識別することを意図したものである。同時に、それは〔他者と〕共有する世界の「あそこ」にある何かを特定するだけでなく、私が考慮している「こちら」にある何かも特定しているのである。それは事実、マーフィーが主張したいと願う、体によって容易にされた、テレパシーそのものの相似物である。「方向指示は最終的には友情と哲学の双方を指し示すのである」[49]。そして天的な可能性をも、と私は付け加えたい。

そのような可能性が何を伴うかについて、われわれは進化論から思弁できるであろうか？

進化論的終末論

進化の過程(プロセス)が漸進的だと見なされる程度には常に揺らぎがあるなかで[50]、われわれはテイヤール・ド・シャルダンと共に、たとえ反駁の余地なきまでに正確ではないにせよ、科学的にしっかりした種類の進化論を包括的な終末論的体系(スキーム)へと延長して適用する試みを持っている。彼の努力は科学者と神学者の双方から曖昧な受けとめ方をされたけれども、より最近には、宇宙論、人工知能、量子生物物理学、カオス理論、複雑性理論、プロセス思想、共進化、共生、ニューエイジ神秘主義、ガイア理論、そして非局所的相互作用説などの視点からみた、自然主義的ならびに宗教的な進化論的終末論がとてつもなく激増している[51]。ざっと概観するだけでもこの小論の範囲を越え出

48　Erwin Straus, "The Upright Posture," in *Phenomenological Psychology* (New York: Basic Books, 1966), 137–65.

49　Kass, *Toward a More Natural Science*, 287.

50　Michael Ruse, *Monad to Man: The Concept of Progress in Evolutionary Biology* (Cambridge, Mass.: Harvard University, 1996).

51　Chaisson, *Cosmic Evolution*（宇宙論）; Joel DeRosnay, *The Symbiotic Man: A New Understanding of the Organization of Life and a Vision of the Future* (New York: McGraw Hill, 2000)

が、私はくだらない点と要点を区別する助けとなるかもしれない、問題を評価する幾つかの方法を提案してみたい。

われわれにとって、進化のプロセスから終末論的終局を意味あるように推測するには——あるいは、それがそもそも何らかの意味で進歩的であると言うためにも——三つのことが要求される。まず第一に、われわれはそれが方向性を持っているということを立証しなければならない。二番目に、われわれは変化の方向は人間的に価値評価される、そして／あるいは神学的に肯定される何かであること、すなわち、われわれが進歩として見るものは実際進歩を伴っているということを論証せねばならない。そして三番目には、方向性を持った変化は実際上、状況の偶然的な一致というより仕組みの規則性(メカニズム)による進歩であること、すなわち、実際にはそれ〔方向性を持った変化〕は推測可能なものであることを、われわれは意味あるように仮定せねばならない。

進化は非目的論的と思われているが、これは進化が方向性を持たないということを意味しない。さらに、変化は無作為であり、選択の唯一必要な「方向」は生殖上の成功であるが、過去50年間、多くの進化の方向上の傾向は事実上自明なものとして受け入れられてきた。進化は有機体の複雑性、生態学的(エコロジカル)多様性、相互進化の平衡、それに機能の順応性などの増加を伴うものと広範に考えられている。明らかに神学的な終末論も含め、多種多様な進化論的終末論がこれまでこうした傾向を基礎に置いてきた。

問題は、上記の傾向の一つ一つが、証明するには非常に困難であるか、あ

(人工知能); McFadden, *Quantum Evolution*(量子生物物理学); Jeffrey K. McKee, *The Riddled Chain: Chance, Coincidence, and Chaos in Human Evolution* (New Brunswick, N.J.: Rutgers University, 2000)(カオス理論); Richard Sole and Brian Goodwin, *Signs of Life: How Complexity Pervades Biology* (New York: Basic Books, 2000)(複雑性理論); John Haught, *God after Darwin* (Boulder, Colo.: Westview, 2000)(プロセス思想); Philip Hefner, *The Human Factor: Evolution, Culture, and Religion* (Minneapolis: Fortress, 1993)(共進化); Elisabet Sahtouris, *Earth Dance: Living Systems in Evolution* (San Jose: San Jose University, 2000)〔エリザベット・サトゥリス(吉田三知世訳)『アースダンス——進化のステップを踏みつづける地球。その先にあるのは人類の自滅か？存続か？』バベル・プレス、2007年〕(共生); Duane Elgin, *Awakening Earth: Exploring the Evolution of Human Culture and Consciousness* (New York: William Morrow, 1993) および Murphy, *The Future of the Body*(ニューエイジ神秘主義); Margulis and Sagan, *Slanted Truths*(ガイア理論); そして Koichiro Matsuno and Stanley Salthe, "Global Idealism/Local Materialism," *Biology and Philosophy* 10.3 (1995): 309–37(非局所的相互作用説)を見よ。

るいは実際には偽りであるということである。複雑性は最も広範に言及される傾向であるが、これは定量化することが全く困難である。無生物分子構造においてさえ、それは単なるエントロピーの逆ではなく、エントロピーの無秩序と、例えば結晶格子のような、高度に秩序よく配列されてはいるが剛性の状態との間のトレードオフが必要になる。形態学的な評価や発展的な評価を下すことはなお一層困難であるが、そのような生物学的複雑性を厳格に性格づけようと試みた研究では、それは長期にわたる進化の上で増加するようには見えなかった[52]。長期にわたる宇宙論的時間上では非生物的複雑性に局所的な増加があるかもしれないが、しかしそれは別問題であって、それが進化による生物学的複雑性に増加があるという主張としばしば融合されるのである[53]。（階層組織の問題は、一部の人たちによっては複雑性の特殊下位集合(サブセット)と見なされており、以下に言及することとする。）

多様性については、断言できる度合いはずっと劣るという状況である。分類学上の多様性は進化の時間経過上では如何なる正味の増加もはっきり示していないが、しかし振動性の崩壊とその後の増加を反映しているということは議論の余地のないことである。形態学上の（身体設計(プラン)の）多様性はカンブリア紀以来ずっと一定不変である。生態学的(エコロジカル)ニッチないし種(しゅ)の相互作用の多様性は、確かに光合成による遊離酸素の増加とそれに付随する食物連鎖の精巧さと共に上昇することを示している。しかし、その方向に現在進行中である傾向については何の証拠もない。

共進化〔系統的には関係のない複数の生物体が相互に関連し合って同時に進化すること〕の均衡となると、なおのことうまくいかない。何十年間にもわたって、寄生虫学とウイルス学の疑問の余地なき大黒柱は、感染因子が、時間が経つうちに病原性〔微生物が病気を起こす能力〕を最小限にするために、寄生主と共に進化したということである。これは偽りであることが、理論的な根拠と経験的な根拠の双方に基づいて確固として立証されている。毒性と伝染性は生命史の戦略におけるトレードオフを表している。病原性はしばしば、感染因子と寄生主の密集しだいで長期にわたる進化のうちに増加する。この共進化

---

52 Daniel McShea, "Complexity and Evolution: What Everybody Knows," *Biology and Philosophy* 6 (1991): 303–24 および Daniel McShea, "Matazoan Complexity and Evolution: Is There a Trend?" *Evolution* 50.2 (1996): 477–92.

53 Chaisson, *Cosmic Evolution*; McFadden, *Quantum Evolution*.

の原動力の重大な再編は、進化は「より親切で、より優しい」性質に向かうものだという見方には大きな打撃であることを意味する。それにもかかわらず、多くの終末論は依然としてこの相利共生の筋書き(シナリオ)を、たとえ人間嫌いの表現であるにせよ、ほとんどサッカリンのように甘ったるい表現で記して採用している。「ちょうど動物たちが土地をその全土で互いに殺し合うことなくどうやって分け合うかを生まれながらに知っているように、彼らは生まれながらに、いつ自分たちの必要を満たすに十分な土地と食物とを得ることができるかを知っているのである。動物は厳しい冬を切り抜けるのにちょうど十分なだけの食物を蓄えるかもしれないが、しかし、人間以外には如何なる動物も自分の必要以上に食物を山積みにしたり土地を奪ったりはしない」[54]。ことがかくも単純であればよいのに！　ヤマアラシは木の師管部(しかんぶ)から甘い樹液を取るために木に穴を開けるよりも樹皮を輪状に剝ぐので、それゆえ「不必要に」木を枯らせてしまう。オーク〔ナラ・カシワ・カシなど、ブナ科コナラ属の樹木の総称〕は大量の有毒なタンニンを作るので、オークを食べる草食動物だけでなく全流域も有毒化されてしまう。他者の必需品を破壊する戦略はとても重要であるから、ロバート・マッカーサーは基本的な生命史の戦略として、競争を回避する戦略（ｒ）と、効率ないし防御によって競争に打ち勝つ戦略（Ｋ）に、第三の形式を付け加えた。戦略家たちはサボタージュによって打ち勝つ、すなわち、彼らが生理学的に「必要とする」以上のものを取り入れ、それゆえ競争上の衝撃(インパクト)を最大にすることによって打ち勝つというものである。実際、進化の傾向に対する一つの新しい示唆は、進化の過程上においては闘争的「軍備拡張競争」は弱まるよりもむしろエスカレートするということである[55]。

　最後に、機能性の進化上の進歩については、ドブザンスキー以後の進化論者は機能を生物学の最も重要な概念と見なすのであるが[56]、しかるに機能を経験的に評価することは「非常に危険な企てであって、われわれはそれをどのように定量化すればよいのかを知ることに近づいてさえいないので

54　Sahtouris, *Earth Dance*〔註51参照〕, 179（傍点は原文ではイタリック）。

55　G. J. Vermeij, *Evolution and Escalation: An Ecological History of Life* (Princeton: Princeton University, 1987).

56　Henry Plotkin, *Darwin Machines and the Nature of Knowledge* (Cambridge, Mass.: Harvard University, 1993); および Chaisson, *Cosmic Evolution*.

ある」[57]。実際、われわれは機能をどのように定義すべきかさえ確信が持てず、ましてそれをどのように測定すべきかはなおさらである。そしてその結果として、機能性が長期にわたる進化のうちに「向上する」のかどうかについて経験的に不確かであることに加えて、最近では、それが向上すると期待されるのかどうかについて、理論的な曖昧さがある。もし環境が行き当たりばったりの時間的変動のために不等質なものであるならば、順応のための適応度には何ら純益はないことになろう[58]。そして、たとえ環境それ自体は静止状態なり予想可能な変化を明白に示すとしても、競争的相互作用が長期にわたる進化のうちに有機体の機能性の最適化を破壊してしまうかもしれない（理想的ニッチと実際のニッチとの間のギャップ）。上で触れたように、検討中の一つの仮説は、機能性は向上することはないが、資源の機能的配分はr戦略家の生殖への集中からK戦略家の防御への集中に[59]、そしておそらく最初のα（アルファ）戦略家の攻撃への集中へと変化する、というものである。

　比較的幅広い意見の一致のある、一定方向への進化を支持する候補が存在するだろうか？　マクシサーミィ（maxithermy）と呼ばれる、より高い体温へと進む傾向が存在しているように確かに見え、それは無脊椎動物、両生類動物、爬虫類動物、単孔類動物、真獣類動物、胎盤を持つ哺乳動物、非スズメ目の鳥類およびスズメ目の鳥類などの系列にはっきりと現れている。またこうした主要な分類群の中でのことだが、体の規模の増大傾向が存在するようである[60]。最後に、より大きなエネルギー集中へと向かう方向性を持った進化があるが、ただしこれは継続的傾向というよりも一時的な跳躍に関わる

57　Jeffrey Wicken, *Evolution, Thermodynamics, and Information* (Oxford: Oxford University, 1987); Bruce Weber, David Depew, C. Dyke, Stanley Salthe, Eric Schneider, Robert Ulanowicz, and Jeffrey Wicken, "Evolution in Thermodynamic Perspective: An Ecological Approach," *Biology and Philosophy* 4.4 (1989): 373–405.

58　Daniel McShea, "Possible Largest-Scale Trends in Organismal Evolution: Eight 'Live Hypotheses,'" *Annual Review of Ecology and Systematics* 29 (1998): 293–318.

59　E. O. Wilson, *Sociobiology: The New Synthesis* (Cambridge, Mass.: Harvard University, 1975)〔註23参照〕.

60　N. Newell, "Phyletic Size Increase, An Important Trend Illustrated by Fossil Invertebrates," *Evolution* 3 (1949): 103–24; John Tyler Bonner, *The Evolution of Complexity* (Princeton: Princeton University, 1988).

もののように見え[61]、本来的に備わった要素というよりは偶発的要素を反映しているのかもしれない。

また、概念的統合と思弁性との双方のより高いレベルで、他の傾向を暗示させるものが存在する。一つの可能性は、発展上の段階的展開(カスケード)の長さと確立の増加、そしてそれに相伴う発展上の可塑性の減少に関わる[62]。もう一つの可能性は、自由エネルギー〔一つの熱力学系の全エネルギー中に仕事に変換できるエネルギーが占める割合を表す量〕散逸構造の進化における方向性に注意を払うもので、この構造は自由エネルギー勾配曲線(グラディアント)を散逸させる能力増加か[63]、あるいは有機体の発達と生態学的遷移の双方に特有な一層複雑な現象学上の連鎖(シークエンス)を反映している[64]。多くの著者が、入れ子式に重ねられた構造上の深さの増加、ないしは階層的統合の生起を仮定している[65]。種々様々の体系(スキーム)が、複製装置の区画化、遺伝子コードとその複製の標準化、原核生物体〔主に細菌、藍藻など、核膜を持たない単細胞生物の総称〕から〔核膜に包まれた核を持つ真核細胞から成る〕真核生物体へ、無性生殖から有性生殖へ、多細胞性、コロニー的ないし社会的統合、そして言語を伴った人間的文化組織などを含めた一連の「主要な変遷」あるいは新しい「組織体のレベル」への諸段階を記述している[66]。最後に、上に述べたように、r戦略よりもK戦略に有利である傾向があるかもしれず、したがって恒常性統御(ホメオスタシス)への傾注増加、より長い寿命、より大きな認識上の流動性、そして両親のより高いレベルの世話を必要とす

61　G. J. Vermeij, "Economics, Volcanoes, and Phanerozoic Revolutions," *Paleobiology* 21 (1995): 125–52.

62　Kauffman, *The Origins of Order*; Stanley Salthe, *Development and Evolution* (Cambridge, Mass.: MIT Press, 1993).

63　McFadden, *Quantum Evolution*.

64　McShea, "Possible Largest-Scale Trends in Organismal Evolution."

65　George Stebbins, *The Basis of Progressive Evolution* (Chapel Hill: University of North Carolina, 1969); John Maynard Smith, "Evolutionary Progress and Levels of Selection," in *Evolutionary Progress*, ed. M. Nitecki (Chicago: University of Chicago, 1988), 219–30; M. Pettersson, *Complexity and Evolution* (Cambridge: Cambridge University, 1996); Chaisson, *Cosmic Evolution*.

66　Maynard Smith and E. Szathmary, *The Major Transitions in Evolution* (New York: Freeman, 1995)〔J. M. スミス、E. サトマーリ（長野敬訳）『進化する階層——生命の発生から言語の誕生まで』シュプリンガー・フェアラーク東京、1997年〕.

るのである[67]。この最後の考え方が価値評価上の前進のように聞こえないように、Kへと向かうこの進歩は脊椎動物中の社交的利他行動〔警告声のように、自分は不利になるが、仲間には利益をもたらすような行動〕の縮小を伴うものでもあることを指摘しておかなくてはならない[68]。

ところで、上に記したバラバラの、しかし不整合でもない観察結果をまとめるための種々様々の提案がある。しかしながら、私たちは命の系統発生的展開の中でまさに何が（もしあるとすれば）「増大して」いるのかを概念化するのに苦心してきたのだけれども、おそらくそれはまさにあれ、つまり、命であると示唆することで、追跡を切り上げさせてもらいたい。もちろん、われわれは感傷的な、ましてやずさんな思考には慎重でなくてはならない。とは言え、物理科学とは違って、生物学的研究が操作的定義を免れるものを認識することから始まるということもまた事実である。つまり、無命からの命、女性からの男性、病的機能不全からの機能などである。進化論のずっと以前から、自然哲学者は段階的に高まる命の質を伴った「存在の連鎖」を認識していた。その観念は生気論〔生命現象は無機界の現象には認め得ない非物質的原理によるとする説〕と自然神学と共に放棄されたけれども、連鎖の中の主要な系統発生的連鎖のつながりは進化の歴史に対応しているということが分かる。それゆえ、「霊の上昇」という観念の復権があり[69]、それに付随して、外部世界を感知し、また認識しつつ処理する能力と共に、世界に対して自分を主張する際には内部で恒常性を維持し、それと同時に、世界の中へと自己を拡張し、他の諸々の魂と——文字通り——関係的関与のうちに「結びつく」能力が増大する[70]。こうした新しい、独特の力をただ単に一層複雑なあるいは一層有機的に組織された命の形態と呼ぶのでは十分ではない。それらの力は新しい、本質的に異なった命のあり方を表し、またそれを可能にするもの

67　Wilson, *Sociobiology*.

68　同書。

69　Kass, *Toward a More Natural Science*.

70　Jonas, *The Phenomenon of Life*; Kass, *Toward a More Natural Science*; Frans De Waal, *Good Natured: The Origins of Right and Wrong in Humans and Other Animals* (Cambridge, Mass.: Harvard University, 1997)〔フランス・ドゥ・ヴァール（西田利貞、藤井留美訳）『利己的なサル、他人を思いやるサル——モラルはなぜ生まれたのか』草思社、1998年〕; Thomas Lewis et al., *A General Theory of Love* (New York: Vintage, 2001).

である[71]。

さらには、以前は評判が良くなかったけれども、人間は進化の頂点であること、また「人類とその複雑性が自然の中で知られている最大の複雑性を構成していることは議論の余地がないように見える」こともまた再確認されている[72]。E. O. ウィルソンは、K系列(シークエンス)は頂点に達するが、しかしそれと関連した社交的利他行動の減少は逆転することを引き合いに出して、挑発的な主張をしている。「人間は自分自身の無比の特質を追加することで、脊椎動物の特性を強化してきた。……いったいどのようにして人間だけが社会的進化一般の下降傾向を逆転させてこの第四の頂点に渡ってくることができたのか、まさしくそれは全ての生物学の頂点をなす神秘である」と[73]。

進化の両義性(アンビヴァレンス)

進化の方向を仮定し、その上でそれを推論することは、楽観主義——終末論的な楽観主義にせよあるいは他の楽観主義にせよ——に対して何らの本質的根拠も提供しない。なぜなら、全てはわれわれが変化の方向を評価するかどうかにかかっているからである。たとえ、われわれが上記の曖昧な諸傾向が本当の方向性を含んでいると認めるとしても、それらは両義的な評価の遺産を伴っているのである。

エネルギー集中度の増加は、終末論的希望には無愛想な共進化的軍拡競争および競争激化と関連している。そして散逸的構造の中での展開のより微妙な差異のある熱力学的な調整は、ついには外部の圧力への回復力が弱まること、例えば命の老化と終局的劣化へと行き着く——それは、まずもって終末論の到着点ではない！ 「複雑性」の増大は多数の異なった種類の増大した組織の提案と結びつくが、しかし、そのうちのどれかが本質的に価値がある、ないしは終末論的に肯定される何かを含んでいるということは明らかでない。実際のところ、人間の科学的ならびに宗教的活動の双方の多くの局面は、複雑性についての両義性と単純性の奨励を反映している。アインシュタインは

---

71 Kass, *Toward a More Natural Science*, 270.
72 McFadden, *Quantum Evolution*, 142.
73 Wilson, *Sociobiology*, 382.

「物事はできるだけ単純にされるべきであり、そしてそれに尽きる」と言っている。オリヴァー・ウェンデル・ホームズは「複雑性の反面の単純性のために」有り金全部を支払うことだろう。

　上記とは対照的に、ホワイトヘッド以来、多様性が美的理由で評価され、ホート[74]は神義論と終末論的な未来像(ヴィジョン)の双方を多様性に関連した「美の最大化」の基礎の上に構築した。しかしながら、美と、変異性と連続性の弁証法との間の関係という厄介な美的問題は脇に置いておくとしても、われわれには依然として、美を善と取引交換する神というヴィクトリア朝的ジレンマがある。「良心なり目的なりを持たないで働くある粗野な詩人」[75]の存在である。トマス・ウルフの西洋の近代性についての批判は、モラルの存在論的基礎への信頼を喪失してしまって、われわれは美意識を命の終局点 (*telos*) としてしまったというものである。実に文字通りにわれわれは趣味の良さを善で・あ・ることと交換してしまった。進化的美学〔美学とは、ときに美的判断（＝美意識）そのものを意味することもあるが、より一般的に感覚的また感情的価値を扱う学問で、感性的認識にも固有の論理があると認める。この美学に進化を認める考え方〕に基づく終末論についての一つの批判は、神学が終末論的希望においてわれわれのうちにある神の道徳的イメージの更新へとわれわれを呼び覚ます必要があるまさしくその文化的節目で、われわれは自らの堕落したイメージに倣って神を作りあげたというものである。

　この時点で、こう楽観的に指摘できるかもしれない。上に述べたことの全ては、命の進化上の拡充、またその頂点も約束も人類にあるという、本当に根本的な点を見過ごしている、と。とは言え、その自己超越的な善と自己破壊的な（そして他を殲滅する）悪のための能力という両義的な遺産を持った人類は、われわれが終末論的に解決しようと企てる問題にとって中心的ではないとしても、まさしくその一部なのである。ただ単に、われわれをわれわれが現にある状態より以上のものにすることは、たとえ想像を絶するほどにより以上の状態にすることさえも、何の解決法も示唆してくれない。

　するとおそらく、仮に進化が命の集中強化を伴うとしたら、われわれはそれの終末論的推論を、われわれ自身の命の促進的局面を強調することとして、

74　Haught, *God after Darwin*.

75　Alfred Lord Tennyson, *In Memoriam*, ed. Robert H. Ross (New York: Norton, 1973), 23.

そして命の否定的局面を弱めることとして、また同じことを自然の全てに対して行うこととして、考えることができる。非常に希望に満ちた意味で、それはわれわれを、そしてその他の創造物を、われわれがすでになりかけており、また終局的になるべきもののより以上のものに作り変えているように見える。このすばらしいイメージに関する問題は、進化が歴史ドラマのように読めて、霊的な寓喩(アレゴリー)のように読めないことである。進化の楽観主義的な終末論的推論とは裏腹に、「これは成功物語ではない。自由の特権は必要の重荷を背負っており、おぼつかない存在を意味している」[76]。それはただ、多種多様の悲劇を進化の歴史が孕んでいる（そしてそれゆえ、進化の未来は含むであろう）ということだけではない。まさに命の実質たるものを強化することは、二つの論点で、本来的にまさに苦難の経験をエスカレートさせるのである。第一に、死そのものが増強される。古典的な定式表現の逆で、臆病者（あるいは拡張されていない者）はただ一つの死を死ぬだけである。勇者（階層的に拡張された者）は多くの死を死ぬ。人間は細胞レベルでの、有機体レベルでの、そして認識レベルでの死を死ぬのである。これらの区別は非常に現実的であって、人は現実に、細胞的には生きているが、有機的には生きていないことがあり得る（ちょうど心臓血管ショックと同様に）、あるいは有機的には生きているが、知的には生きていないことがあり得る（ちょうど「脳死」の場合のように）のである。そして命のこうした各々のレベルはより一層の重要性を持った付随的な死を伴っているのである。

　第二に、死のこちら側、すなわち命の強化と定義されるものでさえも、キルケゴールの表現によれば「自由へのめまい」である、高揚されたおぼつかなさ、不安を伴っている。しかし、このめまいは陽気さの団扇(うちわ)だけでなく苦悶の突風の前兆にもなる。「魂の上昇」が進行していくうちに、それに付随して、感覚的な出会いの範囲と決断とが増大し、欲望の執拗さと深さが、そして究極的には欲望それ自体が、渇望する必要から理解のある配慮へと変換することが強まって[77]、われわれは充足のための能力のみならず苦難のための能力もまた同時的に深まっていくのを目の当たりにするのである。象(ゾウ)は自

76　Kass, *Toward a More Natural Science*, 4.

77　C. S. Lewis, *The Four Loves* (New York: Harcourt Brace, 1960)〔C. S. ルイス（佐柳文男訳）『四つの愛』新教出版社、2011 年〕; De Waal, *Good Natured*〔註 70 参照〕; Schloss, "Wisdom Mechanisms as Homeostatic 'Laws of Life.'"

分の母親の死体を 3 週間にわたって寝ずの番をし、そしてその場所に 10 年間定期的に戻ってくる[78]。人間に加えて、チンパンジーは自分の母親が密猟者に虐待されて殺されるのを目撃した後で涙を流したのが観察された唯一の有機体であった[79]。23 頭の鯨の集団が、6 フィートの深さの水中で、感染症にかかった同じ種と一緒に、それが死んでしまうまで 3 日間留まった様子が写真に記録された[80]。本稿を書きながら、私はうわべではいやに甘ったるく説教じみた語調であることを自分でも意識して感じている。しかし、こうした観察は、神学 (theology) ではなく進化の行動生物学 (ethology) に由来しているのであり、そして「e」の位置があらゆる違いを作り出すのである。しかしながら、そうした観察は確かに神学的含蓄を持っている。それというのは、あらゆる進化論的終末論の根底にある問題は進化の神義論だからである。最も深遠なところで、それが必要とするのは、ただ進化の時を経ての苦難のスケールでも、進化のプロセスでの苦難の役割でもなくて、命の進化の段階的拡大の不可避の結果としての苦難の激化なのである[81]。

かくして、思慮深い進化の未来についての推論の影響は一枚岩的な楽観主義ではなく、進化の歴史がその必然性を明らかにするのだが、達成を確約することはない何ものかに対する、両義的な切望である。われわれは命の量目を増加させる命のプロセスとの連続性を切望している。とは言え、われわれはまた命が苦難に有機的に巻き込まれることとの徹底的断絶を、「その祝福が〔命を〕富ませ、それに悲しみを付け加えることはしない」神による救済を、切望しているのである。意気揚々とした楽観主義とは裏腹に、まさしくこの、やって来ることを「データ」としては証明されていない何かに対する切望こそが、深遠な希望を生み出すかもしれないのである[82]。

78　De Waal, *Good Natured*〔註 70 参照〕.

79　Jane Goodall, *The Chimpanzees of Gombe: Patterns of Behavior* (Cambridge, Mass.: Harvard University, 1986)〔ジェーン・グドール（杉山幸丸、松沢哲郎監訳）『野生チンパンジーの世界』ミネルヴァ書房、1990 年〕.

80　Robert Trivers, *Social Evolution* (Menlo Park: Benjamin/Cummings, 1985)〔ロバート・トリヴァース（中嶋康裕他訳）『生物の社会進化』産業図書、1991 年〕.

81　J. V. Langmead Casserley, *Evil and Evolutionary Eschatology* (Lewiston: Edwin Mellen, 1990).

82　Watts, "Subjective and Objective Hope."

生物学との終末論的不連続性

希望は、われわれの経験がわれわれに願望させるが、しかし周囲の状況がやって来ていることをわれわれに保証しない何かへの切望と期待とを含んでいる。しかし、その何かが意味を与えてくれる希望であるためには、事実、それがともかくも正真正銘の希望であり、馬鹿げた、病的でさえある空想でないためには、それは現実についてのわれわれの現在の感覚と何らかの意味で首尾一貫する指示対象を伴っていなければならない。

われわれは、命についてわれわれが知っていることに似合う仕方で、命のより一層の「豊かさ」を生じさせるが、しかしまた、われわれが十分に想像できない仕方でそれを変えてしまう、命の終末論的深化ないし強化を考察してきた。この言い回しが（必ずしも楽観的期待でなくとも）意味ある希望を伴っているのか、それとも単なる甘ったるい愚かさを伴っているだけなのか、それはある程度、われわれが命をどのように科学的に解釈するかにかかっている。私はすでに、体の概念化とそれに付随する有機体の性格についての論争の曖昧さについて言及した。しかし、これら全ての根底にあるのは、命そのものの性質についての意見のなお一層根本的で、正反対の不一致である。このことは命と、そしてさらに言えば、現実の他の諸局面の記述における、還元主義と反還元主義の種々様々の観念（全体論(ホーリズム)、創発主義(エマージェンティズム)、複雑性、関係性生物学）との間の論争として幅広く記述されている。しかし、ここでのわれわれの目的上、私はこれを、命についての物理的説明を与えようとする試みの中で、個別主義的説明か一般主義的説明かの論争なのだと考える方がより助けになるかもしれないと考える[83]。

個別主義的アプローチでは、命は興味深いが、しかし非常に稀有で特殊な現象と見なされ、それは非生物的現象のより大きく、より一般的な一群を記述する法則の前後関係(コンテクスト)の中で説明されるべきものと見なされている。この場合には、われわれは命を研究することによって物理学の法則の前進を期待すべきでなく、むしろ逆に、われわれは非生物から導き出された物理的法則に適合する仕方で命を「還元する」ないしは特殊化することをしなければな

83　Rosen, *Essays on Life Itself.*

らないのである。ジャック・モノッドはこの見解を『偶然と必然性 *Chance and Necessity*』の中で提唱しており、生物世界は「宇宙の非常に特別な部分であって——生物の研究が生物圏外に適用可能な一般法則を発見することは起こりそうに思えない」と主張する。それと対照的なアプローチは、生命をより根本的な、あるいは概念的により一般的な現象と見なし、無生命の物質は単にそれの非常に特定的で抑制された下位集合(サブセット)にすぎない、とする。「……今日の物理学と生物学との関係は、整数論とその形式化との関係と同じであり……［有機体］は非有機的体系(システム)よりも一般性に劣るというよりは、むしろ勝るのである」[84]。すると、原則的に、われわれは物質のこのより一般的な集合を研究することにより、物理学そのものを前進させることができるのである。アインシュタインは、「人は生物と取り組むなかで、物理学がいまだいかに原始的であるかを最もよく感じることができる」とコメントした[85]。シュローディンガーは有機体を「新しい物理学」の宝庫であり、その外見上の稀有さを抜き取り見本の工芸品と見なしたが、これはモノッドが「生気論者」と烙印を押した見解である。モノッドに対する対抗主張は、還元主義に代わるものは「生気論ではなくて、むしろ科学的世界それ自体のより全般的な概観であり、そこでは、機械論的法則のほうこそ特殊事例なのだ」、というものである[86]。

　もちろん、還元主義に代わるものは他にもあり、また私は非還元的アプローチに賛成するための経験的かつ神学的根拠があることを信じているのだけれども、ここで還元主義に反対したり、あるいは創発主義(エマージェンティズム)や複雑性理論ないしは包括的拡張主義の特定の説に賛成したりするための議論をしたくはない。私がぜひとも主張したいのは、「問題がまだ解決されていない」ということである。「生命は物質の配列における量的な複雑化なのか……あるいは逆に、『死んだ』物質はスペクトルの一つの極端な状態として、命を感じることで明かされる特質を制限する様態を表す、つまり、それらが始まったばかりであることのほとんど消滅点に内密に還元することを表しているのか、問題はまだ未決である。後者の場合にあっては、そのぎりぎりの〔胚部分の発生的運命の〕不活発な決定は、未だ目覚めていない自由として、休眠中

84　同書4頁。

85　R. W. Clark, *Einstein: The Life and Times* (New York: Avon, 1972), 2.

86　Rosen, *Essays on Life Itself*, 34.

ということになろう」[87]。私はこの未決の問題の終末論的な言外の意味について、二つのコメントを述べたい。

　第一に、もし命や現実の他の局面(アスペクト)などが物理法則に還元不能であるなら、それらの未来はそれらの法則からは推測できない。このことは、歴史的プロセスの偶然性、非直線的プロセスのカオス的性質、あるいは階層的プロセスの創発的な性質に敏感である如何なる観点からも出てくる、重要ではあるが共通の点である。ある意味で、われわれの未来に関する知識のみならず未来そのものも、過去によっては決定されていないのである。もっとも、この予測不能性は根底にあるプロセスの境界条件によって制約を加えられているのではあるが。つまり、偶発性も、カオスも、あるいは全体論(ホーリズム)も自然法則に違反することはできないし、また「不可能」を呼び起こすこともできない、という条件である。しかしながら、個別主義的－一般主義的という枠組みの発見的価値は、もし生物体系(システム)が無生物体系(システム)の下位集合(サブセット)ではなくて、われわれは生物体系(システム)を理由にわれわれの科学的法則を拡大し、より一般的にする必要があるとするならば、われわれが（ともかくも）これを実行するまでは、われわれは何が可能なのか本当には分かっていない、ということである。その上、何が可能かを知ることが可能であるということも明白ではない。もし命が、自然法則がより特定的法則というよりはより一般的法則であるという理由で、命そのものの出現なくしては想像することができないような仕方で自然法則の拡大を必要とするなら、われわれの理論は常に、「達成できるのは物質である」という、より高いレベルの現象の出現より遅れることになるだろう[88]。「実際に、創発的なものの出現には終わりがないように見える。それゆえ、創発的なものの予測不能性は常に、予測によって勝ち取られる領域の一歩先に留まっていることであろう」[89]。かくして、何が終末論的に可能であるのか――今現在の自然的現実の領域内においてさえも――それが起こるまではわれわれには分からないのである。その上、もし、われわれが命を創発的で非還元的な現象というよりは、むしろ一般的な現象であると見なすならば、その場合、未来はわれわれが過去と現在から計算して描き出す軌跡とは不連続であるかもしれないが、われわれが未来に達した時には、それはわれ

87　Jonas, *The Phenomenon of Life*, 24.
88　同箇所。
89　Goldstein, as quoted in Solé and Goodwin, *Signs of Life*, 1.

われが今理解しているよりも大きいが、しかし今を包含する現実とはたとえ連続してはいないにせよ首尾一貫していることであろう。

第二に、私は還元という話術(レトリック)は科学と終末論の双方が油断のない貢献ができる深刻な解釈学的状況を反映しているものであることを示唆したい。ある人たちが今日の生物学を適合させようとしている「唯物論的一元論」についての、どちらかと言えば異議を挟む余地のない一つの見解は、それが以前の考え方に支配的であった生気論的な一元論ないしアニミズムに対する二元論的修正の残余を表している、というものである。二元論の利点は、それが〔観念を外部に投影する〕アニミズム的投影を抑制して、命のない物質があり得ることを認めたことである。その代償は物質のない命があり得ること、そして事実、命の本質は非物質的であるという補完的確信であった。すると、おそらくそれは「霊」を取り除くことに連続する方法論的一歩であり、どのみち何ら説明に役立つ仕事をしていなかったのである。しかし、それは巨大な存在論的一歩であった。なぜなら、その結果、命とは命のないものの機械論的下位集合(サブセット)となったからである。デイヴィド・オーツは、ダーウィン以後、「悪の問題」はひっくり返され、「善の問題」となったとの所見を述べる——悪は当然のことと決めてかかることができた、説明を必要としたのは善であった、と。命の機械論的描写に関係した類似の、しかしはるかに一層根本的な変化がある。「無生物が現実の本当の、そして唯一の基礎である。それが物事の元来の状態であると共に『自然の』状態である。相対的数量という点だけでなく、存在論的真性という点からも、命のないのが基準であり、命は物理的存在の中で不可解な例外である。……今日のわれわれの思考は死の存在論的支配下にある」[90]。ユルゲン・モルトマンは「死の経験は常に二次的である。われわれの一次的経験は命である」と述べている[91]。現実についての今日の科学的説明では、この逆が真である。

私はこの批判についてもっともらしく軽口をたたきたくはない。なぜなら、もし進化の歴史がわれわれを納得させるに十分ではないとしたら、十字架もまた、われわれが死に認めるべきものは認めねばならないという事実を証言しているからである。しかし、宇宙は命への宇宙規模の無関心を映している

---

90 Jonas, *The Phenomenon of Life*, 12.

91 Moltmann, "Is There Life after Death?" 239.

のか、そして、有機体はその不安定な存在をそこから一時的にまた束の間にもぎ取らねばならないのか、それとも宇宙は——それが命を確かに「生み出した」というまさしくその事実のゆえに——何か異なった、命を促進するような存在論を伴っているのか、そのいずれであるかは科学的には決定できない事柄である。しかしながら、それは科学的な解釈の枠組みについての情報は提供することができる。このエッセイを読んでいるどんな人にも、この時点で私が神学者でないことは明らかであろうが、神学的終末論の課題について私が理解しているものの一つは、それがただ幸福な未来を仮定することだけではなく、存在の究極目的に根ざした約束に照らして現在を解釈することだということである。キリスト教的希望のみっともない前提は、死が最後の言葉でもなければ最初の言葉でもないということである。そして、それはただ復活の約束のゆえにそうなのだというのではない。むしろ、それは逆である。つまり、命が宇宙的存在論の究極単位であるゆえに、復活は約束なのである——宇宙は生ける神によって創造され、現在はその神の中に存在し、そしてその神と連合して終末論的に完成されるであろう。かくしてわれわれは、われわれの科学とわれわれの終末論的論究の双方において、「なぜあなたは死者の中に生者を探すのか？」という墓場での天使の励ましに留意するのが賢明であろう。大きな理論的挑戦は、その〔復活という〕現象を御しがたい基質への神の無理強い、ないしはあらゆる予想を覆しての、馬鹿げたほどにありそうもない、そして束の間の突発と見なすことより、むしろ物質の「命に満ち溢れている」能力を説明するような、そのような物質の描写を探究することである。

死の問題

　最後に、私は最後の敵、すなわち死がどうなるのかの問題についての議論でもって「終了し」なくてはならない。私には死のメカニズムを思弁したり、ましてイメージを思いめぐらしたりするような欲求は全くなく、ただ死のない命を想像することがそもそも道理にかなったことなのかどうかという問題について簡単に考えてみたいだけである。あるいは、このことは丸い正方形とか幸福なギロチンのように、何か笑止千万なことだろうか？

4 進化から終末論へ

　有名な進化生物学者のテオドシウス・ドブザンスキーは、かつて「性は必要ですか？」と尋ねられたことがあった。彼の答えは、「性は必要ではないかもしれない。しかし、それは間違いなく望ましいものだ」というものだった。興味深いことに、同じことが死についても、有機体レベルでも生態学(エコロジカル)レベルでも言えるかもしれない。有機体レベルでは、なぜ死が起こらねばならないのか、生理学的ないし熱力学的理由は存在しない。事実、幾つかの不死である単細胞種や、何ら老化の兆候を示してこなかった一つの進化した多細胞有機体（イガゴヨウ〔Bristlecone Pine 球果の鱗片が著しくとがった米国西部産のマツ、世界一長寿の植物とされる〕）が存在する。老化の進化論的解釈は、老化は生物学的な機能不全あるいは必然のいずれかを表すというのではなく、そうではなくて、それは有機体に組み込まれている適応で、子孫のために「場所をあける」ことで〔種の存続のための環境への〕適応度を高めているというものである。（私はここで火災とか病原体のような外部的動因による死について話してはいない。）事実、生殖直後の死を伴う短命から、継続的生殖を伴う長命、早期の生殖と子孫への進行中の投資を伴う長命、生殖のために甚だしい努力をした後の死を伴う長命に至るまで、死と生殖を調整する種々様々な戦略がある——そしてこれらは全て、各々異なった生態学的(エコロジカル)背景で解釈できる。しかしながら基本線は、死は生理学的に必然ではなく、進化の上で価値あるものであることが分かったということである。

　そこで、次の問いは、死が進化の上で必然かどうかということである。額面通りには、答えはイエスであるように思われる、なぜなら、進化はしばしば差異のある死すべき運命を伴うものと理解されるからである。しかしながら、厳密に言えば、自然淘汰による進化は差異のある再生産の成功を伴うのである。テニソン〔Alfred Tennyson 1809‐92 年、英国の詩人〕の「熾烈な争いに明け暮れる過酷な自然（nature red in tooth in claw）」〔In Memoriam A.H.H より〕は、厳密にダーウィン説の用語で表現すれば、「青く芽生え花咲く自然（nature green in shoot and bloom）」であるべきである。進化による変化の推進力は過度の多産能力なのであり、そしてそれゆえ、行き当たりばったりの突然変異(ランダム)は、それらの変種の差異のある伝達がその後に続くのである。それは、選別的な死すべき運命を必要としないし——またしばしば、これを伴いさえもしない。さらに、上に述べたように、選別的な死すべき運命があるところでさえも、それは直感に反して、進化の利点を促進する仕方で働くことができる、

125

すなわち、死すべき運命は再生産を覆すというよりは高めるかもしれないのである。だから死は進化には必要なく、そして進化は、もし有機体が抑制のない環境の中で不死であったとしても、依然として起こるであろう。

　しかし、生態学的(エコロジカル)環境は際限のないものではない。それゆえ、死は生理学的にもあるいは進化論的にも必要ではないが、生息環境が有限の資源を持ち、移民がなくても人口が繁殖によって増加しているなら、それは必要なのである。そして、もちろんのこと、死はまた捕食生物と捕食寄生生物にとっても、とにかく食物を得るために必要である。なぜなら、定義からして、それらは自分の食物を殺すからである。われわれは捕食生物なしに機能する生態系を想像できるだろうか？　数十年前には、ペインによる古典的研究は捕食生物が共同体活動組織に必要であることを示唆していた。より近年の研究はこれが必ずしも真実でないことを示唆している。もっとも、われわれは確かに、地球の現在の主要生態系が捕食の階層(ヒエラルキー)なしで機能しているとは想像できないのだけれども。このことを考えることさえ馬鹿げていると感じるけれども、しかし、捕食のない生態系が「魔術」なしで考え得るか否かという問いに対して、答えはイエスであるように思われる。

　同じことが、死についてはより一般的に真実である。死なしに機能する生態を有するには二つのことが必要であろう。第一に、無限のエネルギー源があること、あるいは有機体が繁殖しないこと、が必要であろう。一番目のことは確かに魔術のように聞こえるが（もっとも、キリストが太陽であるというほのめかしが何を含意するのか、人は不思議に思うかもしれないが）、しかし二番目のことは決して魔術ではなく、少なくとも、天における天使と人間の有性生殖についての教えに一致している。第二に、生態系を通じてのエネルギーの流れは、エネルギー使用率と生産性との間のバランスを反映しなくてはならないだろう。そして、エネルギーは物質的に組み込まれると仮定すると、（死が自然の生態系の中で実質的に貢献する）バイオマス・ターンオーバー〔生物資源の代謝回転〕は消費と排出のバランスの取れた周期(サイクル)を伴っていなくてはならないだろう。これをさらに押し進めていけば、推理の線はより一層ナイーブに見える（「人は母親の胎内に再度入れるだろうか？」）。しかし、原則として、なぜ死が生態学的に必要であるかの生物学的理由は存在しないように見える。しかしながら、なぜ浪費が必要であるかの熱力学的理由は存在する。

最後に、死は命にとって必要でないが、死の可能性は必要である。すなわち、命は、もし抵抗されないでいるなら、生物体系の機能と組織を劣化させてしまうエントロピーの力に継続的に打ち勝つことを必要とするのである。この緊張の現実から離れて、如何なるものであれ命と呼ばれるに値するものをわれわれはどのようにして手に入れることができるのか、想像することさえできない。「命にとって非－存在の可能性は実に構成要素をなすのであるから、命という存在そのものが本質的にこの深淵の上を舞うもの、その縁沿いに進むものである」[92]。

われわれの希望の現実(リアリティ)

 フレイザー・ワッツはわれわれに語っている、「何かがより起こりそうであればあるほど、定義からして、それが起こることに対してあなたはより一層楽観的になる。このことは希望には当てはまらない。実際、希望はその特徴として、楽観主義が不可能であったり、場違いであったりする暗黒と不確実の状況の中で湧いてくるのである。……もしあなたが強制収容所の中に拘束されているなら、楽観主義をほとんど正当化できないような状況にあってさえも、生きて、そして最後には解放されたいと希望するだろう」[93]。ひとを奮い立たせるような希望は、推測ではなくて、約束の上に築かれねばならないのである。

 進化のプロセスについての推測や、有機体的また生態学的(エコロジカル)制約についての理解が、未来についての楽観主義に対する保証を提供してくれるようには思われない。しかしながら、それら推論と理解は二つの仕方で終末論的希望の根拠を示唆してくれる。まず第一に、生物科学における最近のアプローチは選択肢を前もって排除することを拒否し、また恥知らずなほどにつかみどころのない、あらん限りの約束と共に、執拗なまでに現実を具象的に概念化することに挑戦する。体とは何か、命とは何か、進化の歴史はどこに向かって「進んでいる」のか、これらの問い全てが一つの——科学的なものであれ、

---

92 Jonas, *The Phenomenon of Life*, 4.
93 Watts, "Subjective and Objective Hope," 57.

あるいは神学的なものであれ——組織ないし体系（スキーム）（システム）によって馴化されることに抵抗する神秘によって引き起こされた曖昧さを伴っている。事実、「目が見たこともなく、耳が聞いたこともなく、人が心に思い浮かべたこともなかったことを、神は御自分を愛する者たちに取っておかれた」（Ⅰコリ2:9）〔と書かれている通りである〕。第二に、命は段階的に自らを認めるということを認めるなかで、われわれは自分たち自身の命が復活においてただ継続されるだけでなく、集中強化されるという終末論的希望に対する保証に出会うのである。しかし、われわれはまた復活において継続される希望を持つ必要性に直面もする。もしわれわれがより多くの命を持つなら、われわれはより多くの危険を持つのである。フレイザー・ワッツによる上記の反芻〔的沈思黙考〕は解放にあこがれる終末論的希望に類似するものかもしれない。しかし、解放は深淵を、あるいはその可能性をわれわれが経験することを、取り除きはしない。それはわれわれをそこから救出するだけである。いったん解放された後は、われわれはそれへとわれわれが解放されたところの、かの、決して完全には理解することのできない終わりを、すなわち、「人が知ることをはるかに凌駕する、神の愛の広さ、長さ、高さ、そして深さ」（エフェ3:19）を、希望し続けるであろうと私は信じている。

第二部
体の復活と人格の同一性(アイデンティティ)

1　聖書と復活

フランク・クリューゼマン*

　今日の新約聖書研究および組織神学研究の幅広い領域の中で、また全体としての聖書の神学を作り上げ、またキリスト教徒とユダヤ教徒との関係と同様に新旧両聖書間の関係を正確に叙述しようとする努力の中で、特別かつ決定的にキリスト教的なものがイエスの復活の中に見出される。旧約聖書に対して本当に新しいものは、「神はイエスを死者の中から復活させたという新約聖書の『基本的な主張』」であり、またそのことが一人の人間、「神がすでに彼を復活させ、それゆえ、これを限りにこの人物は死を過去のものとした」[1] 人間について言われていることである。この新しい経験の意味、そしてユダヤ教的伝統との関係は、非常に異なった仕方で記述されている。そこで、例えば B. S. チャイルズは「復活でもって」始まる「何か全く新しいもの」を見る。「古いものは終わった。新しいものが始まった」、そしてこの「不連続」が、「二つの個々の、そして別々の聖書が形成されたことに適切に反映されている」[2]、というのである。クラウス・ヴェングストのような他の人たちは連続性を強調する。正確には「この主張もまた、イスラエルとイスラエルの神との特別な経験を前提としており、この主張はイスラエルにおいての

1　Klaus Wengst, "Was ist das Neue am Neuen Testament?" in *Ich glaube an den Gott Israels*, ed. F. Crüsemann and U. Theissmann, Kaiser Taschenbücher 168 (Gütersloh: Christian Kaiser, 2d ed. 2001) 〔F. クリュゼマン、U. タイスマン編（大住雄一訳）『キリスト教とユダヤ教――キリスト教信仰のユダヤ的ルーツ』教文館、2000 年〕, 26.

2　Brevard S. Childs, *Biblical Theology of the Old and New Testament: Theological Reflections on the Christian Bible* (London: SCM, l992). Original translation from the German edition, vol. 1, p. 266.

---

*　このエッセイはビーレフェルトのクラーケ・ゼハ博士によって英訳された。

みこのような仕方でなされ得た」[3]。この理由から、旧約聖書は必然的に新約聖書に先行し、新約聖書に関係し続けるのである。両者の相違は実際にはそんなに大きいとは思えない[4]。これから述べることの中で、私は新約聖書そのものがイエスの復活と聖書との間の相互関係をどのように見ているかを示してみたい。

この問いは、復活というテーマに関する広範囲にわたる新しい研究文献の中では中心にはない[5]。むしろわれわれが見るものは、「歴史と約束」の間の相互作用、より正確には、とりわけトゥラウゴット・ホルツによる使徒言行録2章と13章（ならびにローマ書4章）の取り扱い方に見られるような、「偶然性と同一性（アイデンティティ）」の間の相互作用を定義しようとする試みである[6]。したがって、「復活の経験」は、「男女を問わず、それに積極的に関与する人を、そのような出来事の中で経験される神の全歴史の中に――すなわち、聖書の中に証明されているような神の歴史の中に――連れていく」。とは言え、そのことは「一目瞭然たる、それに先立つ歴史から、いわば論理的に」帰結し、その結果、それから「演繹的に到達可能とされる」わけではない。たとえこの緊張が疑問の余地なく新約聖書本文に関係があるのだとしても、新しいものの神学的定義（そしてそれと共に新約聖書と旧約聖書との関係の定義）は二つの他の主張と絡み合っている。ホルツにとって、「イエスの復活の経験は、その経験によって基礎を据えられた信仰がアブラハムの信仰の構造と同定される以前に存在していることは、完全に明白な」ことである。このことは、復活したイエスとの邂逅は信仰を呼び起こすこと、それからその後に、

3　Wengst, "Was ist das Neue am Neuen Testament?", 26.

4　そのように、Michael Wyschogrod and Peter von der Osten-Sacken, "Auferstehung Jesu im jüdisch-christlichen Dialog: Ein Briefwechsel," *Evangelische Theologie* 57 (1997): 197.

5　*Evangelische Theologie* 57 (1997), 177–272; Stephen Davis, Daniel Kendall, S.J., and Gerald O'Collins, S.J., eds., *The Resurrection: An Interdisciplinary Symposium on the Resurrection of Jesus* (Oxford: Oxford University, 1997); Friedrich Avemarie and Hermann Lichtenberger eds., *Auferstehung – Resurrection*, Wissenschaftliche Untersuchungen zum Neuen Testament 135 (Tübingen: Mohr Siebeck, 2001); Hans-Joachim Eckstein and Michael Welker, eds., *Die Wirklichkeit der Auferstehung: Biblische Zeugnisse und heutiges Erkennen* (Neukirchen-Vluyn: Neukirchener, 2001) 参照。

6　Traugott Holtz, "Geschichte und Verheißung: Auferstanden nach der Schrift," *Evangelische Theologie* 57 (1997): 179–96. 以下の引用はその 195–96 頁からである。

その信仰は聖書の中で証言されているようなイスラエルの信仰と同定されることができ、また確かに同定されねばならないことを意味する。このことに対して、復活は最後に、そして究極的に、神の歴史を定義するという主張が加えられる。なぜなら、復活は「それに先行する神と神の民との歴史」が向かっていく目標だからである。これ以後に述べるものの中で、ルカ〔文書〕とパウロ〔文書〕を用いてわれわれが追究するのはこれらの、一方で復活経験の証拠の問い、他方で、神とイスラエルの歴史との関係の問いである。それは、われわれが新約と旧約の関係と復活と呼ばれる現実とを説明することができるようにするためである。

前提と基礎：ルカ〔文書〕[7]

　他の共観福音書の場合と同じように、ルカのイエスはサドカイ派に反対して一般的な死者の復活の期待を明言した。イエスはそれを神概念自体に、また中核的なユダヤ教伝統に結びつけた。その伝統によれば、神はモーセの呼びかけに応えて、自らを生きている者の神、すなわち「アブラハムの神、イサクの神、そしてヤコブの神」であると紹介した（ルカ 20:37–38）。しかしルカは、たった一人の人間の復活はトーラーと預言者の有効性には何の影響もないというイエスの根本的教えの中で、聖書と復活との間の関係をすでに主張していた。アブラハムは神と共に天にいるのだが、そのアブラハム自身が、金持ちがあの世から自分の親族に何らかの知らせを送って欲しいという懇請に答えて、「もし、彼らがモーセと預言者に傾聴しないのであれば、たとえ誰かが死者の中から甦ったとしても、彼らが確信させられることはないだろう」と言っている（ルカ 16:31）。それが、ルカとルカが書き記す相手たる教会会衆が、復活した者として知っており、またそう告白しているイエスの教えである。イエスの言葉とアブラハムの言葉との結合は、ほとんど凌駕することのできない権威を持っている。したがって、トーラーと預言者の

7　特に Günter Wasserberg, *Aus Israels Mitte – Heil für die Welt: Eine narrativ-exegetische Studie zur Theologie des Lukas*, Beihefte zur Zeitschrift für die neutestamentliche Wissenschaft 92 (Berlin: de Gruyter, 1998); K. Löning, *Das Geschichtswerk des Lukas*, vol. 1, Urban Taschenbücher 455 (Stuttgart: Kohlhammer, 1997) 参照。

有効性は如何なる復活によっても影響されることはないのである。そして、個々人の復活ないしは神と共なる永遠の命はイエスの復活ないしはそれを信ずる信仰に依存しないこともまた至極明白である。それでもって、するとそうした復活が何を納得させるべきか、また納得させることができるかという問いを人に熱烈に予期させる強勢(アクセント)が置かれているのである。

復活者との出会いにおける経験と聖書

イエスの死と埋葬の後、ルカはまず最初に 24:1–11 で極めて否定的な物語を述べている。空っぽの墓の光景、天使たちの出現、そして彼らによる地上のイエスの教えへの言及とイエスの教えについての〔婦人たちの〕個人的な追想と並んで、彼らによるイエスの復活のメッセージ——これら全てが婦人たちによって弟子たちにもたらされるが、弟子たちはこれを信じられない戯言と考える（11 節）。そして、このメッセージを伝えた婦人たちはそれを信じたとも、あるいはそれが婦人たちに何らかの影響を及ぼしたとも言われていない。

この信じられない物語と対照をなしているのが、他にはないほどに、復活を信じられるものにする物語、つまりエマオ物語である。これは、目が閉ざされている状態、何も気づかず、何も理解できない状態（24:16）から、目が開かれ、知る状態（31 節）に導く道についての物語である。この転換をもたらすものが極めて明瞭な仕方で述べられている。聖書である。二人の弟子は、まだ未知の者である旅の道連れに一部始終を話している。彼〔イエス〕は生きておられるという天使のメッセージにもかかわらず、それは裏切られた希望の物語である。「私たちは、あの方こそイスラエルを救われるはずのお方であると望みをかけていました」（21 節）。このことを全て体験し、聞き、また言い伝えさえもした者たちは、愚かで物分かりが悪いと言われるのを許さざるを得ない（25 節）。どうしてか？　彼らが天使たちと婦人たちのメッセージを信じなかったからではなく、もっぱら「預言者たちが言明していたことを一切信じなかった」からである（25 節）。不足しているのは預言者たちの証言とそこに読み取るべきことの一切を信じる信仰である。もしこの記述の言葉づかいを真剣に受け取れば、一切を決定する鍵は預言者たちを信じる信仰なのである。ここで信じられるべきものは預言者たちの中にある。

すると、教えは同じようなものである。「それから、モーセと全ての預言

者たちから始めて、聖書全体にわたり、彼は自分について書かれている事柄を彼らに解き明かした」（27節）。ここで働き始めるのは、タナハ、すなわち三部から成るヘブライ語正典である、律法（トーラー）、預言者（ネビイーム）、そして諸書（ケツヴィーム）である。そして27節で「全ての預言者たち」を強調し徹底化する二重の「全て」は、個々の言葉と証明箇所本文、つまり dicta probantia〔証明する文言〕ではなく、聖書の丸ごとそっくりに関わるのである。それは聖書に最初から最後まで見出せる何か、そして信仰を要求し、信仰を可能にする何かに関わるのである。究極的には、それは生きている者たちの神である生きている神に関わらねばならない。そのことが、この解釈者が論証する聖書解釈法——27節にある言葉——である。これは本当に驚嘆すべきことである。復活した者が、聖書を読みそして解釈することにおいて自身を知らせているのである。彼は明らかにこのような仕方でのみ知られることができ、また彼は明らかにこのような仕方でのみ知られたいのである。どんな栄光も、どんな奇跡も、どんな圧倒されるような経験も、信仰と知識を呼び起こしはせず、ただ聖書の解釈によって開かれる地平のみが信仰と知識を呼び起こすのである[8]。

　二人の弟子はこのまだ未知の者であり、そしてまだ無名である解釈者に、彼らと一緒に一夜を過ごすよう招く。「彼が彼らと食卓についた時、彼はパンを取り、祝福してそれを裂き、そしてそれを彼らに渡した」——ここで、彼らは彼だと分かるが、彼らが彼だと認めたその瞬間に、彼の姿は見えなくなる。それから彼らは何が起こったかを思い出す。しかし、彼らが思い出すことは実際には復活した者の存在それ自体ではない。彼らは生きている者を地上のイエスと同定した瞬間を考えているのではなく、聖書を解釈するプロセスを考えている。「あの方が道で私たちに話しておられた時、あの方が私たちに聖書を解き明かしてくださった時、私たちの心は燃えていたではない

8　それゆえ、決定的な点はアンナ・マリア・シュヴェーマーやその他の人たちが表現するように、復活した者が聖書を「開く」ということでも、それを「新しい」仕方で読むということでもない ("Der Auferstandene und die Emmausjünger," in *Auferstehung – Resurrection*, eds. Friedrich Avemarie and Hermann Lichtenberger, Wissenschaftliche Untersuchungen zum Neuen Testament 135 [Tübingen: Mohr Siebeck, 2001], 95–118)。そうではなくて、聖書が、復活した者を復活した者として認識するのにさえ必要であるということである。聖書を新しい仕方で解釈する者は、復活した者としてすでに認識されているイエスではまさになく、聖書の解釈のみがその者をイエスと同定することに導くのである。

か？」（32 節）。聖書が生きている者たちの神を語るような仕方で解釈されるところで、心は燃え上がり、復活として示される現実が眼前に存在している。それに反して、本人と同定された者は姿を消す。

　学び知ることは繰り返すことに依拠している、そしてこれが、ルカがさらに同じ学び知るプロセスを描写する仕方である。これら二人の弟子のメッセージとペトロの個人的体験にもかかわらず（33–34 節）、弟子たちのただ中での復活した者の顕現は、なおも次には彼ら弟子たちを驚かせ恐れさせる（36–37 節）。弟子たちのもとに戻って来た死んだ者は、彼らに亡霊のように見えた。そして体が本人のものであることの確認も（39 節）、あるいは復活した者を自分たちの間に迎えていることの喜びも、彼らを信仰には導かなかった。その代わりに不思議な文章が記されている。「弟子たちは、彼らの喜びのうちにも信じられないでいた」（41 節）。喜びを駆りたてる、生きている者との出会いは決してここで関わっている信仰に導かない。またしても、知識、理解、そして信仰は、聖書が解釈された時にのみ生じるのである。復活した者はまず弟子たちに地上のイエスの聖書解釈を思い出させる（44 節）、そして再び、聖書全体が標題的に名指しされる。律法（トーラー）、預言者、そして詩編である。聖書全体としてのみ、そしてその各部全てが合わせられた中でだけ、聖書はここで関わっている事柄について語るのである。しかし、実際には、地上のイエスが教えた聖書解釈を思い出すことは十分ではなかった。「それから、彼は聖書を理解するために、彼らの心を開いた」（45 節）。彼は聖書に書かれていることを、つまり、聖書がキリストの苦難と復活について語っていること、そしてどのように語っているかを彼らに教えたのであり、そして、罪の悔い改めと赦しが、彼の名において全ての国民に宣べ伝えられるような仕方で、彼らに教えたのである（46–47 節）。ただここでだけ、〔復活の〕目的と委託任務とが見えてくる。全ての国民に対する宣教が、復活の名指しされた唯一の目的なのである。

　ルカ福音書では、聖書に媒介されることなしに復活経験によって如何なる信仰も呼び起こされることはない。そこで何が起こっており、誰がいるのかを認識するためにさえ、聖書全体が必要なのである。聖書とその解釈のみが、人がこの未知なる者ないしは亡霊のような何かを復活したキリストであると認識することへと導くのである。神学的に、エマオ物語はまさしくここで何が関わっているのかを述べている。すなわち、復活したキリストは、弟子た

ちに自分を知らしめるのに、聖書の解釈に依存しているのである。

イエスの復活を説教すること

ルカが復活した者についての弟子たちの証言を展開している、ペトロの最初の基本的説教（使 2:22–36）とパウロのそれ（使 13:16–41）の双方ともが――ルカは両方の場合とも、聖書との関連を中心に据えている――ホルツによってこう特徴づけられている、「至極明瞭に、聖書証明は死と復活の経験を前提としており、聖書に述べられた預言者ダビデの証言から始まるこの思考の道筋を解釈している」と。説教の目標は、多分、「目撃証人たち」による復活の立証である。終始「復活は［多分］聖書証明によって確証される」[9]。私の考えでは、こうした定式化された表現によって、ルカとの相違が僅かながら、しかし決定的に変更される。ルカ 24 章におけるように、ここ使徒言行録においても、各々の目撃証人の経験は決して聖書から独立してはいない。それは決して独立した経験として想定されておらず、それゆえ「聖書証明によって確証される」ことはできないのである。

使徒言行録 2 章でペトロは、ヨエル書 3 章による聖霊の授与に始まって、死と復活に至るまでのイエスの生涯の歴史について語っている。始まりそのものから、これは 24 節で聖書の言葉でもって記され、その後詩編 16 編からの長い引用でもって確定されている（26 節「それゆえ」）。29–31 節に引用された箇所の詳細な釈義の後でやっと、聖書の言葉の意味の解説でもって直ちに続けていくために、32 節で個人的経験への簡潔な主題上の暗示がある、「私たちは皆、そのことの証人です」と。復活した者との個人的出会いを議論の出発点かつ目標と取るべきでないことは明白である。目撃証人の証言は非常に二次的な役割しか演じていない。そして、復活はいつも〔旧約〕聖書からの引用でもって記されている。それゆえ、それは単純に聖書によって確証され得ない。

復活した者がやはり出会ったパウロにしても、ルカの紹介記事の中で、自らの最初の基本説教をこの出会いと自分の個人的経験によって裏付けることは、さらにもっとしていない。その出会いは〔その説教の中に〕現れることさえない。ユダヤ教会堂での礼拝において〔旧約〕聖書を解説するという形

---

9 Holtz, "Geschichte und Verheissung," 185, 189.

で（使13:14–15）、パウロはアブラハムから始まるイスラエルの歴史を語り、それから洗礼者ヨハネとイエスへと話を続け、そしてイエスの復活証言に簡単に触れながら、彼の死と復活でもって終えている（使13:16–31）。その中心点、目標、つまりこの物語から、宣言（プロクラメーション）、使信（メッセージ）、そして委託任務（コミッション）として続くものは、次のように始まる、「そして私たちは、神が私たちの先祖に約束されたこと」が今や実現された「という福音をあなた方にもたらしました」（使13:32）と。先祖たちへの古（いにしえ）の約束というこの〔全体的〕見通しにおいてのみ、またそれに関連してのみ、起こったことが「福音」となるのである。そして、それはその後詩編2編、イザヤ書55章、詩編16編そしてハバクク書1章からの諸引用でもって展開されていく。

　最後に、パウロと復活した者との出会いを簡単に見てみよう。出会いは3回報告されている。もし、神学的に関連する一連の出来事が本当にホルツの主張する通りであるとするなら、その場合、ここでは次のことがはっきりと前面に出てこなくてはいけない。まず第一に、初めは聖書から独立しているが、それにもかかわらず聖書に基づいた信仰を、そして後にはその説明を奮い起こす経験である。ルカはこれを9章で語った後で、パウロ自身に22章と26章で2度、しかも、2回とも自分の仕事への弁明としてのみ語らせており、信仰を呼び起こすことを目指した彼の宣教説教の一部としては語らせてはいない。9章と22章において、出会いそのものの中では短い会話が交わされるだけで、それはサウロによって迫害された人の自己紹介で終わっていて、〔聖書の〕解釈も任務委託もない。それは全て、パウロが問い合わせるよう言われたアナニアないし彼の会衆によってなされなくてはならない。26章の第三の変異形においてのみ宣教への任務委託がこの出会いの中で続く（16–18節）。しかし、まさしくこの言い回しの中で、後にパウロは、「預言者とモーセが起こるであろうと言ったことの他は何も語らず」、小さな者にも大きな者にも証言するとはっきりと表現している（26:22）。これはパウロが第一コリント書4:6で言っていることと同様に聞こえ、そしてこれは最大の重みを持った基本的な神学的原則である。まさしくパウロ独自の経験それ自体は聖書から独立したようなものではなく、また決して聖書を越え出るようなものではない。神学的に見れば、目撃証人によってさえも、すでにモーセや預言者の中に見出されることなく語られるものは何一つなく、「聖書を越えた先に」導いていくものは何一つない。

そしてイエスの復活は、神が神の民と織りなす歴史をそれが最後的かつ究極的に定義するような、その歴史の目標がどのようなものであると提示するであろうか？　もし私の見方が正しいなら、ホルツがこのために提供する唯一の根拠は、使徒言行録2章および13章の説教においてこの出来事が結びの位置にあることである。実際、イスラエルの歴史はこの出来事でもって終わるという仕方で語られている。しかし、最後の出来事が必ずしも歴史を終えるわけではない。列王記下25章に結びを持つ申命記的歴史は、〔イスラエルの民の〕捕囚が最終的な終わりであることを意味しないし、あるいは他の歴史的要約はヨシュア指揮下の土地占取がそのような最終的な終わりであると言おうとしているのでもない。確かに、しばしば多くの歴史物語の結びは、とりわけ語られていることの解釈学的出発点を記述している。しかしこのことは、歴史が終わりに至ったことを意味しない。使徒言行録に記録された歴史は〔パウロの〕ローマ到着でもって終わっている。とは言え、歴史は続行するのである。われわれはその目標点を次のような文章と同一視することはできない、すなわち、「死者たちの復活は終末論的出来事であるから、それは神の歴史を最終的に定義する」という文章と[10]。死者たちが復活していない限り、歴史は続くのである。歴史に属する者は誰であろうと、依然としてモーセと預言者に基づいて決定されているのである。

パウロ

　パウロは、第一コリント書15:3以下に見られる、彼が受け継いだ元来のキリスト教伝承に、すなわち、「キリストが聖書に書いてある通り私たちの罪のために死んだこと、そして彼が埋葬されたこと、そして聖書に書いてある通り三日目に復活したこと」に同意している。さて、この簡潔な言葉遣いの伝承は十字架と復活のどのような理解にとっても根本的な聖書の意義を強調しているが、残念なことに、これはほとんど何の詳細も明らかにせず、聖書のどの節を考慮しているのかも、あるいはとりわけ、聖書と復活経験の関係について神学的にどのように考えているのかも、ほとんど明らかにしてい

10　同書196頁。

ない[11]。この理由から、われわれはパウロが聖書とイエスの復活との関係を彼自身の神学でどのように定義しているのかを問うことにする。復活した者自身が彼に「最後に現れた」(15:8) がゆえに、そしてこの出会いが彼を教会の迫害者から使徒へと変えたがゆえに、偶発的経験と伝承との関係、キリスト教の novum〔新しさ〕、そして聖書の連続性に関する彼の定義は、特別の重みを持っていよう。

第一コリント書 15:13 以下の神学的論理

　第一コリント書 15:13 以下にある、聖書に基づく復活証言は、コリント教会会衆の間にあった、死者一般の復活というユダヤ教的伝承を根本的に否定する見解との論争への導入として役立っている。12 節以下において、パウロは死者の復活とイエスの復活との間の内面的、神学的結びつきを次のように展開している。

> 　もし死者の復活がないのなら、キリストも甦らされなかったはずです。そして、もしキリストが甦らされなかったのなら、私たちの宣教は無益であるし、あなたがたの信仰も無益です。さらに、私たちは神についての偽証人とさえ見なされることになります。なぜなら、私たちは神について、神がキリストを甦らせたと証しを立てたからです——もし死者が甦らされないことが本当なら、神はキリストを甦らせなかったのに。なぜならば、もし死者が甦らされないのなら、それならキリストもまた甦らされなかったはずです。そして、もしキリストが甦らされなかったのなら、あなたがたの信仰は虚しく、あなたがたは今もなお罪の中にあることになります。……私たちは全ての人の中で最も憐れまれるべき者ということになります。(15:13–19)

　通常のキリスト教の解釈はイエスの復活を信じるキリスト教信仰を前提と

---

[11] 議論については、Wolfgang Schrage, *Der erste Brief an die Korinther* (1Kor 15,1–16,24), Evangelisch-katholischer Kommentar zum Neuen Testament VII/4 (Düsseldorf: Benziger; Neukirchen-Vluyn: Neukirchener, 2001) を見よ。

1　聖書と復活

している、ここで 3 節以下において、そして 12 節と同じく、後に再び 20 節にも証言されているように。もし、復活を信じるキリスト教信仰がただキリストの復活という偶発的出来事を信じるだけだとしたら、13 節以下でなされる議論は非常に問題を孕んだもの、本当に理解不能なものとなるだろう。それはただ、ある種の思考実験と見なされるだけであろう。するとそれは、「復活の出来事は、〔イエスの場合は〕考えられることであるが、〔死者全般の場合は〕考えられないことではないか、あるいは不可能なことと見なされるべきである」との問題ということになろう[12]。しかし、そのような読解はパウロの論議を正当に扱ってはいないであろう。13–15 節と 16–19 節の並行する連続的結論の中で、パウロは明白に、イエスの復活という個人のケースからではなく、死者全般の復活の約束から始めている。実際、ここで前提とされているのは黙示的な考え方の枠組みである[13]。そしてパウロにとって、これは前提であり背景であるというだけではない。それどころか、神学的には、死に打ち勝つ神が〔議論全体の〕重みを支える土台である。その土台が崩れる時、全てが崩れる。歴史的に言えば、この信仰は完全に黙示的な考え方において展開されている。この考え方の中に、パウロはキリスト教信仰を構成する全てのものを含めている。宣教、信仰、罪の赦し、そして希望である。もし、パウロがここで言っていることが彼の真意であるとすれば、それならキリスト教信仰の全体は、聖書とユダヤ教伝承が——パウロはアブラハム以来の伝承と言うだろうが（下記参照）——イスラエルの神と共に与えられた基本的なものと見なすものに依存している。

　驚くべきことに、このことはパウロ自身に当てはまる。つまり、彼および他の証人たちがした証言が——ちなみに、神からの証言だが！——偽証言であり得るのである（15 節）[14]。パウロは何かを「見ること」をしたのだろう

12　そのように、Andreas Lindemann, *Der Erste Korintherbrief*, Handbuch zum Neuen Testament 9/1 (Tübingen: Mohr Siebeck, 2000), 339.

13　Wolfgang Schrage, *Der erste Brief an die Korinther*, 126 を見よ。しかし、シュラーゲさえ、死者の復活の希望へと導く（132 頁）、あるいはこの希望を示唆する（129 頁および諸所）のはキリストの復活である、と言う。テクスト自体はそれを逆に語っている。

14　特に、パウロが彼自身の証言、彼自身の経験を彼の論証に含めているというのは事実である。そのことは、12–19 節の論証の理解についての長大で集中的な研究において見逃されている。M. Bachmann（"Zur Gedankenführung in 1 Kor 15,12ff," *Theologische Zeitschrift* 34 [1978]: 265–76）から J. S. Vos（"Die Logik des Paulus in 1 Kor 15,12–20," *Zeit-*

141

か？　パウロが復活したイエスを「見ること」は聖書と無関係ではなく、それゆえ、後になってから聖書によって確証することはできないのである。むしろ、パウロが「見ること」は、それが先行する聖書の証言〔の正しさ〕を確証するから、イエスの復活の経験なのである。この連鎖した考え方にあっては、聖書とその約束はイエスの復活とキリスト教信仰の神学的土台となるだけでなく、目撃証人の証言の神学的土台となる。この点では、パウロとルカは一致している。

　先行するイスラエルの信仰がどの程度まで死者の復活を信じる信仰であるのかを、パウロはとりわけローマ書4章で言明しており、そこでは、パウロはアブラハムを全ての信者の父祖に、ごく最近イスラエルの神を信じるようになった異邦人キリスト者の父祖にさえしている。アブラハムは最初に信仰した人であった。異邦人キリスト者はアブラハムが信仰したように信仰している。そしてアブラハムの信仰は死者の復活を信じる信仰である。ローマ書4:17によれば、アブラハムは多くの民の父祖となった――「彼が信じた、死者に命を与え、存在しないものを呼び出して存在させる神の御前においてである」。パウロに関わり、義と数えられる信仰――メシア・キリストを信じる全ての人々はもとより、われわれが知るごとくに、すでにアブラハムが抱いていたその信仰――この信仰は、いわば *per definitionem*〔定義上〕つねにすでに、死に打ち勝つ神を信じる信仰である。アブラハムの、死に打ち勝つ神を信じる信仰がイエスの復活に先行している。それはイエスの復活を認識するための前提条件である。信仰がつねにすでに、神を行為している者と信じてきたということの中に、神の行為が示されている。

　復活した者との出会いによるパウロ自身の任務委託についてはどうであろうか？　われわれが知るごとく、ガラテヤ書1:11以下で、パウロは彼の福音の起源と権威をこのことのうちに基礎づけている。その福音は人間に由来するのではなく、イエス・キリストの啓示――アポカリュプシス――に由来

---

schrift für die neutestamentliche Wissenschaft 90 [1999]: 78–97）はここにいわゆる *modus tollens*〔推論規則の一つ。条件命題で、後続する否定によって、命題否定を導く論法。AならばB、Bでない、それゆえAでない、の形式をとる〕を見出す。(1) もし死者の復活がないのならば、キリストは復活させられなかった。(2) しかし、今やキリストは復活させられている（20節）。(3) それゆえに、死者の復活はあるだろう。しかし、パウロはこのような仕方で議論していない。

する（12 節）。パウロは父祖の伝承を守ろうとする熱心のあまり教会を迫害した（13 節以下）。彼は〔自分の〕態度の一変について次のように述べている。「しかし、私を生まれる前から選び分けておき、恵みによって召し出してくださった神が、御心のままに御子を私に示して、その福音を異邦人に告げ知らせるようにされた時、私は、すぐ血肉に相談するようなことはせず……」（1:15–16）。血肉からの完全な独立が強調されていて、啓示の唯一明確な目標は明々白々である。それはつまり、異邦人キリスト者の間で宣教すべきとの任務委託、異邦人への使徒としての彼の叙任である。しかしながら、福音告知――「私が彼を告げ知らせるために」――がキリストを直接の中身としているのか、それとも神なのか、はっきりしないが、しかしこれら二つの間の結びつきを考慮すると、重要なことは何一つこのことに左右されはしない。重要なことは、〔パウロが〕取り置かれたこと、御子を啓示するために召し出されたこと、そして異邦人への使徒として就任させられたこととの関係をどう定義するかということである。通常の釈義はエレミヤ書 1 章のような〔聖書〕箇所を暗示するが、しかしそうした釈義は、それに固有の神学的問いにほとんど全く取り組んでいない。

　二つの分詞構文の言い回しが、御子の啓示に関する決定的な文章に先行している。それらの言い回しの不定過去（アオリスト）を用いての表現は、啓示に先行する出来事への言及だけを許容するのであって、彼の母親の胎と誕生とを挙げることは、その啓示に対する明白な事実的指示となっている。ずっと昔に、彼が生存し始める前に、パウロはちょうどエレミヤがそうであったように、神によって取っておかれた。「恵みを通して召し出され」という並行する表現は同じ行為を意味しているのだろうか？　この召命もまた、彼の命が始まって以来存在しているのだが、しかし啓示を通して、過去を振り返る仕方のみ発見されたのだろうか？　召命という概念からはこのことはありそうもない。しかし、すると、パウロは自分が神により召命されるべきことを、ちょうど神の子の啓示以来知ったというのではない。むしろ、ずっと以前から神により召命されていた者が、神の子の啓示を通して、新しい、重要な委託任務を受けるのである。長年にわたる召命は新しい内容に満たされる。神の恵みによるこの先行する召命が正確には何であったにせよ、それはファリサイ人としての彼の以前の生活、彼の教育やその他のことに関連しているに違いない。彼が自分の生涯における決定的転換について話す際、彼がこの召命を挙げる

ということが意味し得るのはただ、〔転換の前後の〕大きな違い(コントラスト)にもかかわらず、共通の土台が残っていて、重要な役割を演じる新しい啓示によってはその土台がただ確認されるだけだ、ということのみである。

二つの命題形式での神学的帰結

　二つの命題形式で、私は今まで見出したものから幾つかの帰結を表現してみたいと思う。それらの帰結は広範囲に及ぶものであり、その理由で、ここでは最初の形においてのみ展開し、確立することができるだけである。
　命題1　死者の復活は神の述語であり、キリスト教信条の第一条に表現されている通り、創造者たる神と彼の力に属している。贖罪に関する信条第二条は聖書的にこの観点から読まれるべきである。
　ここに、〔キリスト教と〕ユダヤ教との共通基盤が横たわっている。復活信仰はただ唯一キリスト論を基礎に展開されるものではない。死者の復活は、すでにユダヤ教の中心的な祈りであるアミダー〔1日3回の礼拝ごとに立って唱える祈禱〕の第二祈願の中で6回語られている。

> 主よ、あなたは永遠に力強く、死者に命を与えられる。あなたは人を助けることにおいて力強くあられる。あなたは生者を恵みをもって養い、大いなる憐れみのうちに死者に命をお与えになり、倒れつつある者たちを支え、病める者たちを癒し、束縛された者たちを解放し、塵の中に眠る者たちに忠実であり続けられる。あらゆる力を持った主よ、誰があなたに較べられることができるでしょうか、王よ、誰があなたのようでありましょうか、殺し、命を与え、救いを湧き出でさせるあなたに？　そしてあなたは、死者に再び命を与えることに忠実であられる。死者に再び命をお与えになる永遠なるお方よ、あなたに賛美がありますように。

　この点についてミヒャエル・ヴィショグロットはこう書いている、「この賛美が未来形だけでなく、現在形においても表現されていることに注意を払うべきである。……それをもっぱら未来のためにのみ取っておくことはできないのである。なぜなら、神の力はもっぱら未来のためにのみ取っておくこ

とができないからである。神は今現在生きており、そして死は神に抗い立っている。死は神の力を否定する原理なのである。まさしくこの理由で、死に対するただ未来の勝利だけではなく、すでに現在の勝利がなくてはならない」と[15]。

ここで、旧約聖書の先行例を想起すべきである。〔旧約聖書の〕通例のイメージは、イスラエルの神は死に対する力は持っていないから、死者は神から完全に切り離されている。そしてこれは後期の若干の黙示的テクストにおいてのみ変化したというものであるが[16]、このイメージを旧約聖書と闘わせるべきである。最初の始まりは復活を信じるキリスト教信仰に起こったのであり、それはユダヤ教におけるほんの幾つかの不明瞭な始まりに伴われていたというのは真実ではない。すでに後期の諸王の年代に、死に対するイスラエルの神の力が碑文に示されている[17]。実際、詩編 88:11 以下――「あなたが死者に対して驚くべき御業をなさることがあるでしょうか？」――におけるような詩編の有名な修辞的問いは、今まで神がそれをしていなかったことを前提としているが、しかし、その問いはまた、神がそれをなし得ることをも前提としている[18]。そしてエリヤとエリシャがすでに、死者を復活させる神の力について語っている（王上 17:17–24、王下 4:8–37）。何度にもわたって、イスラエルは賛美歌的定式表現（サム上 2:6、詩 139:8）と預言的文章（アモ 9:2）において、死の王国を支配し、死者に命を与える神の力について語っていた。

確かに、死者、特に義人が甦るであろうという約束はペルシア時代、あるいはヘレニズムの時代に至ってやっと、明瞭に表現された。しかし、神が死者に命を与える力を持っているということは、唯一神の排他的礼拝

---

15 *Evangelische Theologie* 57 (1997): 207 参照。

16 K. Müller, "Das Weltbild der jüdischen Apokalyptik und die Rede von Jesu Auferstehung," *Bibel und Kirche* 52 (1997): 8–18 参照。

17 キルベート・エル・コムとケテフ・ヒンノムの碑文の意味については、今は Bernd Janowski, "Die Toten loben JHWH nicht: Psalm 88 und das alttestamentliche Todesverständnis," in *Auferstehung – Resurrection*, eds. Friedrich Avemarie and Hermann Lichtenberger, Wissenschaftliche Untersuchungen zum Neuen Testament 135 (Tübingen: Mohr Siebeck, 2001), 3–45 を参照。

18 それらを「境界線上にある発言」と理解している Janowski, 同書 23 頁以下を参照。

(*Alleinverehrung*)の始まりからイスラエルの神に属していることである[19]。イスラエルの神は死と冥府の神であるモートさえも支配する力を持っている。

　一神教への道もまた、この希望のなお一層明白な表現の中に存する。詩編の未決の問いは真実であり続ける。それらの問いが表現するのは、われわれキリスト者もユダヤ人ならびに他の全ての人間も共々に、そこにおいて変わることなく自らを見出す人間状況以外の何ものでもない。この状態はイエスの復活によっても変化させられていない。死者は死者のままに、そして墓の中に、留まるのである、たとえわれわれが信じるように、神はこれを変えることができ、また変えようと欲し、そして変えるであろうけれども。事実、われわれは死者の復活が、神の子なるイエス・キリストの復活において証明されているように、神によって可能とされることを望み、待っているのである。

　アブラハムの神なるイスラエルの神は、死者を生き返らせる神であるか、あるいはそうでないか、そのいずれかである。それが、イエスの死後の出来事が信仰を生み出すことのできる全体的眺め（パースペクティブ）である。ちなみに、パウロが復活を非常に根本的かつ広範囲に扱ったまさしくその章において、他の如何なる箇所におけるよりも明瞭にキリストの統治権を限定されたものと指摘しているのは、確かに決して偶然ではない。「万物が彼〔御子〕に服従する時、御子自身もまた、万物を自分に服従させてくださった方に服従されます。神が全てにおいて全てとなるためです」（Ｉコリ 15:28）。

　命題2　復活したイエスが顕現する短い期間から生じた永続的な刺激は、イスラエルの神のために異邦人を獲得する任務である。

　まず第一に、イースター後の特別な経験はごく短い時間とほんの僅かな証人に限定されていることを強調しなければならない。ルカにとって、それらの経験は〔イエスの〕昇天と共に終わり、そしてパウロ自身は自分をこの一連の証人の最後の者と見なしている。「こうした人々を変えたもの〔経験〕は瞬間であっただけでなく、この瞬間の後にも彼らが保持した忠誠でもあった。それは啓示の　逆　説（パラドックス）である。それは物事の秩序を打ち破り、その後はこの秩序に依存する」[20]。復活した者の啓示について言えば、これに加えて、その啓

19　Frank Crüsemann, *Elia – die Entdeckung der Einheit Gottes: Eine Lektüre der Erzählungen über Elia und seine Zeit*, Kaiser Taschenbücher 154 (Gütersloh: Kaiser, n.d.), 37ff., 144ff. 参照。
20　Leon Wieseltier, *Kaddish* (New York: A. A. Knopf, 3rd ed. 1998), 71. Original translation from

示は聖書という媒体なしでは起こらず、また濃縮された形で、すでに聖書と伝承が前もって知っていたことを含む。伝承は変わらない。伝承は本当に新しい光の中に現れるということさえない。それは単に、アブラハム以来それがすでに持っていた、あるいは持っていたと気づかされていたかもしれない、啓発的な力を新たに受け取るのである。ちょうどアブラハムの信仰が常に可能であったように、死に勝つことへの信仰もそうなのである。

　復活は聖書に何も追加しない。新しい啓示は聖書と聖書の間の一瞬間である。聖書はイエスの復活を適切に感知できるためにさえ必要である。そのことは〔復活〕顕現の瞬間についても妥当する。そのことは、その経験の伝達については最も確かに妥当する。聖書の助けでもって知られる者が消え去る。残るのは記憶である。それがエマオ物語における啓示のあり方であり、原始キリスト教の歴史の間になされた啓示のあり方である。多分、このことは聖書を題材にした沢山の絵画の絵画らしさをひっくり返す絵画について言えることである。ちょうど暗闇の瞬間が、暗闇とは言えその前とその後に照明された部屋を容認するように、そしてその部屋は、新たに気づかれるために変えられたわけでもなく、また違った明かりを灯されたわけでもないように、この一人の人間の復活とそれに先行するものとその後に続くものとの関係は、変化していない聖書伝承である。

　〔他方で〕変化したものは次のように記述することができる。イエスの復活は異邦の人々への約束を実現する。いずれにせよ、ガラテヤ書1章のパウロとルカとにとって（そしてマタイにとっても）、復活した者との基礎的な邂逅はただ一つの刺激へと進んでいく。つまり、福音を異邦人にもたらすという委託である。そのことがはっきり表現される際の驚くべき明確さと明白さは、例えばキリストのメシア的支配者への即位というような、疑いもなくこれと並んで働いている他の動機を指示することによって、早まって覆い隠すようなことをしてはならない。〔キリストという〕一人の復活は多数のテクストの中で人間一般の復活の始まりと見なされている。例えば、「死んだ人たちの初穂」としてのキリストの像がある（Ⅰコリ 15:20）。それは数の上での最初ではなく、収穫の始まりでの初穂に関わっている。イエスの復活は壮大な約束が自らを実現し始めている合図なのである。これは、イスラエルが

the German, 2000.

受けていなかったし、また受けることのない——彼らの創造者のために全ての人々を獲得するという——委任の達成に向けて、一連の手順を実行に移すものである。

2　霊的な体についてのパウロの概念

ペーター・ランペ

> 物理的な体が蒔かれて、霊的な体が復活させられるのです。物理的な体があるのですから、霊的な体もあるのです。
>
> 第一コリント書 15:44

　組織神学はしっかりとした聖書釈義の基礎の上に築かれる。神学がいつでも科学とかみ合うことができるためには、神学は聖書が語っていることを知る必要がある。ここでのわれわれの課題はただ、キリストにおいて死に、そして復活する自我について、聖パウロが語っていることを見極めることにすぎない。

パウロの全体論的(ホーリスティック)見方〔の人間学〕対 コリント人の二分法的(ダイコトモス)人間学

　ローマの国立博物館所蔵品の中に、異教徒の幼児の石棺の上に刻まれた胸を打つ浮き彫り細工がある[1]。浮き彫り細工の図像の中心に、死んだ幼児の生ける魂が寝台に横たわり、エリュシオン〔ギリシア神話で、英雄・善人が死後に住む極楽〕の悦楽を享受している。魂は青年として——この幼児が成長してなるはずであった人として——描かれている。klinē（寝台）の下には、この死んだ幼児の死体が描かれ、小さな体は〔手足をいっぱいに〕伸ばしていて、死によるしるし——魂が残していった空洞の殻がある。
　コリントにおいて、パウロはギリシア・ローマ世界で広まっていたこの同

1　Museo Nazionale, 所蔵品目録番号 535。

じ二分法的人間学の概念²に直面した。この典型的にギリシア的な二分法は、人間についてのユダヤ的な全体論的(ホーリスティック)見方とは違っていた。ユダヤ人は伝統的に肉体（sōma）を不死の魂（psychē）ないし霊（pneuma）と分離しなかった。伝統的なユダヤ人が「体」と言う時にはいつでも、ユダヤ人はただ手に触れることのできる〔体の〕物理的部分を意味しただけでなく、むしろ全体としての人を意味したのである。

　パウロはしばしばこの種のユダヤ的な、全体論的(ホーリスティック)人間学の主唱者として紹介されてきた。しかし、ことはもう少し複雑である。結局のところ、パウロはヘレニストの〔＝ギリシア文化に馴染んだ〕ユダヤ人であり、そのような者として、彼は人間の自我を彼ないし彼女の物理的な体から区別できたのである³。しかしながら、彼はこの二分法の中にコリント人が見出したのとは別の帰結を見出したのである。そしてそれと同時に、彼はダニエル書の著者に従う伝統的ユダヤ人とは異なった種類の全体論(ホーリズム)を主張したのである。

　コリント人も共有したギリシア的概念はまた内面的人間と外面的人間の間の二分法として解釈することができた。そして、人格の外面としての体の重要性はしたがって軽視され、無視された。ただ内面の人が重要であった。コリント人の熱狂主義者は、洗礼で自分たちの内面的な人、すなわち自分たちの魂ないし霊が聖霊を授与され、不死にされ、そして救われたと考えた。彼らはこのことを、恍惚とさせる霊的現象、特に異言で語ることの中で具体的に経験した、すでに現存する救いであると見なした（Ｉコリ12–14章）。このことに比べると、外面的性質――物理的な体と日常生活における振る舞い――は彼らにとって取るに足りないことであった。人は食べたいと思うものは何でも食べることができたし（Ｉコリ8章、6:13参照）、あるいは欲望を感じる相手となら誰とでも性行為ができた（Ｉコリ6:12以下、さらに5:1

2　特に、Ｉコリ6:12–20、第一コリント書15章を見よ。

3　特に、Ⅱコリ12:2–3、5:6bを見よ。これと違って、死者の終末論的復活の最古の確実な証言として、例えばダニ12:2を見よ。「地の塵の中に眠っている者たちの多くが目覚めるであろう、ある者たちは永遠の命に、そしてある者たちは……永遠の蔑みに」。ここでは、死んだ人の自己が物理的な体と一緒に埋葬されていると描かれている。両者は分離不能である。死者の復活の期待の別形は、例えばエチオピア語エノク書22–27章、51章、102–104章、ソロモンの詩編3:12、13:11、15:13、シリア語バルク黙示録49–51章、第四エズラ記7章に見出すことができる。

以下も参照)。これらのことは物理的な体の外面的事柄であり、内面の魂の救済に影響を与えることのない、*quantitées négligables*〔取るに足らないもの〕であった。このようにして、コリント人の人間学的二分法は人間の人格を互いに独立した部分に分けた――体のための性と食物、霊のためのキリストである。そして死の瞬間には不死とされた人間の霊(ないしは魂)は、滅びていく物理的な体から解放され、主のもとに昇っていく。その結果として、未来の終末論的「復活」はコリント人の目には必要と見えなかった[4]。

他方、パウロの全体論的な 眺 め(パースペクティブ)の中では、救いの現実は外側の日常生活とはかけ離れた何か別の現実、すなわち人格の内面的生活にとってただ単なる宗教的現実ではない。救いの現実は人間存在の全体、全体的人格を把握し、包み込んでいるのである[5]。この原則は首尾一貫して、死後の命についての終末論的概念にも当てはめられる。この命はただ人間の部分にのみ、魂ないし霊にのみ関わるのではなく、彼ないし彼女の体としての存在も含め、全体的人格に関わるのである。正しくこの理由で、パウロは「復活」について語るのであって、「霊的不死」とか「昇天する魂」とかいうものについて語らない。あるいは、別の言葉で表現するなら、パウロによると、体の局面なくして「復活」という言葉の正当な使用はあり得ないのである。

要約すれば、死者の復活を含めて、神の救いは人間の単なる部分以上のもの、単なる魂あるいは霊以上のものを把握しているのである。神の救いは、「復活」と呼ばれる、全人格を把握し、そしてこの人格を、変換させていく[6]、新たに創造していく行為に従属させるのである。その結果として、復活させ

---

[4] 「死者の復活はない」(Ⅰコリ15:12)、と幾人かのキリスト者たちは言ったが、その意味するところは、洗礼を受けたキリスト者は未来の、死後の復活を経験することはない、ということであった。彼らが「復活」ないし「永遠の命」と呼んだものは、すでに今現在洗礼において、そして異言において語るとか預言するというような、霊的な、恍惚的な、あるいはカリスマ的な経験において出会っている。洗礼においてキリスト者はキリストに出会い、彼の復活に参与し、新しい永遠の命を現在において獲得するのである(ヨハ5:24–25、エフェ2:5–6、5:14、コロ2:12–13、3:1、Ⅱテモ2:18にある同じような見解を見よ)。

[5] 特に、Ⅰコリ6:12以下を見よ。物理的な存在全体が(6:19–20)主に属し、また主によって捉えられている。それゆえ、パウロの見解では、主はコリントのキリスト者が自分と物理的に結びつける娼婦と直接的に張り合うのである。

[6] *metaschēmatizō*(フィリ3:21)を参照。

られた人格は体の存在を持つことになるのである。

パウロは人間の復活の身体的側面を
どのように想像しているだろうか？

　もし復活が、上述したように、非常に包括的な現実だとしたら、それはまた未来的また終末論的でもなくてはならない。これは包括性の論理的帰結である。なぜなら、現在は不完全であり、全体的救いが不在していることによって特徴づけられるからである。それゆえパウロにとって、人の復活は「終末論的」現実なのである、つまり、われわれの現在の現実の終わりに、そしてその外側にある何か、われわれの現在の命と死を越えた何か、われわれがただ希望を抱くことができるだけの何か、である（ロマ 8:24）。コリント人たちに反駁して、パウロは復活を述べる時に、黙示的な言葉を選択することによって、この未来の局面を強調している（Ⅰコリ 15:23–28 で、パウロは黙示的予定表を提示している）。パウロは彼のキリスト論の中で、現在においては十字架につけられたキリストが中心的であり、したがってキリスト者は現在においてはこの十字架につけられた主と同じ形にされるということを強調している（例えば、ロマ 6:3–8a）。ただ未来においてのみ、彼らは復活した主と同じ形にされるのである（フィリ 3:21、ロマ 6:5b, 8b）。

　さて、死と不完全によって特徴づけられる古い世（アイオーン）においては、キリスト者はこの未来の現実についてただ予感的な一瞥を得るだけである、例えば愛を経験することによって（第一コリント書 13 章参照）[7]。しかし、幻想的

---

[7] もう一つ別の予期的瞥見については、ローマ書 6 章、特に 4 節を見よ。キリストは復活したから、キリスト者は彼ら自身の復活は厳格に未来の出来事に留まっているのだけれども、彼らの道徳的振る舞いにおいてすでに現在、「命の新しさのうちに歩む」ことができる（5 節と 8 節）。Ⅱコリ 4:10b と 11 節 b もまた未来の復活の予示について語っているように見える。これらの節は、多分、直前にある 8–9 節と、それに 16 節と並行して解釈されるべきである。すると、それらの節はその使徒に神が与える現在の恩寵に言及していることになる。神は、彼〔使徒〕が気落ちせずに日毎に新しくされるように、彼を励ますのである。神のこの愛に満ちた心遣いが、復活そのものは未来の出来事に留まっているのだけれども、「イエスの命」をすでに今「私たちの体において」そして「私たちの死すべき肉において」はっきり示してくださるのである（4:14）。

な恍惚的・霊的現象のような、何であれ現在において有頂天にさせているものを永遠の命のすばらしい発露と認識することは、空疎な幻想であろう。異言を語り、そして預言することは古い 世（アイオーン） に属し、終わりになるであろう（Ⅰコリ 13:8–10）。復活に遭遇するのはあらゆる時間の終わりにだけである。

　一見したところでは、復活の未来の終末論的局面に重きを置くことは些細なことに思える。しかし、古（いにしえ）のコリント人たちにとってそれは自明なことではなかった——現代の実存主義者にとって自明でないかもしれないのと同じように。しかしながらパウロにとっては、未来の終末論的地平なくして「復活」という言葉の正当な使用はなかった。自然科学者たちとの議論のために共通の舞台の扉を打ち開くかもしれないのはまさしくこの未来の終末論的な 展望（パースペクティブ） であるが、彼らは直線的な時間枠に慣れ親しんでおり[8]、また量子物理学に基づいてわれわれの宇宙の彼方にある他の宇宙についての思弁に慣れ親しんでおり、またこの宇宙の最終的なものについて考慮もするのである。

　次の局面は先の局面に直接対応する。実際、ちょうどそれの裏返しである。人間の現在の体と復活した個々人の未来の霊的体との間には量的飛躍がある。言い換えれば、新しい霊的な体を持って復活することは、——ラザロが以前の自然的人間たる自我へと回復されて彼の墓から出てきたと言われたように（ヨハ 11:17–44）——各々の古い体と存在に舞い戻ることを意味しない。自然的人間たる自我は死すべき運命、弱さ、不充分さ、苦しむ能力などの特徴を持っていた。「肉と血は神の国を受け継ぐことができず、朽ちるものは朽ちないものを受け継ぐことができません」（Ⅰコリ 15:50）。誰であっても、死んで「キリストと共にある者」は「もはや肉に留まってはいません」（フィリ 1:23–24）。それゆえ、復活した者の霊的体は何か「非自然的な」もの、すなわち現在の創造物に固有な可能性を越えた何かである。それは新しい可能性を持った新しい創造物の一部であろう。

　パウロはこの質の違いを記述するのに心像（イメージ）を使っている。第一コリント書 15:36–38 で種（たね）と成熟しきった植物の比喩表現（イマジャリー）を用いて例示し、この使徒は死者が「どんな体をして」甦らされるのだろうかという問いに答えようと試

8　おそらく、彼らの科学はユダヤ・キリスト教思想世界に影響を受けた文化に深く根差していたからである。

みている。彼は穀物と種蒔きの比喩表現(イマジャリー)を取りあげる時、ギリシア文化の響きで洒落ている。異教的なコリントの環境は死者の世界とその神々への強い宗教的関心を培った。例えば、コリントのデーメーテール〔ギリシア神話における農業、豊饒、結婚・社会秩序の女神〕祭儀では、死んでいくペルセポネー〔ギリシア神話においてゼウスとデーメーテールの娘で、冥界の王ハーデースに拉致され、彼の妻とされる〕がますます著名になった。デーメーテールの娘で、ハーデース〔冥界〕の女神であるペルセポネーは死んでいく草木だけでなく、人間の死すべき運命をも表している。死んでいく草木が自然の周期でいつも春には生き返るように、人間もまた不死を希望できるかもしれない。実りをもたらす大地の女神デーメーテールは畑の穀物の種(たね)以上のものに気遣っている。死んだ人間の群れもまた女神の「種」に属していたのである。かくして、プルタルコスによってデーメーテール信奉者 demetrians と呼ばれた（Moralia 943b）これらのデーメーテールの人間なる種は、生き返ることを希望できるかもしれない。

　これが、パウロが死に、そして生き返る種についての数節を語る際の文化的環境の一瞥である。この比喩表現(イマジャリー)は特にパウロ的でもなければ、またキリスト教的でもない。それはコリント人たちの心に、われわれが抱く連想とは異なる連想を呼び起こした。パウロは自分たちの慣れ親しんだ文化的前提を持ったヘレニズム世界の読者に出会った。同時に、パウロはこの比喩表現(イマジャリー)を特にキリスト教的な枠組みの中に統合することによって、それを変えた。パウロにとって、復活は、ちょうど 15:23–28 の直線的な終末論的予定表が示すように、周期的な局面を全く持っていない。旧約聖書に基づいたユダヤ教信仰とキリスト教信仰とは歴史の直線的展望(パースペクティブ)を強調して、自然の周期の宗教的意義にあまり重きを置かない——これは他の多くの宗教と反対である。そのうえ、生き返ることへの全ての希望を支える唯一の根拠は、神によって復活させられたキリストである（例えば、15:23–28 を見よ）。

　パウロは穀物と種蒔きの比喩表現(イマジャリー)から何を学んだのだろうか？「あなたが蒔くものは、死ななければ命に至らない」（15:36）。これは復活の未来の、死後の局面と不連続性を強調している。あなたは、「ただの種、多分麦の種か、あるいは何か別の穀物の種」を蒔く。「あなたは体を蒔くのでありません。それは後で生じるのです」。「神はお選びになった通りに、体をお与えになります」（15:37–38）。このように、われわれは再度、体の復活が単に過去

の地上的状態に戻ることを意味するのではないことを学ぶ。それはわれわれの現在の肉と血と骨の再生ないし蘇生を引き起こすのではない。われわれの現在の地上の体は永遠を見ないであろう（15:50）。

種と穀物の比喩表現(イマジャリー)から肯定的に学び得ることは何であろうか？　パウロにとって、復活後の体は地上の体を超越する——ちょうど、美しい、複雑な植物が、生育する源であるありふれた穀物の種を超越するのと同じように。ただの種から生育しきった植物へと至るには途方もない質的飛躍がある。類比的に、地上の人格から復活後の人格へと至るには、あるいは、44節が表現しているように、「物理的な体」から「霊的な体」へと至るには、巨大な質的飛躍がある。

第一コリント書 15:39–49 は同じ考えを例示している。創造から取られた 39–41 節の例は、二つの質的に異なった「体」が肩を並べて存在し得ることがもっともらしく思えるようにしようと努める（人の肉は獣の肉、鳥や魚の肉と違っている。天的な体と地的な体は違っている。太陽や月や星の輝きもそうである）。基調をなす考えは次のようなものである。もしこのような質の違いが現在の宇宙の中で可能ならば、ましてや現在の現実と未来の終末論的現実の間ではより一層の違いがありそうである。42–44 節に列挙された区別（朽ちるものに対する朽ちないもの、不名誉なものに対する輝かしいもの、弱さに対する力）は二つの「体」、すなわち復活前の人間と復活後の人間の間の計り知れない質的相違を強調している。

45–49 節はアダム＝キリスト予型論〔新約中の出来事はすでに旧約において予表されているとする考え方〕とその「集合人格的表現」という範疇を使って、同じ質的相違を例示している。アダムはわれわれの地上的自我を表している。われわれは「塵からできた人間の心像(イメージ)」を担っている。復活させられたキリストはわれわれの未来の、天的自我を表している。「われわれは天に属する人間の心像(イメージ)を担うのである」。このように、私の復活前の存在と復活後の存在の間の質的相違はアダムとキリストの間の相違ほどに巨大である。

確かに、種と生育しきった植物との間には連続性がある。しかしながら、その間に二つの重要なことが起きる。種の死と神による創造の行為である（15:38）。われわれの朽ちるべき人格全体は、われわれの最初のそれとは質的に相違した新しい、朽ちることのない天的人格に変換されるのである（metaschēmatizō フィリ 3:21）。それは——ありがたいことに——もっとずっ

155

とすばらしいものであることだろう。「復活」と呼ばれるこの変換は至上の神による新しく力強い創造の行為である（ロマ 4:17 も参照）。

パウロは「霊的」あるいは「プネウマ的」体（Ⅰコリ 15:44）ということで何を意味しているのだろうか？

「霊的(スピリチュアル)」という語——これは現代の読者にはがっかりさせるものに聞こえるかもしれないが——はこの新しい体の物質的あるいはエネルギー上の構造については何も言っていない。それは *Lichtleib*、すなわちある種の光ないし他のエネルギーの凝縮について表現しようともしていない。またそれは、この新しい体が物質の縮小粒子から構成されているとも伝えていない。ストア哲学者なら *pneuma*（霊）をそのように記述したかもしれないけれども。このようなことは全て、パウロを誤解することになるだろう。彼はそのような思弁を慎み、単純な隠喩(メタファー)を用いることに留まっている。

パウロにとって、「霊的」という言葉は神の霊が新しい体を創造する唯一の力であることを強調しているのである。この新しい体の創造は現在の自然と創造のあらゆる可能性を完全に超越している。それが、パウロがこの言葉によって伝えたい全てである。それゆえ、私は自然科学がこの未来の体の全く異なった「性質」をわれわれが理解するのをどのように助けてくれることができるのか分からない——自然科学がこの宇宙の性質を超越できるのでなければである。

パウロはわれわれの霊的な体は復活させられたキリストの体と非常によく似ており、「同じ形をして」（*symmorphon*）さえいると主張する（フィリ 3:21）。しかし、彼はそれ以上の詳細を述べることを慎んでおり、復活させられたキリストを描き出してその詳細を「知っている」ふりをするのは後の福音伝道者たちである[9]。使徒〔パウロ〕は、「天にある」われわれの霊的な体は今われわれが生きている「卑しい体」とは反対に「栄光ある体」であろうと主張するだけである（フィリ 3:20–21）。

パウロにとって、キリストの復活は「あらゆる権威と力」、死をさえも支

---

[9] 例えば、ルカ 24:43 によれば、復活したキリストの体は魚を食べることができる！

配する主たることと、至上の権力の地位にまでキリストが高められることも含んでいた[10]。これと相応して、キリスト者たちは彼らの復活後は、たとえ復活したキリストと全く同じ主権にまで上げられはしないにせよ（Ⅰコリ 15:23–27）、キリストの天的栄光と統治に参与するであろう（Ⅰコリ 4:8）[11]。

初期のキリスト者が抱いた復活への希望のこのキリスト中心主義は極めて重大である。神がキリストを死者の中から復活させたのだから、そしてキリストは新しい世(アイオーン)全体を代表するものであるから、この新しい世(アイオーン)の全ての人々——キリスト者たち（Ⅰコリ 15:23b）——もまた神によって復活させられるであろう。復活への希望はもっぱらキリストの出来事につなぎとめられている。したがって、パウロは「キリストに属している人たち」の復活についてのみ語っている（15:23）。彼は非キリスト者が復活させられるか否か思弁しない。これはパウロの文書の中では未決の問いに留まる（ダニ 12 章と正反対に、例えばⅡコリ 5:10、ロマ 2:16 でもそうである）。

「霊的な体」というパウロの概念についてわれわれが言えることはこれで全部であろうか？　われわれは一つの特定の点について、もう少し具体的に言えることがある。新しい霊的（$pneuma$ 的）な体を創造する唯一の力である神の霊（$pneuma$）は今すでにキリスト者の中に宿っている（ロマ 8:9–11, 23）。この聖霊論的な記述は実現した終末論の興味深い一片を呈している——復活のあらゆる未来的局面の強調にもかかわらず、われわれを復活させるであろう外部的力がわれわれの中にすでにあるのである。しかしながら、キリスト者に固有の力だと気づくとしても、$pneuma$ は人間的力ではなく、自然的人間の人間学的要因でもなく、恵みの賜物として彼ないし彼女に与えられているのである。この本来の、そして同時に外部の、力が死に打ち勝ち、人間を永遠の命に生き返らせるであろう。

10　例えば、ロマ 1:4、Ⅰコリ 15:24–27 を参照。後代のキリスト者たちのみが、復活と天的力への昇天を二つの別々の出来事と区別し始めた（ルカ 24 章、使 1 章）。
11　コリント人たちは誤って、彼らはキリストと共にすでに現在において支配していると決めてかかった。これが、パウロが 4:8 で異議を差し挟んでいることであって、支配しているという考えそれ自体ではない。

連続性

　もしそれほどまで大きな不連続性があるなら、われわれは人格全体が死ぬという完全死(ガンツトート)（Ganz Tod）理論に頼らなくてはならないのだろうか？　それならば連続性は神の記憶によってのみ保証されることになる。つまり、神は私を記憶していて、それゆえ私を新しい仕方で再・創造する、と。パウロによれば、ことは連続性についてのもっと多くの要因を含んでいるのでそれよりもさらに複雑である。

　パウロは、死者の終末論的な復活以前の死んだ人の状態を、もはや物理的な体の中にある状態ではなく、「キリストと共にある」状態として述べている。これはパウロが切望している状態である（Ⅱコリ 5:8、フィリ 1:23–24、なおⅡコリ 5:6 参照）。パウロはこの状態を詳述してはおらず、それは後にルカがすることになる[12]。それにもかかわらず、われわれはこれらのパウロの諸節から幾つかの重要な洞察を得る。

　結局、パウロさえもある種の二分法を支持しているのである。死後と復活前のこの一時的状態の間における、物理的な体と自我との、つまりこの「私」との分離である。この「私」を言葉で表すために、パウロは単に人称代名詞を使っているだけで、「霊」とか「魂」というような用語を使っていない。

　この中間の段階についてわれわれが得る最も重要な情報は、「私」が「キリストと共にある」（syn Christō）ということであり――「キリストの記憶の中に」とか、あるいはそれに似たような状態にあるとかいったものではない、ということである。Syn Christō は関係用語である。この中間段階にある「私」という存在からは、如何なる実体もはぎ取られている。それは、墓の中で朽ちてしまう古い物理的な体をはぎ取られており、そして、未だ新しい霊的な体を受け取っていない。言い換えれば、（われわれがⅡコリ 5:3 をどのように解釈するかに関係なく）衣服をはぎ取られて裸である。かくして、この段階での「私」は実質的な言葉では記述できないのである。

　この中間段階の期間中の「私」という存在は、ただ関係用語によってのみ表すことができる。実際、「私」は単一の関係に還元される。それは syn

---

12　下記、および本書所収の H.-J. エックシュタイン教授の試論も見よ。

Christō に、つまり「キリストと共にある」ということに還元される。パウロはこの還元された関係的存在を「眠っている」として、つまりまたもや隠喩(メタファー)を使って表現している[13]。眠りと休息という考えが、彼がこの状態を熱望した理由だったのだろうか？ 彼は使徒としての一切の労苦からの休息を切望していたのだろうか？ あるいは、彼はすでにこの段階で、キリストに「会う」ことを期待したのであろうか？ 彼はこうした詳細には立ち入っていない。自らのキリスト中心主義を維持して、彼はこう述べることで全く満足している、「私は、私個人の死の後は、キリストと共にあることでしょう、死ぬ前の、物理的存在の期間中に可能であったよりもなお一層近くキリストと共にいるのです」(Ⅱコリ 5:6)。これが唯一重要なことであり、これがどのように起こるかは私にはどうでもよいのである。

　その在り方は関係のないことである。この中間の段階では、体のないことと、一つの関係を除いては関係のないこととが、連動するのである。パウロにとって、多数の関係は明らかに体の存在を必要とする。かくして、パウロは命について、二つだけでなくむしろ三つの段階ないし特質を考えている。死の前の命、死後ではあるが、復活前の段階、そして復活後の永遠の命の三つである。第二の段階は関係的存在論によってのみ記述できるものである[14]。

　もし、ここでわれわれが論じた諸々の箇所を以前に引用したロマ 8:11（神の霊は、われわれが死ぬ前に、すでにわれわれのうちに宿っている）と結びつけるなら、その時にはわれわれはこの死後の *syn Christō*〔キリストと共に〕眠っている状態は、この神の霊にも、つまり、神が死者を復活させ、新たに創造するために働かせるだろうその力にも、囲まれていると結論できるだろう。興味深いことに、第二コリント書 3:16–17 では、*pneuma*〔霊〕は *kyrios*〔主〕としてのキリストと同定されさえしている。言い換えれば、*syn Christō*〔キリストと共にある〕とは、具体的には霊と共にある、つまり神の、命を与える力と共にあることを意味しているのである。

　中間の段階の *syn Christō*〔キリストと共にある〕を、人によっては別の仕方でも解釈したくなるかもしれない。「キリストと共にある」ことは、ひょっとすると、未来の終末論的審判者と共にあることを意味する。すると、キリ

13　Ⅰコリ 7:39、11:30、15:18, 51、Ⅰテサ 4:14 参照。
14　命の三つの質に対する類比は、本書所収のシュロス教授によって記述されている生物組織に見出すことができる。

ストと共にある関係は「私」が未だにその過去と欠陥に悩まされていることを暗示することになろう。「私」は責任を負ったままで、最後の審判を待っている。一方で、「キリストと共にある」ことは贖い主と共にあることを意味し得るかもしれない。しかしながら、パウロはそのような中間段階の *syn Christō*〔キリストと共にある〕関係の明細を述べていない。そのような詳細は組織神学者には適しているかもしれないが、釈義家には適していない。

　パウロが、彼の「私」あるいは「自我」が彼の死の時に彼の体から分離されるだろうと力説する[15]理由は、彼の恍惚的経験にあるように思われる。第二コリント書 12:2–4 は、そのような経験について第二神殿時代以降われわれが直接手にする唯一の自伝的記述であるゆえに、非常に重要なテクストであるが、その中でパウロはこう報告している、「私は、キリストのうちにいた一人の人を知っていますが、その人は 14 年前に——体（*sōma*）のうちにいたままか、あるいは体を離れてか、私は知りません、神がご存知です——第三の天にまでさっと掴み上げられた[16]のです」。第二コリント書 5:6 および第一コリント書 5:3 におけるように、*sōma*〔体〕はここでは現在の物理的な体を表していて、住処にいるように、自我はそのうちで「生きている」のである（Ⅱコリ 5:1, 6）。パウロによれば、自我はすでに死の前の恍惚的経験の中でこの住処を離れることができるのである[17]。

　われわれは中間段階についてのパウロの概念をもっと知りたいけれど、しかし彼はこれ以上の思弁と詳細とを慎んでいる。彼はこのことを後の世代に託している。例えば、ルカは中間段階をより明瞭に描くために、人間の霊（*pneuma*）と物理的な体というヘレニズム的な、そして二分法的な範疇〔カテゴリー〕を用いた。彼は以下のような線に沿って考えている。死にかけたイエスは自

15　これと違って、例えばダニエル書 12 章。上記註 3 を見よ。

16　Ⅰテサ 4:17 では終末が記述されているが、そこで用いられるのと同じ用語が用いられている！「第三の天」と「天の楽園」については、例えばスラブ語エノク書 8 章を参照。このテクストによれば、神はこの天的場所を「散歩する」時や命の木の下で「休息する」時に、そこで見られることができる。

17　Ⅰコリ 5:3 も参照。パウロは物理的には（*sōmati*）エフェソにいるが、その一方で、決定的な瞬間には彼は霊的に（*pneumati*）コリントにいて、「あたかも」物理的にその場にいるかのように、コリントにいる誰かを除名する。これは、物理的存在と精神的存在への劇的恍惚的な人格の分裂ではない。それは、ただ日常的経験である。しかし、それは死の瞬間に起こる分裂を予示するものである。

らの pneuma を父なる神の手にゆだね、その結果、死の瞬間に霊は物理的な体を後に残して、天の楽園(パラダイス)に迎え入れられた。物理的な体だけが埋葬された。すると、キリストの復活とは、彼の pneuma と物理的な体とが復活節の日曜日(イースター)に再度結び合わされたことを意味する[18]。パウロはそこまで具体的ではなかった。ローマ書 8 章によれば、キリスト者のうちに住む pneuma は人間的なものではなく、外部的で神的なものである。

空っぽの墓についての問い

今や、こう問うてみよう。イースターに空っぽの墓があったのだろうか、そして終末には沢山の空っぽの墓があるようになるのだろうか? ルカと他の福音書記者たちにとって、答えは「その通り」というものであった。復活の間に物理的な体は墓から「さっと摑み上げられ」、変換される。空っぽの墓が後に残される。

パウロはこの点についてあまりはっきりしていない。すでに死の瞬間に、彼の「私」はキリストと共にある。彼の個人的死の瞬間に、「私」は物理的な体を「剝ぎ取られる」であろう(Ⅱコリ 5:3–4)、そして、復活の瞬間まで「裸」であろうが、その時に新しい体を「着せられる」だろう。その新しい体は最初の物理的な体とは質的にとてつもなく異なっている。その後は、もはや「われわれは裸で見出されることはないだろう」(Ⅱコリ 5:3 参照)。かくして、現在の物理的な体は「壊される」だろう、そして天的起源を持つ永遠の体に取って替えられるだろう(Ⅱコリ 5:1)[19]。こうした主とし

---

18 ルカ 23:42–43, 46, 55, 24:3, 23, 39–43 を見よ。また、イグナティオス『スミュルナ人への手紙』3 章、ユスティノス『対話』80:5 を参照。中世後期に、例えばオッカムのウィリアムは死と体の復活の間に魂は神の栄光を見ることができる、と教えた。しかしながら、神を完璧に見ることは、魂が再び体を与えられる時である復活と最後の審判の後まで可能ではないであろう、と(『対話 Dialogus』2、ハイデルベルクのアネッテ・ヴァイセンリーダー博士が親切にもこの参照箇所を私に指摘してくださった)。

19 私は 5:2–4 をこのように翻訳する。現在の体において、「私はさらに天からのわれわれの住処を(われわれの現在の体に)付け加えて着せられることを思い焦がれて、うめく。着せられると、われわれは裸で見出されることはないだろう」。……「われわれは重荷を負ってうめく。なぜなら、われわれは着物を脱がされたくなくて、さらに一層

て隠喩的(メタフォリカル)な言い方全ては、墓を開いて物理的な体の残部をこのような新しい天的体に変えることを必ずしも前提にしていない。復活の霊的な体は古い体の変換された粒子があってもなくても創造することができるのである！　パウロにとって、この問いは関係がない。ただルカや他の福音書記者たちのような、後の神学者たちのみが、この特別な点でより多くのことを知る必要があると決めたのである。それにもかかわらず、パウロが一方に、あるいは他方に、傾いたかもしれないという手掛かりはあるだろうか？

　(a) 第一テサロニケ書4:17と第一コリント書15:51–54は終末論的再臨(パルーシア)の時にいまだ生きている者たちについて考察している。この特別な場合には、物理的な体は——その全エネルギーと物質の粒子と共に——「空中で主と出会うために、……雲に包まれて摑み上げられる」、そしてその瞬間に、彼らは「命に飲み込まれて」（Ⅰコリ15:54、Ⅱコリ5:4参照）、新しい復活の存在に「変換される」（Ⅰコリ15:52）ので、その結果、復活する者たちと再臨(パルーシア)の時にいまだ生きている者たちはもはや互いに見分けがつかなくなってしまう（Ⅰテサ4:15参照）。これら二つのグループの間の類似は、われわれにパウロが実際に心の中で考えていた方向を指し示すかもしれない。それは、復活の過程(プロセス)では物質のエネルギーと粒子もまた墓から持ち出されて、「摑み上げられ」、「飲み込まれ」、そして新しい天的体へと「変換される」ということである[20]。そうすると墓は空(から)になるだろう。

着せられたいからであり、そうして死すべき運命のものが命に飲み込まれるようになって欲しいからである」。こうした文章は終末論的な「事実」を提示しようと試みるものではない。それらは人間的な熱望を記述する。人間は彼らの天的な体に「さらに一層着せられたい」と思い焦がれている。彼らは現在の体が死んで彼らから分離して欲しくない。そうではなくて、彼らはそれが新しい体によって「飲み込まれ」て欲しいのである。しかしながら、これは大抵の人々には非現実的な希望である。なぜなら、大抵のキリスト者は復活の前に死ぬからである。彼らは死において着物を脱がされ剝ぎ取られて裸でいる。キリストが再び到来する時には、僅かな者たちだけが彼らの現在の体において生きている。実際、彼らは〔体を〕剝ぎ取られるのではなくて、彼らの天的体を「さらに一層着せられる」のであり、その一方で現在の体は変換され（*metaschēmatizō* フィリ3:21、*allassō* Ⅰコリ15:51）、そして新しい命によって「飲み込まれる」であろう。Ⅰテサ4:17はまだ生きている者たちのこの変貌を記述している、「それから、生きて留まっているわれわれは……空中で主と出会うために雲の中に摑み上げられて、そうしてわれわれはいつも主と共にいるようになるだろう」（さらにⅠコリ15:51–52も見よ）。

20　さらに、ひょっとするとⅠコリ15:51の *pantes* も参照：皆が死ぬのではない、しかし

(b) 第一コリント書 6 章で、パウロは神がキリスト者の物理的な体を復活させるだろうと主張しており、したがって、人はこの体を娼婦と交わることによって汚してはならないと結論している。この倫理と復活概念との結合は現在の物理的な体と完全に変換された復活の体との間の連続性を——あらゆる不連続性にもかかわらず——暗示しているように見える。

(c) 死者の終末論的復活についての、ある最古のユダヤ教的言説は空っぽの墓を前提としている。例えば、ダニエル書 12:2 は次のように読める。「地の塵の中で眠っている者たちの多くが目覚めるであろう、ある者は永遠に続く命へと、ある者は……永遠に続く軽蔑へと」。紀元前 160 年代の黙示文学著者は具体的にそれを語ってはいないが、彼は間違いなくこの言明の中で空っぽの墓を前提としている。それゆえ、パウロはこのユダヤ教伝承からほとんど逸脱していなかったと論じることができるのである。しかしながら他方で、パウロは人の自我と物理的な体との間の——ダニエル書の作者にはできなかった——区別ができたということで、彼は確かに、ヘレニズム的な仕方でダニエル書 12:2 から逸脱しているとわれわれは論じることができる。この使徒はさらに、「永遠に続く軽蔑へ」の復活の観念を回避することで、ダニエル書 12 章とは異なっている。なぜ、パウロはさらに別の局面でも逸脱することができなかったのか？　またしてもパウロは、彼にとっては重要ではない事柄において *non liquet*〔明白ならず〕でもってわれわれを置き去りにする。

結　論

要約すれば、人の「自我」、彼あるいは彼女の「私」は、死と復活を通して存在し続ける[21]。神は命の三段階を通してそれを保有し続ける。一時的に、個々人の死と復活の間に、自我は「体」がなくてさえも、すなわち最初の物理的な体がなくてさえも存在する。つまり、この物理的な体は死において剝

「皆が」、まだ生きている者たちも、そして復活させられる者たちも共に、変換されるであろう。

21　引用したテクストのうち特に、その人称代名詞と自我が着物を脱いだり着たりするという隠喩を持ったⅡコリ 5:1–4 を見よ。

ぎ取られ、そして復活の時に与えられる未来の霊的な体もないのである。パウロはこの状態を「眠り」と呼ぶ。後代のヘレニズム的神学者たちはこの自我を、グノーシス主義者たちが説明したような神の閃きであれ、あるいは不死の霊ないし魂であれ、われわれの中にある不死の核と定義できる状態にあった。

　しかしながら、パウロはこうした用語全てを避けている。彼は単純な人称代名詞に固執する。死と復活の間、「私」、自我が、関係的実体として存在し続ける。しかし、パウロはどのように存在するのかについて、詳細に説明しない。彼が委曲を尽くした思弁を断念しているのは印象的である——特に、ヘレニズム世界にあふれていたあらゆる関連した思弁的概念を考えれば。ことによると、われわれは神から全ての神秘を取り去ってしまうことを控える、この種の「神学的禁欲主義」を高く評価することを学ぶべきかもしれない。全ての教会一致(エキュメニカル)運動的対話はそのような謙虚さから恩恵を受けるであろう。

　神は誠実である、そしてわれわれはキリストと共にある。これら二つの約束は、男であれ女であれ、死にかけている人が自分の直近の未来について本当に知る必要がある唯一の慰めである。

3　ルカにおける体の復活

ハンス゠ヨアヒム・エックシュタイン

　イエスの空っぽの墓と、それに続いて、死者から物理的に甦らされた人としての彼の顕現とに関する報告は、今日では殊更に腹立たしいものに思われがちである。それにもかかわらず、四つの新約聖書福音書全ての中で、信仰にとって基本的であると前提されているのは、まさにこれら二つの伝承なのである。確かに、マグダラのマリアと一緒に、イースターの朝に空っぽの墓を見つけた人物たちについての記録は異なっている[1]。そして周知のように、イエスの復活顕現の記事は多くの異なった受け手、場所、そして状況を前提にしている[2]。しかしながら、四つの福音書全てがナザレのイエスは磔(はりつけ)にされ、埋葬され、三日目に死者の中から復活し、そしてこの理由で、彼の死すべき運命の体がイースターの朝にはもはや墓の中に見出されなかったことを一致して証言していることは議論の余地がない。

　「体の復活」と「空っぽの墓」の動機(モチーフ)のこの首尾一貫した結合に直面して、釈義家に立ちはだかる最初の問いは、復活を信じる信仰を空っぽにすることなしに、どのようにして墓は一杯であることができるだろう

1　マグダラのマリアは全く一人だけだったのか（ヨハネ 20 章）、それとも他の女たちも同伴していたのか（マルコ 16 章、マタイ 28 章、ルカ 24 章）？　ペトロも女たちの証言の後で空っぽの墓に行ったのか（ルカ 24:34）？　彼はただ一人だったのか、それともヨハネ福音書で「イエスが愛したところの」弟子と呼ばれる、この無名の弟子が同伴してか（ヨハ 20:1 以下）？

2　顕現の場所は、① エルサレム（マタ 28:9–10、ルカ 24 章／使徒言行録 1 章、ヨハネ 20 章）、②ガリラヤ（マコ 16:7 とその並行マタ 28:7, 16）、③ ダマスコ（ガラ 1:15–17、参照として使 9:22–26）——(a) 墓場で（ヨハ 20:11–18）、(b) 道の途中で（マタ 28:9–10、ルカ 24:13–15）、(c) 弟子たちが集合しているところで（ルカ 24:36 以下 [esthē en mesō autōn]、ヨハ 20:19–26 [ēlthen ho Iēsous kai estē eis to meson]）、(d) 山上で（マタ 28:16–17）、ベタニアの野外で（ルカ 24:50–51、使 1:3 以下）。

か？というものではない。ましてや、歴史的な基準に従って、空っぽの墓の証言をどのようにしてもっともらしく評価し、説明できるだろうか？という問いでもない。男女釈義家の第一の仕事は、聖書のテキストを基に、より基本的な問題に精力を傾けることである。全ての福音書著者たちにとって、甦った方の墓が空っぽであったと記録することがどうしてそんなに重要なことなのか？　なぜ、初期のキリスト者たちは十字架につけられた主の継続する生命と活動を信じる自分たちの信仰と、主の死んだ体が墓の中で朽ち果てたという考えを結びつけなかった、ないしは結びつけることができなかったのであろうか？

共観福音書における物理的な復活

　これらの問いに答えるために、もし私たちが共観福音書の中で特にルカ福音書に集中するとしたら、それは二つの極めて重大な重要な理由による。第一に、ルカの復活顕現の報告はわれわれには特に強引な印象を与え、かつ現代的な感性にとっては明らかに非常に刺激的である。第二に、ルカは同時に天的領域における死者の継続する存在と物理的復活、すなわち体と同一性(アイデンティティ)との間の関係について、ある著しく微妙な人間学的観念を含んでいる[3]。

　元来の版においては、マルコ福音書はおそらく天使たちによる女たちへの委託で終わっていたのであり、したがって、ガリラヤにおける甦った方の弟子たちへの顕現についての詳細な記事を含んでいなかった。もちろん、マルコ 14:28 にあるイエスの以前の約束と 16:7 にある空っぽの墓で天使が思い起こさせることとでもって、最古の福音書はその読者に、弟子たちがそこガリラヤで体をもって復活したキリストに会うだろうということに何の疑いも起こさせない。しかし、詳細の描写は明らかに「イエス・キリストの福音の始め」（マコ 1:1）の記述の一部を成すとは見なされない。

　他方、もしマタイが付加的に、甦った方が墓から戻る途中の女たち（マタ

3　このこと全てについては、H.-J. Eckstein, "Die Wirklichkeit der Auferstehung Jesu: Lukas 24:34 als Beispiel früher formelhafter Zeugnisse," in *Die Wirklichkeit der Auferstehung: Biblische Zeugnisse und heutiges Erkennen*, ed. H.-J. Eckstein and M. Welker (Neukirchen-Vluyn: Neukirchener, 2001), 1–20 を見よ。

28:9–10)とガリラヤの山上での 11 人の弟子たちへの顕現（マタ 28:16–20）についての詳細な記事をわれわれに記しているとしても、やはり彼の主たる関心はいわゆる「大宣教命令」の神学的意味であり、弟子たちはその命令の中で起こされた方の権威についてと、自分たち自身の権威ある委任の目標と内容について、彼らの最後の教えを受けている。甦った方は弟子たちの疑いを彼の・言・葉でもって克服して（マタ 28:17–18）、未決であった諸々の問いを彼の権能ある・教・示でもって決着させている。このような仕方で、この福音書の結びは、マタイにとって、イエスの教えとそれまでになされた業についての記事全体を解く解釈学的な鍵となっている。そして、甦った方の言葉は教会に対して論争されてきた伝承の評価基準として役立っているのである[4]。

　第三共観福音書もまた甦った方の教えの意義が分かっている。キリスト自身による復活証言についての教示が、ルカの二つの著述ほど詳細に記されている文書は他にはない。エマオへの途上であれ（ルカ 24:25–27, 32）、エルサレムに集まった弟子たちの面前であれ（ルカ 24:44–47）、はたまた自身の昇天までの 40 日の期間にであれ（使 1:3 以下）、甦った方は弟子たちに対して聖書を開き、いかに自身の苦しみと復活とが結び合わされているかを彼らに教えて、自身が生きていることを証明する。それにもかかわらず、ルカはこの・教・え・と・知・識をイエスの・体・を・伴・っ・た・復・活の真実と現実にはっきりと関連づけることで、共観福音書の中で自らを際立った存在にしている——ルカ 24:34 にある中心的かつ基本的な告白「主は実際に［すなわち、本当に、現実に］

---

[4] マタイ教会にとって「最後的な」解明を福音書の結びから見出すと想定されているような、そうした論争されている問いは、例えば、異邦人の間でのキリスト教伝道の正当性の問題やどのように異邦人が「神の民」の一員として数えられるかの問題、イエスの教示とモーセのトーラーの関係という論争のある問題、そして「モーセと預言者」の権威と比較しての復活したキリストの権威の解明である。弟子たちにとって、彼らが「弟子とする」者たちへの彼らの教えにおいて、何が方向づけ（オリエンテーション）として役立ち得るだろうか？ イエス・キリストの教会への入会式として何が割礼の代わりになり得るだろうか？　また、彼ないし彼女の以前の生活と似通ったり異なったりする点で、何がキリスト者の生活の特徴となっているだろうか？　これについては、H.-J. Eckstein, "Die Weisung Jesu Christi und die Tora des Mose nach dem Matthäusevangelium," in *Jesus Christus als die Mitte der Schrift: Studien zur Hermeneutik des Evangeliums*, ed. C. Landmesser, H.-J. Eckstein, and H. Lichtenberger, Beihefte zur Zeitschrift für die neutestamentliche Wissenschaft 86 (Berlin, 1997), 379–403 を参照。

復活して、シモンに現れた」によってである。

　しかしなぜ、復活の物理的性質を証明するために、ルカはそれほど具体的で思い切った動機(モチーフ)と伝承を最後の拠り所としているのだろうか？　そうした動機(モチーフ)と伝承が、研究の歴史の中では異議を呼び起こしたのみならず、多くの誤解をももたらしたのであるが。甦った方は、エマオへと向かう途上で、磔刑という当惑させるような出来事について議論している二人の男に人間の姿で出会い、彼らの旅路に同伴する。彼は夕方二人の宿泊場所に泊まって、彼らと一緒に食卓に座り、最後には二人は彼が賛美の祈りを唱え、パンを裂く所作の中で、自分たちの主であると分かったが、彼は再び二人の視界からその姿を消した（ルカ 24:13–35）。後になって、イエスは集まった弟子たちの間に現れた時、恐れおののき、疑いを起こしている弟子たちに対して、自分の手と足を見て、彼が体をもって甦ったことを感じ、また文字通りに「しっかり触る」よう（*psēlaphēsate me*, 24:39）はっきりと促す。弟子たちが喜びのあまりに彼らが見たことを信じられず、不思議がっていた時、イエスは彼らに焼いた魚を一切れ自分に与えさせ、それを彼らの目の前で食べた（ルカ 24:41–43、*... kai labōn enōpion autōn ephagen*）[5]。これは全て、結局のところ——甦った方があたかも再び古い物理的性質に甦らされたかのように——復活の終末論的現実(リアリティ)の唯物主義的誤解にならないであろうか？　ルカはこのことで、死者の中から甦らされた者が空間、時間、そして物質に縛りつけられたままで、あらゆる死すべき者たちと同じように飲み物と食べ物に依拠していることを前提しているのではないのだろうか？

ルカと二分法的人間学

　その答えはルカ自身により彼の記述の過程で与えられている。異邦人キリスト教的福音書記者はヘレニズム世界の読者が持っている人間についての二分法的心像(イメージ)を知っている。それによれば、人間は死すべき束の間の体と永遠

5　多数の後の写本（それらはコイネー本文に従っているが）は 24:42 に「そして蜂の巣からのものを」（*kai apo melissiou Kyriou*）と付け加える。これは、古代教会でその証拠が見出される伝承であるが、聖餐の祝いにおいて蜂蜜が使用されたことと関係があるのかもしれない。

の霊（pneuma）ないしは不死の魂（psychē）から成る[6]。この哲学的前提を考慮しても、磔刑に処せられた方が三日目に終末論的な復活を遂げたという、全くもって類似が存在しない独一的な神秘は、ただ単に弟子たちの前に顕現したと述べるだけでは十分に明白にすることはできない。顕現は、暴力でもって殺され、今は心落ち着かず放浪している誰かの霊が現れたのだと安易に解釈され得ないだろうか？　弟子たち自身は——ルカの記事によれば——初めイエスの顕現に衝撃を受けて恐れおののき、自分たちは〔亡〕霊を見ているのだと思った（edokoun pneuma theōrein、ルカ 24:37）。

復活した体を「しっかり触れる」ようにとの誘い、そして特に復活の目撃者の目の前ではっきりと示すように魚を食べて見せることは、主の顕現を「亡霊」のそれと誤解することへの反論に役立っている。これは、古代の理解によれば、亡霊は食べたりすることも、飲んだりすることもできないし、また触れることのできる物質的な体も持っていないからである。この理由で、ルカ 24:39 によれば、イエスは弟子たちにはっきりと促している、「私に触ってよく見なさい。なぜなら、亡霊には肉も骨もないが、あなたがたが見ている通り、私にはそれがある」、と。

ヘレニズム的環境において、空っぽの墓を強調し、イエスの復活の物理的性質を示威するのは、イエスの体（to sōma autou、23:55、24:3, 23）が墓の中に、それゆえ死んだままで残っていたかもしれず、その一方で、彼の霊（pneuma、ルカ 23:46）ないし魂（psychē、使 2:27、詩 16 [15] :10）だけは幾度か現れて、最後には神のもとに昇ったのだというもっともらしい誤解に抵抗することを意図しているのである。他方で、ルカはナインにおける寡婦の息子（ルカ 7:11 以下）やヤイロの娘（ルカ 8:40 以下）について、またタビタ（使 9:36 以下）やエウティコ（使 20:7 以下）について報告することができるように、イエスが以前の地上的命と彼の古い物理的性質に戻っていたということは全然前提していない[7]。まるで逆に、新しい同一性（アイデンティティ）のうちに起こ

---

[6] 説明と議論については、P. Hoffmann, "Auferstehung I/3, II/1," *Theologische Realenzyklopädie* 4 (Berlin u.a., 1979), 450–67, 478–513, 特に 461–63, 503–5 参照。

[7] ヤイロの娘に関して、ルカははっきりと、死者の *pneuma* の帰還について語っている：*kai epestrepsen to pneuma kai anestē parachrēma*〔そして霊が戻って、そして直ぐに彼女は起き上がった〕（ルカ 8:55）。そして、使 20:10 によれば、パウロは死んだエウティコから魂が永久に離れてしまったのではない、と述べる（*mē thorybeisthe hē gar psychē*

された方は、見た目には人間の形を取り、そのような者として認識されることを許すのである。もっとも、人の目には大抵は、あるいはいつも、そのような者として認識できるわけではないのだが。彼は空間と時間の中に知覚できる仕方で現れることができるが、しかし、物理的に〔体をもって〕彼の父のもとへと昇っていくために、証人たちの眼の前で天的領域の中に退くこともでき、そしてこのことによって、最後には彼らの目から見えないように隠されてしまうこともできる（ルカ 24:50–53、使 1:6–11、なお *blepontōn autōn epērthē kai nephelē hypelaben auton apo tōn ophthalmōn autōn*〔彼らが見ているうちに彼は奪い去られた、そして雲が彼を彼らの目から覆った〕と記す 9 節参照）。

　このことに関する限り、ルカは「体と同一性(アイデンティティ)」の非常に微妙な概念を擁護している。弟子たちには、甦った方は自分が十字架にかけられた主であると彼らが分かるように自分の手と足の傷跡を見せている。「私の手と足を見なさい。まさしく私だと分かるだろう」（... *hoti egō, eimi autos*, 24:39）。そして弟子たちはエマオへの途上で、イエスが以前にもよくしたように、彼らの目の前でパンを裂いて賛美の祈りを唱え、彼らに渡すまさにその特定の瞬間に、イエスであることを認める（ルカ 24:30–31）。その人に間違いないとの確認は連続性を示すことを通して起こる！　しかしながら同時に、ルカによって復活の現実性(リアリティ)が古い物理的性質との鋭い対比で記述されている。甦った方はもはや苦しまず、死すべきものでなく、一時性に支配されることはない。彼は空間と時間に制限されず、そして彼はこの世界に根をおろしていない。むしろ、彼は天の世界に生きている人として描かれる。この復活の新しい現実(リアリティ)はかくも根本的な変換を必ず伴うので、弟子たちは復活後の彼らの主を自分たちがこれまでに知っていた者とは分からないのである。そうではなく、弟子たちは主を最初に、そして初めて、起こされた方だと確認するのである。それゆえ、復活させられた主の同一性(アイデンティティ)は彼の物理的存在の不連続

---

autou en autō estin）。ラザロの蘇生（ヨハ 11:1 以下）とすでに旧約聖書に伝承がある（王上 17:17 以下、王下 4:31 以下、13:20 以下）のを参照。マタ 27:52–53 にある、多くの聖徒が彼らの墓から立ち上がっているという記事は（*kai ta mnēmeia aneōchthēsan kai polla sōmata tōn kekoimēmenōn hagiōn ēgerthēsan*）、イエスの磔刑と復活の文脈で評価するのはもっと難しい。マタイは幾人かの個人の終末論的な体の復活があり、彼らは復活後に彼らの主と同様に、エルサレムで多数の者たちの面前に「現れた」（*kai enephanisthēsan pollois*）と考えているのだろうか？

性を認めることなしには把握できないのである。他方で、甦った方の現実（リアリティ）は十字架にかけられた方の同一性（アイデンティティ）と切り離して、また神と弟子たちのための彼の生命の連続性なしには、理解することができない。

　ルカ 24:39 のイエスの誘い「見なさい……、まさしく私だ」(idete ... hoti egō, eimi autos) において、甦った方のこの複雑な同一性（アイデンティティ）を見抜く力は当然のものとして全く前提されてはおらず、その代わりに、まず人間に明らかにされ、それが彼らを洞察へと導くような仕方で彼らに語られる。かくして、ルカもまたルカ 24:31–32 において、エマオの弟子たちが甦った方をそれと分かることのできるように、まずは甦った方によって彼らの目が開かれなくてはならないと証言している (autōn de diēnoichthēsan hoi ophthalmoi kai epegnōsan auton)。「彼が道で私たちに話しておられた時、また私たちに聖書を解き明かしてくださっていた時、私たちの心は私たちのうちで燃えていたではないか？」(24:32)。

イエスの霊についてのルカ

　ところで、ルカが一方で彼の環境の中で広く行き渡っていた人間の二分法的心像（イメージ）を考慮に入れながら、しかし他方でイエスの復活の現実（リアリティ）に「物理的」レッテルを貼って、全ての非ユダヤ的・ヘレニズム的概念から逸脱するとすれば、これは「霊と魂」という彼の概念とイエスの「体をもって」の復活という彼の考えを詳細に理解するという問題を提起する。結局のところ分かるように、使徒言行録でも福音書でも、ルカは彼のキリスト論的および人間学的確信を徹底的に首尾一貫した確固たる方法で発展させているのである。「体」(sōma) と「霊」(pneuma) のヘレニズム的区別を持った人間学的二分法を取り上げて、ルカは十字架上のイエスが彼の霊を父に渡す一方で、彼の死すべき体の方は死ぬことをわれわれに語る。詩編 31 (30) :5〔新共同訳 31:6〕を暗示して、死につつあるイエスは大声で叫ぶ、「『父よ、あなたの御手に私の霊をゆだねます』。こう言いながら、イエスは息を引き取った」（文字通りには、「彼は彼の霊を吐き出した」）Pater, eis cheiras sou paratithemai to pneuma, mou touto de eipōn exepneusen（ルカ 23:46）。それから、死んだ人の「体」(sōma) だけが埋葬され、その結果、葬儀に居合わせた女たちはイエ

171

スの *sōma* が彼の死の日の夕刻に墓に納められるのを見届けることができる (*etheasanto to mnēmeion kai hōs etethē to sōma autou*, ルカ 23:55)。

　自分の「霊」と共に（*qua pneuma*）イエスは死の直後に——「今日」（*sēmeron*）——天の楽園(パラダイス)に入っていく。イエスは自分の霊を天の父にゆだねるので、死においても神との交わりを失うことはなく、その代わりに、*qua pneuma*〔霊として〕彼が死んだその同じ日に天の領域に着く。ルカによれば、そのような仕方でのみ、どのようにイエスが彼と一緒に十字架につけられている二人の犯罪者の一人に、「あなたは今日私と一緒に楽園にいる」（*Amēn soi legō, sēmeron met' emou esē en tō paradeisō*, ルカ 23:43）と約束できるのかを、論理的一貫性をもって説明できるのである。この男は自分の罪あることを認めて、イエスにせがんでいたのであった、「イエスよ、あなたがあなたの王国においでになる時には、私を思い出してください」と (23:42)。だから、このことは全て、ルカの記述によれば、死の当日に起こるのであって、後に、体をもっての復活の瞬間に、起こるのではない。イエスにとってさえ、これは聖金曜日に起きるのであって——後に、イースターの日曜日に起きるのではないのである[8]！

　地上の *sōma*〔体〕を離れた後に *pneuma*〔霊〕が天国に昇ることもまた、アブラハムとラザロについてのルカの譬え話の中で前提とされている。なぜなら、その貧しい男〔ラザロ〕は死んだ後に、彼の父祖アブラハムと楽園における食卓の交わりを持っているのが見られるからである（ルカ 16:23）。彼は直ちに天使たちによって「アブラハムの懐に」、すなわち、アブラハムとの天の食卓の交わりに連れていかれる（*egeneto de ... kai apenechthēnai auton hypo tōn angelōn eis ton kolpon Abraam*, ルカ 16:23）。使徒言行録 7:59 でルカは、ステファノが〔石打ちの〕刑を執行される時、ちょうどイエスが天の父〔なる神〕に呼びかけたように、イエスに訴えて、死につつもイエスに自分の *pneuma* を受け取るように頼むと言うこともできる、「主イエスよ、私の霊をお受けください」（*Kyrie Iēsou dexai to pneuma mou*）と。

8　それゆえ、ルカ自身は明らかに、イエスが彼の十字架と彼の体をもっての復活の間の3日間を完全に「ハーデース」、すなわち地下界で過ごしたとはまずもって想定していないだろう。対照的に、外典のペトロ福音書 41–42 節（「あなたは眠りに陥っている者たちを説教なさったのですか？」）を見よ。Ⅰペト 3:19、4:6、明瞭さに劣るがエフェ 4:8–9 参照。

さてルカにとっては、このことの全てをもってしても、イースターの朝のイエスの復活の神秘は未だ決して十分に描かれていない。なぜなら、復活の証言はイエスを *qua pneuma*〔霊として〕天が迎え入れることに関わっているだけでなくて、むしろイエスの *sōma*〔体〕の変換と彼の過去の「物理的」存在の和解と償いに関わっているからである。彼の磔刑の後三日目に、神は旧約聖書的・ユダヤ的——そしてそこでは特に黙示的——伝承が、神の到来の日に希望し、そして期待していることを、すでにイエスに行ったのである[9]。しかし、「義しい人たち」は霊と——復活し、そして変化した——体との終末時の結合を待たなければならないのに対して、イエスの体は——真に「義しい」人として（ルカ23:47）——すでに三日目に墓の中から終末論的現実の中へと復活させられているのである。このことが、天使たちはイースターの朝に「主イエスの *sōma*」を求めて（*ouch heuron to sōma tou Kyriou Iēsou*, ルカ24:3、参照として24:34）空っぽの墓の中を虚しく搜す女たちを咎めることのできる理由である、「なぜ、生きておられる方を死者の中に搜すのか？」（*ti zēteite ton zōnta meta tōn nekrōn*）、「あの方は、ここにはおられない。復活なさったのだ」（*ouk estin hōde, alla ēgerthē*, ルカ24:5–6）、と。

　イエスが決して死者の領域に拘留されることなく、そうされる代わりに、復活を通じて神により包括的な意味で死の苦痛から請け出されるはずであったことは、ルカが詩編16 (15):10のダビデの預言の中にすでにあらかじめ語られているのを見出したことである（使2:22–32）。この預言と共に、ルカ自身がイエスの復活について聖書からの教えの例を挙げており、これは時折言及される。計画的な、ペトロによる「ペンテコステの説教」のキリスト論的部分では、ダビデの信頼の詩編歌はイエスの体をもっての復活——彼の体が朽ち果てる前にさえ——の預言的告示と解釈される（*proidōn elalēsen peri tēs anastaseōs tou Christou*, 使2:31）！　神はイエスの魂を陰府〔ハーデース〕に捨て置くことを欲しなかっただけでなく（*ouk enkataleipseis tōn psychēn mou eis Ḥạdēn*, 使2:27／詩16 [15]:10）、イエスの束の間の肉でさえも朽ち果てることを見ることはなかった（*oute enkateleiphthē eis Ḥạdēn oute hē sarx autou eiden diaphthoran*, 使2:31）。詩編16:9の中で祈る〔詩〕人の溢れんばかりの喜びは

---

[9] 受け入れの物語（サム上2:6、ヨブ19:26–27、イザ25:8、26:19、エゼ37:1–14、ダニ12:2–13、ホセ6:2、13:14は神によってもたらされる終末論的復活への旧約聖書的言及として理解できるだろう。

「彼の肉も希望のうちに生きるであろう」(*eti de kai hē sarx mou kataskēnōsei ep'elpidi*, 使 2:26) という事実に根ざしているのである。

ところで、ルカはイエスの磔刑と墓からの復活が聖書によってすでに予見されている——「次のように書かれている、『メシアは苦しみを受け、三日目に死者の中から復活するはずである』と」というルカ 24:46 の意味において——という形式的な指摘にだけ関心があるわけではない。聖書通りの出来事に言及するのは、同時に、それを偶然的な、あるいは馬鹿げたことと解釈する必要はないということを言外に意味する。それ自身が神の摂理と意志に呼応していると証明することによって、それが重要な、そして不可欠なことと認知できるのである、「キリストはこれらのことを苦しみ、その後に栄光に入るはずであったのではないか」(*ouchi tauta edei pathein ton Christon kai eiselthein eis tēn doxan autou*, ルカ 24:26、さらに 9:22、使 17:3 と比較せよ)。かくして、われわれの文脈において、必然的にまたもや次の問いが持ち上がる、すなわち、ルカは——彼の伝承に従って、そして彼自身の神学的評価において——イエスの体をもっての復活の意味と必然性が何であると見ているのだろうか？

物理的復活の彼方にある栄光

非常に多数の他のキリスト論的また救済論的問題と並んで、ルカは彼が彼のいわゆる「対照図式」によって種々様々に記述する一つの事柄に焦点を当てている[10]。人類はナザレのイエス、「聖なるお方かつ義なるお方」(使 3:14)、その方のうちに神ご自身が行為なさったお方(使 2:22)を、拒絶し殺害した。しかし、神は彼を死者の中から甦らせることによって、そして世界の前で彼が「主かつキリスト」であることを (使 2:36)、「指導者かつ救い主」であることを (使 5:31) 証明することによって、彼の正しさを確証し、彼の汚名をお晴らしになった。このことによって、神は彼を形式的に名誉回復しただけでなく、彼が「命の創始者」であることを (*ton de archēgon tēs zōēs*, 使 3:15) 効果的に示し、そして彼を完全に死の痛みから救い出して (*hon ho*

---

10 この対照図式に関して、使 2:23–24、3:15、4:10、5:30、10:39–40、13:28–30 を参照。

theos anestēsen lysas tas ōdinas tou thanatou, 使 2:24)、彼はもはや死ぬことができない、あるいは朽ちることができないようになさったのである (*mēketi mellonta hypostrephein eis diaphthoran*, 使 13:34)[11]。

　しかし、もし神がイエス・キリストを——単なる名誉回復と償いをはるかに越えて——彼の臨在と栄光の中に「高くお挙げなさった」とするなら（ルカ 24:26、使 2:33、5:31、参照として 1:6–11)、それならば新しい命はその十全さと複雑さの点で古い命に劣ることはあり得ず、ただそれを凌駕することができるのみである。そして、もし地上のイエスの「物理的」存在が否定的に特徴づけられるのでなく、旧約聖書・ユダヤ教の創造神学の背景〔コンテクスト〕で全く肯定的な言外の意味を響かせるとすれば、するとルカにとっては他の新約聖書の証人たちと同じく、神がイエスの救いの際に *sōma*、死すべき運命の体、を死の支配に捨て置くことはせず、それを物理的に変換するということは言わずもがなのことである。もしこのことが「命の創始者」*hē archēgos tēs zōēs*（使 3:15）に対して真実であるなら、それならば彼に従って彼の名において自分たちの救済を探し求める者たちに対して、それが別様に記述されることはあり得ない。イエスの包括的な復活の現実は、彼を信じる者たちに彼ら自身の復活の希望に関して保証するのである。そして、墓からのイエスの復活の物理的性質は死後の連続というあらゆる還元主義的誤解と矛盾するのである。なぜならば、キリストが意図したのは、唯一の者として死者の中から甦ることではなく、むしろ最初の者として死者の中から甦る (*ei prōtos ex anastaseōs nekrōn*, 使 26:23) ことであった。

　アテーナイのギリシア人たちは体をもっての復活という考えを嘲笑うかもしれない（使 17:18, 22–32)、そしてサドカイ派のようなユダヤ人集団も復活の希望を否認するかもしれない（ルカ 20:27 以下、使 4:1–2、23:6 以下)。しかしルカにとって、この確信は断念できない。彼らが死んだ後に、神は自分に身をゆだねる者たちの天の楽園にふさわしい交わりを *qua pneuma*〔霊として〕ないし *qua psychē*〔魂として〕生きることに制限せず、そうではなくて彼らは——彼ら以前のキリストと同じように——最後的に、そして包括的に甦

11　したがって、「復活の子ら」は「彼らはもはや死ぬことができない」という点で、天使たちのようであろう——*oude gar apothanein eti dynanti, isangeloi gar eisin kai huioi eisin theou tēs anastaseōs huioi ontes*（ルカ 20:36)。

る、すなわち、「物理的に」あるいは「体をもって」甦るであろう[12]。それから、彼らが復活した時には、彼らは彼らの複雑な体的存在と和解した連続性のうちに、そして彼らの傷つきやすく束の間の体から解放される不連続性のうちに生きるであろう、すなわち、彼らは十全性のうちに生きるであろう。

　正直なところ、イエスの墓は復活を信じる信仰を空っぽにすることなしに、どのようにして一杯であることができるだろうかという問いに、ルカはさほど関心を持っていない。しかし、複雑精巧で一貫した潤沢な議論でもって、彼は彼にとって——まさしく他の福音書記者たちにとってと同様——なぜイエスの墓が空っぽであったということがさほどに重要であるのかの問いに答えている。

12　ルカによる死者の復活については、ルカ 14:14、20:27–39、使 4:2、10:41、17:18–31、23:6、24:14–25 を見よ。永遠の命については、ルカ 10:25–28、18:30、20:38b（*theos de ouk estin nekrōn alla zōntōn, pantes gar autǭ zōsin*）、使 13:46–48。5:20、11:18 参照。

4　古代エジプトにおける復活

ヤン・アスマン

　「復活」はキリスト教の用語であり、またキリスト教の概念である。古代エジプトにおいて「復活」を求めることは異端じみたところ、つまり、キリスト教の宣教使信(ケーリュグマ)を、死んで甦る神々、例えば、タンムズ〔バビロニア神話〕、アッティス〔ギリシア神話〕、アドニス〔ギリシア神話〕、オシリス〔エジプト神話〕、そしてペルセポネー〔ギリシア神話〕などの神々についての、中近東の単なる神話の変異形の一つに減じてしまう異端じみたところがある。そうした神々の死んで甦ることの背後に、われわれは容易に、植物成長の芽吹きとしぼみ、月の満ち欠け等々の自然のリズムを見抜くことができる。キリストの死と復活は一度限りのことであった。その出来事は歴史の進行に属するのであって、自然の進行に属するのではないし、また周期的な時間でなく、直線的に進行する時間に属している。確かに、不死についてのエジプト人の概念を自然との連想から切り離すことはできない。われわれは神が世界に内在するという宗教を相手にしているのであり、そこでは、自然のプロセスは神的なものの顕現と見なされていた。とは言え、私はエジプト人の不死の概念が、自然神学よりも政治神学と関わりのある、今一つ全く別の起源を持っていることを示すことができればと望んでいる。この新しい解釈の枠組みの中で、復活についてのエジプト人とキリスト教徒の考えの間にあるかもしれない結びつきの問いが、異なった視点から見えてくる。

この章は私の著書 *Tod und Jenseits im Alten Ägypten* (Munich: C. H. Beck, 2001) が元になっている。

エジプト人の来世に関する二元構造

　人間的存在に関する限り、地中海周辺と中近東の古代世界の実質上全ての宗教は、生者の世界と死者の世界、上方の世界と地下の世界とをはっきり区別している。また神々の世界も存在するが、これは人間の存在には関係しない。地下の世界、すなわち死者の世界は人間たちが上方の世界で生きた後に生存を続ける領域である。この領域で人間たちは「生き続ける」のではなく死んでいる。しかしながら、死んでいるということは人間たちがこの世界から全く消え去ってしまうことを意味せず、彼らは生者の領域から死者の領域に渡るのである。このような背景(コンテクスト)では、「復活」とは上方世界における生命に帰還することを意味することになろう。これが、オルフェウスがエウリュディケーに関して成し遂げようと熱望したことであり、またイエスがラザロに関して成し遂げたことであり、そしてこれが、エゼキエルが幻の中で何千という死者たちに起こったのを見たこと、つまり、彼らの骨が自分たちの墓を離れて、肉と皮膚で覆われ、生者の世界に戻ったこと（エゼ37章）、である。

　こうした宗教の背景(コンテクスト)において、古代エジプトは唯一の例外であったように見える。ここにおいてだけ、人間の存在は三つの世界を包含していた、すなわち、生者の世界と死者の世界、そしてエリュシオン〔至福〕の世界である。この最後の世界について、エジプト文献(テクスト)では「イグサの野」、「捧げ物の野」、「何百万の樹皮」そして「オシリスの家」など、多くの名前と表現がある。ここでは「復活」は地上の生命に戻ることを意味せず、死者の世界から救われて、エリュシオンの世界に入るのを許されることを意味する（私は「パラダイス」〔天の楽園〕という用語よりも「エリュシオン」という用語の方を好む。なぜなら、前者の用語には起源、つまり原初の時、そしてエジプトの背景(コンテクスト)にはない人類の堕落前の状態などの含蓄があるからである）。私の見解によれば、古代エジプト宗教の例外的な構造と不死の概念とを特徴づけるものは、(a)生者の世界、(b)死者の世界、そして(c)エリュシオンの世界とを分ける、このような三つの区別である。この場合もやはり、死者の世界とエリュシオンの世界の区別は、これを絶対的にはっきりさせると、死者の世界は死者が死んでいる場所であり、それに対して、エリュシオンは死から

の復活を授けられた者たちが新しい、永遠の命を送る場所であるという事実にある。

　ギリシアには、特にオルフェウス教やディオニュソスの密儀の関連で、すでにそのようなエリュシオン的世界のぼんやりとした輪郭がある。ギリシア人は絶えずこのような考えを古代のエジプトに関連づけてきた。ギリシア人はオルフェウスやホメーロスやその他の人々がこれらの概念をエジプトから持ち込んだのだと信じていた。しかしながら、エジプトにおいては、エリュシオンの考えはその伝統的な場所を公的な宇宙論に持っていて、ある特別の祭儀には属さず、普通の葬儀宗教に属している。エジプト宗教のこの例外的構造はこれまで認識されてこなかった。古代のエジプト人は自分たちの隣接の文化と同じように二元的区別をして、生者の世界と死者の世界という二つだけの世界を知っていたと一般的に信じられていたのである。ただ唯一の違いは、エジプト人は死者の世界をバビロニア人やイスラエル人やギリシア人が描いたよりもずっと親しみやすい美しい色で描いたということである。エジプトのドゥアトは、ちょうど〔イスラエル人の〕シェオールや〔ギリシア人の〕ハーデースや〔エトルリアに遡る、ローマ人の〕オルクス、そしてメソポタミアの帰って来ることのできない地と同じように、死者の世界として考えられていた。唯一の違いは、それがエリュシオンの特徴を示していたということである。しかしながら、これはテクストをより綿密に見ると分かるように、正確ではない。古代エジプトはその大きさと複雑さにおいて、他の如何なる古代および近代の文明の中にも確かに比類のない途方もなく豊かな葬儀文学の集成をわれわれの前に突きつけるのである。これらのテクストは死者が死者以外の何者でもない世界について非常によく知っており、この世界をむしろがさつな色を使って描写している。それは、死者が逆さまに歩き、排泄物を糧に生きる逆転の世界であり、光と水がなく、悪魔と怪物とに満ちた世界である。地上のあらゆる生き物はこの世界に降りていく運命にあるが、しかし、誰もが救いと復活の機会を持っている、ただし、生者の世界への帰還という形ではなく、エリュシオンへの移動という形においてのことであるが。

王の復活とオシリスの神話

　もしわれわれがこのように来世を死者の国とエリュシオンの国に分割する発端を尋ねると、われわれは政治神学、つまりファラオ的王制度に属する概念と構造に出会う。古王国時代には、エリュシオンの世界は王のために取っておかれていた。王だけが、死後は天に飛翔し、彼の父、すなわち太陽神やその他の神々の中に加わることができるのであるが、普通の死すべき者たる平民たちは、テクストを読んで分かるように、地の中に「隠れ」なくてはならなかった。復活は排他的に王の特権であって、王の来世を王でない人々の運命から遠ざけることがピラミッド・テクストの中心的テーマとなっている。それゆえエリュシオンは、元来は政治的概念だったのである。それは、ファラオの姿が生者の世界を凌駕していたと同じように、死者の世界を凌駕していたのである。

　亡くなった王を死と地上から解放するためには、彼は自分自身の死から分離されねばならなかった。この操作のための神話モデルがオシリス〔エジプト神話の幽界の王〕の神話であった。エジプトの神であり王でもあったオシリスは、自分の弟でライバルでもあったセトに殺されたが、さらにセトはオシリスの体をばらばらに切り裂き、その肢体をエジプト中に撒き散らした。オシリスの妹で妻でもあったイシスは、自分の兄の *membra disiecta*〔切り裂かれた肢体〕を探してエジプトを横断し、それらを集めて再び体の形に組み合わせた。イシスは妹のネフティスと共に蘇生の手段として言葉の力を使った長い哀歌でその体を嘆き悲しんだ。イシスとネフティスは見事に蘇生させる朗誦をやり遂げたので、イシスは蘇生したオシリスの体から子供を授かることができた。これが復活への第一歩である。

　オシリスの息子で世継ぎであるホルス〔鷹の姿をした頭部を持つ太陽神〕の登場はこの神話の第二場面を特徴づけるもので、復活の第二段階を開始する。イシスとネフティスが体を復元させることに専念しているのと同じように、ホルスはオシリスの社会的人格を復元させることに専念している。われわれはここで、非常に際立った性別(ジェンダー)上の区別に出会う。体の復元は女性が没頭すべき仕事である。この点で利用される手段が哀歌、哀悼、感情的な言葉、欲望と願望の表現である。儀式のこの女性的部分の全てが、飛散した

4 古代エジプトにおける復活

肢体を再び収集して、ばらばらに切断された体を復元することを目的とする。女性の哀悼は死者の体の領域だけに集中している。他方、死者の社会的領域、すなわち死者の地位、威厳、名誉、威信の回復は男性の専念すべき仕事として組み立てられ、息子の果たすべき仕事となる。かくして、復活は二つの局面(アスペクト)を持っている。体の局面と社会の局面である。体の復活は体の切断に打ち勝ち、他方で、社会的復活は犠牲者の孤立と不名誉に打ち勝ち、犠牲者を最高の地位、世間一般の承認、名誉、威信、尊敬、そして威厳に変える。

　イシスとネフティスによって実現された体の復活は哀歌やそれと似たような呪文を用いるが、それらの中では頭から足先まで体のいろいろな部分の列挙が重要な役割を果たす。ほんの一つだけ典型的な例を引用すると、こうである。

　　おおわが主、御身の頭(かしら)は
　　アシアの女の長髪の房で飾られ、
　　御身のお顔は月の館より明るい。
　　御身の上半身は瑠璃(るり)色をしており、
　　御身の黒髪は暗黒の日の冥府のあらゆる入り口よりも黒い。
　　(……) 御身のお顔は黄金で覆われ、
　　そしてホルスは瑠璃を埋め込んだお顔を持っておられる。
　　(……) 御身のお鼻は遺体防腐所の香りのうちにあり、
　　御身の鼻孔は大空の風のよう。
　　御身の目は東方の山を眺めておられる。
　　御身の睫毛はいつの日も引き締まって、
　　本物の瑠璃でいろどられている。
　　御身の瞼(まぶた)は平安のもたらし手、
　　そしてそのまなじりは黒いアイシャドウで潤沢に塗られている。
　　御身の唇は御身に真理を語り、レー〔太陽神〕に真理を繰り返し、
　　そして神々を満足させる。
　　御身の歯はとぐろを巻いた蛇の歯のよう、
　　二人のホルスはそれをもて遊ぶ。
　　御身の舌は賢く、
　　そして御身の語る言葉は野の鳶(とび)の鳴き声よりも鋭い。

御身の顎̪はきしる大空。[1]

頭のことだけでもこれだけ多くが語られている。本文は、足に達するまで、同じ調子で何ページにもわたって続く。

これらの本文は即座に愛の詩を思い起こさせるもので、ほんの一つだけ、非常に古く、かつ卓越した例を引用することにする。

> 御覧なさい、わが愛しき人よ、御身は美しい。御覧なさい、御身は美しい。
> 御身は垂れ髪の奥に鳩の目をお持ちだ。
> 御身の御髪̪はギレアド山から現れる
> 山羊の群れのよう。
> 御身の歯は、毛をむらなく刈り取られ、
> 洗い場から出てきた羊の群れのよう。
> その群れのどの羊も双子を生んで、
> 一頭だに不妊の羊はいない。
> 御身の唇は深紅の糸のよう、
> そして御身の語る言葉は美しい。
> 御身のこめかみは垂れ髪の奥にあるザクロの一部のよう。
> 御身の首は武器庫に建てられたダビデの塔のよう、
> そこには千にも及ぶ小さな丸盾が、勇者たちの全ての盾が懸かっている。
> 御身の二つの胸は百合の花の間で餌をはむ、
> 双子の二匹の小さな子鹿のよう。[2]

その形式もまた古代エジプトの愛の詩で非常に良く知られたものである。こうした愛の詩について、エンマ・ブルンナー＝トゥラウトは古代エジプト人たちには「分断的一瞥」という特徴があったとしている。彼女は、古代エジプト人たちが体と他の複雑な現象を一つにまとまった全体として認識できなかったのだと主張するのである。その代わりに、彼らは体の構成

1　死者の書172章。
2　雅歌4:1–5。

部分を追加していくこと、数え上げることによってのみ全体という概念に達した。彼らは、体を種々様々な部分が相互に依存する相互作用によって活動している一つのまとまった有機体としてではなく、体の諸部分が相互作用、相互依存そして相互結合なしに、各々それ自身の命を生きている機械的な *Gliederpuppe*〔模型人形〕、つまり操り人形ないしロボットとして認識したのである[3]。しかしながら、この説明は私には真実の半分しか含んでいないように見える。古代エジプト人たちが差異化や列挙を好んだのは確かであるが、しかし、彼らの主要な関心は常に種々様々な部分を一つのまとまった全体に統合する「結合的」原理であった。要点は分断ではなく、再結合であった。それゆえ、世界に対するエジプト人の態度を「分断的」あるいは「追加的」と呼ぶ代わりに、私はこれをむしろ「防腐保存処置的エンバーミング」と呼びたい。彼らは諸部分を結合するため、また結合をもたらす結合原理を見出すためにのみ、部分に関心を持っていたのである。彼らが体に投げかけた「防腐保存処置的エンバーミング注視」は一種の「結合的生理学」へと導いていった。彼らは心臓と血液をそのような結合原理と同定し、ウィリアム・ハーヴェイ〔William Harvey 1578–1657年、イングランドの医師・解剖学者、血液循環を発見〕より3,000年以上も前に、循環理論に到達していたのである。脈拍のことを意味しながら、彼らは「血管の中で話をする」のは心臓だ、と言っていた。血管を通して血液を送り出すことによって、心臓は手足を結合し、それらを共に結んで、一つのまとまった全体、すなわち生きた体に統合するのである。この生きた結合装置は、死の状態にあっては、朗誦のような魔法装置に置き換えられなくてはならない。そうした朗誦は、分断された手足を列挙することで、それらをテクストのまとまった構造へと統合するのである。

　ホルスは、殺害された彼の父の社会的自我を回復しようと試み、非常に異なった種類の朗誦を使っている。例えば、ピラミッド・テクストの呪文371を参照せよ[4]。

---

[3] Emma Brunner-Traut, "Der menschliche Körper – Eine Gliederpuppe," in *Zeitschrift für ägyptische Sprache und Altertumskunde* 115 (1988): 8–14 および同著者 *Frühformen des Erkennens: Am Beispiel Altägyptens* (Darmstadt, 2d ed. 1992; 3d ed., *Frühformen des Erkennens: Aspektive im Alten Ägypten* [Darmstadt, 1996]) を見よ。

[4] エジプト・ピラミッド・テクストの英訳については、Raymond O. Faulkner, *The Ancient Egyptian Pyramid Texts* (Oxford, 1969) を見よ。

おお、王なるオシリスよ、
　　ホルスは御身を神々の心の中に据え、
　　御身のものなるもの全て（あるいは：白き王冠、貴婦人）を、御身に所
　　　　有させた。
　　ホルスはあなたを見出し、御身を通して万事は彼に滞りなく進む。……
　　御身の敵に抗い立ち上がり給え、なぜなら、御身は彼よりも偉大であら
　　　　れるから、
　　プル＝ウル＝聖堂という御身の名において。
　　ホルスはその者に御身を高く挙げさせた、
　　「偉大なる高く挙げられた者」という御身の名において。
　　彼は御身を御身の敵から救い、彼は御身を守護し奉った、
　　時宜を得て守護されし者として。

ホルスとオシリスはカーの概念〔「カー」とは古代エジプト宗教における、生命を生み維持する根源、霊魂。誕生と共に肉体に宿り、死後も死体が保存されている限り生き続けると信じられていた〕において一体である。特に長くて重要なホルスのテクストであるピラミッド・テクスト364は、こう述べている、「ホルスは御身から遠からず、御身はホルスのカーなれば」と。別の典型的なホルスのテクストであるピラミッド・テクスト356は、カーの概念における亡き父と生き残る子の役割を要約する祈願でもって結んでいる。

　　おお、王なるオシリスよ、ホルスは御身を守護してき給えり、
　　ホルスは御身なる、彼のカーに代わって振る舞えり、
　　そは、御身が「満ち足りたカー」という御身の名において満ち足りんた
　　　　めなり。

カーは父と子の布置に結びついている。そして、それは命と死の境界線の橋渡しをする。カーは象形文字で崇拝時に上方に上げた両腕のような形に書かれている。しかしながら、実際には、両腕は抱擁の仕草で差し伸べられていると意味されているのである。例えば、ピラミッド・テクストの呪文1652は、創造主が彼の双子の子供シュウとテフヌトに、彼のカーが彼らのうちに

宿るために、両腕を回していることを述べている。

　　御身は彼らに御身の両腕を回し奉る
　　カーの両腕のごとくに、
　　御身のカーが彼らのうちに宿らんがために。

　父と息子のこの布置、一つは来世に、一つは生者の世界にあるこの布置は、古代エジプト文化の最も基本的な要素の一つである。葬祭は、息子だけが死者の世界に到達し、死の敷居に架橋し、互いに支え合って命を与えるところの布置に、死んだ父と共に入ることができるという考えに基づいている。これが、エジプトの言葉アク（*akh*）が意味するものである。広く行きわたった文章が述べている、アクは息子にとっては彼の父であり、アクは父にとっては彼の息子であると。

　この元来は死に関する布置が、埋葬祭儀だけでなく、祭儀一般のモデルを提供する。地上に生きるもので、神的世界と意思疎通できる唯一の存在であるファラオは、神々にその息子として近づく。祭儀においては、ファラオは死んだ父母たちに対して生きている息子の役割を演じる。孝心は神々に対する基本的な宗教的態度である。

　ホルスは彼の死んだ父オシリスの社会的人格を、その孤立と不名誉とを克服することによって回復する。ホルスはオシリスの回りに神々を集めて、神々が逃げ出して、オシリスを一人置き去りにさせないように気をつける。ホルスは神々にオシリスを彼らの最高君主として認めさせ、彼に名誉を与える。オシリスの敵に屈辱を与え、力ずくでオシリスを担ぎ運ばせることによって、オシリスに名誉と威厳とを回復させる。これらの様々な儀式的行動全ては、体の自我とは対照的に社会的自我に関わっている。

　エジプトの言葉では（守護から復讐までの幅広い適用範囲を持つ）動詞ネディ（*nedj*）に包括される、オシリスのためにホルスが行う様々な行動は、オシリスが彼の殺害者セトと対決できるまでに命を回復する場面で頂点に達する。この対決において、セトは死を代表し、その一方で、オシリスは死の犠牲者、つまり死者を代表する。複雑な経験を分解するこの形式は、私には、現実の神話的造型の特異な達成の一つに思える。死をセトの形姿に擬人化することによって、死は「処理可能な」ものとされる。死を法廷に連れ

出し、告発し、刑を下すことができる。セトが犯した殺害によって踏みにじられた正義を回復することができる。この神話論の見解においては、自然死というのは存在しない。あらゆる死は復讐されなくてはならない犯罪であり、死の儀式的な取り扱いはこの復讐の法律制定によって頂点に達するのである。あらゆる死の背後には罪があり、そしてこの罪は、死者を社会における〔生前の〕地位と立場に回復させるために、取り除かなければならない。あらゆる死は殺害と不正である。それゆえ、殺害者を罰して、正義を回復することによって、死は幾分「癒す」ことができる。オシリスはセトを打ち負かした、これはオシリスが死を征服したことを意味するのである。

かくして、死はある意味では客観化されて、処理可能なものとなる。オシリスはセト、すなわち死に対して十全の正義を与えられる。オシリスは地上の生命へと回復させられることは不可能だが、しかし、宇宙的存在へと再統合される時、別世界における命を与えられる。神話のオシリスは冥府の支配者そして死者の王とされたのである。死んだ王はオシリスの例に従う。彼はオシリスと呼ばれ、死者と霊を支配するために、彼の王座につくが、その一方で、彼の息子ホルスは生者の間で彼の以前の王座につく。これが古王国における復活の意味である。それはファラオの排他的特権である。復活はこの考えに妥当な固有の用語である。なぜなら、死んだ王は不断に「起き上がる」ように呼び出されているからである。「自らを起き上がらせよ」（*wtz tw*）は死者に対する典型的な呼びかけであり、これは立ち上がるというだけでなく、天に昇るということも意味している。

オシリス神話は、少なくともその「中核の意味」に関する限り、自然の周期、再度芽を出すために埋められる種、満ち欠けする月、押し寄せたり引いたりする〔ナイルの〕氾濫に関するものではなく、王座に関するものである。オシリスは第一に王である。セトに対する訴訟はエジプトの王位に関するものである。オシリス神話は第一に王位に関するものであり、第二に死と復活に関するものであり、そして、むしろ末梢的また連想的な意味においてのみ、自然と周期的時間に関しているのである。それは国家についてのエジプトの神話である。

復活の降格と倫理化

　しかしながら、古王国の崩壊と共に、王の来世と復活の神話モデルが全ての人間に拡大された。この降格のプロセスが理由で「死者の領域」と「エリュシオン」の間の区別が政治的意味を失い、倫理化して解釈する事柄となった。今や王の職務の神的特質ではなく、死んだ人間の徳と正義が復活と不死の条件また前提条件と信じられた。それゆえ、訴訟と義認の考えが非常に根本的な仕方でその意味を変える。死者はもはや殺害者たる死に「逆らって」正しいと認められるのではなく、神の法廷の「前で」正しいと認められなくてはならない。そして、死に固有の罪はもはやセトという身代わりの犠牲（スケープゴート）の形で外面化されず、死者が地上での生活の間に積み重ねた自分自身の罪と解釈される。テクストは死体防腐処理とミイラ化に関係する考えと可能な限りに最も密接な関係で正当化の概念を取り扱っている。罪、告発、敵意、そしてこれらに似たようなものは、実際に、死者を腐敗と分解に抵抗する純粋な状態に連れ込むために除去されなくてはならない不純と汚染の形として——いわば「非物質的汚染物」として——取り扱われる。正当化は道徳的なミイラ化なのである。死体防腐処理者による死体への仕事が終わると、神官たちが引き継いで、浄化と保存の仕事を全人格へと広めていく。エジプト人がミイラに用いる言葉は「尊厳」とか「高貴」をも意味している。ミイラ化の最終段階で、死者は死後の審判を通過し、冥府におけるオシリスの従者としての高貴さを与えられる。死者はあらゆる告発に対して正当化され、来世への移動を妨害したかもしれないあらゆる罪、あらゆる罪業から、幼年時代の早期の無作法からさえも、浄化される。体を清浄化し、不朽にした後で、防腐処理とミイラ化の儀式は最終段階で社会的自我に移っていく。審判は、霊魂の罪からの清めの他の何ものでもない。死後の全人類の審判という考えが紀元前二千年期の初めの中王国時代〔エジプト第 11–12 王朝、およそ前 2100–1600 年〕の間に展開した。これは、その時代に年代決定される知恵文学テクストに明瞭に表現されている。

　　哀れなる者らを裁く法廷、
　　汝の知るところなりしが、彼らは情深くはあらじ、

> 惨めなる者らを裁く日の、
> 彼らの務めを果たす時間には。
> 告発者が事の真相を知っている時には、それは痛ましくある。
>
> 年月の長さを信ずるなかれ。
> 彼らは一生涯を一時間のうちに見てとるのだ！
> 人が死後にもそのままならば、
> その行いは、彼の傍らに一まとめに積み置かれる。
>
> 彼岸での存在は永遠に続く。
> 愚者とは、彼らが咎めることをなす人のこと！
> 間違ったことをなすことなく彼らのもとに達する人は
> 彼処にて神のごとくに存在し、
> 永遠の主のごとく自由に闊歩する！[5]

これが古代エジプトの埋葬信仰の文脈で復活が意味するものである。すなわち、「来世にはエリュシオンで神のように存在し、永遠の主のごとく自由に闊歩する」。

新王国〔エジプト史第18–20王朝、およそ前1600–1100年〕が勃興し、死者の書〔古代エジプトで副葬品として死者に添えられた死後の世界への案内書〕[6]が校訂されるにおよんで、彼岸世界への入国規則が成文化されて、それが死者の書の第125章を形成している。オシリスとセトとの間の訴訟の神話的モデルは全く姿を消してしまっている。全体の手続きは今やより審問と加入儀式に似ていた。

死者は法廷の長であるオシリスの前に、そして42人の裁判人から成る陪審の前に、出頭しなければならなかった。死者は前もって告訴内容を知っていて、自分の無実を申し立てねばならなかった。審問に合格するのに障害となり得る犯罪や違反の全てが詳細に記され、一つは40項目の、もう一つは42項目の、二つのリストに書き下ろされていた。死者はこれらのリスト

---

5 メリカレ王のための訓令 P 53–57。J. F. Quack, *Studien zur Lehre für Merikare, Göttinger Orientforschungen* 23 (Wiesbaden, 1992), 34–35 参照。

6 最近の英訳については、R. O. Faulkner, *The Book of the Dead* (London, 1985) を見よ。

を朗誦し、個々の項目で自分が無実であることをはっきりと宣言しなければならなかった。一方のリストはオシリスの前で、もう一方は42人の裁判人の前で朗誦しなければならなかったのである。これを朗誦している間に、候補者の心臓が真理の象徴〔真理を司る女神マアトの羽のこと〕と天秤にかけられて重さが量られた。嘘をつくごとに、心臓の乗った天秤の目盛が少し下がる。心臓があまりにも重すぎて、罪と嘘とで矯正しようのないほどに詰まっていると分かった場合には、絶えず天秤のすぐそばにいて、計量を見守っている怪物が、被告の心臓を呑み込み、その身柄を根絶してしまう。

　こうした否認項目のリストを朗誦することにより——「私はこれをしなかった、私はあれをしなかった」——死者は自らの最後的破滅を引き起こす「非物質的汚染物」を作り出し得るあらゆる可能な非難を払い除いて身の潔白を証明した。かくして彼〔死者〕は不滅の純粋な状態で来世に入っていった。死者の書の中の呪文は、「N〔死者某〕から、彼が働いた悪事の全てを一掃し、神の顔を拝む」、という標題を持っている。またしても、無罪の問いはない。誰もが無罪ではないのである。大事なのは、人が自分の罪を清めることができるか、できないかということなのである。第125章の題目の中で、道義的な純粋さと目前にある神の 姿〔ヴィジョン〕 が密接な関係に持ち込まれる。エジプト人の確信によれば、如何なる人も（多分王を除けば）生存中には神を見ることもできず、幻想も描けず、そして神的世界に入ることもできなかった。ギリシア・ローマ時代以前に、エジプトにはシャーマニズム、預言者活動、あるいは神秘主義の何らの形跡もない。神的世界とのあらゆる形の直接接触は死と復活の後の命にゆだねられる。あなたが地上で仕えた全ての神に、あなたは顔と顔を合わせて向かい合うことになるのである[7]。

　このテクストや他の無数のテクストから、われわれはエジプトのエリュシオンは神々の世界と同じであったことが分かる。神的法廷の前で正当化され

7　第三歌。R. Hari, *La tombe thébaine du père divin Neferhotp, Teologisk tijdschrift* 50 (Genf, 1958), p. 4 参照。私の論文 "Fest des Augenblicks – Verheißung der Dauer: Die Kontroverse der ägyptischen Harfnerlieder," in *Fragen an die altägyptische Literatur*, Gedenkschrift für Eberhard Otto (Wiesbaden, 1977), 69; E. Hornung, "Altägyptische Wurzeln der Isismysterien," in *Études Isaiques* (*Hommages à Jean Leclant*, vol. 3), ed. Cathérine Berger, Gisèle Clerc, and Nicolas Grimal, Bibliothèque d'étude 106/3 (Cairo: Instítut Français D'Archélogie Orientale, 1994), 289 参照。

るにふさわしいと判明した死者は神的世界に入ることを許され、神々と顔と顔を合わせて向かい合うことを許されたのである。神々の世界は、他の三つの領域のほかに第四の領域を形成することはなく、エリュシオンと同一であった。それゆえ、エジプトの宇宙論は他の古代世界の全ての宇宙論と同じように、三部形成の構造を示していた。つまり、天と地球と下界、ないしは神々の国と生者の国と死者の国の三つであり、〔エジプトの宇宙論に見られる〕一つの例外は、死者がもし死者の審判で身の潔白か、少なくとも「正当化できる」ことを証明すれば、死者は死者の世界から神々の世界への移動をやり遂げられると信じられていたことである。

　これは人間論だけでなく、神性についてのエジプト的観念にも重要な帰結を持っている。もし死者が死者の世界から神々の世界に移動できるなら、神々は死ぬことと、死者の世界を通過することが可能なのである。太陽の神レーは毎夜そのようにしており、そして「デカンの星」〔地球の自転につれ次々に東の水平線に登ってくることで、夜の時刻を知るのに用いられた36グループの星のこと、1年＝360＋5日の10日間の周期に対応する〕はほぼ200日夜見えた後にそのようにして〔死んで〕、その後は70日間死者の世界に消えてしまうのである。エジプトの神々は死んでいく、しかし絶えず再生と新たな命があり、これが死者を処遇するエジプト人が励み模倣する方法なのである。デカンの星が死者の世界で過ごすと信じられていた70日はまた防腐処理とミイラ化の儀式を執り行う理想的な期間でもあった。それ〔70日間〕は、死んだ人がデカンの星のように死者の中から甦ってエリュシオンに入る前に、死者の世界で過ごすと考えられていた時間間隔であった。神々は、死が神性への移動通路と信じられていたほどに、死に近接していた。ピラミッド・テクストで非常に際立っている昇天の神話は、降下の神話の中にその対応物があり、新王国の王墓の壁面に描かれている。そこでは、われわれは太陽神が西の地平線から地に入り、下界の最深奥に降りていくのを目にするのだが、その下界最深奥で、太陽神は真夜中にオシリスと合体するのであり、これは朝に東方で生まれ変わり、天に昇っていくためである。

　このような神話のイメージに照らしてみると、埋葬宗教と宗教一般はセットになっていることが明確になる。もしも復活についてのエジプト人の考え方が古代地中海地域の宗教に鑑みて非常に例外的であるなら、同じことが神についてのエジプト人の概念に当てはまる。神々は死に、そして死すべきも

190

のは死者から復活する——これら二つの考え方は互いを前提しているのである。

結　論

　復活についてのキリスト教的考えはキリストの死を前提している。このことは、最初に述べたように、自然の事実ではなく、歴史の事実であり、直線的時間とただ一度限りであることという範疇とに属している。とは言え、キリストはオシリスのそれとは全く違った仕方で、天の楽園ないしはエリュシオンへの道を開拓したが、このオシリスもまたセトに対する勝利を通して死の領域を超えた領域を開いたのであった。キリスト教と古代エジプト宗教の決定的な共通要素は死からの贖いという考え、すなわち死の領域を超えて、神の臨在のもとに永遠の命のエリュシオンの領域があるという考えである。キリスト教はこの概念をエジプト宗教だけでなく、多くの、あるいはほとんどのギリシア的あるいはヘレニズム化された密儀宗教と共有しており、また初期ユダヤ主義の中のある傾向と、そして後にはイスラームとも共有しているが、しかしエジプトがこのような考えのありそうな元々の出所であるように思われる。

5 虫けらにとっての希望：
初期キリスト教の希望

ブライアン・E. デイリー

　初期キリスト教著述家たちの信仰の中心的特徴で、実質的に彼らの全てが同意していたことは、甦ったイエスを主と告白することが、彼の弟子たちもまたいつかはイエスの復活に分かち与るであろうとの希望を暗示しているということであった。使徒言行録は、初期エルサレム教団について神殿祭司たちやサドカイ人たちをいらだたせたことは、彼らが「イエスにおいて死者の復活を宣べ伝えている」ことであるとわれわれに語っている（使4:2）。そして、パウロは第一コリント書15章でイースター宣教使信（ケーリュグマ）の含蓄を論じつつ、イエスの復活の知らせとわれわれ自身に対する希望との間の結びつきを雄弁に指示している、「もし、この世の生活でキリストに望みをかけているだけだとすれば、私たちは全ての人々の中で最も惨めな者です。しかし、事実、キリストは死人の中から甦らされ、眠りについた人たち全ての初穂となられたのです」（Ⅰコリ 15:19–20）。この要点は進展していくキリスト教特有の教えの本体の中に即座に同化されたように見える。その結果、2世紀の半ばにはスミュルナ〔イズミル Izmir の旧称、古代ギリシアの植民都市、初期キリスト教の中心地の一つ〕のポリュカルポス〔c.69–c.155年、スミュルナの司教で殉教の死を遂げた聖人〕と殉教者ユスティノス〔c.100–c.165年、『弁明』を著したことで知られる初期キリスト教護教家〕は、体の復活を否定したり、単に体から離脱した魂の不死を希望する人々は全くキリスト教徒ではないのだと自信を持って主張することができた[1]。テルトゥリアヌス〔155/160–220年、カルタゴ生まれの初期キリスト教神学者〕は3世紀最初の10年間の著述で、『肉の復活について』と

1　ポリュカルポス『フィリピ人への手紙』7、ユスティノス『トリュフォンとの対話』80。

題する彼の反グノーシス論説の中でより一層挑戦的にこのことを述べている、「キリスト教徒の確信は死者の復活と密接に結び合わされている。それがわれわれを信者にするのである。真理がそれを駆り立て、そして真理は神によって啓示されている」[2]。それと同じ伝承に立って、二世紀後にアウグスティヌスはこう説教している、「もし、死者の復活を信じる信仰が取り去られたら、あらゆるキリスト教教義は消滅する」[3]。最終的には種々様々な教会の洗礼信条に明言されたその信仰は、当初からイエス・キリストにおける救いについてのキリスト教説教の中心的特質として理解されていたのである[4]。

「体の復活」は何を意味するのか？

　もちろん、われわれにとってと同じく最初期のキリスト教徒にとっての問いは、まさにこの待ち望まれた「体の復活」が何を意味するかを理解することである。事実、復活の希望の――そしてしばしば、2世紀半ば以降はこれに一般的に結びついた千年王国の期待[5]の――意味をより広い聖書信仰の文脈で理解し、かつ伝統的なユダヤ人や哲学的な傾向のある異教徒たちの嘲笑的批判に対してその合理性を擁護しようとする試みは、長いキリスト教の伝統における神学的省察への最初期の刺激の一つであったように思われる。キリスト教の神学的論争は、多くの点で、終末論と共に始まったのである。他

2　*On the Resurrection of the Dead* 1, Alexander Souter 英訳 (London/ New York: SPCK, 1922), 1.
3　説教 361.2。
4　信者の復活における希望の確言を含んでいた「信仰の規則」ないし「真理の規則」の初期の表明については、エイレナイオス『異端駁論』1.10.1 （「全人類のあらゆる肉を新たに復活させるため……」の、栄光を受けたイエスの「天からの未来的顕現」への言及）、テルトゥリアヌス『異端に対する掟』13（キリストは再び栄光のうちに聖徒や罪人らの審判者として到来する、「これらの二種類の人間の復活が、彼らの肉の復元と共に起こった後に」）、参照として同書 36、『処女らのベールについて』1。
5　真正の千年王国の希望が実際にはユスティノスやエイレナイオス以前には現存する教父文書の中ではっきりと表明されていないという、綿密に論考しまた説得力に富んだ議論については、Charles E. Hill, *Regnum Caelorum* (Grand Rapids: Eerdmans, 2d ed. 2001) を見よ。

方で、終末論は、当時も今も、決して孤立してはいない。終末論は先見の明ある救いの神を理解し、「死者の中から最初に生まれた者」たる救い主（コロ 1:18）の人格を理解することに根ざしているのである。それが同時に、神と知的ならびに物質的被造物の世界との関係の未来像(ヴィジョン)と、神の前での人間の自然な自己認識(アイデンティティ)と変換された状態についてのキリスト教的意味に根ざしているように。それは神学全体の一部をなしている。

　初期のキリスト教神学者にとっての死後の生命に関する議論の知的な対話相手は、一般的には、哲学的また科学的に教育を受けた同時代の異教徒たちであった。後期のヘレニズム世界においては死後の人間が生存する可能性とその在り方について、意見は非常に種々異なっていた。プラトンが魂の不死を、生命の原理としてのそれの正体(アイデンティティ)と、知的存在の永遠的、非物質的な形態との同族関係とを根拠に、強力に主張していた一方で[6]、紀元 2 世紀およびそれ以降の「中期プラトン主義哲学者たち」はこの主題に関して意見の一致と明瞭性の点でより曖昧であった。とは言え、彼らの大半は人格がいったん物質としての体の制限から解放されると、その知的要素はある程度継続すると見なした[7]。この伝統に立つ思想家にとっては、信者たちが最後の大火災を生き延び、死者の中から体をもって復活するであろうというキリスト教的期待は、中期プラトン主義者のケルソスが書いていることだが、

> 単に虫けらの希望であった。なぜなら、どんな種類の人間的魂が、腐ってしまった体になおも欲望を抱くだろうか。……なぜなら、神は罪深い欲望とか無秩序な混乱の創出者ではなく、本来的に正しく正当なものの創出者である。神は魂に永遠に存続する生命を与えることができるかもしれない。しかし、ヘラクレイトスが言っているように、「死体は糞よりも悪しきものとして捨て去るべきものである」。[8]

6　例えば、『ソクラテスの弁明』40c–41c、『パイドーン』72e–77d, 102d–107b、『パイドロス』245c–246d、『ティマイオス』41d を見よ。

7　John Dillon, *The Middle Platonists* (Ithaca: Cornell University, 2d ed. 1996), 96–101（アスカロンのアンティオコス［およそ前 130 年生まれ］とキケロ［前 100–43 年］について）を見よ。

8　オリゲネス『ケルソス駁論』5.14 に引用されている（Henry Chadwick [Cambridge: Cambridge University, 1965], 274 に英訳）。ケルソスはすでに、「魂は神の作品であるが、しか

3世紀にプロティノス〔エジプト生まれのローマの新プラトン主義哲学者〕でもって始まる「新プラトン主義」の伝統は、魂が人間の自己認識(アイデンティティ)の中核であり、生気を与えまた判断力ある原理であって、体に情報を与え、指導するのだが、魂は永遠で神的な精神の「堕落した」あるいは個別化した局面であり、それゆえそれは死ぬことはできないのだということをはっきりと強調している[9]。他方で、アリストテレスは魂を有機的で物質的な体の「現実態」ないし「完全現実態」(*entelecheia*)と見なした。実在それ自身というより、むしろ体の最高レベルでの特徴的機能と見なしたのである。そのようなものとして、魂は体の死すべき運命を共有していた[10]。エピキュロス学派はよりあからさまに物質主義的であり、魂を単に体の精錬された局面であり、全ての物質と同じように、原子から構成され、体の他の部分と一緒に消滅してしまうものと見なした[11]。ストア派哲学者たちはこの問いにより複雑なアプローチをした。この学派の後代のメンバーたちは、少なくとも幾つかの魂は死後もしばらくは生き延びることが可能だと考えた。もっとも、この学派は一般には、あらゆる現実は物質であり、生きている個人のあらゆる局面は最後には宇宙の連続的で秩序あるプロセスと再結合するのだという一元論的見解をとったのではあるけれども[12]。初期キリスト教護教家の同時代人で、多分後期ギリ

し、体の性質は違う。事実、この点で、蝙蝠の体や、あるいは虫けらや蛙や人間の体との間に何の違いもない。なぜなら、それらは同じ物質で作られており、それらは等しく腐敗を免れないからである」と力説していた。

9　特に、プロティノス(205–269/270年)『エンネアド』5.7を見よ——これはプロティノスの最初期の第二の論説である。
10　『魂について』2.412bを見よ。
11　例えば、エピキュロス(前341–270年)『主要教説』2、『ヘロドトスへの手紙』63、ルクレティオス『事物の本性について』3.830–68を見よ。
12　ゼノン(前335–263年)とクレアンテス(前331–232年)によって展開された比較的初期のストア派の立場は、魂を単純に体の機能的局面と見なしていたが、それについては、Hans von Arnim, *Stoicorum veterum fragmenta*, 1 (Leipzig: Teubner, 1905), nos. 518–21を見よ。魂それ自身は身体的であるが、体から分離して少なくともしばらくの間は生き延びるという、クリュシッポス(およそ前280–207年)のより複雑な立場については、同書2 (Leipzig: Teubner, 1903), nos. 809–22を見よ。さらに、R. Hoven, *Stoïcisme et Stoïciens face au problème de l'au-delà* (Paris: Belles Lettres, 1971); John M. Rist, "On Greek Biology, Greek Cosmology and Some Sources of Theological Pneuma," *Prudentia* supplement 1985

シア医学者の中で最も影響力のあったガレーノス〔古代ギリシアの医学者で、ルネサンスに至るまで医学の権威と仰がれた〕は、体の中の自発的運動と感覚の原理としての霊はその存在を認めたが、それが独立した、不死の物質であるかどうかについては、彼自身は不可知論者であると言明している。たとえ霊がそうであったとしても、霊は経験と働きとにおいて大いに体による影響を受けている、と彼は主張した[13]。初期のキリスト教神学者たちが来るべき体の復活について自分たちの議論を展開させたのは、この多様な見解の組み合わせに対立して、またキリスト教徒たちが望み、信じたことに関する異教徒著述家たちの軽蔑的な懐疑論に直面してのことである。

　私がこの短いエッセイの中で行おうと提案するのは、単に体の復活に関する初期キリスト教の見解の今一つ別の概観を示すだけでなく[14]、この中心的希望の種々異なった方法による解釈と、人であるとはどういうことかの、つまり、人の身体性についての、人の知性と霊性についての、それに人間世界全体とその創造主との関係についての、暗示ないしは明示された理解との間の結びつきをより綿密に吟味することである。これを行うために、私は――

(Auckland, 1985), 27-47 (repr. in *Man, Soul and Body* [Brookfield, Vt.: Variorum, 1996], V) を見よ。

13　特にガレーノス（129-199/216 年）の後期の論説である『私自身の見解について』3.14-15, ed. Vivian Nutton, Corpus Medicorum Graecorum 5.3.2 (Berlin: Akademie Verlag, 1999), 59-61, 111-21 を見よ。さらに、Luis Garcia Ballester, "Soul and Body: Disease of the Soul and Disease of the Body in Galen's Medical Thought," in Paola Manuli and Mario Vegetti, eds., *Le opere psicologiche di Galeno* (Naples: Bibliopolis, 1988), 116-21 も見よ。

14　そのような概説の幾つかはすでに入手可能である。復活の希望に関する新約聖書の教説の完全な梗概ならびに2世紀の資料の短い概観については、Pheme Perkins, *Resurrection: New Testament Witness and Contemporary Reflection* (New York: Doubleday, 1984), 特に 293-391 を見よ。教父時代に至るまでの終末論の概説については、私の著書である *The Hope of the Early Church: A Handbook of Patristic Eschatology* (Cambridge: Cambridge University, 1991)、およびより短くて一般向きに書かれた "The Ripening of Salvation: Hope for Resurrection in the Early Church," *Communio* (USA) 17 (1990): 27-49 を見よ。さらに、A. Fierro, "Las controversias sobre la resurrección en los siglos II-V," *Revista española de teologia* 28 (1968): 3-21、また「肉の復活」の語句という特定問題については、G. Kretschmar, "Auferstehung des Fleisches: Zur Frühgeschichte eines theologischen Lehrformel," in *Leben angesichts des Todes*, Festschrift für Helmut Thielicke (Tübingen: Mohr/Siebeck, 1968), 101-37; Horacio E. Lona, *Über die Auferstehung des Fleisches: Studien zur frühchristlichen Eschatologie* (Berlin: de Gruyter, 1993) を見よ。

大体は時間順に——教会の最初の四世紀における体の復活についての主要な神学的議論をざっと眺めて、それらが暗示する人間学の観点からそれらを四つの主要タイプに分類することを提案する。(1) 神の霊の賜物による、今のところは不完全な人間的現実であるものの仕上げまた完成としての復活、(2) 今は物質性という重荷を背負っている人間の存在を「啓蒙された」、非身体的な仕方で再解釈する仕方としての復活、(3) 分解して散らばった人体の分子が神によって再び創造的に組み立てられることとしての復活、そして (4) 魂が神と共にある生の一層明白に霊的な条件に適合するための、魂の継続的「乗り物」ないし道具である体の魂による適応としての復活、である。

もちろん、われわれの手順は多少過度の単純化を伴っており、私が言及する著者たちの間に事実存在する重なり合う部分を分かりにくくするかもしれない。それにもかかわらず、私はその結果が、待望された、人間の復活に関する教父たちの議論において、どんな神学的関心が関わっていたか、そしてどんな哲学的、聖書的そして科学的推測が働いていたかについて、標準的な教理史が示しがちであるものよりもなお一層微妙なニュアンスのある理解を促進するであろうことを希望する。

1. 人間の可能性の完成としての復活

キリスト教的希望の理解をはっきりと表現することへの最初のアプローチは、われわれが「キリスト教弁証家」と呼ぶ 2 世紀後半のギリシア語著述家たちの著作の中に最も特徴的に現れるのであるが、それは未来の体の復活を、イエスの死と復活において達成された神と人間との間の和解の最後的達成——人が究極的な歴史の結末と言うかもしれないもの——として理解するだけでない。それはまた、人格としての人間それ自身は、全ての人間の体が歴史の終局に死から起こされるまでは、ある意味で不完全であり、その生命が持つ可能性は未だ成就されていないということも想定する。それは、われわれが「人間的不完全さの人間学」と呼ぶことのできるかもしれないものを想定するのである。

大半の弁証家はいろいろと異なった仕方で、どんな意味であれ、「生命」という言葉に値する魂の死後の生き残りは、魂の本性によっては保証されず、

また、死後も継続する生存に対するわれわれの自然の欲望の成就は神の贈り物としてのみなされ得るのであって、肉体と霊の合成物としての人格としての人間全体が、本来的には神にのみ属する朽ちることのない生命に与ることを可能にするのだと主張した。

　例えば、ユスティノスは彼の著書『トリュフォンとの対話』の導入部で霊の性質について明瞭に哲学的に議論しているが、その中で、霊は創造されたものであるから、そしてそれゆえ時間上の始まりを持っているから、厳密には霊は不死であり得ない、と主張している。もし、霊がそもそも生き残るとすれば——そしてユスティノスは霊が生き残ることに同意するのであるが——それは神がそうあるように意志するからである、というのである[15]。プラトンの見解とは対照的に、ここでユスティノスは、命が霊であるところの何かではなく——霊の実体ないし定義の一部ではなく——霊が持っている何か、神にのみ属するものに与ることによって、霊が持っている何かであると述べている。結果として、死とは、飾らない言い方をすれば、魂と体の双方の消滅である。

> なぜならば、生きることは神の属性であるから、それは死の属性でない。しかし、人間は常に生きているわけでなく、また魂は永遠に体に結ばれているわけではないように——なぜなら、この調和が崩壊されなくてはならない時にはいつでも、魂は体を離れ、人格はもはや存在しないのだから——、魂が生存するのを止めねばならない時にはいつでも、生命の霊は体から取り除かれ、魂はもはや存在せず、それは元の持ってこられた場所に戻るのである。[16]

このように、キリスト者が希望する不朽と神との永遠の交わり[17]は自然の要求としてではなく、神の贈り物として理解されるべきである。

15　『トリュフォンとの対話』5。他の箇所では、ユスティノスは死者の魂について、何らかの形で生き残り、また感覚を持ちコミュニケーションすることが可能であると確かに語っている（『対話』105、『第一弁明』18, 20を見よ）。彼はこのことを主として聖書のシェオールか、あるいは古典的なハーデースとして理解しているようである。

16　同書6（英訳 *Ante-Nicene Fathers* 1.198［表現は変えられている］）。

17　例えば、『第一弁明』10、『対話』45を見よ。

5 虫けらにとっての希望：初期キリスト教の希望

如何なる確固たる類の不死に対しても人間が神に依存しているというユスティノスの強調は、より断言的な言葉で、同時代人である二人のシリア・ギリシアの弁証家、東シリアのタティアノスとアンティオキアのテオフィロス〔842年没、829-842年ビザンティン帝国皇帝、聖像破壊の宗教政策を推進した最後の皇帝〕の著作の中に表現されている。紀元180年頃に書かれたテオフィロスの論文『アウトリュコスへ』は、主として、八書（オクトイトイヒ）〔旧約聖書にある最初の八書、モーセ五書にヨシュア記、士師記、ルツ記の三書を加えたもの〕の中に記された人間の起源についての物語を古典的神話と拡大比較したものである。ここでテオフィロスは、次のような命題を入念に練りあげる。人間たる〔個性を持つ一個人としての〕人は本性的には単純に死すべきものでも、また不死なるものでもなく、「中間的な性質」を持っていて、双方であり得るのであり、それゆえ、もし人間たる〔個性を持つ一個人としての〕人が神の命令を守って不死の物に傾くならば、彼は神から報酬として不死を受け取り、神になる。しかし、他方で、彼が神に服従しないで死の物に向きを変えるならば、彼は自ら自分にとっての死の原因となるのである、という命題である。[18]

テオフィロスの見解では、不死は神により体と魂の両方に授けられる贈り物であり、本性的に不死である者を見ることができるわれわれの能力の中心に置かれている[19]。

紀元165年頃に書かれた『ギリシア人への演説』の中で、タティアノス——ユスティノスの弟子——は生命の十全さと恒久不変に対して人間が神に依存していることを強調する人間学をよりはっきりとした言葉で展開させている。

> 人は、愚痴っぽい哲学者が言うように、単に物事を理解し、知識を持つ

---

18 『アウトリュコスへ』2.27。2.24も見よ。これらの箇所で、テオフィロスは多分Ⅱペト1:4に依拠して、救いの十全さを神格化として、つまり神となることとして語る最初のキリスト教著述家である、としばしば指摘される。神のみが本性的に不死であるから、彼はこの〔第二ペトロ書の箇所の言う〕神的地位を不死と同等視しているように見える。
19 同書 1.7。

199

理性的動物であるだけではない。……しかし、〔動物の中で〕人だけが神の肖像(イメージ)かつ似姿である。そして私は「人」と言うことで動物の行動と似たような行動をするものを意味せず、単なる人間性をはるかに越えて——神自身に——進んでいったものを意味している。[20]

こうしてタティアノスは、人格としての人間の中にある「二種類の霊」を区別する。肉体を「包み込み」それを抱えるものである魂 (psychē) と、魂よりもより偉大な何か、神の霊ないしは神の「代理人」で、魂を神の肖像(イメージ)かつ似姿に形づくり、それを神の神殿にするものである[21]。ただ、タティアノスがこの「霊」が何であると理解しているのか、完全には明瞭でない。ある箇所では、彼はそれを聖書の言葉でもって「聖霊」また「神の霊」[22]として言及し、そして預言の源泉として、また神との合一へと導くわれわれの道案内者として指し示している[23]。他の箇所では、それはストア学派の言う、種々様々な被造物の中に多様な形や度合いで存在する pneuma のような、ダイナミックな宇宙的生命力のようにも見える[24]。それはそれ自身が「神の肖像(イメージ)かつ似姿」であり、最初の人間においてそうであったように、魂の中に住みついて、魂の「不断の同伴者」として振る舞うことで、人間がその物質的性質の制限を越えて甦ることを許す[25]。タティアノスが神的ロゴスと同定しているように思われる「知恵に忠実な」人間たちはこの霊を受け取り、その力によって生きる。そして、タティアノスは全ての人々が最後には死者から復活させられて、自分たちの諸々の行いに対する報いを受けるのだと信じているけれども、この霊の存在がそれ自体は死すべき魂により高度な、より永続的な質の生命を賦与するのである。

---

20 『ギリシア人への演説』15。
21 同書 12, 15。
22 同書 15。
23 同書 13。
24 同書 12。タティアノスによる pneuma という言葉の用法の聖書的背景とストア的背景についての議論は、Martin Elze, *Tatian und seine Theologie* (Göttingen: Vandenhoeck & Ruprecht, 1960), 68–69, 86–88 を見よ。
25 同書 13, 12。

> おおギリシア人たちよ、魂それ自体は不死でなく、死すべきものである。しかし、それが死なないことはできる。実際、もしそれが真実を知らなければ、それは死んで体と共に解体してしまうが、しかし、最後には、世界の終わりには、再び体と共に復活して、不死の中で懲罰による死を受け取る。しかし、もしそれが神についての知識を獲得するならば、それは一時的に〔体から〕分離されるけれども、死ぬことはない。[26]

十全で恒久的な意味での生命、生きる価値のある生命は、ロゴスの弟子たちに神によって賦与される霊に与ることからのみ到来する。

　2世紀後半の弁証家たちから引用したこれらの諸節に表現された人間学と終末論は、人間たる〔個性を持つ一個人としての〕人全体の救いという聖書的約束を、哲学的に思考する異教徒の隣人たちの希望と対比させるという関心によって駆り立てられているように見える。ストア派哲学者たちの抱いた、一元論的に考えられた宇宙的プロセスの中への平和的で自然な吸収合併への期待、あるいはプラトン派哲学者たちの抱いた、より個人主義的で、魂自らの道義的また知的無欠性を培った、体を持たないそれの生き残りへの希望である。初期キリスト教弁証論にとって鍵となるのは、人格としての人間は、事実、その内部での神の積極的な掛かり合いを離れては「全体的」ではないという確信、そして、人格たるものが死後も肉体と霊のうちに生き残ることは、かくして後の神学が恩寵の業と呼んでいるものである、すなわち自然な権利というよりも神の贈り物である、という確信である。

　このことは、多分、エイレナイオスの記念碑的論文、『異端駁論』の第5書に最も明確に述べられている。この著作は弁証家たちと多くの特色と主題を共有しているにもかかわらず、通常彼らの範疇には入れられない。もちろん、エイレナイオスは2世紀後半の様々なキリスト教的グノーシス諸派の神学的弱点を暴くことに主たる関心を持っている。これらの諸派は新参の入信者に対して、人間の起源についての新しい、隠されていた物語と、新しい、ごく僅かの啓発された者たちに対する救いの約束を啓示するものだと主張する秘教的伝承とを提供する――本質的には、物質的な体と外部世界の諸制度や圧力からの解放に存する救い、である。エイレナイオスは、この著作で一

26　同書13（表現は変えられている）。

貫して、本当のキリスト教説教は単に周囲を包み込む物質の暗闇からわれわれの中にある光の閃光を救出することだけではなくて、全ての死者の体の復活と全ての肉体の救い[27]を約束するのである、という主題に絶えず戻っている。聖餐式というキリスト教の慣行は——おそらく、グノーシス派諸教会も共有していたものであるが——それ自体、神が実際に受肉したと信じることと、肉体が実際に復活すると希望することによってのみ理解できると、彼は力説する[28]。

エイレナイオスが彼の終末論を最も十分に展開している前著の第5書の中で、彼はまた自分なりの新約聖書解釈に基づいて人格としての人間についての大胆な構想を素描しているが、それは同時代の哲学的人間学とは強烈な対照をなしている。エイレナイオスは、後の時代の多くの教父たちもそうしたように、第一テサロニケ書 5:23（「どうか、平和の神が、あなたがたを完全に聖なる者としてくださいますように。また、私たちの主イエス・キリストの来られる時、あなたがたの霊と魂と体とが健全で非のうちどころのないもののままに守られますように」）にあるパウロの終末論的救いへの希望を彼の鍵テクストとして捉え、神がアダムとエバを創造した時から意図していたこの人間的全体は、事実、創造者の「両手」の一つである聖霊の存在を、われわれの創造された魂と肉体と共に、その完全な実現の不可欠な構成部分として含んでいるのだと力説している。

　なぜならば、完全な人間は、自らの魂が父〔なる神〕の霊を受け取る時

27　例えば、『異端駁論』1.10.1、1.22.1、3.16.1（全て定式的表現の箇所である）を見よ。さらに、2.33.5、3.12.3 も見よ。
28　同書 4.18.5、4.38.1、5.2.2–3。これらのうちの最後の箇所で、エイレナイオスは聖餐式を新約聖書の穀粒とぶどう酒のイメージと関連づけている（ヨハ 12:24、15:1–8、Ⅰコリ 15:35–38）。「ちょうど、地面に植えられたぶどうから切り取られたものが、時節が到来すると実を結んで、あるいは小麦の粒が地上に落ちて分解し、あらゆるものを含んでいる神の霊によって、何倍にも増えて甦って、そしてその後に、神の知恵を通して、人類が使用するのに役立つように、そして神の言葉を受け取って、キリストの体と血である聖餐式となるように、われわれの体もまた、聖餐式によって栄養を与えられ、地の中で分解し、そこで分解の苦しみをするのだが、定められた時が来て、神の言葉が神の栄光のためにそれらに復活を許可する時……甦るであろう……」(5.2.3, *Ante-Nicene Fathers* 1.528 〔表現は変えられている〕)。

に起こる魂の混成と合一、そして、神の肖像(イメージ)に似せて形づくられた、かの肉体的性質の混合に存在するからである。……霊が、ここにおいて魂と混合し、[神の]手細工[29]に一体化される時、霊がほとばしるゆえに、人格は霊的かつ完全なるものにされる。これが神の肖像(イメージ)かつ似姿に作られたものである。しかし、もし霊が魂に欠けていたら、そのような人は本当に動物的[30]性質を持つものであり、肉的な[31]もののままに放置され、実際に形成される時には[神の]肖像(イメージ)を持っているが、しかし霊を通して似姿を受け取っておらず、不完全な存在となる——だから、彼の存在は不完全なのである。[32]

ヴァレンティノス派やその他のグノーシス諸派は、「霊的な人々」たる自分たちの啓発されたメンバーと他の人々——「精神的」あるいは「動物的」な種類の者たち、つまり、この分派(セクト)の隠れた知恵を受け取ることのできる十分な知性を持った者たちと、自分たちの体の衝動と必要とに強く拘束されていて現在の世界の暗闇から救出されることのできなかった「肉的」ないし「体的」な種類の者たち——とを区別したが、一方でエイレナイオスは、新約聖書の「完全な」、「霊的な」人々は彼らの魂と体に神の聖霊を受け取り、キリストの教会たる体のメンバーとして、復活と不死の生命、それにわれわれの想像を超えた体と魂双方の究極的変形を待ち望みつつ、霊の自由のうちに生きる者たちであると力説する[33]。神の聖霊なくしては、人格としての人間は不完全であり、創造における神の計画は達成されない。霊の存在するところでは、人間の肉体さえも永遠の生命と輝くばかりの神の栄光への参加者となるのである[34]。

---

29 ラテン語テクストでもギリシア語テクストでも *plasma* である。一般的に、エイレナイオスはこの単語を創 2:7 にある、神によって形づくられた物質的な人間の形に言及するのに用いる。

30 ラテン語で *animalis*、ギリシア語で *psychikos*。

31 ラテン語で *carnalis*、ギリシア語で *sarkikos*。

32 『異端駁論』5.6.1（*Ante-Nicene Fathers* 1.532 ［表現は変えられている］）。

33 同箇所。それに、5.8.1–2、5.36.3 も見よ。

34 人間的必要の可視的種類の成就として、また知恵、愛そして合一でもある人間に内在する能力を越えた、生命の源泉としての神の栄光という聖書的イメージが『異端駁論』の第 4 書の主要主題である。特に 4.20.5–8 を、4.20.7 にある有名な文章（通常、部分

2．再解釈としての復活

　復活の希望を解釈する第二の初期キリスト教的アプローチは、弁証家たちやエイレナイオスの解釈と同時代で、われわれがすでに述べたグノーシス派の大半の特徴をなしている。これらのグループの神学や、主流のキリスト教伝承からのそれらの隔たりないしそれとの近似は、相当に種々多様であったが——実際、あまりに多様であったので、「グノーシス主義的」という集合的用語の妥当性そのものが最近は疑問に付されている[35]——彼らは、少なくとも人間の体や人間的諸制度や、それに物質世界の価値と善性に対する深い疑惑を共有しており、またキリスト教的諸範疇(カテゴリー)を完全に遠ざけた物語的枠組みの中にそれら諸範疇(カテゴリー)の文脈を与えることによって再解釈したところの、凝った複雑な宇宙論と神話という手段で、現在の秩序の起源と状態について説明した[36]。現存するグノーシス主義的小文書の幾つかは、われわれの内部に閉じ込められた光がその原初の根源に戻るという仕方で、人間の歴史の最終目的地について語っている[37]。また他の小文書は復活について語っているが、主として秘跡(サクラメンタル)的な再誕生を暗示する語り方で、である[38]。

　ナグ・ハマディで発見されたグノーシス文書集の中で、主にキリスト教的復活の希望に焦点を合わせた一つの論文は、『レギノスへの手紙』ないしは

　　的にのみ、それゆえ誤解に導きかねない仕方で引用される）も含めて見よ：「なぜなら、神の栄光は生ける人間である。人間の生命は神を凝視することに存する」。

35　例えば、Michael A. Williams, *Rethinking "Gnosticism": An Argument for Dismantling a Dubious Category* (Princeton: Princeton University, 1996) を見よ。
36　現存するグノーシス主義的諸著作の終末論については、Daley, *Hope*, 25–28 とそこに引用されている参考文献表を見よ。さらに、Giovanni Filoramo, A *History of Gnosticism* (Oxford: Basil Blackwell, 1990), 128–41 も見よ。
37　そのように、例えば、『この世の起源について』127 (James M. Robinson [ed.], *The Nag Hammadi Library* [San Francisco: Harper, 3rd ed. 1990], 189)。この論文はひどく終末論に関心を持っており、その英訳者によって、「本質的に非キリスト教的」であるが、しかし「グノーシス主義的世界観」を表現している、と特徴づけられている（同書 171 頁）。
38　『フィリポ福音書』67:15–30。ここでの主たるイメージは新参入信者に真理に近づくことをかなえさせる、「婚礼の部屋」に入るイメージである。著者はこの「入場」を洗礼、および聖餐式と連想させる。『三部の教え』122:19–21、『トマス福音書』語録 75 参照。

『復活に関する教え』で、見たところでは 2 世紀の西方ヴァレンティノス派の著作である（そして、おそらくはエイレナイオスの文化と神学の環境から生まれたものである）[39]。この短い論文は、他の多くのヴァレンティノス派の著作と同じように、信仰の伝承、特にパウロの手紙や他の使徒的文書において宣言されている復活の希望を扱うキリスト教的グノーシス主義著作家の真剣な試みを代表しており、ナグ・ハマディ出土の他の文書にある異様な神話的また魔術的な装飾は欠けている。それでもなお、著者が復活を現在の肉の体の救済と変形と解釈しておらず、それよりむしろ、自己が以前の存在から現世界の中に入ることによって重荷として担わされてきた肉からの解放と解釈していることは明らかである[40]。復活は、この著者にとっては、単にわれわれが現在はその下で苦しんでいる弱さや老化からの解放であり、「体の後産」の廃棄であり、それゆえ利得となるものである[41]。

この著者の解釈では、この形の変化は、自由な、そして専心集中した心を持って生きることのできる人々には、本質的にすでに起こっていたことである、「おお、レギノスよ、こまぎれの考え方をするな、［他のキリスト教徒と？］同意するために、この肉体と同調して生きることもするな。そうではなくて、分断と足かせから逃げよ。そうすれば、あなたはもう復活を手にしたことになるのだ」[42]。事実、この論文は復活というキリスト教の出来事を、信者の側で、キリストと自らの同定と、かの秘密を、「本当の」キリスト教物語を学ぶこととを通して、すでに信者の中に起きている変換の内面的発見と同定しているように見える。ある箇所で、著者はこの新しい幻（ヴィジョン）を、使徒たちが見た変貌したイエスと一緒にいるモーセとエリヤの栄光ある幻（マコ 9:2–8 およびその並行）になぞらえている。

39　Malcolm Lee Peel, *The Epistle to Rheginos: A Valentinian Letter on the Resurrection* (Philadelphia: Westminster, 1969), 12–17 を見よ。
40　例えば、『レギノスへの手紙』47:2–10（Peel, 32）を見よ。
41　同書 47:17–22（Peel, 32）。
42　同書 49:9–16（Peel, 34–35）。分断と番号〔をつけられること〕を物質と幻想の世界と同定し、そして救済を原初的統一への帰還と同定するグノーシス的傾向については、例えば、『トマス福音書』語録 11、106、『ヨハネのアポクリュフォン』18:30、性別と性的特質の表現によるそれでは『フィリポ福音書』68:23–26、70:9–22 を見よ。

それならば、復活とは何であるか？　それは常に、甦った者たちの露見である。なぜなら、もしあなたたちが福音書の中でエリヤが現れ、またモーセが彼と一緒に現れたのを読んだことを憶えているなら、復活が幻想だと考えてはならない。復活は幻想ではなく、真実である。すると、われらの主なる救済者イエス・キリストを通して実現した復活が幻想であるというより、この世界が幻想であると言うのが一層適切である。……この世界は幻想である……しかし、復活にはこの〔幻想というような〕性質はない。なぜなら、それは揺るぐことのない真実であるからだ。そして、それは存在するものの啓示であり、諸物の変換、そして新しさへの移行である。[43]

この論文のヴァレンティノス派著述家にとって、彼の多くのグノーシス主義者仲間にとってと同じように、キリスト教的な復活の希望を理解するための鍵は、復活を啓発として、すなわち世界の起源および神の救済計画についての徹底的に再調整された修正主義的物語——それは、社会の周辺に追われた彼ら自身の宗教党派(セクト)の恵まれたメンバーにのみ近づき得る物語であるが——を受け入れることとを通して、自己発見と欲望の新たな方向づけの深い経験として受けとめることである。この復活解釈が拠り所としている人間論は明らかに中心的な重要性を持っている。それは、われわれが「煩わされた意識の人間論」ないし「暗闇の中の光の人間論」と呼んで良いようなものであり、そこでは、暗闇は道徳的悪、官能性、体、そして現世界の支配権力と同定され、また光は少なくともわれわれの幾人かの中にあってわれわれの共通の眠りから「目覚めさせられ」、またこの世界を新しい仕方で読み取る、生まれながらの潜在能力と同定されるのである[44]。この意味で、グノーシス主義神学にとっての復活は体の出来事とはとうてい呼ぶことのできないものである。それは内面的な啓発の経験、現在の体の世界からの解放の経験、あるいは自己と自己の歴史と未来の徹底的(ラディカル)再解釈の経験である[45]。

43　『レギノスへの手紙』48:3–38（Peel, 33–34［表現は変えられている］）。
44　このイメージについては、例えば、『ヨハネのアポクリュフォン』28:26–31:21を見よ。
45　この理由で、『レギノスへの手紙』の終末論、「実現された」そして未来的な終末論、についてのマルコム・ピールの結論に同意することは難しい。「復活の体についてのわれわれの著者の見解は、パウロの見解の相当に忠実な解釈である——事実、初期キ

3. 再構成としての復活

　復活の希望を理解する第三のアプローチは2世紀後半のキリスト教の弁証的また神学的著作の中に現れ始め、少なくともアウグスティヌスの時代までキリスト教精神を支配する力を維持することとなった。それは、死と分解によって体が砕かれてしまって、散り散りになった物質断片（古代的意味での「原子」）が再び組み立てられ、そしてそれらの断片がただ一人の〔個性ある一個人としての〕人を——今存在している人格と同じ人格を——構成するために、生き残っていた魂と再び結合することとしての復活という概念である。この観念の底にあるものは、「構成の人間論」と呼ぶことのできるものである。つまり、その根源(ルーツ)を常識と古代哲学の幾つかの伝統に持つ〔個性ある一個人としての〕人という概念である——特に、科学的原子論と、物質的体に本来的に関連している魂というアリストテレスの概念である。人間たる〔個性ある一個人としての〕人についてのこの見解では、われわれの一人一人は、われわれの内面的意識でも・あ・り、またわれわれの物質的体でも・あ・る。われわれ自身として生き残りかつ不死を共有するためには、また本当に甦らされるためには、われわれが今ある人格とこれからなるであろう栄光ある姿との間に物質的かつ霊的な同一性(アイデンティティ)がなくてはならず、またその同一性(アイデンティティ)は、われわれの心のみならずわれわれの物質の断片が、たとえ外見と特性とは幾分かはより良いものへと変えられるとしても、全てわれわれのものとして再生利用されねばならない。

　この理解の古典的な初期の代表的なものは2世紀の弁証家アテナゴラスのものとされる論文『復活について』であり、それは、たとえ彼によって書かれたものでないとしても、おおよそ彼と同時代のものであるように思われる[46]。この著者は論文を締め括る段落の中で自分の論点を力強く力説してい

リスト教の多くの異端論者のそれよりは、より忠実である」(*Epistle*, 148–49)。ピールは未来の救済に肉が関与することへのエイレナイオスの強調を暗示し、それをIコリ15:42–50で語られている「霊の体」と対照させているように見える。

46　Robert M. Grant, "Athenagoras or Ps.-Athenagoras," *Harvard Theological Review* 47 (1954): 121–29 および彼の弟子 William R. Schoedel, *Athenagoras: Legatio and De Resurrectione*

る。もし同一種類の全存在が、自分たちの完全さを同じ最終状態の中に見出し、かつその最終状態が彼らの特質全体に一致しなければならないとするなら、人間の成就は単に魂の不死以上のものでなくてはならない。

> しかし、もしこれが〔魂と体の〕両部分共々の終わりであり、そしてこれが、すでに述べた数多くの原因によって、現在の存在状態の中でなお生きている間にも、あるいは魂が分離した状態にある時にも、見出せないのであれば、というのも、人間は体が分解し、実際に完全に広く散り散りばらばらになっている時には、たとえ魂そのものはそれ自体で存続していようが、生存しているとは言えないのだから——、人間たる〔個性ある一個人としての〕人の存在の終わりは、両部分共々が、そして同一の生存物が、何か再構築された状態で現れるということが絶対に必要である。……しかし、同一の体が同一の魂に回復されるのでなければ、同一の人格が再構築されることは不可能である。[47]

この論文の初めの所で、アテナゴラスはキリスト教のこの中心的信仰に対する弁証論を記し始めて、もし神が人間を無から創造したのならば、神が死者を甦らせることは間違いなく可能であると力説する。確かに、神にそのような第二の創造行為が不可能であるとか、あるいは分解した体の小片のありかを神が知らないということは考えられないことである[48]。その後にアテナゴラスは、異教徒によるキリスト教的希望の批判における標準的な異議となった仮説的事例に取り組む。神は、一度はある人の体の一部を形作っていたが、死後には腐肉をあさる動物や魚に食べられてしまう肉体の小片をどのように処理するのであろうか？ もしも別の人が、後になってその動物や魚を

(Oxford: Clarendon, 1972)、両者ともこの著作はアテナゴラスによるものでなく、3世紀初期の反オリゲネス主義の論文であると見なしている。その信憑性は、とりわけ Leslie W. Barnard, *Athenagoras: A Study in Second-Century Christian Apologetic* (Paris: Beauchesne, 1972); "Athenagoras' De Resurrectione: The Background and Theology of a Second-Century Treatise on the Resurrection," *Studia Theologica* 30 (1976): 1–42 によって強力に擁護されている。

47 アテナゴラス（?）『復活について』25 (*Ante-Nicene Fathers* 2.162 [表現は変えられている])。

48 同書 2–3。

殺して食べるとしたら、両人が復活で再構成される時には、それらの小片は誰のものになるのであろうか[49]？　著者アテナゴラスが持っていた人格の同一性（アイデンティティ）という理解を考えれば、彼は明らかにこれを深刻な問いと見なしている。彼の答えは、まず第一に、そのような諸問題を整理するために神の力と知恵に訴える。それから彼は――動物の体は、その食べ物のうちで自分自身の性質に関わる部分だけを自分のものとするというガレーノスの消化についての理解から考えを借用して――一人の人格それ自身の体の同一性（アイデンティティ）を構成する小片は他人の体の中には統合されないだろう、と示唆する[50]。

著者はさらに、その論文の後半で、体の復活のもっともらしさと適切さを支持する他の根拠について論じている。すなわち、眠りからの目覚めのような、人間の経験における類似や[51]、われわれが自分の体において行う行為はその報酬なり処罰なりを身体的な仕方で受けねばならないという正義における必要条件などである[52]。しかし著者が何回かにわたって立ち戻る主要論拠は、人間論的論拠と目的論的論拠である。一見して明らかなように、もし、神が人間を不死の魂と物質的体の合成物として創造したのは、

> 人間が、現在の生存期間を通り抜けた時に、出生時と存命中に構成されていたのと同じ要素と共に、一つの共通の目的に達するためであったとするなら、不可避的な帰結として、一つの生けるもの（$z\bar{o}on$）は二つのものから、つまり、何であれ魂の経験するものと、何であれ体が経験するものとの……二つから形成されるので、これら一連の事柄全体がある

49　同書4。この議論の後代になっての出現については、テルトゥリアヌス『肉の復活について』4、アウグスティヌス『神の国』22.20を見よ。また敵対的な意味で、ポルフュリオス『キリスト教徒駁論』4.24（英訳 R. Joseph Hoffman, *Porphyry, Against the Christians* [Amherst, N.Y.: Prometheus, 1994], 90–91）を見よ。この「連鎖的食い尽くし議論」についての思慮深い所見については、Carolyn Walker Bynum, *The Resurrection of the Body in Western Christianity, 200–1336* (New York: Columbia University, 1995), 27–43, 特に32–33を見よ。

50　アテナゴラス（？）『復活について』5–6。著者によるガレーノスの利用については、Schoedel（上記註46）101頁を見よ。

51　同書16–17。

52　同書18–24。

一つの目的に差し向けられねばならない。[53]

　言い換えれば、われわれの現在の構成は復活を要求するように思えるのである。

　私が述べたように、2世紀および3世紀の多くのキリスト教著述家は、これと本質的に同じ一筋の論法を、現在の体の魂と全物質的構成要素との再組み立てと理解される体の復活を支持する弁証の論拠として再現している。例えば、ユスティノスに帰される、多分反オリゲネス主義的著作である3世紀の著作で、復活について記すある論文[54]もまた復活した体の物質性を強調し、神の創造的な力を強調することによって、復活の可能性を論証している[55]。テルトゥリアヌスは、その著作である反グノーシス主義かつ反マルキオン主義論文『肉の復活について』が3世紀の最初の10年間に出た人であるが、彼に加えて、偽ユスティノスも、イエスの復活はそのような復活の可能性を証明するだけでなく、われわれ自身の〔復活の〕希望のモデルをもまた与えていると強調している[56]。これらの著述家の強調している要点は、再度復活するであろうものが、この現在の肉体、この目に見える、そして認識できる体だということである[57]。

　かくしてアウグスティヌスは、『神の国』の最後の巻で、人の肉を食べた動物の肉を、今度は人が食べるという今や古典的ともなった難問を手短に扱った後で、依然としてこの現在の体の全ての物質的構成要素は復活の体の中

53　同書15。
54　大きな断片、主として8世紀の *Sacra Parallela* でのみ現存する。この作品は現在は一般的に弁証家かつ殉教者の作品ではないと合意されている。特に、F. R. Montgomery Hitchcock, " 'Loofs' Asiatic Source (IQA) and the Ps.-Justin De Resurrectione," *Zeitschrift für die neutestamentliche Wissenschaft* 36 (1937–38): 35–60 を見よ。
55　偽ユスティノス『復活について』断片3–5, 7。
56　同書断片9、テルトゥリアヌス『肉の復活について』51–53。
57　例えば、メトディオス『アグラオフォン：復活について』3.12.17（古スラブ語版、ed. G. N. Bonwetsch, Die griechischen christlichen Schriftsteller der ersten drei Jahrhunderte 27 [Leipzig: Hinrichs, 1917], 409）、階上部屋でのイエスの顕現への注釈を見よ。「彼自身が〔彼の弟子たちに〕彼の体が肉と骨で構成されていると確信させた時、われわれはどうしてさほどにも大胆に、もう一つの、霊的な体がこの体の代わりに復活するのだと敢えて言うことができようか……？」。

で——たとえ対称と美のために配列し直されるとしても——最初の所有者に回復されるであろうと主張している。

> それゆえ、存命中であろうとあるいは死後であろうと、体から取られたものは何であれ、元に復旧されて、墓の中に残っていたものと一緒になって、再び甦り、動物的体の古さから霊的体の新しさに変換されて、不朽不滅の衣を着せられるであろう。しかし、たとえ体が何かひどい事故なり敵の冷酷さによって完全に粉砕されても、また、たとえ風や水中に完全に飛散して跡形もなくなってしまったとしても、それでもやはり、それが創造主の全能が届かないところに横たわることはない——いや、その頭の毛一本さえ滅びることはない。だから肉体は霊的となり、霊に支配されるのだが——しかし、依然として肉体なのであり、霊ではないのである。……[58]

これらの著述家の全てにとっては、肉体の善性や尊厳、人間たる〔個性ある一個人としての〕人にとって不可欠なものとして神により創造された体の物質的な美が、神へと至るわれわれの道において肉体が果たす中枢的な役割と共に、危険にさらされているように見えたのである。「救いを獲得できる魂など全く存在しない」、とテルトゥリアヌスは皮肉を込めて言う、「もし、それが肉体の中にある間に救いを信じるのでなかったら。だから肉体（caro）は、まさしく救いがその上で回転する蝶番（cardo）なのだ！」、と[59]。そして肉体は、彼らの見解においては、至って明らかに有限量の物質小片から構成されており、それがなければ有機的な人たる動物の存在論的連続性と同一性（アイデンティティ）は正直に肯定することはできない。今の時と終末において、われわれは意識を持った心であるだけではなくて、心がその中で、またそれを通して、物質的世界と関わりを持つ断片なのである。

---

58 『神の国』20.21, Marcus Dods 英訳（変更されている）。20.19 を見よ。また、それ以前の議論については、物質的なものの強調は多少より少ない、13.17–19, 20, 22–23 を見よ。
59 『肉の復活について』8（ANF 2.551［変更されている］）。

4. 変換としての復活

　大変多くの主題に関してもそうであるように、キリスト教的考察の中に数世紀にわたって反響をもたらすこととなった、新しい、神学的にはリスクのある、それでも計り知れない実り豊かな一連の思想を導入したのは、3世紀初期のオリゲネス〔c.185–254年、アレクサンドリア生まれの神学者、ギリシア教父の一人〕であった。オリゲネスは生涯を通して〔復活に際しての〕体化をめぐる問題と体の復活に対する希望とに関心を持っていて——その関心は非常に高かったので、彼は復活について初期に二つの論文を書いたらしいのだが、そのいずれも今日は残っていない。しかしながら、彼の復活という主題へのアプローチは、われわれがこれまでに考察してきた著作家たち——その多くは彼と同時代の人か、近年の先輩たちであるが——のアプローチとは性格が違っている。オリゲネスが復活を考察する中で彼に不断に観察できることは、実際キリスト教信仰のほとんどの主題を考察する場合でもそうであるが、彼自身の磨きぬかれた哲学的本能や、当時のアレクサンドリアの自然科学についての相応の知識さえをも、教会の信仰規則と徹底的で丹精込めて学ばれた聖書釈義という彼の「天職」への傾倒と結び合わせて、彼の読者に対してどんな異教哲学者にも引けを取らないほどの知的に尊敬できる信仰の可能性を示す結合力のある全体像にまとめようとしていることである。

　復活という主題については、何人かの後の批評家たちはオリゲネスのアプローチをグノーシス主義にほんの一歩手前のものと見なしていた[60]。例えば、メトディオス〔c.825–884年、モラヴィア人に布教したギリシアの神学者〕の対話、『復活について』の第3書の要点は、オリゲネスの復活理解はあまりに精神化されていて、復活した体は単に外面上の姿においてこの現在の体に似ているにすぎない、すなわち物質のない霊的な形であることを示唆するほどだと示すことであった[61]。その一世紀後に、異端研究者サラミスのエピファニオスは、メトディオスの著作から情報を得て、オリゲネスの立場を如何なる正

60　そのように、エピファニオス『パナリオン』64.71.14。

61　Daley, *Hope*, 61–63; Lloyd G. Patterson, *Methodius of Olympus: Divine Sovereignty, Human Freedom and Life in Christ* (Washington: Catholic University of America, 1997), 141–86, 特に171–74 を見よ。

5 虫けらにとっての希望：初期キリスト教の希望

真正銘の体の復活をも否定するものと見なしたように思われる[62]。彼と同時代のヒエロニムス〔c.347–419/420 年、著名なラテン教父で、ラテン語訳聖書を完成した〕は、オリゲネスの復活概念が実際にその身体的性質を否定していたことを論証するために、テクストを蒐集し翻訳した[63]。

それとは逆に、オリゲネスは多くの節の中で、彼が「死者が復活する時が来るであろう、今は『朽ちるものの中に蒔かれている』この体が、『朽ちないものに復活し』、そして『恥の中に蒔かれているものが、栄光の中に復活する』その時が」という教会の信仰（Ⅰコリ 15:42–43）を心から肯定していることを明らかにしている[64]。さらに、彼は――教会の伝承のこの局面に対する何人かの「異端者」（グノーシス主義者、と読め）の困惑にもかかわらず――救いの最終段階において、われわれは実際にこれらの堕落した体と同じ体を「使う」であろうとしつこく主張している。「われわれは、われわれ自身の体以外の他の体の中に存在する必要はないのだ」と[65]。とは言えオリゲネスは、単純に神の力に訴えることでこのキリスト教的希望を正当化することを蔑視している[66]。その希望は何か責任ある仕方で、知性的に正当化されなくてはならない、と。

しかし、この栄光に満ちた未来の体化についてのオリゲネスの理解は、われわれがさきほど議論したばかりのアプローチ――物理的再構築という概念――とはまさしく次の点で異なる。すなわち、それが連続性の中での変化という強固な観念と、彼の先輩たちのほとんどが物質と体を構成するものについて抱いていた観念よりもはるかに一層繊細で哲学的に洗練された観念に集

62　『パナリオン』64.63–64。

63　特に彼の論文『パンマキウスへ、エルサレムのヨハネ駁論』23–36 を見よ。イーヴ＝マリ・デュヴァルが強くテルトゥリアヌスの『肉の復活について』に依拠していると証明した部分である。Yves-Marie Duval, "Tertullien contre Origène sur la résurrection de la chair dans le *Contre Johannem hierosolymitanum* 23–36 de saint Jérôme," *Revue des études augustiniennes* 17 (1971): 227–78. 4 世紀後期および 5 世紀初期の「オリゲネス論争」が体と禁欲主義の問題を中心としていたという議論については、Elizabeth Clark, *The Origenist Controversy: The Cultural Construction of an Early Christian Debate* (Princeton: Princeton University, 1992) を見よ。

64　『第一原理について』序論 5。

65　同書 2.10.1。

66　『ケルソス駁論』5.23。

中している点において異なる。オリゲネスの理解を、人間たる〔個性ある一個人としての〕人を継続的な精神身体的(サイコソーマティック)変化の見地から考えた人類学に依拠して、「変換としての復活」という理解として特徴づけることもできるだろう。

　オリゲネスの古代（および現代）の批評家たちが見逃していたように見える一つのことは、全ての創造された生き物は、知的な生き物でさえも、ただ単にある場所にいて、動くためにだけでも、何らかの種類の体を必要とするという彼のはっきりした確信である。オリゲネスにとって、体を持っていることは有限性の一局面であったように思われ、アウグスティヌスが後に〔魂の〕拡がり（distentio）と呼んだものの身体的表現である[67]。オリゲネスが彼の偉大な著書『第一原理について』の終わりのところで[68]被造物の領域からその性質を明瞭に区別している神的三位一体だけが唯一「体のない」（asomatos）ものである——この言葉は、実際には、オリゲネスが聖書と信仰についての教会的伝承との正しい理解のためには絶対に必要だと見なした[69]一つの非聖書的な、厳密に哲学的概念を表現している。しかし、他のあらゆる知的存在物——あらゆる有限な知的被造物ないし「魂」——は、オリゲネスの見解においては、たとえそれ自身の性質が非身体的であったとしても、活動の手段として体を使用する必要がある。メトディオスによれば、オリゲネスは死者の魂にさえも「この知覚可能な体に形の上では似ている（homoeides）」無形の「乗り物（ochema）」を帰属させていて、その乗り物が魂に「着物を着せて」、それが空間を動くことを可能にしている[70]。そして、

67　例えば、『告白』11.23–24 を見よ。そこでは、アウグスティヌスは時間、拡張された空間における体の動きについての心の内的な測量を「一定の distentio animi〔魂の拡がり〕」と定義している。

68　『第一原理について』4.4.8。

69　同書序論 8–9、正しい聖書解釈のために必要とされる信仰理解への手引きとしての『第一原理について』の目的については、私の論文 "Origen's De Principiis: A Guide to the 'Principles' of Scriptural Interpretation," in John A. Petruccione, ed., Nova et Vetera, Festschrift for Thomas Halton (Washington: Catholic University of America, 1999), 3–21 を見よ。

70　メトディオス『復活について』3.18.1 を見よ。この節のギリシア語本文はフォティオス『図書総覧 Bibliotheca』234.301a によって保持されている。この、魂の「乗り物」という概念の背景については、Henri Crouzel, "Le thème platonicien du 'véhicule de l'âme' chez Origène," Didaskalia 7 (1977): 225–37 を見よ。

魂がいつもその道具として[71]、その分離できない「役畜」として[72]使うこの体は、魂と同じように、ただ単純に双方共に有限なものだという理由で、常に変化を免れないままに留まる[73]。このようにして、オリゲネスは元来創造された時には全て同じで、等しかった被造物の間にある多様性を説明している。

> あらゆる創造された物は、一定の数と尺度のうちに限定されることによって神の目には識別される、すなわち、理性的存在の場合は数で、身体的な物の場合は尺度によってである。すると、知的性質にとっては体を使う必要があったので、そしてこの性質はそれが創造されたものだというまさにその条件によって変えられ得るし転化され得ることが判明していて、……そうして必然的に、神は各々の魂や霊的力がその取り柄に比例してあれこれの品質を持った異なった体という衣を着られるように整えるために、魂や霊的力の中に生じるはずであった相違を予知していたのである。そうしてまた、神にとっては、創造者の意のままに変わることのできる体の性質を、質を変えることで、状況の要求するままにどん

---

[71] オリゲネス『第一コリント書断片』30 (ed. Claude Jenkins, *Journal of Theological Studies* 9 [1908]: 371) を見よ。

[72] 『士師記講話』6.5。

[73] 『祈りについて』27.8–9における、実体（*ousia*）をどう理解すべきかについての彼の補足記述において、オリゲネスはその用語が「無体なるものの実在（リアリティ）が根本的であり、そのようなものは安定した存在を持っており、付加も許容せず、減少も蒙らないと主張する者たちによって、無体なるものに普通用いられる」と示唆する。ここでは、彼は創造された知性についてというよりも、むしろ永遠的な概念上の形というプラトン的観念に言及しているように見える。

　一般にオリゲネスの古代の批判者たちは、彼は、ただ単に神が彼の善を創造によって分有することがかつてできなかったとは想像できないという理由で、知的被造物が永遠に存在すると信じていたと理解していた。しかしながら、アンリ・クルーゼルは、『第一原理について』1.2.10における御子の永遠の発生についての彼の所見と比較して、これもまた『第一原理について』1.4.4–5における創造についてのオリゲネスの記述の誤読であるように見える、と指摘している。オリゲネスは「知解できる現実」（*ta noeta*）、すなわち知性によって理解できるものないし形の領域は、永遠の心、すなわち神の言葉ないし知恵の中に永久に存在すると信じているように見える。しかし、彼は明瞭に、「知的被造物」（*ta noera*）は時間的始まりを持っていることを肯定する。Henri Crouzel, *Origène et Plotin: Comparaisons doctrinales* (Paris: Téqui, 1991), 137–38 を見よ。

な物にも作り変えることが必要であった。これは衣としてこれを必要とする人々が持続する限りは持続しなければならない。そして、この体という衣を必要とする理性的性質はいつも存在するであろう。[74]

オリゲネスは被造物が本質的に変化し得るものであること、そしてあらゆる知的被造物がある種の物的道具ないし体を必要としているというこの理解から、幾つかの重要な結論を導き出している。第一に、彼は、物質的存在の中のあらゆる質的変化の根底にある「根本物質」というアリストテレス的概念を確かにある形では受容しているように見えるけれども、有限な存在物の中での継続的な変化の「容器」を心に描く方法としてのそれの役割は別として、それが永遠的であること、あるいはそれが存在論的原理として何らかの独立した存在を持っているということは、彼は猛烈に否定している[75]。第二に、オリゲネスは諸々の体の質的変化をそれらの環境に順応するための必然的方法として、それゆえ体を用いる知的存在物とそれらを取り囲む世界とを仲介するための必然的な方法と理解している。当然ながら、オリゲネスはこのことから復活におけるキリスト教的希望に対する結論を導き出している。

体のような場所の中に在る魂はその場所に適合した体を持っていなくてはならない。そして、もしわれわれが水生被造物となって海中で生きなくてはならないなら、われわれには確実にえらとかその他魚に特有のものが必要であるように、ちょうどそのように、われわれが天の王国を相続し、われわれの〔現在〕居る場所より優れた場所で生きるとすれば、われわれは霊的な体を持たなくてはならないのである。[76]

---

74 『第一原理について』4.4.8、George W. Butterworth 英訳 (repr. New York: Harper and Row, 1966), 325–26（表現は変えられている）。
75 そのように、『第一原理について』4.4.6–7、『ケルソス駁論』6.77。根本物質を有限の事物における連続性の根底にある原理とする説明は「無体なるものの実在(リアリティ)は二次的であると考える者たち」（つまり、ペリパトス派）に記されるが、それについては『祈りについて』27.8 を見よ。この観点においては、もし人が実体（ousia）を根本物質と同定するならば、そのような実体は常に質的に変化し得るのだ、とオリゲネスは観察する。
76 この節は、エピファニオス『パナリオン』64.14.7–8、Frank Williams 英訳 (Leiden: Brill, 1994), 143 に保持されているメトディオス『復活について』にある、オリゲネスの詩編註解 1.5 にある節の「摘要」である。さらに『ケルソス駁論』7.32 を見よ。

第三に、オリゲネスは知的被造物の性質に固有の変化の中で知的被造物が実質的に連続していることを明確に述べるために、中期プラトン学派の存在論とストア学派の宇宙論の双方から借用した概念を用いている。詩編5編についてのオリゲネスの註解の有名な一節で、一世紀後にメトディオスによって引用された（そして明らかに誤って解釈された）ものの中で、オリゲネスはこの連続性の原理を知覚可能な形相（eidos）と呼んでおり、これは、その物質的組織の不断の盛衰を通して、あらゆる有機的な体に持続しているのである。

> 体は自然によって統御されており、自然は食べ物のようなあるものを外部から体の中に入れる。そしてこの食べ物が除かれると、それより以前に本性が体に入れていた他の物質に代わって、野菜や動物製品のような、さらなるものを［本性は追加する］。かくして体は不適切に川と呼ばれてきたのではなかった。なぜなら、厳密に言って、われわれの体の中の第一基層（proton hypokeimenon）は二日としてほとんど同じでないからである。たとえ、体の本性の流動性にもかかわらず、例えばパウロの体とかあるいはペトロの体が常に同じであるにしてもである。……これは、体を同一であると確認する形相（eidos）が同じだからである。それは、ちょうどペトロの体やパウロの体を特徴づける特性——幼児期の傷跡のような特徴、またほくろのような特異なもの、さらに他のなんであれ、それらが同じままであるのと同様である。ペトロやパウロを作り上げるこの形相、すなわち体的なものは、復活の時にもう一度魂を包み込む、より良いものに変えられて——ただし、確かに最初にそれの根底にあったこの拡張ではないが。なぜなら、形相は、たとえその特性が相当の変化を蒙るように見えるとしても、幼少期から老年期まで同じであるように、それがよりよいものへと変化するその変化は非常に大きいけれども、われわれの現在の形相は来るべき世界でも同じであろうとわれわれは想像しなければならないからである。[77]

77　エピファニオス『パナリオン』64.14.2–6（Williams, 142–43［部分的に修正］）を見よ。同様の議論は、『第一原理について』2.10.2 を見よ。これらのテクストの最初のものを解釈して、メトディオスもエピファニオスも eidos、すなわち「形相」を、単純に体の

後に同じ節の中で、オリゲネスは知的被造物、つまり魂を、この変化している有機的な体の内部での実質的連続性の原理と呼ぶために、異なった用語――「種子的理性」ないし「構造」（logoi spermatikoi）というストア的術語――を用いる。第一コリント書15章の中にある、麦の一粒が完全なる穂へと変化するというパウロの心像(イメージ)をほのめかしつつ、オリゲネスはこう注解する。

> なぜなら、もしわれわれがこの例示を正しく理解したのであれば、われわれは次のように考えねばならない、すなわち麦粒の中にある「種子的構造」がそれを取り囲む物質を捕まえたり、それに完全に浸透したり、またその形相（eidos）を統御したりした時には、「種子的構造」は自らの力を以前は土、水そして火であったものに与え、またそれらの特徴を圧倒することで、それらを自らがその創造主である物に変換するのである。そしてこのようにして、種粒の穂は成熟し、大きさ、形、そして複雑さにおいて元の種(たね)とは途方もなく異なったものになるのである。[78]

体のこの最終的な形相は、それの現在のきめの粗さ、それの「皮膚という衣」に低下する以前の、それが創造されて存在することになった発端にそれの魂が持っていた「きらめく」（augoeides）あるいは光り輝く体の美しさと洗練さを取り戻すであろう、そうオリゲネスは幾つかの節で暗示している[79]。

　外面的姿を意味するものと見なすが、しかし文脈は明瞭に、それはそれ以上のものであることを示している。たとえ永遠的な概念上の形という完全にプラトン的な観念でないとしても、少なくとも絶え間ない変化の過程の中で体を認識可能とする存在論的な原理である――それは、「各種の要素からなる体の形」（forma mixti corporis）というトマス的観念と異なるものではない。

78　エピファニオス『パナリオン』64.16.7（Williams, 144–45［部分的に修正］）。『第一原理について』2.10.3 において、オリゲネスはこの「生来の構造」（insita ratio）が体の命と成長を統制するために「常に体の物質に保持されている」として言及している、『ケルソス駁論』5.23 もやはり小麦の粒の心像(イメージ)に言及しているのを参照。

79　『第一原理について』1.26–29、2.6–7、3.21 を見よ。この元来の体の「きらめく」性格については、ガザのプロコピオス『創世記註解』（Patrologia Graeca 87.221A9）を見よ。これは、通常、失われたオリゲネスの創世記註解に大々的に依拠していると想定されて

すると、オリゲネスの復活理解は明らかに物質的体を中心にしているが、しかし神の御前での魂の生活にとって適切な乗り物として役立つために、その資質がわれわれの現在の想像を越えて変換されるような体である。オリゲネスは彼の論文『第一原理について』の終わりでこう言外にほのめかしさえしている。心は神の姿に似せて作られており、それゆえ「神とはある種の血縁関係（consanguinitatem quandam）」を持っているけれども、心が不断に体を与えられていることは、心が神について持つ知識――今もって釈義家が自分の聖書本文の読解の中で育成しようと励んでいる、箴言が「神的感覚」と呼ぶもの――にはある種の感覚が絡んでいるとわれわれが想定することを正当化するかもしれない[80]。結果として、われわれが神を知る能力はわれわれの霊と共にわれわれの体も絡んでいるのである。

エイレナイオスと同じく、オリゲネスは最後には、人間という被造物が体を与えられた知性として持っている潜在的可能性の完全な実現は、逆説的に、神自身の自己伝達(コミュニケーション)であると想定しているように見える。クルーゼルはオリゲネスの著作の様々な節を注意深く比較することによって、初期教父たちに共通する「三分法的人間論」のオリゲネス版の中では、――人格としての人間を、第一テサロニケ書 5:23 でもって、「霊、魂および体」と見なして――霊とは創造された霊（pneuma）ではなく、神の聖霊、人の魂を教え変換するものと理解すべきものであることを示した[81]。ケルソスを反駁する著作の中で、オリゲネスはわれわれなら恵みの働きと呼ぶであろうものを、次のような言葉で語っている、すなわち、人の実在が何か自然に反するものへというのではなく、明らかにそれの上にある何かへと変換することとして。

> ……というのは、神の行為は、たとえそれが奇跡的かもしれないとしても、あるいはある人々にはそのように見えるかもしれないとしても、自然に反してはいないのである。もしわれわれが無理やりこの術語を使わねばならないとしたなら、われわれはこう言うことだろう、すなわち、通常は自然と見なされるものと比較して、時として神が行う幾つかのことは自然を超越している、例えば、人を人の本性を超えたところにまで

いる一節である。
80 『第一原理について』4.4.10。『ヘラクレイデスとの対話』156–65 参照。
81 Crouzel, *Origène et Plotin*, 262–65.

高めたり、人をより優れたそしてより神的な本性のものに変えさせたり、そして人をこの状態に、その人がその行為によって、彼が彼〔＝神〕にこうして欲しいと望んでいることを示している限りの間は、そのままに保っておいたりすることは。[82]

まさにそのような言葉でもってオリゲネスが復活における来るべき体の変換を想像していたと想定することは不合理であるようには思えない[83]。

オリゲネスの偉大な弟子また崇拝者の一人として、ニュッサのグレゴリオス（c.335–c.394 年）〔東方教会の教父・神学者〕は、復活とは新しい、しかしまだ想像されたこともない栄光へと体が変換することだとするオリゲネスの復活の観念を、彼の根底にある人間論的前提のほとんどを含めて、共有している。グレゴリオスは常に注意深く自分の立場を、オリゲネスが 4 世紀に、事の成否は別にして、そのために批判された立場とは区別している。そこでグレゴリオスは、人の魂と体は性質と機能においてはっきり異なるが、両者は時を同じくして、かつ互いのために創造されたのであり、また常に――死においてさえ――互いに関係し合ったままなのだと主張している[84]。人間たる〔個性ある一個人としての〕人の中にある魂の存在がわれわれに知られ得るのは、ちょうど神がわれわれの経験の世界の中での神の働きによってのみ知られ得るのと同じように、われわれの体の知覚可能な「世界」の中でのその効果によってでしかないのだけれども、グレゴリオスは自信を持って、魂をこのような効果の観点から定義している。「魂は非物質的で体がなく、それ自身の性質と一致して働きかつ動いていて、体の器官という手段によってその動きを知らせている」[85]。

82　『ケルソス駁論』5.24（Chadwick 英訳, 282〔部分的に修正〕）。

83　トマス・アクィナスは少なくともそうした。『神学大全』補足第 75 問題第 3 項を見よ。そこで彼は、体の復活は人間の性質と適合しており、体の成就のためにはそれによって要求されさえするという意味で何か自然なものである、とは言え、それは人間の性質がそれ自身の操作を通してそれ〔成就〕に達することができないという点で、超自然的――厳密に言えば、奇跡的――であると論じている。

84　特に、『魂と復活について』（Patrologia Graeca 46.44A–48C; 121A–128C）を見よ。また、魂と体の相互関係についての、『人間の創造について』14.2 も見よ。

85　『魂と復活について』（29B10–14; Catherine P. Roth 英訳 [Crestwood N.Y.: St. Vladimir's, 1993], 37）。グレゴリオスが、おそらくは体の中に魂が存在しているという彼の議論の

人間が神の元来の意図から堕落したという点でも、また栄光へ復活し回復するという点でも、グレゴリオスが人間という被造物を理解する上で、全ての被造物が変化を蒙るという原理もまた中心的である。

> 創造されたのではない本性は、変わりやすさ、変化そして変動などに含意された運動の能力がない。しかし、その存在を創造に依拠している一切のものは、変化への傾向を生来的に備えている。なぜならば、創造物の存在そのものが、非存在が神的力によって存在になるというように、その起源を変化に持っていたのであるから。[86]

グレゴリオスはさらに続ける、そこで、最初に創造された知性の幾つかは、神から離れることによって、自らの生来的に備えていた変わりやすさを現実のものとすることを自由気ままに選択した。そして人という被造物は——霊的にも物質的にも神の姿を現実のものとし、そうして物質的宇宙を支配すべく形作られて[87]——こうした堕落した霊に騙された時に、悪を選択し、結果的に堕落と死を経験したのである[88]。

　しかし、グレゴリオスは人間の救済についての理解、すなわちわれわれの現在の人間性が聖性と栄光へと回復されることについての理解を、これまた変化の観点から展開している。彼の見解では、完全化〔聖化〕とは神に向かって決して終わることなく成長していくプロセスであり、神の善と美の無限の質についての人間である臣下が行う省察、そしてそれへの参与における終わりのない成長である[89]。そして人間のこの変換は、今われわれがキリストを模倣することと美徳を獲得することにおいて始まり、そしてわれわれ自身の体の復活においてそれは完全へと到達するのであるが、すでに人間自身の

ために、世界の中に神が存在しているという、より親しみのある議論とのアナロジーでもって根拠づける手段として、実際に人間全体を「小宇宙」として言及している（28 B9）のも、やはりこの論文においてである。

86　『教理講話』6, Cyril C. Richardson 英訳, in *Christology of the Later Fathers*, Library of Christian Classics 3 (Philadelphia: Westminster, 1954), 280.
87　『人間の創造について』4–5、『教理講話』6。
88　『教理講話』6。
89　例えば、『モーセの生涯』序文 5–8（*Sources Chrétiennes* 1.2–4）、2.219–56（同書 102–14）、『聖化について』15（Patrologia Graeca 46.285BC）を見よ。

人間的性質の中に行われた変換の中に、全人類の変換の「最初の実り」として、受肉した〔神の〕言葉によって行われた変換の中に始まっているのである。

> 人間性は変わりやすいが、神的なものは不変であるゆえに、神性は変更によって動かすことはできない、より良いものの方にも、より悪いものの方にも（なぜなら、神性はより悪いものを受け入れず、そして〔神性よりも〕より良いものは何もないからである）。しかし、キリストの中の人間的性質はより良いものに変わる能力を確かに持っている、腐敗から不朽に、消滅し得るものから消滅し得ないものに、短命なものから永遠なものに、体的なまた知覚できる形姿から無体のそして形姿のないものに変えられて。[90]

　グレゴリオスは復活した体の形の実際的詳細については適切にも不可知論的である。彼の論文『魂と復活について』の中で彼は少なくとも二度にわたり、彼が復活という出来事を本質的に、魂による体の分散した「諸構成要素」(stoicheia) の再収集という観点から心に描いていることを明らかにしている、その魂は——霊的で非局部的な存在として——それらの構成要素に対して、たとえそれらが分散した状態にあっても、継続的に存在し続けてきた、と[91]。さらに、彼は再収集されたものが、すぐにそれと認識できるほどに今のわれわれである人格の体であろうが、とは言え、それは神が人間とい

---

90 『アポリナリオス駁論』53 (Gregorii Nysseni Opera 3/1, 222.25–223.10)。グレゴリオスの「変換のキリスト論」についてのそれ以上の省察は、拙論 "Divine Transcendence and Human Transformation: Gregory of Nyssa's Anti-Apollinarian Christology," *Studia Patristica* 32 (1997): 87–95 および " 'Heavenly Man' and 'Eternal Christ': Apollinarius and Gregory of Nyssa on the Personal Identity of the Savior," *Journal of Early Christian Studies* （近刊）を見よ。

91 『魂と復活について』(44A–48C, 72C–80A)。分解した体の部分の再集合に置かれたこの強調は、われわれが上で第２タイプとして論じたような復活の神学の名残であり、われわれの身体的な形の絶えざる変化と変換を強調するグレゴリオスの人間論の他の部分と一貫性を欠くように見える。彼は多分、特にオリゲネスの復活理解に反対して浴びせられた非難を避けるために、それをこの対話の中に持ち込んだのであろう。この著作に対するメトディオスと彼の反オリゲネス批判の影響については、Patterson（上記註61）、192–96 を見よ。

う被造物のために永遠に意図した「元来の」、「神的」な形における体で、われわれの必要と情熱を持った現在の状態に縛られたような諸々の特徴から解放された体であろうと強調している[92]。パウロの言う「霊的な体」のように、

> それはもはや自分の命をその自然の諸特性によって秩序づけられることはなく、そうではなくて霊的で不変の状態へと渡っていくであろう（なぜなら、物理的な体は今ある状態から絶え間なく変えられ、始終何か違ったものに変わっていくのがその特徴だからである）。人間が現在植物と動物と共有しているのをわれわれが目にするそうしたすばらしい資質のうち、来世の命に残されるものは何一つないであろう。[93]

そしてグレゴリオスが、オリゲネスのように、キリスト教的希望をこのような仕方で明確に表現できるとする人間論的な理由は、人間の本性の変わりやすさである。

> 人間の本性は川の流れのようなもので、誕生から死に至るまで絶え間なく動いて進行し、存在することを止める時にのみ動きを止めるということを誰が知らないだろうか？　われわれの本性は灯芯の上の火のようなもので、火の動きが連続していることは火が火自身と分かちがたく一つに結ばれていることを示しているゆえに、火はいつも同じものに見えるが、しかし実のところは、火は絶えずそれ自身に取って替わっていて、決して同じままではないのである。……われわれの本性が生きている限り、それには如何なる静止もないのである。[94]

92　同書 145D–149D。
93　同書 156A13–B7、Roth, 118. 彼は完全化〔聖化〕が変化の恒常的プロセスであると強調するのだけれども、グレゴリオスもまたその方向は、未来の第二の堕落なしに、さらに一層大きな神との結合へと向かうことを明瞭にしている。被造物によって創造された唯一の現実として、悪は本性上有限であるが、しかるに人間本性の本性的活力（ダイナミズム）は善へと向かっている。『処女性について』12、『人間の創造について』21、『魂と復活について』69C1–72B10、102A2–8、104B13–105A2 を見よ。
94　同書 141A–C、Roth, 110–11. 彼の論文『人間の創造について』（多分より以前の著作）の中で、グレゴリオスは同じ点を指摘している、特に、変化の内部における連続性の原理として持続する「形姿」ないし「形相」（eidos）というオリゲネスの概念に言及しつ

人間の性質は絶えず動いているゆえに、それは、キリストのうちにあって、キリストの神的な姿(イメージ)を霊的に、また体の上でも実現することにおいて、終わることなく成長していくことができるのである。

まとめと問い

　初期キリスト教が復活への知的で内省的な信仰をどのような仕方で明確に表現しているかについてのこの短い調査は、その詳細については必然的に概略的であり、その分類の点では幾分恣意的である。私が述べたい要点は、復活についての種々異なった観念は、主として信仰に挑戦する諸々の問題についての種々異なった感覚と、復活への希望がその知的文脈(コンテクスト)を見出す人格としての人間についての種々異なった理解とから生じているということである。われわれが論じてきた著述家全てが、自分たちは新約聖書の確言と教会の信仰規則を擁護していると見なしていた。彼らの全員が、復活への希望に対して不信仰者と疑問を抱くキリスト信徒双方が投げかける挑戦に応答することに関心を持っていた。初期弁証家の何人か、そしてエイレナイオスさえも、魂と体が両方共にそれら自身では不完全なものと見なす人格としての人間という、神の霊の賜物がなければ不確かな未来という、聖書に根ざした見方を展開することで満足していた。『レギノスへの手紙』の著者のようなグ

つ（27.3 を見よ）。ここでの復活に関する彼の議論については、21-22, 26-27 を見よ。

　グレゴリオスの存在論の特異的な様相の一つで、——おそらく、奇妙なことに——彼が存在を変換における同一性によって認識することを妨げなかったように思われるものは、そのような変化の根底で連続する主体として横たわっている「根本物質」というアリストテレス的概念を彼がはっきりと拒否して、存在を単純にその質の総計によって説明していることである。『宇宙生成について〔ヘクサメロン〕』（Patrologia Graeca 44.69BC）、『人間の創造について』24（Patorologia Graeca 44.212-13）、『魂と復活について』（124B-D）を見よ。グレゴリオスの議論やプラトン的思想伝承やストア的「種子的構造」理論と結合してのその資料についての注釈は、Richard Sorabji, *Matter, Space and Motion: Theories in Antiquity and Their Sequel* (Ithaca: Cornell University, 1988), 52-55 を見よ。ソラビーは「一群の特性」としての体というグレゴリオスの概念に、バークリーの存在論と 19 世紀観念論の予感を見る。

ノーシス主義的作家たちは、キリスト教的希望を、完全に内面的な、隠喩的でさえある用語によって、信仰者を日常の物質的また社会的諸関係の世界との深刻な掛かり合いから解放する新しい自己理解の啓示として解釈する傾向があった。しかし、弁証家たちからアウグスティヌスに至るまでの時代を通じて、他の著述家たちは体の復活のもっともらしさを、死んで腐敗した体を現在の物質の形に再建することとして理解された体の復活のもっともらしささえ、神の創造の力に訴えることで、一層真剣に弁護しようと試みた。オリゲネスとニュッサのグレゴリオスは、異なった仕方でではあるが、より物質的にではないように理解される復活——「虫けらには適していない」が「神にはふさわしい」復活[95]——の弁明を打ち立てようと試みた、単に神の力に訴えるだけでなく、聖書的比喩表現(イマジャリ)、哲学的思弁、そして科学的観察を注意深く織り合わせることによって。

　これら初期の神学者全てにとって、将来の復活を考える上での中心的な問題は間違いなく今日の神学が格闘しているものと同じ問題であった。(1) われわれはどのようにして、ともかくも一人の人間の死と復活が意味あることとして語ることができるように、人格の連続性と同一性(アイデンティティ)を質的な、そして現象的な変化と平衡を持たせることができるだろうか？　(2) 神がわれわれを無から創造するだけでなく、弱った、堕落した状態にあるわれわれを救いもしたとすれば、その過程での神の役割はどんなものであるか？　死者の復活における魂の役割と神の役割の双方についての彼ら〔初期神学者〕の議論の背後に、アリストテレス以来ギリシア思想が取り組んでいた三番目の、より哲学的な問題も——少なくとも暗黙のうちに——横たわっていた。それは、(3) 非物質的な原因が物質的な効果を持つと、どのようにして理解できるのか？との問題であった。変化と運動の超越的な原因が、われわれの経験によって実証できる経験世界の内部で効果的であると、どのようにして納得できる仕方で理解できるであろうか[96]？　キリスト教的用語では、その問題は次のように記述されるものであった。(4) われわれをキリストにおいて罪と死から救った神は、見識あるギリシア人の信仰、宗教的畏敬ないしは知的誠実を妥協させることなく、罪がもたらした死からわれわれ自身の体を復活させ

95　オリゲネス『ケルソス駁論』5.14–18, 23 を見よ。
96　Rist, "On Greek Biology"（上記註 12）を見よ。

ることを約束していると、どのようにして本当に理解できるのだろうか？

　さらにこれらの問いの先には、復活した人格についての彼らの観念を形作り続けた幾つかの前提が存在していた。すなわち、全ての物の了解度はその物の**最後**、その完全な状態ないしは本来の目標点によってのみ十分に示されるという前提、人格としての人間——ほとんどの思索家にとって、理性と自由の所在場所としての人間の魂——は、その中心となる実質的な同一性(アイデンティティ)と目標点を神の肖像(イメージ)であることの中に見出すという確信、そしてその結果としての信仰であるが、人格としての人間は、全体として、創造の頂点でありまた支配者であり、人間の体は、それが自らの命に分かち合っているように、魂の聖性と特権に分かち合っているのだという信仰である[97]。

エピローグ

　4世紀の終わりに近い頃、エメサのネメシオスという名のシリアの司教が『人間たる人の本性について』という論文を著したが、残念なことに、今日これについてはほとんど知られていない。ネメシオスはカエサレアのエウセビオスの弟子であり、オリゲネスの崇拝者であったと思われ[98]、またナジアンゾスのグレゴリオス〔c.330–c.389年、小アジアのカッパドキア生まれの司教、神学者で、教父の一人〕の知人であり、文通相手であったかもしれない[99]。彼はまた

97　例えば、オリゲネス『ケルソス駁論』6.64におけるオリゲネスの特徴的な所見を見よ。「……神の肖像(イメージ)において作られたものは、われわれが呼ぶような、内的な人間についてのことと理解すべきである。この内的人間は、人が天の父が完全であるように完全になる時に、そして人が『聖であれ、なぜなら主、あなたの神である私は聖だからである』と聞く時、そして人が『神を見倣う者たれ』という言葉を学び、彼自身の有徳の魂の中に神の特性を引き受ける時に、更新されて、創造主の肖像(イメージ)に形づくられる力を持っている。すると、神の特性を引き受けた、神の肖像(イメージ)に作られたような部分に引き受けた人の体もまた神殿なのである。その人はこの特性の魂を所有しており、神の肖像(イメージ)の中にあるもののゆえに、神を彼の魂の中に持っているのだから」。

98　Eiliv Skard, "Nemesiosstudien I. Nemesios und die Genesisexegese des Origenes," *Symbolae Osloenses* 15–16 (1936): 23–43 を見よ。

99　ナジアンゾスのグレゴリオスの手紙198–201はネメシオスという名の者に宛てられている。この人は哲学的な教育を受けた異教徒で、その当時——おそらく380年代——属州カッパドキアの総督であった。17世紀後期のルイ・ル・ナン・ド・ティユモン（Louis

ヘレニズムの哲学的伝承や医学的伝承によく精通しており、彼自身が医者としての働きをしていたかもしれない。彼の論文は古代後期のギリシア文化が人格としての人間について主張しなければならなかったことを非常に魅力的に総合したものである。それはおおむね記述的で、主に科学的また哲学的な論文であるが、とは言え、キリストがかの人間性を自分の存在によって変換し、自分自身のものにしたというキリスト教的確信において巧みに枠づけられてもいるのである。

　彼〔ネメシオス〕は人格としての人間の定義においては、意識を持った魂の中心的役割についての新プラトン主義的理解を採用しているが[100]、彼は——その論文の始めの方で——「人間たる〔個性ある一個人としての〕人は、最初ははっきりと死すべきものにも、あるいはまだ不死なるものにも創造されたのではなく、むしろこれら二つの間でどっちつかずの状態に創造されたのだ」とする幾人かの弁証家の確信を反復しているが、それは、もし人間が情熱のままに従うとしたら死ぬであろう、しかしもし、人間が自分の「魂の善を第一に」追求するならば、人間は終わりなく生きるであろうという意味においてである[101]。未来に関するまさにこの曖昧さはネメシオスが読み取っているように、人間の起源に関する聖書物語に組み込まれているものであり、彼は後にその曖昧さを——オリゲネスとニュッサのグレゴリオスがすることになるが——人間たる〔個性ある一個人としての〕人が持つ、変化しまた成長する基本的能力と結びつけているが、その場合ネメシオスは、彼にとって人間という創造物だけに特徴的な二つの性向であるものに焦点を絞っている。すなわち、罪から転換させられ赦されるというわれわれの能力、そして死者から甦らされるというわれわれの能力である。彼は書いている。

　　人間は二つの選り抜きの大権的権能を持っており、そしてそれは他の如何なる被造物も共有していない特権であるが、それは次のようなもので

Le Nain de Tillemont, *Mémoires* 9:540–41, 601）以来、教父学研究者は、これは（後の）司教でこの論文の著者と同じネメシオスのことでないかと思いめぐらしてきた。

100　例えば、7章と66章を見よ。ネメシオスの人間論とその資料の最良の全般的研究はAlberto Siclari, *L'antropologia di Nemesio di Emesa* (Padua: La Garangola, 1974) である。

101　『人間の創造について』5、William Telfer 英訳、Library of Christian Classics 4 (Philadelphia: Westminster, 1955), 238（修正あり）。

> ある。人間だけが、悔い改めることで、赦しを獲得することができる。そして、人間の体だけが、死すべき運命であるにもかかわらず、不死なるものにされる。体のこの特権は魂のためのものである。それゆえ、同様に、魂の特権も体のためのものである。[102]

われわれの心は転換され得る、と彼〔ネメシオス〕は言っているように思われる、われわれの体が復活させられることができるようにと。われわれの体は、われわれの心の変換を完全に実現させるために甦らされるのである、と。

少し後になって、ネメシオスは人格としての人間が持つ、一層大きな宇宙の中でのこの独一的な特権的位置について、さらに進んだ省察を彼らしくなく叙情的な言葉で行っている。

> 彼〔人間〕は、彼のために、全ての被造物が彼らの存在を、今ある存在もまだこれからあることになる存在も、持っているというような特別な摂理にふさわしいと神が考えた被造物である。彼は、神が彼のために人となった被造物であり、その結果、この被造物は不朽を達成し、腐敗を逃れ、神の肖像(イメージ)と似姿にならって作られて、神の子供としてキリストと共に住んで、高きに君臨するかもしれない、そして全ての支配と全ての権威の上に立つ王座につけられるかもしれない。すると、かくも類のない被造物の卓越さを、誰が十全に表現することができるだろうか？[103]

最後に、ネメシオスは、全てのキリスト教的人間論と全てのキリスト教的希望は神の受肉の神秘に驚嘆することから生じるに違いないと言っているように思われる。おそらくそれが、復活の希望をそれほどまでにキリスト教的信仰告白の中心的な特徴とするものなのである。

102　同書 7（244 頁）。
103　同書 10（254–55 頁）。意義深いことに、ネメシオスが――ポルフュリオス『種々諸々の研究』から借用した術語を用いて――後に（22 章）霊的な人間の魂が混乱や制限なく物質的な体と一つにされ得る仕方を議論する時、彼は確証的類比として、受肉における言葉なる神と個人の人間的本性との「結合の仕方」を提示している。

6　終末論と復活に関する
シュライエルマッハーの見解

ベルント・オーバードルファー

　終末論に対する懐疑論は数多くある。ドイツの新約聖書学者であるゲルト・リューデマン（ただ極端な一例を挙げれば、だが）は、かつて地球上に住んでいた人が皆一緒に、ある日、新しくされた地球上に集められるなどと想定するのは馬鹿げたことだと考えた。もしそうなら、新しい地球は多少混雑し過ぎて、狭苦しいことだろうと、彼は皮肉を込めて結論した。アカデミックな神学者がキリスト教的希望を敢えてそんなふうに単純化した仕方で記述することも同様に馬鹿げている、と人は思うかもしれない。とんでもない、じっくり熟考したキリスト教的敬虔と神学はそのようなナイーブな現実主義を示さなかったし、また示してもいない。

　終末論において、われわれは神学の解釈学的また認識論的問題に対して特に密度の濃い形でまた集約的な形で直面しているという意識がこれまで常にあった。終末論において、われわれは創造主と被造物との間の断定的（カテゴリカル）な区別から結果として生ずる宗教的言語の通常の解釈学的問題に対処しなければならないだけでなく、世界の現在の状態と未来の完全なる成就の状態との間の相違をもまた考慮しなくてはならない。この完全なる成就は世界そのものの内在的な、完成態的（エンテレキカル）展開としてではなく、むしろ神の働きとして考えるべきかもしれない。それにもかかわらず、それは世界の本来の目的地への到達と考えねばならない。

連続性と不連続性

そうした完全な状態は、どのようにして想像することができるだろうか？世界のこの状態とあの状態の間には連続性の要素がなければならないが、しかし基本的な不連続性も同様に維持されねばならない[1]。神学の伝統においては、完成という進化の概念を使うことで連続性を強調することができたか、新しい創造という概念を使うことで不連続性に強調が置かれ得たか、そのいずれかであった。しかし完成状態は未完の、ないしは「完成前の」状態とのはっきり限定された相違がなければ考えられないし、新しい創造も古い創造との関係（新しい創造は依然として新しい創造であるというような関係）なくしては考えることはできない。持続する要素を永遠の命においては消滅してしまうはずの要素と区別することは難しい（例えば、もしも永遠の命に対する個人の希望が終末論的な自己意識を言外に意味しているなら、一生涯のどの局面が、その同一性(アイデンティティ)を維持しなくてはならない個たる人格に本質的に属するのか？）[2]。それゆえ、この種の完成を明瞭に描き上げることは困難である。

その上、そのような描写をしようとするどんな試みも、実体に基礎のない現実の幻想的理想化あるいはイデオロギー的な理想化とさえ見なされるリスクがある。こうしたリスクを避けるために、終末論的概念形成はしばしば、一時的な世界の運命には関わらずに、個人自身の運命だけを熟考することに自らを限定する。これは、結果として、神の中への自己の永遠の保存という「貧弱な終末論」に終わってしまう。このような概念形成は現代の科学的宇宙論と衝突する危険を避けようとするものに思われる。しかし、明々白々に、それは本質的に「世界内存在」（*In-der-Welt-Sein*）としての人間の基本的な自己理解を見過ごしている。

そこで、終末論は未来の世界を擬似科学的、擬似現実主義的に描くスキュ

---

1 （本書所収の）エルンスト・コンラディを参照。キリストの地上の体と甦った彼の変換された身体性との連続性と不連続性については、Bernd Oberdorfer, "Was sucht ihr den Lebendigen bei den Toten? Überlegungen zur Realität der Auferstehung in Auseinandersetzung mit Gerd Lüdemann," *Kerygma und Dogma* 46 (2000): 225–40 参照。

2 （本書所収の）ナンシー・マーフィーを参照。

ラ〔シチリア島沖合の渦巻と相対する危険な岩、擬人化されてギリシア神話では、巨岩に住む六頭十二足の海の女怪、近くを通りかかる船に襲いかかり、乗組員を6人ずつ食い殺す怪物とされる〕と、個人の「神の中での」永遠的存在を抽象的に呼び出すカリュブディス〔ギリシア神話で、大地の女神ガイアと海神ポセイドンの間に生まれた娘、巨大な渦で1日に3度、船を含めたあらゆるものを呑みこみ、3度吐き出すという怪物〕との間を縫って、進退窮まる道を見出していかねばならない。

シュライエルマッハーを解釈して

フリードリッヒ・シュライエルマッハーはキリスト教終末論の最も偉大な非神話化論者の一人と見なされている。彼は教会の終末論の教義に他の諸教義に対するのと「同じ価値を帰することはできない」と主張した人として知られている[3]。そして彼は『信仰論 Glaubenslehre』〔『キリスト教信仰 Der christliche Glaube』〕の終末論に関する部分を、それらが「根拠不十分な予感」[4]（159節3）の結果である「預言的教義（prophetische Lehrstücke）」（同箇所）だと性格づけて、通常の部分から区別した。しかし、精査してみると（特にアイラート・ヘルムが1990年に注目すべき論文の中でしたように[5]）、シュライエルマッハーの熟考は終末論的主張の並はずれて繊細な解釈学を明かしている。固有の感情を持った人間中心的かつ個人主義的な神学者という彼のイメージと正反対に、彼もまた終末論の宇宙論的また社会的次元を強調しているのである。これは、彼が神学と自然科学の世界観との間の衝突を回避すると想定された神学的枠組みの中で彼の終末論を展開しているゆえに、殊更に興味深いことである。

それゆえ以下において、私はシュライエルマッハーの終末論を、神学と科学の異なったアプローチを考察する、解釈学的に熟考された、そして非還元主義的な終末論として解釈してみたいと思う。それは対話を逃れようとしな

3　Friedrich Schleiermacher, *Der christliche Glaube* (Berlin: de Gruyter, 2d ed. 1830/1831, 7th ed. 1960), §159 Leitsatz.§159,2 参照。以下の記述では、私は部分的に英訳に言及する、*The Christian Faith*, ed. H. R. Mackintosh and J. S. Stewart (Edinburgh: T&T Clark, 1928)。

4　"Versuche eines nicht hinreichend unterstützten Ahnungsvermögens."

5　Eilert Herms, "Schleiermachers Eschatologie," *Theologische Zeitschrift* 46 (1990): 97–123.

い。最初に、私は終末論的主張についてのシュライエルマッハーの解釈学を素描することにする。二番目に、私はキリストの復活と死者一般の復活についてのシュライエルマッハーの熟考について議論することにする。シュライエルマッハーの終末論の紹介では、『信仰論』の第2版（1830/31年）の終末論に関する部分が彼の神学の最も入念に考察されかつ構築された形であると思われるので、私はその部分だけに言及することにする。

　最近ではチュービンゲンの学者であるマルティン・ヴェーバーが、彼の著書『シュライエルマッハーの終末論』[6]の中で、シュライエルマッハーは『信仰論』の中では彼自身の終末論的理論を記述しておらず、むしろ教会の終末論伝承を批判的に議論していると主張している。そして、ヴェーバーによれば、シュライエルマッハーが伝統的な終末論的主張の宇宙論的焦点を強調する際には、彼はそれを擁護することを目的としておらず、むしろその不整合性を示すことを目的としている。ヴェーバーはシュライエルマッハー自身の終末論が彼の後期の説教の幾つかの中に示されていると見る。それは如何なる宇宙論的含蓄も除外した現今の徹底的に実存論的な終末論である。しかし、シュライエルマッハーは彼の『信仰論』を単に彼の個人的信仰の表現としてではなく、プロテスタント教会の首尾一貫した教義の解説として理解したのではあるけれども、彼が終末論に関する部分を一種の *reservatio mentalis* 〔心中留保〕として書いたと推定するのはそれほどもっともらしいとは思えない。実際、われわれが終末論的成就についての首尾一貫した像を描くことはできないということを彼はわれわれに指摘した。しかしながら、私がこれから示すように、これは世界の現在の状態とその成就の状態とが範疇上ならびに認識論上相違していることが原因で引き起こされることであり、そのことがその成就を想像することを困難にしているのである。しかし、そのことはこの成就が現実であると想定できないことを含意しない。たとえ、シュライエルマッハーが『信仰論』の宇宙論的終末論のほかに非宇宙的タイプの終末論を展開していたとしても、われわれはこの代替タイプが説得力あるものかどうかを問わねばならないだろう。

6　Martin Weeber, *Schleiermachers Eschatologie: Eine Untersuchung zum theologischen Spätwerk* (Gütersloh: Christian Kaiser, 2000).

終末論的命題についてのシュライエルマッハーの解釈学

　シュライエルマッハーがなぜ終末論的熟考を通常の教義の中に数えなかったのかを理解するために、われわれはまず彼がキリスト教教義をどう定義しているかを考えなくてはならない。『信仰論』の第15節によれば、「キリスト教教義とは言論で説明されたキリスト教の宗教的情愛の記述である」。それは直感的な自己意識、キリスト教においてはキリストを通して実現された贖罪と本質的に関連した絶対的依存の感情の表現である。

　シュライエルマッハーは言う、「あらゆる宗教的な強い感情は……ある段階とある明確さに到達するやいなや……外に現れる」、最初は物まねと身振りによって、より高度な段階では主として言論において (15節1)。「贖い主自身の業全体は、言論という手段によって彼の自己意識が伝達できるかどうかに左右されたのであり、そして同様にキリスト教は常に、またどこであろうと、説教によってのみ広まってきたのである」(15節2)。かくして、宗教は内面の事柄ではあるが、しかしそれは内面の命の深い奥底から出てくるものではない。むしろ、それは意志疎通によって呼び覚まされ、形づくられねばならないのである (それは「人間的な他の如何なるものもそうであるように、全ての意志疎通から完全に切り離して考えることはできないのである」、同箇所)。

　その歴史において、キリスト教説教は「瞬く間に三つの異なったタイプの言論に分かれ、それらの言論が同じ数の異なった形の教義を提供した。すなわち、詩的な教義、修辞的な教義……そして最後に記述的に教訓的な教義である」(15節2)。それらの教義が異なっているのは「敬虔の度合いないしはレベルというよりも、むしろ交わりないし仲間意識の性格およびその熟考と観想の成熟さの点においてである」(同箇所)。そこで、この意思疎通が「敬虔そのものとは何か異なったものである」だけ、それと同じだけ「教義はその全ての形において究極の根拠を非常に排他的に宗教的自己意識の強い感情の中に持つので、これらの強い感情がないところでは教義は生じ得ないのである」(同箇所)。さて、「教義学的命題は、可能な限り高度な明確さが目指された、記述的に教訓的なタイプの教義である」(16節)。詩的なタイプと修辞的なタイプとは異なって、記述的に教訓的なタイプは矛盾と不整合性を

許すことができない。それゆえ、教義学的神学(ドグマティック)は、筋の通った、首尾一貫した理論を立てなくてはならない。神学の目的は言論で表現された敬虔である。すると、教義学は敬虔の第一次の表現を批判的に吟味し組織化するのであるから、第二次の言語体系である。

　この調査の判断基準は、第一に、これらの表現がキリストの完全な神意識の印象によって形作られる直感的自己意識の表現であると理解できるかどうかであり、第二に、それらがキリスト教信仰の首尾一貫した記述に統合され得るかどうかである。二つの議論のために、シュライエルマッハーは教義学を、ある教会の現在の教義の首尾一貫した記述であると考えている。まず第一に、彼はキリストを新しい「*Gesamtleben*〔全生命〕」、すなわち教会の共同体における歴史全体を通して実現されている、命の新しい全体性の始まりまた原理として理解しており、そして第二に、人々はその全生命(ゲザームトレーベン)の内容と意味を伝達する教会の共同体に関わることを通して、その全生命(ゲザームトレーベン)に参加する。

　シュライエルマッハーによれば、教義学的(ドグマティック)命題の対象は、教会の教義に記述されているような主観的なキリスト教的敬虔の起源と形である。教会の教義はそれがキリスト教的信仰の表現と見なすことができるかどうか、そしてどの程度までそう見なすことができるのかについて評価されねばならない。このことは『信仰論』の基本構造を決定する。同書は二つの部分から成り、その第二部には二つの節がある。極めて重要な部分は第二部の第2節である。それは新しい全生命(ゲザームトレーベン)の中での更新された存在と（聖霊論と教会論）、キリストによるこの全生命(ゲザームトレーベン)の基礎（キリスト論）を説明する。第二部の第1節は罪の条件の下での人間の存在について熟考する。それが意味するのは、まさしくアイラート・ヘルムスの言うように、同節が贖いの時間的前提に取り組んでいるということである。その最初の部分は必然的に創造の教義を伴う。そのことが意味するのは、シュライエルマッハーの体系においては、その部分は罪と恩寵の対立とは無関係に有効な、それゆえ恩寵の状態においてと同じく罪の状態においても有効である、諸命題を含むということである。ヘルムスによれば、この部分は贖いの論理的な前提を省察している。これらの部分の各々において、意味上の三つの局面が考慮されなくてはならない。自己自身を（これは基本的である）、世界を、そして神を理解するための意味である。

大変興味あることに、終末論は『信仰論』の中にそれ自身の部分を形成していない。その代わり、それ〔終末論〕は第二部第2節の後半を締め括っている。それは「教会の完成」を取り扱っている。第一部が、罪と恩寵の対立とは無関係である存在の構造を説明しているのに対し、第二部はこの対立の条件の下での存在を記述している、あるいはより正確には、その部分は罪の条件の下での存在と、それが恩寵の条件の下での存在へと変換されることとを記述している。罪の古い全生命(ゲザームトレーベン)は、恩寵の新しい全生命(ゲザームトレーベン)へと変換されていく状態にある。この新しい全生命(ゲザームトレーベン)はキリストという人格において罪の世界の内部へと入り込んでいる（それが第二部第1節の論題であり、キリストの人格と贖いの業についての教義を伴っている）。

キリストの人格において、創造は完成の状態にあった。言い換えれば、キリストは完成であり、創造の総仕上げであった。しかし、それはいまだ対立のうちにある完成であった。

そして新しい全生命(ゲザームトレーベン)が歴史全体を通じて成長しつつあるけれども、依然としてこのような状態にある（新しい全生命(ゲザームトレーベン)の成長が第二部第2節の論題であって、教会論と取り組んでいる）。歴史の中の教会は *ecclesia militans*、戦う教会であり（157節1参照）、衰退しつつも依然として応戦可能な力を持った悪と苦闘している。歴史の中のキリスト者は依然として自らの内部と環境の中に残っている罪の力を意識していなければならない。将来においてはこの対立は克服されるだろう。恩寵と罪の如何なる対立もない完成の状態が訪れるであろう（*ecclesia triumphans*〔凱旋する教会〕、157節1参照）。終末論はその完成の状態の実現と形について熟考するのである。

教会論の中で終末論が占める位置は歴史と終末の本質的連続性の印となっているが、同時に根本的不連続性があり、この不連続性は終末論的諸命題の認識論上の状態にとって決定的である。シュライエルマッハーによれば、諸命題がキリスト教においてキリストの贖いを拠り所に形成される現在の宗教的自己意識の様態に関わると、それらは独断的になる。しかしながら、あらゆる現在の宗教的自己意識の様態は、われわれの現代の世界でいまだに激しい罪と恩寵の対立に巻き込まれている。もし、終末論的諸命題が、定義上、その対立を超えた世界の状態に言及するものならば、他の諸命題と同じ意味で独断的命題ではあり得ない。それが、シュライエルマッハーが終末論的諸命題を「預言的教義」と呼ぶ理由である。もしシュライエルマッハーが「同

じ価値（Wert）を」他の諸教義と同様にこれらの教義に「帰することができない」と言うならば、彼はそれらの価値を減らそうというのでなく、ただ認識論上の違いを強調しようとしているのである。

そこで、われわれは二重の違いを考慮しなくてはならない。われわれの限られた知識力だけでなく、現実そのものの異なった状態によってもまた、完成の状態を想像することは困難である。しかしながら、こうした困難は最終の成就の現実を否定し、終末論的諸命題を排除する理由にはならない。まるで反対に、この成就は必然的に創造の完成である贖い主の人格に含意されるのである。ただし、その彼にだけである。彼は終末論的現実のただ一人の保証人である。世界の完成への期待は世界そのものの自然な傾向に基礎を置くものであってはならず、キリストの顕現の含意としてのみ約束され得るのである。

彼の終末論の導入部で（157–59 節）、シュライエルマッハーは終末論的現実の二つの基本的局面に関して解釈学上の問題を論証している。悪への対立を越えた教会の存在、そして人格としての人間の死後の持続の二つである。

罪を越えた教会と死を越えた魂

罪の全生命（ゲザームトレーベン）への継続的な対立のない教会の状態を想像することがどうしてそんなに難しいのであろうか？　第一に、この状態は「キリスト教が、他の宗教は組織された信徒集団として全く生き残らないという意味で、全世界に広まっている状態でなくてはならない」（157 節 1）。とは言え、主たる問題は、その状態では新しい罪の発生は不可能であるに違いないということである。そこで、シュライエルマッハーによれば、もはや物理的な再生はあり得ない、なぜなら「罪は各世代に新たに発生するからである」（同箇所）。このことは、教会の完成は歴史の内部では起こり得ないことを暗に意味する。

しかしながら、もしこれが本当ならば、われわれは当の完成を「未来」に位置づけねばならない、「その未来に対しては（それが人間の経験を全く超えたところに在るがゆえに）われわれの行為は如何なる影響力をも行使できず」、また「あらゆる類比が存在しないところでは、われわれはその未来像を正しく理解するとか、あるいは確実に保持するとかいうことはまずもって

できない」（157 節 2）。それゆえ、教会の完成についての諸命題は「〔現〕世界の影響力によるわれわれの現状態における如何なるものについての言及も含んではならない」（同箇所）[7]。「これらの影響力は、単なる個々人の協働により確保できる以上に高い程度に抑制されるかもしれないということは、われわれの祈りの不断の対象である。そして完成された教会は、それゆえ、そうした祈りが完全な程度に答えられた領域である」（同箇所）。したがって、教会の完成という考えは、首尾一貫した像に形作られるどころか、「全く未知の、ほんのかすかにしか想像できない状態の下での人間本性とキリストとの途切れない交わりを表しているような、われわれのキリスト教的意識の中に」だけ根ざしたものである（同箇所）。そうしてそれが、新しい全生命（ゲザームトレーベン）が完成の状態になることを期待する理由を与える unio hypostatica〔「位格的結合」。哲学では「本質的結合」と呼ぶべきことであるが、三位一体のキリストにおいて神性と人性とが、混合せず分離せずに唯一の位格（＝ペルソナ）に結合することを神学では位格的結合（ウニオー・ヒュポスタティカ）と表現する。実体的な結合として、人間の心身の結合に類似するが、心身の結合が唯一の位格である人格を形成するのに対して、キリストにおいては神が神であるまま人間となる点で異なるとされる〕なのである。

　同じことが個人の死後の存在について当てはまる（158 節参照）。シュライエルマッハーはこう書いている、「キリストの人格における神的本質と人間的性質との結合の不変性への信仰がそれ自体に人間の人格の持続への信仰をも含んでいるので、これはキリスト者の中に死に続いて起こる状態についての概念を形成する刺激を作り出すのである」（158 節、テーゼ）。シュライエルマッハーは「死後の人格の継続的存在への信仰」（これは、彼の考えによれば、「魂の不滅」という用語に等しい）は排他的にキリスト教のものでなく、そして文化史の視点から見ても、位格的結合（ウニオー・ヒュポスタティカ）の経験から起こったものではないことを認めている。「かの信仰の形跡はあらゆるところに存在し、特にキリストと使徒たちの時代にはユダヤ人の間に広く行き渡っていた」（158 節 1）。しかし位格的結合（ウニオー・ヒュポスタティカ）との「この結びつきは別として」、それが「われわれのキリスト教教義学の中で場を与えられたはずはないであろう」（同箇所）。

---

7 「世界」とは、ここでは（ヨハネ福音書でこの語が用いられている意味において）罪の「全生命（ゲザームトレーベン）」である。

シュライエルマッハーと科学

　これに関してのシュライエルマッハーの議論は非常に微妙で、神学と自然科学との関係に触れており、またそれゆえより綿密に検討する価値がある。シュライエルマッハーはこう力説する、「贖い主への信仰は……贖いを呼び求める罪意識から発生するかもしれず、そしてその信仰から、た・と・え・死・後・の・命・に・つ・い・て・わ・れ・わ・れ・は・全・く・何・も・知・ら・な・い・と・し・て・も・、一切の最後の瞬間も含めて、われわれは命のあらゆる瞬間にキリストの祝福の伝達を推論するかもしれない」（158節1、強調は筆者）。さらにシュライエルマッハーは述べる、「上記の議論の全体がかの信仰に関係なく提示され、そして証明されてきた」（同箇所）[8]。「かくして、もし贖い主がこの信仰を受け入れず、かつ認めなかったとするなら、この信仰はわれわれの宗教意識と密接に結合されるに至ったかどうか、そしてどのようにしてそうなったか、当然のことに問いが持ち上がる」（同箇所）。シュライエルマッハーは二つの可能な仕方を挙げている。「人格の存続が知識の諸活動を通して、すなわち客観的な意識によって、一つの真理として確認されてきたか、あるいはそれは元来われわれの直感的な自己意識の中でわれわれに与えられてきたか、そのいずれかであろう」（同箇所）。

　一番目の場合では、「不死の教義」は「より高度な自然科学」に属することになろう（同箇所）。しかし明らかに、自然科学では不死は「常に幾人かの人々によって、他の人々によっては熱烈に弁護されてきたのと同じくらい

8　シュライエルマッハーによれば、このことは明らかに、キリストの復活がわれわれの贖いの原理としてのキリストの人格という教義の本質的要素ではない、ということを言外に意味する。シュライエルマッハーは、弟子たちはキリストの磔刑以前に彼を贖い主として認めることができたのだから、彼の復活はキリストへの信仰の必然的な前提ではあり得ない。しかしながら、そのことはシュライエルマッハーが復活の現実性について異議を唱えているということを意味しない。しかし、彼はただ間接的な理由を与えているだけである。もし、復活したキリストに関わる自分たちの経験についての弟子たちの証言が間違いであると証明されたなら、彼ら自身の信用性が壊滅するだけでなく、（そのために）キリスト自身が、その証言するものが信用されないような弟子たちを選んだことにおいて、非常に思慮深くはなかったように見えるだろう。

熱烈に攻撃されてきた」(同箇所)。科学的な合意は用意されていない。このことから、教義学は、仮に「不死の概念をさらに使用」したいと思っても、「これらの証拠を採用する資格がない」(同箇所)。

二番目の場合については、シュライエルマッハーはこう議論している、「不敬虔な［つまり、物質主義的な］不死の否定が存在する」。さらには、「人格の存続の断念放棄もある……、それは霊的な活動を単なる物質の現象と見なしたり、あるいは物質を霊よりもすぐれたものとするどころか、霊を生きた物質を生み出し、それをそれ自身に適合させる力であると厳格に考えるのである」(同箇所)。すると、「霊は本質的にそのような生産力において不死である一方、それでもそのような生産力については個々の魂はただ束の間の行為にすぎず、したがって本質的には消滅し得るものである」と言うことができるだろう (同箇所)。「そのような人格の存続の断念放棄と〔神の存在を感じる〕神意識の優勢の間には……如何なる不調和も存在しないであろう」(同箇所)。なおさらには、「一方では確かに敬虔の一般的精神と調和した、人格の存続を信じる信仰があるが……、不敬虔な信仰もある」、すなわち、「もしその信仰が、単に命の感覚面への興味から生じたものだとしたらである」(同箇所)。そこで、シュライエルマッハーは結論づける、人格の存続を信じる信仰と神意識との間には何の必然的なつながりもない、と。

それにもかかわらず、この信仰はわれわれの「贖い主への信仰」に深く基づいている (158節2)。キリストは「彼の帰還、すなわち彼の民との再会」について語る時、人格の存続を自分自身に帰している (同箇所)。シュライエルマッハーはこう議論する、キリストは「自分自身についてこれらのことをただ人間としてのみ語ることができたのである、なぜならそのようなものとしてのみ、彼は自分の弟子とさえ交わりを持つことができたからであり」、かくして「彼の中の人間的性質とわれわれの中の人間的性質の同一性のおかげで、同じことがわれわれ自身にも当てはまるに違いない」という結論が「自明」となる (同箇所)。シュライエルマッハーは、これらの「キリストの言葉が全て比喩的なものであって厳密に解釈されてはならず、また彼はどこにも個人の存続を主張していない」可能性について論じている (同箇所)。その場合にも「キリストへの信仰は……なおも可能であろう」とシュライエルマッハーは認める (同箇所)。しかし、「そのような仕方の解釈が教会内部ではびこり、キリスト教信仰の根本とされるならば、その結果はキリ

スト教の完全な変換となることだろう」(同箇所)。シュライエルマッハーは付け加える、「このこと自体が、そのような解釈を誠意を持って提示することができるとは考えられないことを暗示している」(同箇所)。この文章は彼の全体としての神学的プログラムに大変重要な意味を持っている。彼はそのような〔キリスト教の〕完全な変換の可能性を原則としては排除していないが、しかし間接的には、彼は自分自身の神学をそのような完全な変換として理解してはいないことを打ち明けている。そして彼はイエスが実際に自分の人格の存続を信じていたという彼の確信を認めている。

　もしキリストが不死であるなら、すると「人類の全ての人もまた存続することを期待できる」ことを否定するのはキリスト仮現説的であろう(同箇所)。キリストは「不死の仲介者であるが、それはただ排他的にここで〔現世で〕彼を信じる人々に対してだけでなく、例外なく全ての人々に対しても、である」。なぜならば、「人格の不死が人間の性質に属していないのであれば、そのような贖い主の人格を形づくる神的本質と人間的性質との結合は不可能であったことだろう。そして逆に、神はそのような結合を通して人の性質を完全なものとし、贖うことを決めていたのだから、個々の人間は贖い主が意識していたのと同じ不死をずっと持ち続けていたに違いないのである」(同箇所)。言い換えれば、位格的結合（ウニオー・ヒュポスタティカ）は人間的性質の不死を信じる信仰のただ一つの、しかし本当の基礎なのである。

　「この信仰には当然のことながら死後の人格の状態について明確な概念を形づくり、維持したい欲望が伴う」けれども (158節3)、この欲望を満たすことは不可能である。その理由は、キリストが具体的な宇宙論的「死後の存在状態」を明らかにしなかったからである (同箇所)。〔死後の存在に関する〕「時間と季節」についてのほとんど全ての命題は「贖い主がわれわれにしなくてはならなかったような伝達の領域の外に存在している」が、それと同程度に、同じことが「空間と空間的広がり」の「純粋に宇宙論的な問い」についても言える (同箇所)。キリストの「比喩的」ないし全く「不明瞭な」暗示からわれわれが集めることができる情報は、死後の存在についての概念を「単なる破滅」であると想定すべきではない——そして死後の存在は「信者と贖い主との持続的結合」にすぎないと想定すべきである——のかどうかをわれわれが知るために、ただ必須の情報だけである (同箇所)。

　同様に、使徒たちもその主題についてはただ「曖昧な予感によって、そし

て明瞭な知識が欠けているという告白と共に」語っただけである（同箇所）。それゆえ、シュライエルマッハーは結論づける、「われわれは、われわれの未来の命の形を自らに描いてみせることでわれわれの目的を決定しようと努めるべきではない」[9]（同箇所）。彼は述べる、各自の全ての「努力は……われわれの感覚的な自己意識の、人格の生き残りに対する関心から生じる」、だから「性格的には常に感覚的なものである」と（同箇所）。シュライエルマッハーはわれわれに警告する、そうした努力が、「いとも簡単にキリスト教信仰と命を損ねるだけかもしれず、またそのためにわれわれに対して現在を台無しにするかもしれない……影響力となる」ことを許してはならない、と（同箇所）。そこで、彼は未来の成就を生き生きと描くことには非常に慎重であり、「他人が提示した命題、ならびに支配的となった意見を注意深く吟味する」ことに限定するのである（同箇所）。

　この注意深さにもかかわらず、「シュライエルマッハーによれば、人間人格の死後の継続的存在は、時間と空間がとにかく消え去る限り、しかしただ、それら［すなわち、時間と空間］が異なった仕方で限定される限り、現今の存在と異ならない」[10]と、ヘルムスは正しく強調している。われわれの死後の状態を想像することにおいてのわれわれの問題は、この状態が時間と空間を越えたところにあるという事実の結果ではなく、ただ、その時〔死後〕には時間と空間は異なっているであろうという事実の結果である。明らかに、ヘルムスが付け加えているように、このことは「ここでは空間と時間はこの世界だけの特徴とは考えられておらず、如何なる世界であれ、あり得る世界の特徴であると考えられていることを含意している」[11]。

完成した教会と復活させられた自己

　続く159節では、シュライエルマッハーは「最後の事柄」についての教会の教義は、先に取り上げた二つの問題、すなわち「完成状態の教会と未来の

9　". . . so dürfen wir uns nicht darauf einrichten, unsere Zweckbegriffe irgend durch Vergegenwärtigung der künftigen Lebensform bestimmen zu wollen."

10　Herms, *Schleiermachers Eschatologie*, 113（英訳は筆者）。

11　同箇所（英訳は筆者）。

命における魂の状態を表現すること」を解決しようとする試みであると言明している（159節、テーゼ）。全ての終末論的教義はこれら両方の問題に言及する。一つの問題は他の問題に関連させずには解決できない。なぜならば、一方で、「（もし）われわれがこの〔世の〕命に続く状態についてのキリスト教的考えを形成しようとして、それが教会の完成というわれわれの考え方と一致させられなかったとするなら、それは絶対的に最後の段階を本当に表現しているとわれわれは信ずることができない」、なぜならば「われわれは教会が完成されるさらなる発展がまだ残っていたと考えなくてはならないからである」（159節1）。言い換えれば、個々人の死後の完全化は全体としての教会の完成がなければ本当の完全化ではないであろう。そして、他方では、「もしわれわれが教会の完成が人間的事柄の現在の進行過程の中にやって来ると見なすならば、われわれは死後の状態に対する考えに何かを付け加えなくてはならないだろう」（同箇所）。「両要素がこのように結合されるべきことは」明白であるように思われる。われわれは、教会の完成が罪と恵みの対立を特徴とする「この〔世の〕命において可能」であると考えることはできないから、それ〔教会の成就〕を「かの未来の命に」置かなくてはならないように思われる、そして逆に、われわれはかの未来の命——それ自体については、われわれは何の具体的想像もつかないが——についての概念を「教会の完全とされた状態から得られる内容でもって」「キリストとの交わり」の基礎の上に充実させなくてはならない（同箇所）。

　死後の命と教会の完成とを完全な終末論的像の補完的要素と見なす考えは、死後の命と教会の完成を想像する能力をわれわれが欠いている理由はそれぞれ異なるというヘルムスの洞察を考慮するなら、格別にわれわれを惹きつけるものがある。この〔世の〕命と、空間と時間の異なった限定というだけで想像することの不可能な死後の命（すなわち、人格）との間に連続性がある一方で、戦う教会の状態と恵みに対する罪の反抗がもはや存在しない時の教会の状態との間には何らの類似がないから、教会の完成は想像することを欠いている。かくして、死後の命は「ここ〔現世〕で始まった新しい命」の継続と考えることができるのに対して、教会の完成は単なる闘争の時代の終焉としてのみ考えるべきである[12]。もしそれが本当なら、するとなぜ、「人格の

12　同書113頁以下を参照。

存続」という概念が完成された教会という概念に「空間と時間の中の場所」を与えるべきでないのか、そして逆に、完成された教会という概念が個々人の継続する存在にその特定の終末論的性格を与えるべきでないのか？

類似のない解釈学

しかし、それにもかかわらず、「われわれは二つの要因の合流を示す位置にはいない」（159節1）。なぜなのか？　一方で、教会の完全な状態はその現今の状態に類似したところがなく、したがって死後にもあり続ける存在を理解するための具体性を与えることができない。他方で、「もしわれわれが未来の命を現在との類似によって上昇的発展として考えようとするなら、われわれは何らかのそのような発展が完成した教会において可能なのかどうか疑問を抱かざるを得ない」（同箇所）。シュライエルマッハーは結論づける、「かくして、一方の問題の解決は他方の問題の解決に決して厳密に適応するようには思えない」と（同箇所）。

そこで、死後の命も教会の完成も両者の組み合わせも、終末論的現実(リアリティ)の全体像に至るまで打ち開かれることはできない。私が示したように、このことはその現実を否定することを含意していない。終末論的現実の確かさは、むしろ贖い主の顕現に根ざしており、かつそれにおいて保証されている。しかし、われわれはその成就の状態をはっきりと想像することはできないのである。われわれはわれわれの想像を聖書の権威とキリストの言葉についての聖書の証言に根拠づけることもまたできない。なぜなら、われわれは「キリストの教えの何処にも、これらの主題についての関連した、そして明白な扱い、明らかにそれらに関しての明確な教示を伝えることを意図した扱いを見出さないからである」（159節2）。

終末論的主張の形式については、これらの熟考から次のように帰結できる。すなわち「早くから教会の中で優勢となり、新たな精査にかけられることもなくわれわれの信仰告白の中に引き渡された思考形式を取り上げて、そして予言的教義という表題のもとに、それらを単に装備不十分な予感能力の努力［裏づけ不十分な予感の企て］として、賛否の理由を追加した上で提出すべきである以外に、それについて〔提示できること〕は何もないのである」

(同箇所)。シュライエルマッハーはこうした教義の新しい形式が展開されることを無条件に拒否はしないけれども、しかしそうすることによって「空想（というのは、あり得る未来の経験の対象として提示されるわれわれの現在の経験の範囲とはかけ離れた一切ものが空想に属しているからである）は、もしキリスト教的なものに留まるとするなら、聖書の解釈による保護の下に置かれねばならず、聖書解釈が提供する素材を詳しく述べるだけにしなければならない」（同箇所）。いずれにせよ、こうした新しい形式は終末論的諸命題の解釈学の条件を免れないであろう。

　シュライエルマッハーは終末論的教義を四つの預言的教義と一つの補足に体系化する。彼は、「キリストの業の完了に属する一切のものはキリストの再来に関連づけられなくてはならないから」(159節3)、キリストの再来をそれに続く諸教義の基礎として、それでもって始める(160節)。それから彼は、「人格の生き残り、とりわけ、死の廃止」を表現するものとして(159節3)、肉体の復活と取り組む(161節)。教会の完成は二通りに言及されている。まず第一に、最後の審判(162節)の教義においては、この完成は「教会の一部を形成していない人々が今はもはや教会に対し影響力を行使することはないという事実によって条件づけられているものとして……信仰者と不信仰者の分離としてのその性格の中に持ち込まれる」(159節3)。第二に、永遠の祝福の教義(163節)においては、教会の存在は肯定的に、「(教会の闘士たちとは対照的に)信仰者の中のあらゆる罪の活動とあらゆる不完全さを取り除くこととして」描かれる(159節3)。不信仰に対する永遠の断罪の教義には「特別な教義という形式を与えることはできない」、なぜならば「それはわれわれの未来の経験の如何なる対象の予知でもないからである」(同箇所)。このことは、信仰者の直感的自己意識の説明としての『信仰論』の性格に関しては明白である。永遠の断罪を信仰の一項目と見なすことは、そのこと自体が矛盾である。永遠の断罪はむしろ「祝福の陰ないしは審判のより暗い側面である」（同箇所）。それが省察されねばならないのは、それは「人格の生き残りを、それゆえまた肉体の復活も」、それが位格的結合（ウニオー・ヒュポスタティカ）に基づいているがゆえに、「人類全体に当てはまるものと受けとめねばならず」、そしてそれゆえに「存在の何らかの様式を信仰者から分離された人々のために見出さねばならなかった」という理由からだけである（同箇所）。

以下では、私はシュライエルマッハーの肉体の復活についての理解についてだけ述べることにする。

肉体の復活

 最初に、われわれはシュライエルマッハーが肉体の終末論的復活をキリストの復活に結び付けているのかどうか、あるいはどのように結び付けているのかを考察しなくてはならない。彼はキリストの復活を「われわれ自身の復活の保証」と理解しているのだろうか（99節1）？　シュライエルマッハーのキリスト論では、キリストの復活が単なる「周辺的役割」しか果たしていないことが目立っている[13]。少なくとも、それは「キリストの人格についての教義の正真正銘の要素」には属していない（99節、テーゼ）。「なぜならば、もしキリストの贖いの効果がキリストのうちに神が存在することに基づいており、そしてそのことの印象がキリストへの信仰を引き起こすのであるなら」（99節1）、それならばこの印象はキリストの復活の経験以前に、またその経験なしに、呼び起こされ得ると認めねばならない。「弟子たちはキリストの復活と昇天を予見することなしに、彼を神の子と認めた」（同箇所）、そして同じことがわれわれについても言えるのである。われわれに関係することはキリストによる「彼の霊的臨在」と「彼の継続的影響」との約束だけであって、それはキリストが神の右側に座っているという隠喩(メタファー)に表現されており、またその隠喩(メタファー)が意味することは——すなわち、如何なる衝突をも越えて高く掲げられるキリストの「正真正銘の、また比類のない威厳」（同箇所）は——、キリストの復活に関係なく考え得るのである。

 しかしながら、シュライエルマッハーはパウロが「キリストの死だけでなくキリストの復活にもわれわれの贖いへの関連性を帰しているように見える」ことを隠さない（同箇所）。しかし、シュライエルマッハーによれば、パウロがキリストの復活を第一コリント書15章で「われわれ自身の復活の保証」であると言及している言い方は、「彼がそれをキリストにおける正真

13　Markus Schröder, *Die kritische Identität des neuzeitlichen Christentums: Schleiermachers Wesensbestimmung der christlichen Religion* (Tübingen: J. C. B. Mohr [Paul Siebeck], 1996), 199 n. 43.

正銘の神の存在との排他的な結びつきの中で理解していないこと」を示している（同箇所）。この議論は完全に明白というわけではない。その意味は多分、次のようなものであろう。パウロはキリストの復活をわれわれ自身の未来の復活の「保証」として用いているので、復活は排他的に贖い主の人格の教義に帰属してはおらず、際立って贖い主としての贖い主の特徴ではない、と。

　しかし、シュライエルマッハーは「教義学的諸命題(ドグマティック)に通じた人なら誰でも、キリストの真の印象は」彼の復活を「知らなくとも生じ得るし、また実際に生じたと悟ることを期待できる」と述べるけれども、それにもかかわらず、彼はキリストの復活とキリストの人格との「間接的な結びつき」（99節2）を主張し続ける。キリストの復活を信じる信仰は神がキリストのうちに存在するという基本的洞察からは演繹できないゆえに、この信仰はただ聖書の証言からのみ生まれ得る。そこで、われわれは復活の証人たちの信頼性に依存しているのであるが、その証人たちとは弟子たちである。もし彼らの復活の証言が幻想であって、心の現象(メンタル)を客観的な出来事と区別できなかったのであれば、われわれは如何なる点についても彼らのキリスト証言に信頼を失うだけでなく、むしろキリスト自身が弟子たちを選んだ際に大変慎重ではなかったように見えることであろう。そこで、われわれは弟子たちがキリストと彼の死後に会ったという彼らの証言を信頼しなくてはならない。しかし、シュライエルマッハーはこれらの出会いの性格についてはそれ以上の何らの説明もしていない。もしわれわれが、シュライエルマッハーはキリストの死をただ外見上の死として解釈する傾向があったということを考慮すれば、彼が「復活」を一種の蘇生として理解したということは大いにあり得ることである。しかしいずれにせよ、彼はキリストの顕現のその局面には何の神学的な重要性も与えなかった[14]。

　シュライエルマッハーが肉体の復活の教義の「本質的内容」を要約する際に、キリストの復活には言及せず、むしろ「甦った贖い主の昇天」に、つまり、贖い主が神の右側に座ることに言及しているのは意味深いことであ

14　マルクス・シュレーダーは「幽霊のように（gespenstisch）見える解決」について語っているが、しかし（エマヌエル・ヒルシュを参照して）「復活と昇天と霊の降臨の日々における［キリスト教］信徒団の起源を直接的にナザレのイエスの人格にまで遡らせて置こうとする」シュライエルマッハーの「意図」を擁護する（同箇所）。

る。その教義は本質的に「復活した贖い主の昇天は、もし全ての人間個々人もまた、われわれの現在の状態に連結する絆を持った有機的命の更新を期待することができるのであれば、その場合に限り可能であった」[15] ということを必然的に伴うのである（161 節 3）。この更新は、一方では、「キリストの神的力」に依存していると考えなくてはならない（同箇所）。それは自然的展開の結果ではない [16]。他方では、それにもかかわらず、それは「その準備が宇宙的な神的世界秩序の中でなされた宇宙的出来事として」考えなくてはならない（同箇所）。しかし、キリストの神的力への依存は「信仰に暗示されているとして保証される」のに対して、この「宇宙的出来事」という考えは「われわれが決して完全には解決できない問題を示すものとして、心前でさまよっているのである」（同箇所）。

なぜわれわれは最終的な復活の具体的像を描くことに決して成功しないのだろうか？　シュライエルマッハーはこの問いを、個人の死後の存在についての観念と教会の完成についての観念との両立性の問題に結びついた、連続性と不連続性の問題に関連させて論議している。彼は自身の議論を「われわれは限定された霊的命についての観念を体という有機体を別にして実際には形成することはできない」と述べることで始めている（161 節 1）。それゆえ、「体の命とは別に、厳密な意味で霊の不死を語ることは不可能である」（同箇所）。そこで、「はっきり限定された魂としての霊の活動は、死の際に体の命と同時に終わるので、それが再び始まり得るのは体の命と一緒でしかない」（同箇所）。

その上、復活についての概念はまた「復活後の命と死以前の命は全く同一の人格を構成しているというような、命の同一性(アイデンティティ)をも暗示するのである」（同箇所）。個人の実体を持続させるものとしての魂という観念は「記憶により条件づけられたものとして再びわれわれに現われる意識の連続性」を必要とする。さて、記憶 [17] とは「今度は他の心的活動と同様に、体の状態と非常に密接に結びついている」（同箇所）。そのことから帰結するのは、そのよう

15　". . . sofern auch allen menschlichen Einzelwesen eine an den gegenwärtigen Zustand anknüpfende Erneuerung organischen Lebens bevorsteht."

16　161 節を参照。テーゼは、キリストは「彼の発言の中で、この死からの覚醒を彼自身の代理行為に帰している」。

17　ディルク・エヴァース（本書所収）、特にその第 5 節を参照。

な〔生前と死後の存在の〕「統合的な記憶」は「絶対的に異なった体の状態のもとでは」ほとんど機能し得ないということである。かくして、もし死後の存在の状態がわれわれの現在の状態と全く異なるのであれば、われわれにはその記憶はなく、それゆえ「意識の連続性」を失うであろう。それであるから「魂自体が同一であり続ければあり続けるほど、未来の命はそれだけ単純であるに違いなく、簡単に接続可能な現在の延長であるに違いないこと」が明白であるように思えるのである（同箇所）。

　しかしながら、それは教会の完成という考えには反する、なぜならばその完成は根本的非連続、すなわち罪の如何なる有効性であれ、その終わりを意味するからである。それゆえに、「未来の有機体と現在の有機体との類似性」は制限されねばならず、これがシュライエルマッハーによれば、「復活の体が不死で性別のないものとして描かれる」意図なのである（同箇所）。両者とも教会の完成という考えに非常にうまく適合している。不死は「肉体と霊との争いの非常に実り多い種(たね)」である「体的自己保存への関心」を取り除く（同箇所）。性交の終わりは「新しい魂が生殖を通して存在へと呼び出されることを防ぐ」、生殖は常に新しい罪の源である。

　とは言え、不死性と性交の欠如はわれわれの現在の命の状態とはとてつもなく大きな違いを示すので、こうした特質は「魂の同一性(アイデンティティ)と意識の連続性とは相容れない」（同箇所）。それゆえ、シュライエルマッハーは連続性と不連続性の双方を考慮しなければならないが、「しかし、実際にはそれら二つは異なった利害を表している」と結論づける（同箇所）。「このゆえに、異なった項目は明確な表現が可能な一つの考えにまとめることはできない」（同箇所）[18]。

18　続く部分で、シュライエルマッハーはその矛盾を、死と復活の間の「中間状態」の問いを熟考しながら論証する（161 節 2）、そして、もし復活の結果として生じる救われた者たちと救われない者たちの「完全に異なった状態」が存在するなら（そのことは永遠の断罪の教義に暗示されている）、その場合には明らかに、「彼らが受け取る新しい体」もまた「完全に異なって」いなければならない。なぜなら、「有機体は差し迫った状態に適応しなければならないからである」という問題に関連して、論証する（同箇所）。そして、個人はすでにそれぞれの体の状態において甦るのか（このことは、復活と最後の審判とが同時に起こることを意味するだろう）、それとも彼らの全ては同一の体的形姿において甦るが、それがただ最後の審判の後になってのみ差異をつけられることになるのか、そのいずれなのかという問いが起こる（161 節 3）。

まとめの所見

　マルティン・ヴェーバーとは違い、『信仰論』の終末論に関する部分で、シュライエルマッハーは教会の教義をただキリスト教的意識には必須でないようにするために、その論理的真実を確立しがたい性格を示すためにだけ記述し、議論しているとは私は思わない。私はむしろ、アイラート・ヘルムスが強調していることに同意したい。すなわち、シュライエルマッハーによれば、終末論は、特にその宇宙論的次元において、明確に限定された未来に関するわれわれの知識を制限し、終末論的諸命題の特定的性格を決定する認識論上また解釈学上の問題があるにもかかわらず、キリスト教的意識の必須の要素であるということである。終末論についてのシュライエルマッハーの熟考は幾つかの点で模範的であるが、私はその中の三つだけを挙げようと思う。

　第一に、シュライエルマッハーは終末論的諸命題の神学的性格を絶え間なく科学的理論に対照させつつ考察する、ただし、終末論的現実(リアリティ)の宇宙論的含蓄を無視することなしに、のことだが。彼は首尾一貫して終末論をキリストの顕現と特にキリストが人間的性質を引き受けたこと（位格的結合(ウニオー・ヒュポスタティカ)）との基礎の上に据えており、そこから人類の永続と完成のあらゆる確実性が由来している。

　第二に、彼は終末論的想像という決定的に重要な問題にわれわれの注意を引きつける。われわれの現在の状態と成就の状態との間の連続性と不連続性の問いである。非常に微妙な仕方で、彼はその問いを終末論的現実(リアリティ)の二つの根本的な局面、すなわち個人の存在の死後の持続性と新しい社会的命（新しい全生命(ノイエス・ゲザームトレーベン) neues Gesamtleben）の完成に関連づけており、そのようにして伝統的終末論の教義を吟味し、解釈するための複雑なパターンを作り出している。われわれは終末論的命題の内在的合理性に関する議論で、シュライエルマッハーの議論ほどに洗練されたものを見つけることはほとんどないであろう。

　第三に、シュライエルマッハーは体に拘束されているという人間の魂の性格を強調することを、どんな世界であれ、ある一定の世界での存在の状態について熟考することと結びつけている。われわれは終末論的存在の具体的様

相を描き出すことはできないのだが、われわれはこの存在が時間と空間を越えて起こるのではなく、異なった形の時間と空間の中で起こって、世界的な姿を持つのだ、と想定することができる。ヘルムスは正しく、シュライエルマッハーが「新しい天と新しい地」の期待を維持していると述べている。そこで、終末論的な存在の体的性格に固執することは不可欠なのである。しかしながらわれわれは、現在の状態と未来の状態の間の連続性を強調することが完成の印象を弱くさせるが、他方で、不連続性を強調することは人格の同一性(アイデンティティ)の印象を損なうというジレンマを決して逃れることはないであろう。

　明らかに、シュライエルマッハーの解説の多くの詳細に関して、批判的な問いが生じてくるかもしれない。私の章の終わりで、私はそれを論じることはしないで、むしろあるがままのシュライエルマッハーの計画に根本的な一つの問題を書き留めるだけにする。シュライエルマッハーによれば、キリストの復活はキリストの贖いの行為において本質的なものではない。われわれはキリストの神意識に与ることで主観的に贖いを共有しているのであり、それには彼の復活以前に近づくことができたし、そしていまだに彼の復活とは無関係に近づくことができるのである。かくして、シュライエルマッハーは、復活におけるイエスの業によりも、むしろ歴史的イエスの教えに焦点を当てたタイプの救済論を表現しているのである。しかし、キリストの復活はキリストとキリストの贖いの業についてのわれわれの理解に何の関係もないというのは本当に真実であろうか？　しかしながら、それを尋ねることは、必ずしもシュライエルマッハーの終末論思想自体の妥当性と意義に疑問を抱くことを意味しないが、ともかくも、われわれがキリストの復活の救済論的意味と終末論的現実(リアリティ)についてのわれわれの理解への衝撃(インパクト)について改めて熟考することを要求する。

第三部

復活と自然法

1　神が記憶を与える：神経科学と復活

デトレフ・B. リンケ

ノンパラメトリック*な同一性(アイデンティティ)

　人格の同一性(アイデンティティ)という概念を確保する特別の候補は、体の時間的－空間的連続性と一揃いの心理学的特徴の保持である。形式的な見方からすると、前記のパラメーターを最小限に減らした時には、同一性(アイデンティティ)の特質もそれにあると考えることができる。これは、ちょうどおとぎ話の中で、王子が熊とか蛙に変身させられるが、それでも〔人間の姿に〕再び変身させられたり、再び姿を変えられたりできるような場合である。また、『オデュッセイア』の中では、オデュッセウスの仲間たちは自分たちが豚に変身させられた時でさえ、自らの同一性(アイデンティティ)を保持していると考えられていた。極端に異なった体の状態においても同一性(アイデンティティ)を保持するというそうした観念は、脳科学が分化して発展すると共に一層難しいものになった。オデュッセウスの姿を変えられた仲間たちであった豚はどんな脳を持っていたのだろうか？　脳についての知識でもってそのような問いに答えることができるのは、同一性(アイデンティティ)の徹底的でノンパラメトリックな保持という意味においてだけ、そして、あるいは、心と

〔＊　「ノンパラメトリック」は「パラメーターによらない、パラメーターを必要としない」ということで、「パラメーター」とは、ここでは対象物を識別するために用いる特徴となる要素、限定要素、制限範囲などの意味で用いられている。通常、同種類のものの集合において、各要素を特定するのに用いる。データを予測したり説明したりする場合に用いられると、パラメトリックな方法では観測データの属性値（説明変数）を用いて数値から平均や分散などに加工して取り扱う説明となるのに対して、ノンパラメトリックな方法では、数値ではないカテゴリー値を扱う分析として、その値の出現度数や関係性で表現することを意味することになる。〕

脳の関係について厳密な二元論にしがみついている時だけである。しかし、おとぎ話の中では、熊は時には自分は魔法にかけられた王子だと言うことさえできるが、二元論哲学者や脳科学者でさえそれが熊にとって可能であると受け入れはしないだろう。

　体の連続性と心理学的特徴を、むしろノンパラメトリックな同一性(アイデンティティ)があるという最低値に還元することは、神の行為においては考えることができる。神は自分の行為に多数のパラメーターを持つことを必要としないのだから。ゴットフリート・ヴィルヘルム・ライプニッツはこの主題について注目すべき所見を述べている。ライプニッツはもう一つ別の命では、喜びにせよ罰にせよ、保持された同一性(アイデンティティ)という概念なしには考えることができなかった。喜びと楽しみの場合には、彼は農民が次の命〔＝来世の人生〕では中国の皇帝になるという例を選んだ。ライプニッツの観点(パースペクティブ)からは、もし以前の命〔＝前世の人生〕の記憶が保持されるのでなければ、この考えには何の興味もないことだろう。私はこの主張には納得がいかない。皇帝は彼の以前の命において農民であったという記憶がなければ、自分の今の状態に幸福であることはできないのだろうか？　もしも記憶がほんのかすかというのでなく、人間の命の重要な記憶がそうであるように、むしろ強固なものであるならば、その記憶は意識した記憶の外にある、新しい人格の変えられた特徴に関係していよう。そのような場合には、皇帝はより少ない愉悦しか感じない可能性があるというふうに主張することさえできるだろう。なぜならば、幾つかの以前の、しかし今は修正された特徴が、彼の新しい経歴の首尾一貫性を混乱させて、彼の現在の状態に干渉することがあるかもしれないからである。そこで、実際には、皇帝は彼の以前の命の記憶がなければ、もっと幸福であることさえ可能なのである。

　また、罰を受けるためには同一性(アイデンティティ)が必要であるというライプニッツの議論も多少の修正を許す。罰はただ同一性(アイデンティティ)のパラメーターが変化したという事実の中にあるだけかもしれない。そのような事実は経歴上の出来事からよく知られており、そうした出来事の中では、罪悪感の経験が〔個性ある一個人としての〕人の同一性(アイデンティティ)の経験を変化させ、この主題の視点を、その人の全ての以前の性格が失われ、「自己」が非常に抽象的で一般的な概念ないしは非常に新しい状況の記述になるような仕方で変化させるのである。

　要するに、われわれは原則として、自分の以前の存在の記憶なしに愉悦を

経験できるし、またわれわれは自分の以前の人格の特徴を保持できない時でさえも、苦痛を受けることができるのである。われわれは具体的な性格から自由にされた「私」の周りに向けられた意識を楽しんでよいのである。

これは非常に抽象的な形の存在であろうが、それにもかかわらず愉悦と苦痛の意識的な経験がそのような観念の中では可能であろう。ますます、神経哲学と神経科学は意識を脳機能の複雑さと相関関係があるものと見るようになってきている。そしてまた、この複雑さは自己の特徴についての完全な知識なしに自己指示を持つものと考えることもできる。さらに、われわれは自己に対する何の付加的関連もない複雑な認識を見ることができるのである。物理用語でなら、それは例えば、正しく高度のレベルの電磁気パターンの脳の複雑さとか、あるいは偶然に意識に関係しているが、意識的経験を人が存在している（ないしは考えている）と述べる行為に限定してはいない、高度のレベルの神経化学的ないし化学的拡散プロセスなのかもしれない。

「存在」ないし「ある」の次元への物理的相関関係を探究することは大いに興味のあるところであろう。敢えてそのような極端に遠大な哲学的課題に触れる前に、われわれはむしろ複雑さや複雑さの安定のための基礎を説明できる神経系の幾つかの次元を探究してみたい。

魂の起源

個々に分かれた魂という観念と、身体的パラメーターが無関係であるような魂の観念は何処からくるのだろうか？　私はこの観念の一つの重要な局面は、精神的機能が身体的情報が処理されなくても働き得るという直感に存すると考えている。このことは、精神的、認識的、かつ情動的な一連の過程(プロセス)でさえ、脳外の体からの情報や反応(フィードバック)を使わずに神経系によって実行され得ることを意味している。脳のこの可能性が、魂は体がなくても生きられるという、文化史における直感の起源と見ることができる。（こうした場合においては、特別の手段なしには観察できなかった脳は考慮されていなかった。）

反応(フィードバック)を使わないで複雑な一連の過程(プロセス)を成し遂げる神経系の能力は、人間の進化における決定的な一歩のための土台と見なすことができる。この一歩は人類にとって「外側の」空間を使うことにより可能となったのであり、

そこでは、そのパラメーターを学んだ後には実際の反応(フィードバック)制御は必要でなかった。この「外側の」空間は調音システムの空間であり、この空間は全ての他の「外側の」空間とは非常に大きく異なり、人間に対し恒常性を示している。口唇・顔面ならびに舌の感覚を失った患者において、たとえ聴覚の反応(フィードバック)が白色雑音(ホワイトノイズ)によって排除されても、きれいな、一語一語はっきりした話し方(スピーチ)が可能であることが示されるのである[1]。

　この土台では、継続的反応(フィードバック)がなくても、運動性の音声(スピーチ)生成のために必要なニューロン〔ニューロンとは神経の細胞全体をいう語。神経細胞体・樹状突起・軸索から成り、神経系の構造的、機能的単位のこと〕が活動的であり得るのである。かくして、ニューロンは自由に新しいグループの配置が遂行でき、並べ替えを時系列で構築できるのである。これは音素と単語を結合して新しい集合体とする可能性の基礎である。それは心の結合性創造力のための土台である。反応(フィードバック)から自由であることで、脳は結合やグループ選択を反響[2]ないし首尾一貫性や「再入力」[3]を待つことによるよりもはるかにうまく構築できるのである。

　ここで見出したことが体と心の関係について意味するのは、話すこと(スピーチ)に対しては、調音システムの身体的パラメーターは実際の反応(フィードバック)を使わないで処理できるということである。脳は、その脳外の体についての知識によって運動性活動を遂行することにおいて、特に調音システムに関する限りは、完璧に形成されている。個々の脳のニューロンは、その外への広がりのパターンと結合の中に、脳が属する体についての重要な情報を含んでいる。逆の見方をすれば、体のパラメーターは脳の発達を幾つかの重要な局面ですでに形成していただろうと言うことができるのである。

　(話すこと(スピーチ)を学習した時に) 主には反応(フィードバック)から独立して得られる調音神経系に関連のあるニューロンの安定性は、神経系における安定性を調査するための幅広い領域を開く。話すこと(スピーチ)の発展は人間の発展において重要な一歩で

1　D. B. Linke, "Die Stimme im Mund," in *Quel Corps?* ed. H. Belting et al., 2002（近刊）および D. B. Linke, "Ein neurokybernetisches Modell der Sprechmotorik," in *Cybernetics* (München-Wien: G. Hauske and E. Butenandt, 1978), 371–72.

2　S. Grossberg, *Studies of Mind and Brain*, Boston Studies in the Philosophy of Science (Dordrecht: D. Reidel, 1982), vol. 70.

3　G. M. Edelman and G. Tononi, *A Universe of Consciousness* (New York: Basic Books, 2000).

あった。多くの認識機能はそれによって構築されたし、構築されている。しかし、人間は話すこと(スピーチ)が即座に成功することができなかった機能の分野で、自分たちの脳を使って、安定性を築きあげることに努力したのである。

脳および話すこと(スピーチ)

末梢性言語運動系は、神経系では〔脳波に現れる〕棘波信号体系として表す必要はない。それはすでに相互に連結したニューロンの内在的構造であり、ある種のプログラムがルーティン化して、情報を元に計算することを許す。情報は言語関係ニューロンの成長の中に潜在している。情報は、エドガー・アラン・ポー〔1809–49年、米国の詩人・批評家・短編小説家で、怪奇・幻想小説を書き、推理小説の分野を開拓、詩・詩論でフランス象徴派に大きな影響を与えた〕の、登場人物たちが渓谷の中の小道を歩むことで、自分たちがあるアルファベットの図形を追っていることに気づく『アーサー・ゴードン・ピムの冒険』〔幾つかの日本語訳がある〕の中の記号論に似た記号論のレベルで作動する。

人間の体は、体のパラメーターが音声(スピーチ)を通して認知を開始するパラメーターを決定する構造を発展させる。この事実の前後関係(コンテクスト)から、左右の喉頭神経の長さが二つの脳半球の相互作用を拘束するのを見てとれるのは大変に興味あることである。左側の喉頭神経は大動脈の周囲を走らねばならず、それゆえ右側の喉頭神経よりも10センチ長い。左側の神経は右側の脳半球によって制御されている。発音のための同期した運動性活動をさせるためには、右側の脳半球は発声のための刺激でもって、左側の脳半球よりも約6から7ミリ秒前に始動する必要がある。このような仕方で、左側の脳半球は明確に発声するための刺激を調整する時間を持っているのである。別のところでは、われわれは声の神経刺激の伝達のための伝導時間の違いが非対称的な脳半球の特殊化の基礎であるかもしれないという仮説を立てた[4]。

いずれにせよ、音声(スピーチ)システムの構造は、脳の構造が体の情報構造と密接に関係して発達するような仕方で、脳と体の間に位置している。このことは脳の構造にある安定性を与え、単語の特別な重要性を強調している。この単語

---

4 Linke, "Die Stimme im Mund."

の優位は〔脳〕半球の関係の研究[5]で証明されており、そこでは優位が変化して言語が一貫性の塊を作り上げている。

　組み合わせの可能性を持った音声(スピーチ)システムがあらかじめ計画された構造であるがゆえに、脳には予期的な安定性が備わっている。ある程度まで、認知機能は絶えず予期しない事態の計算をする必要もなく安定性に頼ることができる。この理由で、脳は予測しなかった状況や情報に対応する能力を発展させることができる。それゆえ、われわれはS. グロスバーグやG. M. エデルマンのモデルとは違った脳機能モデルを推進したいと思う。われわれは脳機能における非常に重要な情報は神経系の成長構造の中で伝達されると考えている。記憶情報は成人においてさえも新しいニューロンの成長を誘発することができることはよく知られている。これに基づいて、認識機能の神経系構造的基礎がさらに一層強調されなくてはならない。

　認知は刺激の結合と一貫性でもって始まるのではない。これは認知の土台ではなく目標である。グロスバーグのモデルでは、認知は予期されるものと予期されないものの間の反響を通して機能する。フィリップスとシンガーのモデル[6]では、実験結果が判明している認知パターンを構成するものは結合と一貫性である。大方のところ、一貫性の問いは「結合の問題」という標題のもとで討議されている。エデルマンは二つのシステム、特に視床と大脳皮質の間に再進入することで可能とされる結合と一貫性の発生をしっかりと見ている。私は脳の中には、予期されないものを絶え間なく監視する必要なしに、前もってプログラムされた情報を基に活動（音声(スピーチ)生成）を遂行し得る構造があるということを理解するのが重要だと思う。

5　C. Helmstaedter, M. Kurthen, D. B. Linke, and C. E. Elger, "Right Hemisphere Restitution of Language and Memory Functions in Right Hemisphere Language-Dominant Patients with Left Temporal Lobe Epilepsy," *Brain* 117 (1994): 729–37 および C. Helmstädter, M. Kurthen, D. B. Linke, and C. E. Elger, "Patterns of Language Dominance in Focal Left and Right Hemisphere Epilepsies: Relation to MRI Findings, EEG, Sex and Age at Onset of Epilepsy," *Brain and Cognition* 33 (1997): 135–50.

6　W. A. Phillips and W. Singer, "In Search of Common Foundations for Cortical Computation," *Behavioral and Brain Sciences* 20 (1997): 657–722.

デリダのカテゴリー錯誤

ジャック・デリダ〔1930–2004 年、アルジェリア出身のフランスの哲学者、脱　構　築（ディコンストラクション）ないし解体批評なる用語を編み出した。その意味するところは、テキストをそこに内在する言語の自己指示性によって読み解き、テキストを構成している言語機能や哲学的・社会的・文化的・政治的前提を解釈しようとする文芸批評の一方法のことである〕は未来を予期なしに急進的（ラディカル）な方法で考えることを試みる。私は明示された予期と暗示された予期とを区別する必要があると信ずる。経験と活動を基礎にしてある種の幾何学的また地誌的な構造を開発した後に、神経系は未来の経験のためにその履歴の構造を提示せざるを得ない。それにもかかわらず、受け継がれた構造は重要な変化を蒙って、来るべきものに影響を与えることができる。魂によって統合される諸経験は言語（スピーチ）システムとそこから派生したものの安定性に根を下ろしている。

予期の構造はより複雑である。言語（スピーチ）の運動プロセスは大部分が意識なしに遂行される。意識は、一貫性と結合（そしてより特別な意味では再進入）が探し求められるニューロンの諸進行過程（プロセス）に接続されるというのが最もありそうに思われる。予期の程度は、未来に対するどんな種類の、そしてどれほど多くの一貫性がわれわれの意識によって見出されるかに影響するだろう。

デリダによる、明示された予期のない未来の選択についてはどうだろうか？　差異はわれわれが通常想定するよりもより少ない程度に「存在する」というデリダの差異概念は、幾つかの点では実りあるものであるが、しかしわれわれは、その概念を支持する彼の議論はカテゴリー錯誤に依拠していると信じる。デリダは誤って行動パターンをニューロンのパターンに還元している。

デリダはジグムンド・フロイトの心理学とフロイトの余談の一つに、すなわち、神経系内の刺激はそれが意味を伝達できるためにはある時差を示さねばならないということに、依拠している。デリダにとってはこの時間差が人の振る舞いに伝送されるのである。彼の視野（パースペクティブ）においては、われわれは常にやって来るのが遅すぎるのである。そしてニューロンの相互作用のために要求された原則は、振る舞い上不可避のことと見なされるのである。

私は、これはカテゴリー錯誤であると考える。今ではニューロンの刺激の

間にある時間差は情報が伝達できるためには必要なものであるという考えを支持する多くの主張がある。完全な同期性は、意識と識別された意味との消滅という結果に終わるであろう。このことは癲癇(てんかん)の発作となって起こり得る。もし、神経系の刺激の間に同期性がないというもう一方の極限に行けば、情報のための十分な一貫性と統合はないことだろう。そこで、ニューロンのレベルでは、刺激はある程度まで同時に起こらなければならず、また幾つかの刺激は非同期的でなければならない。ニューロンのレベルでは、ある刺激は他の刺激よりも遅れてくる。とは言え、有機体全体の振る舞いというレベルでは、われわれが常に午後2時に正午を探すということを意味しない。デリダにとっては、われわれは常にやって来るのが遅すぎる。しかし、これは全体の振る舞いの問いである。(もし恐れがなければ、おそらくためらいとか遅すぎる到来ということも必要なくなるだろう。)有機体全体の振る舞いは、同型的(アイソモーフィック)な仕方でニューロンのレベルでの違いによって示威できないし、あるいはそうした違いから演繹することもできない。

　ニューロンの刺激は同期していることにより確かに情報を伝達し、そして振る舞いのレベルでの非同期性は遅すぎる到来について何事も言わない。私は、特にそのような問いに対しては、現象学とニューロンの活動とを区別することが時には役に立つと信じている。双方のレベルは幾らかの相関関係と一貫性を示しているが、しかし、一方が他方から同型的(アイソモーフィック)に推論できるというふうにではない。

　振る舞い上の現象とニューロンの活動のカテゴリー間の錯誤を防ぐために、十分な注意を払わなくてはいけない。多くの点で、安定性システムへの言及が必要とされる神経系モデルから始めるのがより多くの実りをもたらす。確かに、女性あるいは男性の宗教的決意は、神経系の機能のこの構造的特徴によっては定められない。一方で、一貫性現象に神経科学的な焦点を合わせることが、そして他方で、意味を構成する相違を弄ぶ音韻論的伝統が、構造的な安定性の源泉をより綿密に吟味する時には、脳の機能と人間の振る舞いのための一層統合されたモデルに導くことができる。

霊的な体

 もし、精神的体を霊的な体に化けさせることを考えるならば、*pneuma*〔霊〕は、ある意味で、物理学の場の概念の予期であったというヴォルフハルト・パネンベルクの示唆を想起させられる。そうした場の考えは神経的刺激の伝導の電磁波的活動に具合よく適合する。人は打ち砕ける波[7]とか、アルプスの氷河の雪解けや凍結[8]といった隠喩(メタファー)を使ってみたい気持ちに駆られるだろう。いずれにせよ、こうした考えは個人の同一性(アイデンティティ)の構築における情報のパラメーターを越えた省察への扉を開くものである。個人に関する情報は脳と体の関係にしっかりと基礎を置いている。復活について思弁する中では、体に関わる含蓄について考えたくなるだろう。体の構造と動力学(ダイナミックス)に密接に関連した情報は、体が変化した時には変化するであろう。例えば、分子が異なった一組の分子によって置き換えられたとしたら、神経系における時間的パラメーター、それに一貫性や同期性や非同期性の次元は変化することだろう。(おそらく新しい種類の分子でもって)姿を変えさせられた体の新しい意味は、神によって考え出されねばならないことだろう[9]。

---

[7] "Deférlement," in J. Derrida and G. Vattimo, *Die Religion* (Frankfurt am Main: Suhrkamp, 2001).

[8] Edelman and Tononi, *A Universe of Consciousness* の中でのように。

[9] Ted Peters, *GOD – The World's Future: Systematic Theology for a New Era* (Minneapolis: Fortress, 2d ed. 2000). 本書にあるピーターズの章も見よ。

2 サイバネティックス的不死 対 キリスト教的復活

ノリーン・ヘルツフェルド

　バッハの最も美しいオルガン前奏曲の一つは、ドイツ語合唱曲(コラール)「全ての人間は死なねばならない Alle Menschen müssen sterben」を基にしている。バッハのオルガン前奏曲集「教会暦 The Liturgical Year」の編者として、アルバート・リーメンシュナイダーはこう書き留めている、バッハは死を瞑想しながら、彼の最も内奥を吐露した作品を書いたのだ、と。この音楽は内省的だが、物悲しくはない。これは短調では書かれていない。そのモティーフは希望と、そしてそれ以上に、死を永遠のより良き命に復活していく移動と捉えるキリスト者の静かな確信を省察しつつ、静穏と幸福を表現している[1]。

　そのような復活の概念は自然の法則に違反しているだろうか？ キリスト者にとって、復活とその結果としての不死は、われわれが知るようなこの世界の物理構造には依存していない。キリスト者は体の復活について語るけれども、復活させられるのは霊的な体、すなわちパウロによれば、朽ちることなく、霊的な、不死の、この地上のものではない体である（第一コリント書15章）。このことは、存在するものは全て物質であるという仮定で始まる科学的物質主義の指図するところとは衝突する。

　科学的物質主義者にとっては、魂、意識、そして霊は、それぞれの生物学的な起源と物質的基質に還元できるのである。分子生物学者のフランシス・クリックは物質主義者の信条を以下のように褒めちぎっている。「あなた、あなたの喜びと悲しみ、あなたの記憶と野望、あなたの個人的同一性(パーソナル・アイデンティティ)と自

1　J. S. Bach, *The Liturgical Year (Orgelbüchlein): Fourty-five Organ Chorals*, ed. Albert Riemenschneider (Bryn Mawr, Pa.: Oliver Ditson, 1933), 134.

由意志の感覚、それらは実際には神経細胞とそれに関係した分子の膨大な集合の振る舞いにすぎない。……あなたは一まとまりのニューロン以外の何ものでもない」[2]。クリックがここで言っている「あなた」は記憶、野望、感情、そして行動の中に位置しているのであり、それらの全ては物質である脳の働きから生じたものである。そのような物質の基礎がなければ、「あなた」は存在しなくなる。

　確かに、不死に何らかの関心を示す物質主義者はほとんどいない。しかし、彼らが関心を示す時には、彼らは死後の命は物理的変換を要すると推定する。かくして、厳密に物質主義的な体系の内部では、復活ないしは不死は物質を伴わなくてはならない。それがそうなるための一つの方法は、人の中核を作り上げているもの、すなわち、われわれが心と呼ぶものを作り上げているような機能を、新しい物質的体に移転することによってである。低温学、生物クローン化、そして遺伝学の進歩が各々そうした体をもたらす有機的方法を提案するのに対して、コンピューター技術の分野は無機的な体への選択肢を提供する。それは、コンピューターチップのシリコンに基づいた、ないしは分子あるいは粒子規模のプロセッサーを開発したいと考える、新たに生まれつつあるナノテクノロジーや量子コンピューター技術に基づいた体である。人間の心を新しい物理的な場所に移すこのような選択肢は、サイバネティックス的不死という標題のもとに一緒にまとめられるようになっている。もし体が衰えねばならないなら、なぜ脳の中身を衰えない、少なくともそんなに早くは衰えない媒体に移さないのだろうか？

　サイバネティックス的不死は、あらゆる存在の物質的基礎を仮定することを侵害しない、人間の存続する方法を信じるための一つの道を提供してくれる。それは自然の世界についての最も厳格な科学的理論と両立し得るように見える。哲学者のヴァレンタイン・ターチンは復活とか魂の転生という伝統的宗教概念は概念の領域に限定されると指摘している。そのようなものとして、そうした概念は物理的現実に概念の具体的証拠を求める科学的環境に育った人々の忠誠を保持することはできない。とは言えターチンは、命が意味を持つとすれば、不死についての何らかの概念は必要であると指摘している。

2　Francis Crick, *The Astonishing Hypothesis: The Scientific Search for the Soul* (New York: Scribner's, 1994)〔フランシス・クリック（中原英臣訳）『DNAに魂はあるか――驚異の仮説』講談社、1995年〕, 3.

彼は次のように書いている、「形而上学的不死に訴える伝統的な宗教の衰退は、現代社会を堕落させる恐れがある。サイバネティックス的不死は形而上学的不死に取って代わって、生まれつつある世界的規模の文明の究極の目標と価値を提供することができる」[3]。

サイバネティックス的不死は、ターチンが示唆するように、復活概念に取って代わろうと努める信仰なのか、あるいはそれは、キリスト教的見解と相容れるのだろうか？　マサチューセッツ工科大学教授ダニエル・クレヴィエは後者を信じている。彼の著書『AI——人工知能探究の激動の歴史』の中で、クレヴィエは機械的体の中の不死は体の復活についてのユダヤ教的またキリスト教的伝統に完全に合致していると主張している。彼は、「脳細胞が徐々にそして最終的に、同一の入出力機能を備えた電子回路によって取って代わられること」は、「心を一つの支柱から別の支柱に移す」ための一つの方法を提示することなのだと示唆している[4]。そのような移動はクレヴィエがキリスト教信仰と合致するとみている魂の物質的超越を可能にするのである。

人の脳のパターンを機械に移すことは人の一局面の物質的な、したがって「体の」継続を許す一方で、私は他の諸要因、すなわちサイバネティックス的不死をキリスト教とは相容れないものとする諸要因も考慮しなくてはならないと信じている。コンピューターに基づいた不死は、人間の性質と不死の性質との双方に関して、伝統的キリスト教のそれとは非常に異なった一連の仮定に根拠を置いている。サイバネティックス的不死は物質主義的科学者集団の中では十分な復活理論を提供するのかもしれないが、それは復活のキリスト教的理解を具体的に例示する方法としては十分でない。なぜ十分でないのかを理解するために、われわれはサイバネティックス的不死の根底にある三つの仮定を、ラインホルド・ニーバー〔1892–1971年、米国の自由主義神学者で、政治や社会問題についてキリスト教の立場から積極的に発言したことで知られる〕が彼の人間論的研究『人間の本性と運命 The Nature and Destiny of Man』の中で表現した、復活についてのキリスト教的見解の説明と比較してみることにする。

3　Valentine Turchin, "Cybernetic Immortality" (http://pespmc1.vub.ac.be/CYBIMM.html). 2001年10月15日アクセス。

4　Daniel Crevier, *AI: The Tumultuous History of the Search for Artificial Intelligence* (New York: Basic Books, 1993), 278.

サイバネティックス的不死とは何か？

　サイバネティックス的不死は、思想、記憶、感情、そして行動が人間の人格を定義するという仮定に基づいている。これらは意識の産物であり、その意識はわれわれの頭脳の複雑さの現われ出る特性である。言い換えれば、人間とは基本的に生物学的機械であり、そのユニークな自己同一性(アイデンティティ)は脳のニューロンの構造の中で発生しそして貯えられる情報パターンの中に見出される。もしこうしたパターンを、精巧なコンピューター技術におけるように、複製することが可能なら、個人を定義する特徴が保存されることだろう。

　サイバネティックス的不死に対する希望は、脳のニューロン構造のためにふさわしい機械的プラットフォームを求めての探究に根差している。心がどのようにしてそうしたプラットフォームに移されるかの予測は様々である。義手や義足あるいは角膜移植のような機械的人工器官の進歩は、マサチューセッツ工科大学のロボット工学研究室長ロドニー・ブルックスをして、われわれが自分たちの脳の部品も含めて、生物学的部品をますます機械部品で置き換え始めるにつれて、人間と機械は近い将来に合体するであろうと予言することに導いた。究極の目標は、人のニューロンのパターンをコンピューターにアップロードするか、あるいは部品を一つずつゆっくりと置き換えるか、いずれかの仕方で全ての生物学的部品を人が完全に機械になるまでに取り替えることである。

　カーネギー・メロン大学のロボット工学技術者であるハンス・モラヴェックは、脳のニューロンをコンピューターに次のような仕方で接続する〔ブルックスが語るのと〕同様の行程を記している、すなわち「やがて、あなたの元々の脳が年と共に衰えていくにつれて、コンピューターが失われた機能を滑らかに肩代わりする。最後には、あなたの脳は死に、そしてあなたの心は自分をそっくりコンピューターの中に見出すだろう」と[5]。クリフ・ジョスリン、ヴァレンタイン・ターチン、そしてフランシス・ハイライトンといった哲学者たちは、そのような移転の中での不死の可能性を指摘している。

---

[5] Hans Moravec, *Mind Children: The Future of Robot and Human Intelligence* (Cambridge, Mass.: Harvard University, 1988)〔H. モラヴェック（野崎昭弘訳）『電脳生物たち——超AIによる文明の乗っ取り』岩波書店、1991年〕, 4.

そのような技術を通して、われわれが自分の「私」を同定するところの形式ないし組織は無限に維持されることができ、また重要なことであるが、われわれは進化し、さらに一層洗練されて、新しい、まだ考えられたことのない可能性を探究するのである。たとえ生物学的な体が腐敗することは不可避であっても、われわれは自己意識の真髄、特定個人としてのわれわれの経歴、われわれの創造的能力を保存し、また同時に、われわれをひょっとすると全ての人間を包み込むより大きな統一体の、すなわち社会的超有機体の一部にする、体と脳の間の情報交換の方法を研究できるのである。われわれは不死のこの形式を人工頭脳的(サイバネティック)と呼ぶ。なぜならサイバネティックスとは制御、通信そして組織化の研究のための総称だからである。それは生物学的不死を包含している。[6]

レイ・カーツワイルは『霊的機械(スピリチュアル・マシーン)の時代』の中で、今世紀末までには人はそのような不死を達成するだろうと予言している。われわれは、われわれの脳をコンピューター技術の継続していく世代に次々アップロードすることによって、これを成し遂げるであろう。カーツワイルは書いている、

> 今日まで、われわれの死すべき運命はわれわれのハードウェアの寿命に結びつけられていた。ハードウェアが壊れたら、それで終わりだった。われわれの先祖たちの多くにとって、ハードウェアは徐々に劣化し、ついには分解する。……われわれが境界線を越えて、われわれの事例(インスタンス)をコンピューター技術の中に作成していくようになると、われわれの同一性(アイデンティティ)はわれわれの進化していく心のファイルに基づくようになる。われわれはソフトウェアになるのであり、ハードウェアになるのではない。……ソフトウェアとして、われわれの死すべき運命はもはや計算のための回路の存続には依存しない……、われわれが自身を定期的に最新の、絶えず有能な「パーソナル」コンピューターに移植していく[時には]。……われわれの不死は、頻繁にバックアップを作成するよう十二

---

6 C. Joslyn, V. Turchin, F. Heyleighten, "Cybernetic Immortality" (http://pespmc1.vub.ac.be/CYBIMM.html).

分に注意深くあるという問題になろう。[7]

　カーツワイルは、彼の時代における比較的楽観論者の中の一人ではあるかもしれないが、この期待の唯一の信奉者ではない。トム・ストニアー（『情報の彼方に *Beyond Information*』の中で）とハンス・モラヴェック（『電脳生物たち *Mind Children*』の中で）の二人が、共に次のように示唆している。すなわち、インテリジェントなコンピューターは単に人の不死のための手段であるだけではなく、進化の過程における次の一歩である、つまり、それは個々の人間には不死をもたらすかもしれないし、あるいはもたらさないかもしれないが、〔人間という〕種一般の知能には不死という結果になるような一歩である、と。ストニアーが言っているように、「人類の宇宙的機能は命と知能との間の進化のインターフェースとして行為することである」[8]。モラヴェックは「命が終わる時に心と体の間の不安定な休戦協定が完全に破綻してしまい、［そして］われわれの心的存在の、骨折って手に入れたあまりにも多くの局面が、われわれと共に簡単に死んでしまう」ことを嘆いている[9]。コンピューターを通して、彼は心が「死すべき運命にある体の制約から救出される」かもしれないこと、そしてわれわれが自分たちの知能をわれわれの「足枷をはめられていない心の子ら」に伝えられるかもしれないことを望んでいる[10]。

　クレヴィエは人の脳をアップロードすることを体の復活と見なしている[11]。

7　Ray Kurzweil, *The Age of Spiritual Machines: When Computers Exceed Human Intelligence* (New York: Penguin, 1999)〔レイ・カーツワイル（田中三彦、田中茂彦訳）『スピリチュアル・マシーン——コンピュータに魂が宿るとき』翔泳社、2001年〕第6章。

8　Tom Stonier, *Beyond Information: The Natural History of Intelligence* (London: Springer, 1992), 214. さらに、Moravec, *Mind Children*〔註5参照〕第6章をも見よ。そのような夢は20世紀に始まったのではない。19世紀の、コンピューターの機械的先駆の設計者であるチャールズ・バベッジも「情熱的な精神を親族でない粘土に縛り付けている……物質という退屈で形而下の重荷による障害を除かれた」人類にとっての「未来の状態」を想像していた。Charles Babbage, *The Ninth Bridgewater Treatise* (London: Frank Cass, 1967), 173.

9　Moravec, *Mind Children*〔註5参照〕, 122.

10　同書123頁。

11　Crevier, *AI*, 278.

カーツワイルは同様に機械的な体を仮定し、体のない知能はすぐに弱まりそうだと述べている[12]。しかしながら、必ずしもサイバネティックス的不死の支持者全てが体の必要性を見ているわけではない。生物学的な体からの多少とも異なった逃避の道筋がヴァーチャルリアリティ〔コンピューターグラフィックスなどの形で作り出された擬似現実的空間〕を使うことで想像される。そこでは、人の精神的自己はサイバースペース〔インターネット上に構成されているデジタル情報のやり取りの行われる概念上のネットワーク社会〕にのみ存在するものかもしれない。ワシントン大学のヒューマンインターフェース技術研究所の研究員であるニコル・ステンガーは熱意を吐露する、「われわれのデータ・グローブ〔ヴァーチャルリアリティや遠隔ロボット操作のために、手の向きや指の動きを取得するセンサーのついた手袋〕の向こう側で、われわれは運動する彩色された光の被造物になり、金色の粒子と脈動する。……われわれは皆天使となり、そして永遠に……サイバースペースは天国のように感じられる」[13]。ソフトウェア技術者〔コンピューターのプログラマー〕のマイケル・ベネディクトはサイバースペースを「われわれがリスクのない勝利を謳歌し、木の実を食べても罰せられることなく、天使たちと日々交わり、今や天に昇って死ぬことのない」場所として想像する。「……〔そこは〕天の都、黙示録の新しいエルサレム〔である〕。そこは天そのものから生まれ出た、宝石をちりばめた、無重力の宮殿のような、……われわれが神の恵みのうちに再び入る……美しい均衡状態に設計された場所である」[14]。不死をサイバースペースの例によって裏づけることにはある利点がある。一つには、ある一定のコンピューター・システムないしはネットワークに住むことのできる〔自分の〕化身(アバター)の数には一定の限度があるにせよ、その限度数は、生物たる人であれロボット的人であれ、地球の限られた空間に住むことのできる人の数よりははるかに大きいだろう。サイバースペースには潜在的に無限の空間がある。またサイバースペースの世界にはより多くの融通性もある。人が純粋なデータとなる時、人は自分を意のままに変換できるのであって、あらゆる制限を超越して、如何なる時に

---

12 Kurzweil, *Spiritual Machines*〔註 7 参照〕第 6 章。

13 Nicole Stenger, "Mind Is a Leaking Rainbow," in *Cyberspace: First Steps*, ed. Michael Benedikt (Cambridge, Mass.: MIT, 1991)〔マイケル・ベネディクト編（NTT ヒューマンインタフェース研究所他訳）『サイバースペース』NTT、1994 年〕, 58, 52.

14 Michael Benedikt, "Introduction," in Benedikt, ed., *Cyberspace*〔前註参照〕, 14–15.

もほとんど何にでもなる。

　こうした夢はどれほど現実的であろうか？　現在のコンピューター技術にはモラヴェック、カーツワイル、ブルックスあるいはベネディクトが予測したものを実証できるものはほとんどない。コンピューター技術一般は過去50年間に劇的に進歩したけれども、人工頭脳の進歩は限られている。ニューラルネットワーク〔生体の脳神経系を抽象化し、モデル化してできた超並列的な分散情報処理システム〕は人の脳の複雑さよりもはるかに下のレベルに留まっている。神経科学の現段階の研究は脳の働きが当初考えられていたよりもはるかに複雑であることを示唆しており、われわれが現在考えているようなニューラルネットワークのテクノロジーでは捕捉できないであろう[15]。ヴァーチャルリアリティは、それの自由の幻想にもかかわらず、やはりデータ・グローブとヘルメットの下層にある非常に物質的な体に依存している。ヒュバートとスチュアート・ドレイファスは「願望的思考が多分いつもわれわれの技術との関係を複雑にしてきたが、コンピューターの出現以前は、そして爆弾の出現以前は、その複雑さは今日そうであるほどに全く危険だということはなかったといって間違いない。願望的思考も、さほど現実離れした空想ではなかった」と書き留めている[16]。サイバネティックス的不死の夢は現在のところは事実であるというよりも空想科学小説(サイエンス・フィクション)である。しかしながら、それらの夢は、コンピューターを「体的存在から解き放つ、……肉体が課す拘束から解き放つ」一つの方法と見なす、技術分野での欲望を確かに明るみに照らし出している[17]。そして、それらは不死の希望をあきらめることなく、還元主義的物質主義への信仰を維持する方法を提供している。

15　例えば、Detlef Linke, "The Lord of Time," in *The End of the World and the Ends of God: Science and Theology on Eschatology*, ed. John Polkinghorne and Michael Welker (Harrisburg, Pa.: Trinity Press International, 2000) を見よ。

16　Hubert Dreyfus and Stuart Dreyfus, *Mind over Machine: The Power of Human Intuition and Expertise in the Era of the Computer* (New York: Free Press, 1986)〔H. ドレイファス、S. ドレイファス（椋田直子訳）『純粋人工知能批判──コンピュータは思考を獲得できるか』アスキー、1987年〕, ix.

17　Michael Hein, *The Metaphysics of Virtual Reality* (New York: Oxford University, 1993), 99. 上記註8をも見よ。

キリスト教的批判：ラインホルド・ニーバーの『人間の本性と運命』

　コンピューター内部での不死の存在の希望の根底にある、人間たる〔個性ある一個人としての〕人の本性と永遠の命の本性に関する仮定は、大抵のキリスト者のそれとは全く異なっている。サイバネティックス的不死は人格としての人間について二元論的理解、「長期」という永遠の概念、そして人間的力に対する傲慢な信仰とを仮定する。ラインホルド・ニーバーは『人間の本性と運命』の中でこれらの各々について言及し、キリスト者に対しては、自分で考え出した、また歴史の領域内にある不死の概念よりも、むしろ神に希望を託すように警告している。

　第一に、物質主義であるにもかかわらず、人間たる〔個性ある一個人としての〕人についてのサイバネティックス的理解は臆面もなく二元論的であり、人間の体の重要性を否認している。それは、人間たる〔個性ある一個人としての〕人の本質を構築するものは物質から生じているにもかかわらず、彼ないし彼女の思想や記憶や経験のパターンであると暗示する。最初の一瞥では、この理解はラインホルド・ニーバーの人間性の中の神の似姿という概念に似ていないこともないように見える。ニーバーにとって、人間たる〔個性ある一個人としての〕人の中核にあるこの心像は理性、すなわち合理性や自由意志や、それにニーバーが自己超越（self-transcendence）と定義する、自分を超え出ていく能力を包み込む理性である。彼は次のように書いている。

> 『神の似姿』という聖書的概念はキリスト教の思想に、特にアウグスティヌス以降は影響を与え……人間の合理的能力を含んだ、しかしそれを越えた何かを暗示する言葉で、人間の本性を解釈するようにしてきた。ハイデッガーによる、現代における人間の本性についての最も優れた非神学的分析では、このキリスト教的強調を簡潔に「『超越』の観念、すなわち、人間は自分自身を越えていく何か——人間は理性的被造物以上のものである」と定義している。[18]

18　Reinhold Niebuhr, *The Nature and Destiny of Man: A Christian Interpretation*, vol. 1: *Human*

2 サイバネティックス的不死 対 キリスト教的復活

ニーバーにとって、自己超越は理性の一つの論理的帰結である。それは、人間が自分自身を知識の対象とし、また自己よりも大きな何かを模範にして自分自身を形づくる能力である。われわれの自己超越の能力のゆえに、人間は何か無限であるべきものの幻想を抱くという逆説に直面しながら、他方では同時に、有限な被造物的本性によって拘束されている。ニーバーは、上に引用された人工頭脳学者がそうしたように、われわれの有限な体の本性はこの心的超越について、また対立して、内的に緊張した状態にあると指摘する[19]。しかしながら、サイバネティックス的不死はわれわれの有限の体を乗り越えようと努めるが、他方ニーバーは、われわれが被造物としての限界を受け入れられないことを罪の源と見なす。

> 人は無知であり、有限な心による限界に巻き込まれている。しかし、人間は自分が制限を受けていないようなふりをする。人間は徐々に有限の限界を超越でき、ついには自分の心は宇宙の心と同一になるのだと決めてかかっている。それゆえ、人間の知的また文化的な追求は自尊心の罪に感染してしまう。[20]

われわれの有限な体は、われわれがわれわれであることの不可欠の部分である。人間の本質的本性は常に二つの分離できない要素、つまり自己を超越する心と有限の被造物的存在を含んでいる。後者の否定は女と自然環境の双方の侮辱へと導いてしまっている。サイバネティックス的不死は直接にこれら双子の侮辱に導いていく。なぜなら、もしわれわれがシリコンの体の中で生きることができる、あるいはサイバースペースそのものの中で生きることができるなら、自然界は何の役に立つだろうか? バックアップ用コピーでもって複製可能な知能は、性的区別も必要ないのである。しかしながら、キリスト者は人間の創造を、世界のその他の創造と性的区別の創造という状況

Nature, with an Introduction by Robin W. Lovin, Library of Theological Ethics (Louisville: Westminster/John Knox, 1992)〔ニーバー(武田清子訳)『キリスト教人間観 第一部 人間の本性』新教出版社、1951 年〕, 161–62.

19 同書 166 頁。
20 同書 178–79 頁。

の中に置かれたものとして理解している。われわれがわれわれにとって本来的に別のものであるものと関係しているということは、それが異性の人間であろうと、あるいは創造のその他のある部分であろうと、三位一体の神のイメージにおけるわれわれの創造の不可欠の部分である[21]。サイバネティックス的不死は体の重要性を否定する一方で、同時に不死を物質的世界に結びつけている。

　ニーバーは反対のことをしている。彼はこの命においてわれわれがわれわれの体的本性に依存していることを、つまり世界の有限性を超越したいという切望に付随している依存を、認めている。われわれの自己超越の能力は、われわれが究極的にはそうあり得ない何かにわれわれの規範を見出す被造物であるというジレンマをつくり出す[22]。ニーバーは、この逆説は歴史の内部では解決できないと信じている。歴史の内部で解決しようと企てることは、人間をして神を否定し、動物のように、全くわれわれの創造された本性の中で生きるか、あるいはわれわれの創造された本性を否定し、神のごとくあろうと努めるか、そのいずれかの罠の中に導き入れてしまう（これは、コンピューター技術社会のうちでは時折認められる企てである）。われわれがこの逆説を逃れるのは、死と復活を通してわれわれが歴史的時空の連続体を後にする時にのみである[23]。

　ニーバーが人は時空の連続体を越えることができるしまた越えなければならないと信じていることは、サイバネティックス的不死と不死についての伝統的なキリスト教的理解の間の第二の相違を指し示している。かつてロバート・ジョン・ラッセルが言ったように、「不死はただより多くの時間を意味しているだけではない」[24]。とは言え、サイバネティックス的不死に希望を託す人々はまさしくこの地上におけるより多くの時間のことを考えている。ニ

21　神の似姿(イメージ)についてのこの理解はカール・バルトの思想にとって基本的であり、『教会教義学』第Ⅲ巻「創造論」第1部（〔英訳は〕ed. G. W. Bromiley and T. F. Torrance, trans. J. W. Edwards, O. Bussey, and Harold Knight〔Edinburgh: T&T Clark, 1958〕）で詳細に説明されている。

22　Niebuhr, *The Nature and Destiny*, vol. 1〔註18参照〕, 270.

23　Reinhold Niebuhr, *The Nature and Destiny of Man: A Christian Interpretation*, vol. 2: *Human Destiny*, Library of Theological Ethics (Louisville: Westminster/John Knox, 1996), 75.

24　Robert John Russell, 2001年5月の個人的インタビュー。

ーバーは、新約聖書の中のキリスト再臨(パルーシア)の概念は字義通りに千年王国論者的ないしはユートピア的方法で解釈すべきではないと書き留めている。歴史は持続する有限性の条件の内側では成就されることはないであろう。なぜなら、歴史の成就は量的意味においてもまたその終わりであるからである。ニーバーは書いている、「キリスト教信仰は、歴史の最終的完成は時間的過程の状態の彼方に存在すると力説する」。しかしながら、このことが彼岸性に導くことのないように、ニーバーはまた「完成は、歴史的過程を否定するというよりも、むしろ成就するのである」とも主張する[25]。

> 時間的な過程は *finis*〔終わり〕なしに考えることができないという意味で、永遠は時間の終端に位置している。そして、永遠は *finis* を持っているものとは考えることができない。永遠は時間よりも長生きする、もっとも、われわれは世界の突然の終焉も、自然エネルギーの漸進的消散についても何も知らないけれど。[26]

ニーバーは、時間的な過程の内側からわれわれは永遠を描くことはできないと述べている。われわれは永遠を時間の終了点として見るが、しかし時間の中の全ての点は永遠から等距離にあると言える。永遠はわれわれが知るような時間を終わらせるために来るだけではない。永遠はわれわれを時空の枠組みの外に連れ出す一方、その枠組みの内部でわれわれの運命の成就を包み込んでいる。一方では、サイバネティックス的不死は未来を仮定するが、その未来はわれわれの運命に向かって働きかけるためのより多くの時間をわれわれに与えてくれるかもしれないが、永続的ではあり得ない。われわれの機械的体がどれほど持続しようとも、それは有限な宇宙内部の有限な惑星上の有限な創造物に留まることだろう。科学者たちさえも「天と地は過ぎ去るであろう」ということに同意する（マコ 13:31）。

最後に、キリスト者たち、特にアウグスティヌスに従うキリスト者たちは、概してわれわれは自分自身の手段によっては不死を達成することはできないのだとして譲らなかった。すでに言及したように、人は有限の知識と理解力

25　Niebuhr, *The Nature and Destiny of Man*, vol. 2, 291.
26　同書 299 頁。

を持った有限の被造物であり、あまりにもしばしばわれわれの知る、ないし愛する、能力において失敗している。歴史は絶えずわれわれが有限であることの形跡を示している。ニーバーによれば、進化の過程(プロセス)あるいは歴史の過程(プロセス)そのものは贖罪の神ではあり得ない。今日、われわれはそれをそのように誤解しがちであるが、ニーバーはこの誤解を、「人間の終わりを自分が統制し、自分の力の中に維持しておくような、人間の運命を完了する方法を見つけたい」という欲望のせいだとしている[27]。

> 命と歴史の完成へのキリスト教的希望は、人間と人間の歴史に内在する何らかの力ないし能力によって命の完成を理解し、達成しようと努める代替の教義よりは、不条理さということではましである。……［命の］意味とその成就は共々に、われわれを越えたところの中心と根源に帰する。われわれがこの意味を自らの確実な所有物としてあまりにも尊大に専有しようとさえしなければ、あるいはわれわれ自身の力で成就を達成しようと努めることさえしなければ、われわれはその意味の成就に参加することができる。[28]

　科学と技術の中心的目的は客観的、物理的な世界を理解しかつ制御することである。もし、この物理的世界だけが存在するのであれば、そうした理解と制御は、決して絶対的ではないが、われわれが熱望することのできる全てであるかもしれない。そのような世界においては、サイバネティックス的不死は「より多くの時間」となり得るだけである。物理的宇宙の限界ということを考えれば、それは終わりのない時間ではなく、またわれわれはそれがそうあって欲しいと望むだろうと私は推定することもできない。なぜなら、物理的宇宙内部でのわれわれの状態は、われわれの被造物的有限性、つまりわれわれの知ることの限界や道義的欠点の限界に束縛されて、制限を課せられたままに留まるからである。地上の命は天国でも地獄でもない。それは、大きな苦難が大きな喜びと並んで存在する中間の領域である。

　Alle Menschen müssen sterben. 全ての人は死なねばならない。命は、そのよ

27　同書 320 頁。
28　同書 298 頁。

274

うでなければ、その味わいを失うだろう。われわれの物理的で間違いを起こしやすい体、われわれの有限な心は、われわれの多くの悲しみと同じく、われわれの主要な喜びをわれわれに与えてくれる。体の復活についてのキリスト教的概念は最終的な確実性を「歴史のあらゆる確実性と不確実性を越えたところに」見出す[29]。それは死を超越する概念であり、サイバネティックス的不死がそうするように、われわれの存在の一部でもって死を避けるのではなく、人の全存在でもって死を通り抜けることによって死を超越するのである。ニーバーは記す、もしわれわれが本当に「『死も、命も、天使たちも、権能者たちも、権力たちも、今ある物も、来るべき物も、高さも、深さも、あるいは他の如何なる被造物も、われわれの主であるイエス・キリストにある神の愛からわれわれを切り離すことができない』と納得しているなら、それ〔神の愛〕は、存在の外部的根拠に信頼を置いて、命と歴史における偽りの確実性や贖罪を偶像崇拝的に追求することをわれわれに思いとどまらせるであろう」と[30]。われわれキリスト者はこの根拠にこそわれわれの希望を置くのである。

---

29 同書 320 頁。
30 同書 321 頁。

3 復活の体と人格の同一性(アイデンティティ):
終末論的知識の可能性と限界

ナンシー・マーフィー

　復活した体の性質に対する私の注目は、この話題を取り囲む認識論的諸問題に向けられる。私は、復活の命についてわれわれはどのような種類のことを知り得るかまた知り得ないのかを、そしてその理由を、説明してみようと思う。私の試論の最初の節は復活についてのわれわれの知識の情報源と、それがわれわれに語り得るものを吟味する。私は、われわれの主たる情報源が聖書、キリスト教信仰と実践、そして科学、特に神経科学、さらに哲学であることを示唆したい。私は、われわれが復活の命の道徳的性格について非常に多くのことを知り得ると結論づける。復活の命がどのような種類の体を持つにせよ、それは主として道徳的で社会的命の基体を提供するという観点から見なければならない。最後の所で私は、自然法則そのものが終末では変換されることをわれわれは知っているので、この体がどんな「物理的」プロセスによって機能するのか、われわれは知り得ないことを論ずる[1]。

われわれは復活した体について神経科学から何を知り得るか?

　哲学者たちは神経科学の発展が体と魂の二元論を論駁することはできないことを指摘する。しかしながら、存在についての関心の何事も、立証することもできなければ反駁することもできないということ——証明は、存在の問

---

[1] この否定的議論は、この世(アイオーン)と最後の世(アイオーン)との間に期待される連続性において、当今の宇宙論についての洞察を探究する(本書所収の)ロバート・ジョン・ラッセルの企画の実り豊かさを否定することを意味しない。

3　復活の体と人格の同一性：終末論的知識の可能性と限界

題に適用するには間違った種類の基準であるということ——は、何世紀にもわたって広く認識されてきた。私は二元論と物理的一元論（略して物理主義）は単に哲学的命題とのみ見なされるべきでなく、科学的研究プログラムの哲学的ないし形而上学的「ハードコアー」（イムレ・ラカトスの意味で）[2]とも見なされるべきであることを主張してきた[3]。この観点からは、物理主義的プログラムは極端に革新志向的であることが明らかである。認知科学のある種の形式における進歩はもとより、認知、情緒、そして行動の神経生物学的理解におけるあらゆる最近の進歩も、人間の本性に関する物理主義的理解の産物である。対照的に、二元論的理論からはほとんど何の学術研究も得られていない。ジョン・エクルズ卿〔1903-97 年、オーストラリアの神経生理学者、1963 年ノーベル生理学医学賞受賞〕は学術研究の基礎を体と心の二元論に置いた唯一の著名科学者であったが、最終的には、彼の企画からは何も生まれなかった。かくして、哲学的論議が如何に不確定なものであるにしろ[4]、実体的な魂や心といったようなものを仮定する必要はないし、また物理主義的命題は真実であるという趣旨で、科学が望み得る限りの多くの証拠を提供してくれる、とわれわれは言うことができる。

　この結論は神学に対する重要な含蓄を持っている、なぜなら、キリスト教の歴史の大半を通して、ほとんどの神学者は二元論者であったからである。当面の目的には、二つのそうした含蓄が中心的な関心事となる。第一に、も

2　Imre Lakatos, "Falsification and the Methodology of Scientific Research Programmes," in *The Methodology of Scientific Research Programmes: Philosophical Papers*, Volume 1, ed. John Worrall and Gregory Currie (Cambridge: Cambridge University, 1978), 8-101. ラカトスは研究プログラムのハードコアーを、研究プログラムが関わっている現実の局面の性質についての理論と記述する。それは経験的プログラムの発展への手引きを提供し、事実の曲解を免れるよう保たれている。

3　Nancey Murphy, "Nonreductive Physicalism: Philosophical Issues," in W. S. Brown, Nancey Murphy, and H. N. Malony, eds., *Whatever Happened to the Soul?: Scientific and Theological Portraits of Human Nature* (Minneapolis: Fortress, 1998), 127-48, 特に 139-42 を見よ。

4　私は心と体（あるいは体と魂）の二元論に対する哲学的ケースは、事実上、絶望的であると信じる。その目下の最も有能な擁護者は『魂の進化』におけるリチャード・スウィンバーンである（Richard Swinburne, *The Evolution of the Soul* [Oxford: Clarendon, rev. ed. 1997]）が、しかし私は彼が採用する哲学的方法の不充分さを主張したい。私はまた、300 年にわたる心と体の相互関係の問題を解決しようとする試みの失敗は、この問題が本質的に解決不能であると語る立派な理由を与えるとも主張したい。

し死後の命があるとしたら、それは体の復活だけにかかっているのであり、しかも体的存在が生き延びる不死の魂に回復することとしてではなく、(私が理解するところの)元来の意味で、死からの個性ある人〔の一部でなく〕全体の復活として理解された復活にかかっているのであって、これは長年キリスト教思想でもユダヤ教思想でもそうであった[5]。

第二に、われわれが本質的に身体的であることの認識はわれわれのその他の自然との統合を強調し、われわれはこの宇宙の中から外へ救い出されるのではなく、その一部として救われることを暗示している。すなわち、それはわれわれに全宇宙がわれわれ人間と同じように変換される、あるいは再‐創造される、ことを期待させるのである[6]。

われわれは聖書の証言から何を知り得るか？

体の復活の期待は(ほとんど全面的に)[7] イエスの復活についての聖書証言と、イエスの復活がわれわれの復活もそれに続くことの合図となっているという主張に基づいている。新約聖書は復活の体の特徴についてのわれわれの情報源でもある。しかしながら、われわれが受け取る情報は様々である。パウロは光が現れたことだけを語っているが、福音書は(時として)イエスを目で見て同定できること、イエスが食べたり触れられたりすることができると記している(マタ 28:9、ルカ 24:30, 39, 41 以下、ヨハ 20:27)[8]。とは言え、福音書記事はイエスが鍵のかかった部屋に入ることができ、弟子たちにいつも見えたわけではなかったということで、イエスを全くわれわれの体と同じ

---

5 ユダヤ教教義の説明については、Neil Gillman, *The Death of Death: Resurrection and Immortality in Jewish Thought* (Woodstock, Vt.: Jewish Lights Publishing, 1997) を見よ。

6 (本書所収の) E. M. コンラディを見よ。

7 例外は、最後的復活は人類が死を生き延びることを期待するという事実と、それと相俟って、魂の復活と不死は死後の命に対する唯一の入手可能なモデルであり、また最後に、魂の不死は擁護し得ないことが示されてきたという事実に基礎づけることができると主張するヴォルフハルト・パネンベルクの議論である。W. Pannenberg, *Theology and the Philosophy of Science* (Philadelphia: Westminster, 1976) を見よ。

8 (本書所収の) ハンス゠ヨアヒム・エックシュタインによる、ルカにおける顕現の優れた解説を見よ。

ようには描かない（ルカ 24:16, 31）。ミヒャエル・ヴェルカーが指摘しているように、イエスは触知によって認識できるにもかかわらず、イエスは見か̇け̇なのである[9]。それだから、復活が単に死体の蘇生ではないことはテクストから明らかであるが、しかし復活した体がどのようなものであるかは明らかではな̇い̇。テクストは相互に矛盾しているように見える。

　多くの学者たちが証人たちの証言の間の矛盾をイエスの復活の「客観主義的」説明への反証ととらえている[10]。それとは対照的に、スティーヴン・デイヴィスは様々な記事は実際には相互に調和させることができるのだと主張する[11]。私は第三の立場をとる。教会は復活させられた体について正真正銘自己撞着する記事を伴う文書の収集物を正典化することにおいて、復活について何か非常に重要なことをわれわれに告げている――すなわち、現在の世（アイオーン）の永劫の言葉は復活させられた体を記述することはできないのである、ということを。通常の記述は不可能である。むしろ、われわれは言葉による種々様々で対照的なイエスの像で満足しなくてはならないのである。

　ジェイムズ・マッククレンドンは、最後の事柄についての多くの新約聖書の教えが「言葉の像」、すなわち、視覚的場面を提示する言葉によって表現されていることを指摘する。死後の命や最後の審判といったような、キリスト教の確信を特徴づける未来の像は通常の種類の証拠に基づいたものではない、そして、こうした像は〔未来像以外の〕その他のキリスト教信仰に正しく結ばれる必要があるのに対して、われわれは空間的、時間的また因果的な結びつきの全てを具体的に述べることができる必要はないのである。すなわち、永遠の命を信ずるために、われわれはそれを（非常に多くの千年王国論者がこれまで試みてきたように）歴史的な出来事の年代記に当てはめたり、地球、太陽あるいは星に関連させて天の位置を定めることができる必要はないので

9　Michael Welker, "Resurrection and Eternal Life: The Canonic Memory of the Resurrected Christ, His Reality, and His Glory," in *The End of the World and the Ends of God*, ed. John Polkinghorne and Michael Welker (Harrisburg, Pa.: Trinity Press International, 2000), 297–97, 282. なお、マコ 16:12 参照、また（本書所収の）ヴェルカーをも見よ。

10　概観については、Stephen T. Davis, *Risen Indeed: Making Sense of the Resurrection* (Grand Rapids: Eerdmans, 1993), 51–53 を見よ。

11　同書 53–61 頁。

ある[12]。これらの像を信ずるために必要と・さ・れ・て・い・る・ことは、それらは・命・を・変・え・る・ものであることにわれわれが気づくことである[13]。

そこで、マッククレンドンに従って、イエスの死後にイエスが弟子たちに現れたという記事は言葉の像——アルバムの中の肖像(イメージ)——と取るべきであり、復活後にイエスがどんなふうであったかを話すにはそれ自体では全く不十分であるが、しかし各々の像はわれわれが言ってはな・ら・な・い・ことについて境界を設けているのである。イエスは蘇生した死体ではない、弟子たちへの単に幻想的な出現ではない、また亡霊でもない[14]。復活についてのキリスト教の教えは、相違を滑らかにしようなどとすべきでなく、あるいは「ぼんやりと現れ、脳裏を去らない終末論的像」を何か別のもので取り替えるようなことなどすべきではない。そして教会は忠実にそれら全てを提示すべきである。なぜなら、それらは一緒になってキリスト教的希望を表現しているからである[15]。

われわれはキリスト教信仰と実践から何を知り得るか？

マッククレンドンは、終末論的な言葉の像の適切な用法はそれらの像の収集物をキリスト教的実践（それらの命を変える力）とその他のキリスト教信仰とに正しく関係づけることにかかっていると述べている。そうすることが、一般的な復活の中でわれわれを待っている未来についてのわれわれの最上の（そしておそらくは唯一頼るに足る）知識を与えてくれると私は主張する。すなわち、われわれは復活させられたイエスの像を「読み」、そしてイエスの復活からわれわれ自身の復活に映し出すための、解釈のための背景(コンテクスト)が必要なのである。直近の背景(コンテクスト)は終末論的教義——最後の事柄についての教義——であるが、しかし終末論的諸心像(イメージ)と預言そのものは、福音全体の背景(コンテクスト)の中で読まないと最も根・本・的・な・誤解を蒙りやすいのである。そこで、復活の

12　（本書所収の）ギュンター・トーマス、第2節を参照。
13　James William McClendon, Jr., *Doctrine: Systematic Theology*, Volume 2 (Nashville: Abingdon, 1994), 75–77.
14　（本書所収の）H.-J. エックシュタインを見よ。
15　McClendon, *Doctrine*, 92.

3 復活の体と人格の同一性：終末論的知識の可能性と限界

話題を正当に扱うためには、いったいキリスト教とは基本的にどんなものかという大いに論争された問題に立脚し、そこから復活の像を読み解く必要がある。

　終末論は二つの意味において最後の事柄についての教えである。持続するものと、そして最後にやって来るものとである[16]。かくして、キリスト者の目から見て、究極的に今現在重要なことの知識が持続するもの、それだから最後にやって来るもの、についてのわれわれの最善の洞察を提供してくれる。私はここではただ、キリスト教徒にとって究極的に重要なことについての私の立場を述べることができるだけで、それを正当化することはできない。イエスの使信の核心を神の国の宣教と取る上で、私には良い仲間がいる。私は、神の国を具体的な社会政治的な用語で理解し、そしてそれがすでにイエス信奉者の間では部分的に実現されていると理解することで、ジョン・ハワード・ヨーダーやマッククレンドン、それに急進的−宗教改革派の伝統に立っているその他の人々[17]に従う。ヨーダーが言っているように、

> イエスは、その教えに何らかの政治的な含蓄があっただけの道徳家ではなかった。彼は第一義的に精神主義の教育者であったが、彼の公共のための宣教活動が不幸にして政治的な光に照らして見られてしまった、というのではなかった。彼は、ただ自らが生贄に供されることへの覚悟をしている犠牲のための小羊ではなかったし、あるいはその神的地位ゆえにその人間性を無視するようわれわれを招く神の人でもなかった。イエスは、神により権限を委譲された……預言者職、祭司職、そして王位において、人間的、社会的、そしてそれゆえ政治的な関係の新しい可能性の担い手であったのである。[18]

　簡潔な叙述では不十分であるが、ジョージ・エリスと私は、このイエス理解とイエスがもたらす社会生活に対する新しい可能性を次のように要約する

16　同書 75 頁。
17　そして、解放の神学者たちのような、この伝統の外側にいる多くの人たちにもまた。
18　John Howard Yoder, *The Politics of Jesus* (Grand Rapids: Eerdmans, 2d ed. 1994)〔J. H. ヨーダー（佐伯晴郎、矢口洋生訳）『イエスの政治――聖書的リアリズムと現代社会倫理』新教出版社、1992 年〕, 52.

ことを試みた。「神の道徳的な性格が、イエスの傷つきやすい、敵に対する愛と支配権の放棄とに顕示されている。この点でイエスを模倣することは社会的な倫理を構成する」——われわれがキリストの「謙虚」〔ケノーシス〕〔キリストが人間の形姿をとることによって神性を放棄すること〕と命名する倫理である[19]。

　ヨーダーは、新約聖書が聖霊降臨日（ペンテコステ）から再臨（パルーシア）までのわれわれの現在の時代を二つの世（アイオーン）の重なりの期間と見なしている、と主張する。これら二つははっきり識別できる時間的期間ではない。なぜなら、それらは今や同時的に存在しているからである。それらは性質ないし方向が異なるのである。一方は後ろ向きに、キリスト以前ないし外側の人間の歴史を指し示す。他方は前向きに、神の国の十全さを指し示しており、それはその神の国の前触れなのである[20]。部分的に実現された終末論のこの説明は、神の国を不可避の人間の進歩と同等視する19世紀自由主義プロテスタントの見解とも、新しい世（アイオーン）は現在の世（アイオーン）が終わった後にのみ始まるという、ラインホルド・ニーバーの見解のような見解とも対照をなしている。かくして、根本的（ラディカル）な変換があるだろうが、われわれは不連続性と共に連続性を予期しなくてはならないのである[21]。

　このような前提のもとに、今や私は、復活させられる体についてわれわれは何を知り得るかという問題に戻ることにする。連続性についての知識——存続するもの——を基礎にわれわれが知ることのできるものは膨大である。しかし、われわれは知ることができないものが膨大であることもまた知っている。要するに、復活の体は神の国を構成する道徳的また社会的関係を前進させるのに必要な全てのものを提供してくれるに違いないことをわれわれは知っているが、とは言え、如何なる神の国の業績も現在構成されているような物理的世界の中では存続し得ないこともまたわれわれは知っている。かくして、われわれの物理的構成は想像できないほど異なっていなければならないこともわれわれは知っている——ここには徹底的（ラディカル）な不連続性があるのであ

19　Nancey Murphy and George F. R. Ellis, *On the Moral Nature of the Universe: Theology, Cosmology, and Ethics* (Minneapolis: Fortress, 1996), 178.

20　John Howard Yoder, *The Original Revolution: Essays on Christian Pacifism* (Scottdale, Pa.: Herald, 1971), 55.

21　（本書所収の）ヴェルカーを参照。一方で、漸次的な実現を認める終末論的象徴もあれば（神の国）、認めないものもある（復活）ことに注意せよ。

る。私はまず最初に、もしわれわれが神の国の社会的性格と物質主義的人間論の双方を仮定するとするなら、われわれは何を知り得るかという話題を追求する。

　第一に、一つの明白な点は、社会的生活には体化されていることが必要である、ということである。このことは二元論的説明においてさえ真実であろう——体は他の魂と関係する魂の唯一の手段である。P. F. ストローソンは、もし体から離脱した意識があるとするなら、それらは厳密に孤独なものであり、それらにとって他の意識があるかどうかは無為な空論である、と指摘する[22]。マッククレンドンは、われわれの体はこの世界ないし他の如何なる世界においても、まさしく相互の関与の可能性を構成していると述べている[23]。ユダヤ人学者ニール・ギルマンは言っている、「私の体は、私を物理的に存在する他のあらゆるものと、特に歴史と社会の全てと、結びつける標識(ランドマーク)である」と[24]。

　物質主義者の説明では、人間とは彼らの体のことであるという些細な意味において、体は神の国に参加するためにはなくてはならないものである。かつては魂に帰属させられていた知的、感情的、道徳的特性が、どのように神経系やその他の生物学的組織によって助長されているかについて、われわれがいまや神経科学から学んでいることを基礎に、より興味ある主張がなされ得る。

　第二に明白な点は、復活後の神の国への参加は、人が復活の前後で同一の〔個性ある〕人であることにかかっているということである。人格の同一性(アイデンティティ)については、復活の問題についての考察が伴うものも伴わないものも、どちらもおびただしい文献がある。神の国の社会性の強調がわれわれの未来の期待に光を投げかけてくれる点は、社会性に焦点を合わせることが当該の人格の同一性(アイデンティティ)に関する議論に何を追加してくれるかを見分けるというところにある。私は次節において、記憶と体の連続性について広範に認められている基準に加えて、人格の同一性(アイデンティティ)が「自己認識、道徳的性格の連続性、そして他の人々および神の双方との人格的関係」に関わるものであることを論ずる

22　P. F. Strawson, *Individuals: An Essay in Descriptive Metaphysics* (London: Methuen, 1959)〔P. F. ストローソン（中村秀吉訳）『個体と主語』みすず書房、1979 年〕, 113.

23　McClendon, *Doctrine*, 249.

24　Gillman, *The Death of Death*, 262.

ことにする。

人格の同一性(アイデンティティ)

　「同一性(アイデンティティ)」という用語は人に関して幾つかの意味に使用される。本試論において問題とされていない意味は心理学的意味で、この意味においては、人々は自分たちの自己認識を求める、あるいは失う、あるいは取り戻すと言われる[25]。哲学的な文献では、数値的同一性(アイデンティティ)は質的同一性(アイデンティティ)から区別される。ここで問題とされているのは前者である。私が40年前の私と、たとえ質的には全く異なっていたとしても、今も同一の人とされる基準は何であるのか？

　ある時間が経過した後に〔個〕人を再同一視するという意味での人の同一性(アイデンティティ)については、豊富な哲学的文献がある。不幸にして、復活前と復活後の同一性(アイデンティティ)に関する多くの神学的議論は最も重要な貢献の幾つかを見落としている。まず、デイヴィド・ウィギンズが、「xはyと同一である」あるいは「xはyに等しい」と言うためには、包括概念を詳述することが必要であることを示している。人は次の質問に、つまり、「yと同一の何？」に答えることができる必要がある。このことは、人は同じ川に二度踏み入ることが可能かどうかというような、多くの旧来の哲学上の謎を解決する。同一性(アイデンティティ)の基準は関連する包括概念に適合すべく合わせられる必要がある[26]。その結果として、人の同一性(アイデンティティ)を議論する場合には、人という包括概念に対する同一性(アイデンティティ)の基準が何であるかを具体的に問うてみること、またこうした基準が物質的な対象に対する同一性(アイデンティティ)の基準から、ないしは人間の体に対する同一性(アイデンティティ)の基準からさえ、異なっていることを予期することが必要であ

25　この意味は、（本書所収の）アンドレアス・シューレでは重要であると私は信じる。私の議論の終わりのところで、この意味と私が追求する意味との間に、道徳的関与が両者にとって重大であるということにおいて、重要な関連があることが明らかになろう。

26　ウィギンズの解決は、包括概念が、個々人を指摘するのに役立つ、類別的概念であることを必要とするということである。かくして、大量の水の分子はふさわしい包括概念ではない。

284

る[27]。

人概念に関する古典的著作は P. F. ストローソンの『個人 Indivisuals』である。ストローソンは、人という概念は意識と体の特徴の双方の状態を帰属させることのできる実在に当てはまる原初の概念であると主張する[28]。精神的な命という概念は人格という概念に由来しており、その逆ではないのである。

神経生物学と神経学の双方からの証拠に基づいて、レスリー・ブラザーズは人格概念が単に文化の所産ではないと主張する。われわれは生物学的に、言語を学ぶ備えができているが、ちょうどそのように、われわれは生物学的に、当該の概念に同意する備えができているのである。ちょうどわれわれが慣れ親しんだ言語のある単語をその意味を認識せずに聞き取ることができないように、われわれの脳は、われわれが体の外観、体の動き、声、顔のような特徴を認識する時に、それらを否応なしに主体性を持った人の存在を示すものとして経験するという仕方で発達してきたのである[29]。

人の認識における神経生物学の直接的役割の証拠は、人間の小脳扁桃の刺激に関わる研究や、また猿についての種々様々の研究に由来している。ブラザーズは、マカク〔アジア・北アフリカ産の短尾の猿〕が（雄が優越を合図として示すのに用いる口を広く開ける仕草のような）社会的場面のビデオ・クリップを見ている時に、彼らの小脳扁桃の中で起こる個々のニューロンの引火パターンを記録した[30]。これらやその他の結果は、小脳扁桃の個々のニューロンと近くの皮質が、重要な動き、個人の同一性（アイデンティティ）、そして個人間に起こっている特別な種類の相互作用のような様相に、選択的に反応しているということを示す[31]。

人の世界をわれわれが認識しそれに参加できるようにすることにおいて神

27　David Wiggins, *Identity and Spatio-Temporal Continuity* (Oxford: Clarendon, 1967), 1, 35–36, 50.

28　Strawson, *Individuals*〔註 22 参照〕, 97.

29　Leslie A. Brothers, *Friday's Footprint: How Society Shapes the Human Mind* (New York: Oxford University, 1997), 4–5.

30　雄の猿、少なくとも。

31　Leslie A. Brothers, "A Neuroscientific Perspective on Human Sociality," in Robert J. Russell, Nancey Murphy, Theo C. Meyering, and Michael A. Arbib, eds., *Neuroscience and the Person: Scientific Perspectives on Divine Action* (Vatican City State: Vatican Observatory and Berkeley, Calif.: Center for Theology and the Natural Sciences, 1999), 67–74.

経生物学が果たす役割は、脳障害やその他の神経学的欠陥のゆえに、人の言語の規則を正しく用いることのできない患者たちによって、さらに確認される。例えば、人物誤認症候群を患っている患者は、一つの心を幾つかの体に属するものとするかもしれないし、あるいは体が縁もゆかりもない心に乗っ取られていると認識するかもしれない[32]。かくして、通常の場合では、われわれの「人」の認識は他の人々についての——そしてわれわれ自身についての——われわれの経験の自動的で強制的な部分なのである。

人の同一性(アイデンティティ)を体の時空的連続性に賭ける人たちと、それを記憶の連続性に結びつける人たちとの間で、哲学における長年にわたる論争がある。これら二つの基準を相互に対立させることを拒む幾つかの理由がある。第一に、たった今見てきたように、われわれの人概念は本質的に体と主体性の双方に掛かり合っている。第二に、記憶の連続性が脳の連続性(物理主義的理論)に依存しており、そしてそれだから、ある形の体の連続性に依存しているということは(哲学者たちの奇妙な思考実験にもかかわらず)経験的事実である[33]。

意識の連続性の基準

私は今や、記憶が人の同一性(アイデンティティ)をわれわれが確保するために必要とするものの全てを捉えてはいないという点で、体-記憶の連合基準が狭きにすぎることを議論したい[34]。われわれには記憶の連続性に加えて何かが必要であることを示すために、バーナード・ウィリアムズが考案した思考実験を詳述する。もっともその何かが何であるかを述べることは難しいのではあるが。

ウィリアムズの試論の前半は、記憶の基準が非常に重要であることを補強する。二人の人、AとBが一つの機械の中に入る。二人が機械から出てくると、Aの体の人(すなわち、Aが以前に持っていた体の特徴を持った人)はBの記憶と性格の特性の全てを持ち、その逆も同様である。この実験者は事

---

32 同書 73 頁。
33 Wiggins, *Identity and Spatio-Temporal Continuity*, 43 参照。
34 最後のところで、私は時空的連続性ないしは同じ物質的構成要素を必要としないという点で、標準的説明とは異なる「同じ体」の説明を提案する。

前に、取り替えの後には一人は 10 万ドルを受け取るが、もう一方の人は拷問にかけられることを告知する。選択の自由を与えられれば、A は B の体の人が拷問にかけられるよりも、お金を受け取って欲しいと思うだろう（その逆のことも同様である）と期待するのは全く理にかなっている。ウィリアムズはこう結論を下している、「このことが示しているように見えるのは、将来私に起こることに危惧することは必ずしもこの体に起こることに危惧することではないということである」と[35]。ウィリアムズが紹介したこのことやその他の考察は「変化する体」としての実験の記述を確認し、「そのような実験に直面した時にするべき唯一理にかなったことは、自分自身を自分の記憶等々と同一視することであって、自分の体とではない、ということである。体の同一性(アイデンティティ)が少なくとも人の同一性(アイデンティティ)の必要条件であったことを示すべく考案された哲学的な論議は、まさしく誤りであるように思われるであろう」[36]。

さて、一組のこれと違った場合を考えてみよう。あなたが明日拷問にかけられると告げられるとする。あなたは大層な恐れをもって明日を待ち受ける。かてて加えて、あなたに対しこの権力を持つ人は、今とその時との間に、今あなたが記憶している一切のことを忘れさせる何かがあなたになされると語る。このことはあなたの恐怖を取り除きはしないだろう。それからあなたは、拷問を受ける前に、あなたの記憶が誰か他の人の命からの完全な一揃いの記憶と取り替えられるだろうと告げられる。このことはあなたの恐怖を取り除くだろうか？　ウィリアムズは、このことはあなたの恐怖を取り除かないだけではなく、精神錯乱の恐怖によってそれに輪をかけることになるだろうと言っている。

もし、あなたはあなたの記憶が〔この拷問の予告と〕同時に別人に移され、その別人に 10 万ドルが支払われるだろうと告げられたら、われわれはウィリアムズが彼の試論を始めた状況と同じ状況になるが、しかし今度はわれわれの直感は逆転される。もし選択の自由を与えられれば、A は A の体の人がそのお金を受け取り拷問を逃れて欲しいと思うだろう。

ウィリアムズの思考実験は、人の意識が一まとめの記憶以上のものであるようになる感覚を明確に述べることをわれわれに強いる。ここに、ヒューム

35　Bernard Williams, "The Self and the Future," in *Problems of the Self: Philosophical Papers 1956–73* (Cambridge: Cambridge University, 1973), 46–63. 引用は 49 頁。

36　同書 51 頁。

の心についての一まとめの理論に対する種々雑多な異議と類似するものがある。この「以上」の認識は二元論を信ずることへと進んで導くが、しかし、それはその（非物質的な）自己の心の経験として理解できるものではなく、むしろ記憶と意識の種々の局面の統合の産物として理解できるものだと私は信じる——これは幼年期初期に時として現れる現象である。長い時間にわたって私の意識する自己を認識できる能力は、ほとんどの時間（例えば、われわれが朝目覚めた時）まるで問題にならないので、それは気づかれないままに過ぎてしまう。明らかな失敗のケースは、二重人格の現象である。その能力の欠如は、ある種の人物誤認症候群においてもまた顕著であり、この場合には、患者は自分たちが誰か他の人の心理学的同一性（アイデンティティ）に変換されつつあると信じる。われわれは、これは夜遅くまで心についての哲学書を読みすぎる結果だと推測するかもしれないのに対して、そのような患者は局部的な脳損傷を示すか、あるいは広汎性の脳損傷を示すか、そのいずれかである[37]。統合失調症はしばしば自分自身の思考の所有者となる能力を持てないことを伴っており、そしてそれゆえ、それらの思考を誤って神とか異星人に帰してしまう。かくして、この基準——私はこれを意識の連続性の基準と呼ぶ——が、記憶の基準と同じように、体の基準に偶然に結ばれていると言うためのある種の理由が存在するのである。

　長い時間にわたって、そして意識的経験が中断した後に、自分自身を自分自身と認識することは、哲学者たちが初めからずっと記憶の基準として呼んできたものの一部と推定されてきたかもしれない。私はウィリアムズが区別をはっきり際立たせることによって、われわれのために役立ってくれたと信じる。それは特に、復活前と復活後の同一性（アイデンティティ）を議論する上で助けになる。すなわち、もし神が新しい（変換された）体を創造でき、それに私の記憶を与えてくれるなら、それは本当に私であろうか？　もし本当なら、すると、ちょうど今朝私が目覚めた時にそうであったように、私は私であることが分かるであろう。

37　Brothers, *Friday's Footprint*, 3–10.

性格の基準

　今や私は統合された体−記憶−意識の基準が依然として狭すぎることを議論したい。狭すぎるというのは、記憶と意識の連続性が一緒になっても、人の同一性(アイデンティティ)を確保するためにわれわれが必要としているものの全てを捉えてはいないという点においてである。神の国の道徳的また社会的な性格を仮定すると、われわれは「同じ道徳的性格」をわれわれの基準につけ加える必要がある。

　ルネ・デカルトに追随して、近代思想は人間の性質全般と、特に道徳については、あまりにも認知主義的な説明をしてきた[38]。しかしながら、1970年代と1980年代に、キリスト教倫理学と哲学的倫理学の双方において始まり、性格の観点から倫理学を理解することに戻る重要な運動が起こっている。ここでは強調点は人が従うべき規則ないし原則に置かれるのではなく、むしろあるべき種類の人格に置かれている。こうしたアプローチは美徳の発展、感情の再−訓練、そして新しい道徳的認識の発展に強調点を置いている。例えば、アラスデア・マッキンタイアは、われわれが美徳と呼ぶ獲得された能力がなければ、われわれは社会的な慣行に本来備わる善を成し遂げることができないと主張している[39]。G. サイモン・ハラクの著書は『美徳な情熱 *Virtuous Passions*』というタイトルになっており、これは純粋に主知主義的な道徳の説明の目には撞着語法と映るものである。彼の目標は、情熱の正しさあるいは誤りの感覚の道徳的−神学的説明を案出し、道徳的に非難に値する情熱を変換して、道徳的に賞賛に値する情熱を育成する方法を考察することである[40]。スタンリー・ハワーワスは、キリスト教倫理は物事の決断をする以上のことを含んでいると議論する。それは自己防衛的幻想から逃避することと、世界と神の関係に照らして世界を本当にあるがままに見て、接することであ

38　デイヴィド・ヒュームによる同情と情熱の動機づけ的役割の強調は一つの注目すべき例外である。

39　Alasdair MacIntyre, *After Virtue* (Notre Dame: University of Notre Dame, 2d ed. 1984)〔アラスデア・マッキンタイア（篠崎栄訳）『美徳なき時代』みすず書房、1993年〕.

40　G. Simon Harak, *Virtuous Passions: The Formation of Christian Character* (New York: Paulist, 1993).

る[41]。

　前記のことを基に、私は人の同一性(アイデンティティ)は記憶／意識および体の連続性に依存していると同じだけ、性格の同一性(アイデンティティ)にも依存していると提案する。すなわち、複製(レプリカ)あるいは無傷の全ての記憶を伴った私の体の変換版は、それが私の美徳(ないしは悪徳)、愛情そして道徳的認識を所有していなければ、私ではないであろう[42]。

　しかしながら、物理的基準と記憶の基準が不可分であるように、性格の基準と物理的基準も不可分であることがますます明らかとなっている。美徳は実践によって得られる。そして実践は関連する神経の通り道の力の中に安定した変化を作る。アントニオ・ダマシオは、あらゆる種類の知的行動は、提案された行動方針への人が獲得した感情的関わり方を反映する「体のしるし(マーカー)」に依存していると論じる[43]。認識全般は体的プロセスであって、道徳的認識は上方レベルの評価プロセスがより下方レベルの認知傾向を作り直す際の、下方への効果に依存しているという仮説が立てられるかもしれない──そしてこれらの変化もまた、神経網の調律に記録されるのである。マッククレンドンはキリスト教倫理が三つの要素を合わせた分析による以外には十分に捉えられないと主張した、つまり、体の倫理、社会的な倫理、そして復活の倫理である──〔これら三つは〕確立された生物学的そして社会的秩序の中に押し入ってくる神の行為を説明する彼の倫理的分析の用語である。生物学的そして社会的秩序の一つないし両方に注意を払う倫理的理論は不完全であり、体を与えられている自己の動因、必要、能力の認識によって均衡がとられていなければ、たいがい誤解に招きかねないものになる[44]。

41　Stanley Hauerwas, "The Significance to Vision" in *Vision and Virtue: Essays in Christian Ethical Reflection* (Notre Dame: University of Notre Dame, 1974), 30–47.

42　ブライアン・ギャレットは記憶の基準を「心理学的」基準にまで拡げる。これは、十分に確立された信条、性格、そして基本的欲望を一緒にした記憶を含んだ基準である。彼は体の状態と心理学的状態が一緒に取り上げられる必要があるとも議論する。Brian Garrett, "Personal Identity," in *The Routledge Encyclopedia of Philosophy*, ed. Edward Craig (London: Routledge, 1998), 7:305–14 を見よ。

43　Antonio R. Damasio, *Descartes' Error: Emotion, Reason, and the Human Brain* (New York: G. P. Putnam's Sons, 1994)〔アントニオ・R. ダマシオ(田中三彦訳)『生存する脳──心と脳と身体の神秘』講談社、2000 年〕.

44　James William McClendon, Jr., *Ethics: Systematic Theology*, Volume 1 (Nashville: Abingdon,

本質的な関係

　内的関係は、内的関係が（部分的に）関係項(relata)から成り立っている点で、外的関係とは区別される。外的関係は関係項から成り立つわけでない。対立する哲学的体系は、全ての関係が外的か（論理的原子論）あるいは全ての関係が内的か（絶対的観念論）を仮定することによって構築することができる。分別ある立場は、各々の幾つかが存在することを認めることである。どの、あるいはどんな種類の対人性の関係が内的関係であろうか——すなわち、人の同一性(アイデンティティ)に本質的であろうか？　復活後の王国で存続するものの多数は、今われわれを、われわれがそうである民とするキリストの体の内部にあるような関係でなければならないことは明白である。もちろん、最も重要なことはわれわれのキリストに対する関係である。かくして私は、神が私を記憶し、認識し、私に関係していることを私の復活後の同一性(アイデンティティ)にとり本質的なことであると強調する人たちに同意するのである。

人の発達

　人の同一性(アイデンティティ)は復活後の王国に参加するために必要であるが、しかし不十分である。キース・ウォードは、私が議論したように、記憶と体的基準を統合させたものは人の同一性(アイデンティティ)のためには不十分であると主張する——彼は記憶に加えて、性癖、習慣、実践を挙げている[45]。加えて、記憶が全ての過去の経験を単純に生き生きと再現することは、望ましくなくも地上の生〔命〕の全ての苦難や苦悩を再-創造することになるので、変換される必要があると、ウォードは主張している。

　記憶は、苦難が学習と発達のより幅広い脈絡(コンテクスト)の内部に組み込まれ、地

1984).
45　Keith Ward, *Religion and Human Nature* (Oxford: Clarendon, 1998), 304.

上での喜びさえも神の存在をより深く意識することによって相対化されるように変換されるだろう。とは言え、記憶はどのように変換されようとも、永遠の至福に入る人々が常に、自分たちが神に至る長い旅路で苦しみ、楽しみ、罪を犯し、後悔し、学習し、発達した人々と同じ人間であることを知るためには、記憶が残ることは人格の生き残りにとって重要である。[46]

われわれの邪悪な行為についての完全な記憶は、そのような脈絡(コンテクスト)とは別に、地獄と表現される方がより良いかもしれない。

ウォードはさらに、能力、才能、そして性癖の一層の発達の可能性のための、また習慣と技能の一層創造的な形への作りかえのための議論もしている[47]。一つの興味ある問いは、どの程度まで人格の同一性(アイデンティティ)が否定的性格の排除によって維持できるかということである。われわれはこのことがどのように起こり得るかの感覚を、この〔世の〕命で変換された罪人の物語から得るのである。二つの古典的な例はアウグスティヌスの『告白』とジョン・バニヤンの『天路歴程』である

体の同一性(アイデンティティ)

私は、人の体は主として、上記で論じた人格的属性の全てに対する基質を提供するものと考えるべきであると提唱する。それは人が他人によって本人と認知されることを許すものである。それは人の記憶を担うものである。そして人の能力、感情的反応、そして認識は、人の道徳的行為と経験により形成されてきたのである。これらの本質的な様相が時空的に連続した物質的対象に結びついているということは、この〔世の〕命における経験的事実である。かくして、時空的連続性が物質的対象という概念の必要な部分であるとは言え、私は、それは人格という一般的に受け入れられた概念の単なる偶発的部分であると提唱したい。すなわち、この〔世の〕命においてわれわれ

---

46 Ward, *Religion and Human Nature*, 307. McClendon, *Ethics*, 第8章も参照。
47 Ward, *Religion and Human Nature*, 307.

が知っているような人格的特徴の全ては体の特徴と能力によって支えられていて、これら体の能力は時空的に連続する物質的対象に偶然に属しているが、しかしなぜ、数字的にははっきり識別できるが、しかし全ての関連する点では似通った体が同じ人格的特徴を支えることができないのか、それには原則的には理由がない。

　この認識によって、われわれは初期教会におけるような、復活を物質的連続性と両立させるための回りくどい試みを回避することができるのである[48]。これらの試みは人格と物質的対象の両者を包括する概念をはっきり識別することの失敗に基づいており、また物質的対象はそれらが構成されている物質における（多少の）変化にもかかわらず長期にわたってその同一性(アイデンティティ)を保持できることを認識することの失敗にも基づいている。それだから、事実上、グレゴリオスやその他の人々は同じ微粒子の収集体という（不法な）[49] 包括する概念でもって操作していたのである。

　「同じ体」の解釈に関する私の提案はまた、地上の体の腐朽とその後の異なった材料からの本質的には新しい体の再・創造であるものとの間に、時間的な間隔の可能性を許しもする。

　先行する文中の「材料」は熟考の上で用いられている。われわれは、復活の後にわれわれは体を与えられること、そしてそれらの体はわれわれの精神的命と道徳的性格の進行中で終わりのない発達に対する基質を提供する（ないしは、コンピューター・サイエンスの術語では、～を実現(リアライゼーション)する）ことを知ることができるが、しかるにその材料の性質についてわれわれはそれ以上の積極的な類のものは何も知らない。すなわち、現在の世(アイオーン)においてわれわれが精通している物質ではあり得ないことをわれわれは知っているが、それは、イエスの復活に関わる変換についての聖書的証言と、この〔世の〕命の労苦があまりにも直接的に此岸世界の物理的現象に結びついているという事実との二つの理由からである[50]。

　新約聖書は自然法則という現代の概念については何も知っていないけれ

48　Carolyn Walker Bynum, *The Resurrection of the Body in Western Christianity, 200–1336* (New York: Columbia University, 1995)、テッド・ピーターズ（本書所収）、およびブライアン・デイリー（本書所収）を見よ。
49　上記註 26 でのウィギンズの区別を見よ。
50　Robert J. Russell, "Entropy and Evil," *Zygon* 19.4 (1984): 449–68 を見よ。

ども、現在の世(アイオーン)の自然法則は不完全であり、終末において完全にされる——キリストの支配に完全に隷属する——と言っているように解釈できる節(ふし)がある。パウロの「諸権威と諸力」(exousiai と dynameis)の概念は中世の世界観の天使と悪魔に言及しているというよりも、今ではむしろ(主として)社会的権力と政治的権力に言及していることが広く認められている。(それにもかかわらず、旧約聖書の理解する異教の神々の面影がある。)この諸力という言葉の再解釈は、キリスト教が単に個人的倫理を提供するだけで、政治的権力も社会的倫理の分析も提供しないという主張に対する反論として役立つ。

新約聖書の著者たちは、これらの諸力は神に隷属すると見なす——彼らは神の被造物であるが(コロ 1:15–17)、それでも彼らは堕落しており、反抗的である(ガラ 4:1–11、エフェ 2:1–3)。イエスの宣教は手紙と福音書の中でこれらの諸力と衝突し、そしてそれらを征服するものと理解されている。手紙の中では、イエスの諸力に対する勝利は、コロサイ書 2:15 におけるように、要約的で宣言的な形式で典型的に表現されている。「イエスはもろもろの権威と力を武装解除し、彼において〔ないし、それ=十字架において〕彼らに対して勝利し、公然とさらしものにされました」(RSV 準拠)。福音書の中では、争いは物語形式で表現されており、敵対者はもはや「諸権威と諸力」とは呼ばれていない。むしろ彼らはヘロデたちとカイアファたちとピラトたちである。どこであろうと、キリストの勝利が宣言されるところでは、諸力の腐敗した治世は挑戦を受ける。とは言え、諸力は存在し続ける、なぜなら社会生活は彼らなしには不可能であるから。新約聖書には、全ての諸力の最終的運命はその廃止ではなくて、彼らの完全な回復であるという示唆がある。「時の充満のための計画、あらゆるものが[キリストの]中に一つに集められる、天にあるものも地にあるものも」(エフェ 1:10、NRSV 準拠)[51]。

この資料の関連性は、力についての用語の大半が制度的ないしは社会的な現実——王座、支配権、統治者、権力、法律——に言及していると容易に読み取れる一方で、若干の奇妙さが、特に stoicheia に、あることである。この言葉は新約聖書の中に 7 回出てくる。翻訳は四つの物理的要素を含む、すなわち、哲学の第一諸原理、基本的な宗教儀式、ユダヤ教律法の諸規定、そ

51　McClendon, *Ethics*, 173–76.

して悪魔的力を持つとされる星々である[52]。現代の翻訳諸版の中で最も一般的な訳語は「要素的な霊(エレメンタル)」である。ウォルター・ウィンクは、英語の単語「要素 (element)」は如何なるものでもその最も基本的な構成要素あるいは原理に当てはまる形式的な範疇(カテゴリー)であると指摘している。もし stoicheia が同じように使われているなら、これは多様な指示対象を説明し、解釈のためには文脈が決定的だということを意味する。ウィンクはコロサイ書 2:8 (「哲学やむなしいだまし事によって、誰もあなたをとりこにすることのないように気をつけなさい、それは人間の言い伝えによるもの、宇宙の要素的な霊(エレメンタル)によるもので、キリストによるものではありません」) の stoicheia は、第一諸要素を求めての哲学的探究ないし物理的宇宙の創設原理に言及しているのだと主張する[53]。現今の術語でならば、われわれは素粒子を第一諸要素として、また自然法則を創設原理として語ることができよう。

諸力が、われわれなら今は自然法則と呼ぶであろうものを含んでいるという別の示唆は、福音書の中でイエスと諸力との葛藤が物語形式で詳細に綴られているというマッククレンドンの認識からきている。彼のファリサイ人やその他の諸々の人間的力との衝突に加えて、疾病や狂気の責任を持っている悪魔的な力もある。これらの悪魔は演劇の中の役者として役割を振り当てることができるのに対し、「権威」とか「権力」などの抽象物には役を振り当てることはできない[54]。もちろんわれわれは、疾病や狂気を悪魔的力の仕業としてでなく、自然法則の通常の働きの結果と見なす。

すると私の提言は、われわれはわれわれの自然法則の概念を新約聖書のテクストの中に遡及的に読み込むことができ、そうして次のような命題(テーゼ)に対する支持を見出すことができるということである。(1) この世(アイオーン)の自然法則は神の被造物である[55]。(2) とは言え、自然法則を神の意志の完全な表現とする

52　Walter Wink, *Naming the Powers: The Language of Power in the New Testament* (Philadelphia: Fortress, 1984), 67.

53　同書 74 頁。

54　McClendon, *Ethics*, 174.

55　私の「自然法則」の用い方は、法則が何らかの意味で存在していて規範的であるのかどうかについて、またそれら諸法則が自然における規則性を単純に反映するものであるのかどうかについて、中立的であるように意図されている。他の諸力が人間の社会的振る舞いの規則性と、モーセ律法の規則性と、この観念から自然法則という隠喩(メタファー)が最初に派生したのだが、それら双方の規則性を含むことは興味深いことである。

近代初期の理解とは対照的に、それら諸法則は堕落している——それがかつては完全であったが、その後変化したという意味においてではなく、それらはわれわれの下僕であるはずであったが、その代わりにわれわれの主人となっているという意味においてである。それらは人類が正真正銘に自由で愛情のある命を生きることができるようにしない[56]。(3) かくして、キリストの業の完成は、神の意図する人間の命の十全さを許すような、自然法則の根本的変換を含むものでなくてはならない。

総　覧

今やわれわれは、自然のプロセスがどのように人間の精神的命を促進するのに役に立つかについて非常に多くを知った。われわれは、ある意味で、栄化された体が同じ（ないし高められた）精神的そして社会的な能力を支持することを知ることができるが、われわれはこれが将来どのようになるのかは知ることができないことを知っている。これはわれわれの将来の物理的プロセスについての知識が現行の自然法則を用いた予測に基づいているからである。われわれはまた、上記で議論した通り、終末における自然法則が（その時に「自然」が何を指示しようが）われわれの現在所有しているものと同じものではあり得ないことも知っている。かくして、われわれは食卓の交わりが王国での命にとって非常に重要なものであるから、それは全ての人の復活後も継続すると期待しなければならないと言うかもしれないが、われわれは消化、新陳代謝等々に関する問いには答えることができないことをあらかじめ知っている。

ルートヴィヒ・ウィトゲンシュタインは彼の学究生活を意味ある言語の限界についての研究で過ごした。彼の道徳的展望(ヴィジョン)にとって中心的であったことは、このような限界を超える言説の使用を差し控える規律である[57]。だから、彼はかつて言ったことがある、われわれは神の手については意味あるよ

56　命の進化以前には、おそらく現在の法則は神の目的に確かに完全に仕えていただろう。

57　Brad J. Kallenberg, *Ethics as Grammar: Changing the Postmodern Subject* (Notre Dame: University of Notre Dame, 2001), 印刷中。

うに言い得るが、しかるに神の指の爪については言うことができない、と [58]。かくして私は、科学と神学の間の対話は、神学の他の分野においては如何に実り豊かであろうと、われわれが終末論のある種の問題に向かう時には、沈黙点に達しなければならないと結論づける。

結　論

　私は復活後の命について四つの情報源があることを提唱した。イエス復活の「絵」、教会の命〔＝生〕と教え、科学（特に神経科学）、それに哲学的ないし概念的分析である。私は以下の結論を支持すべく試みた。

1. 現行の科学は死後の命についての三つの伝統的説明の一つに明確な一票を投じる。物理主義的人間論は、単に不死の魂に体を与え復元するという復活概念と共に、不死の魂という概念を拒絶する。
2. イエスの教えにおける王国の中心性は、終末における人間の道徳的性格と社会的関係の保存に強調を置くことを要求する。かくして、「同じ道徳的性格」が人格の同一性（アイデンティティ）という概念にとって中心的でなければならない。
3. 当然、われわれが復活の体について知り得ることは、それが記憶、感情、美徳、そして対人性の関係を促進するのに役立つということである、という結果になる。
4. 最後に、自然法則そのものの根本的変換に対するわれわれの希望は、どのようにそのような体がこれらの機能を支えるのかを語るわれわれの能力に厳しい限界があることを、われわれが認めるよう強いる。

　「われわれが話すことのできないことは、われわれは沈黙に引き渡さなければならない」。[59]

58　私はこの発言箇所を見つけることができないでいる。
59　Ludwig Wittgenstein, *Tractatus Logico-Philosophicus*〔ウィトゲンシュタイン『論理哲学論考』〕, D. F. Pears and B. F. McGuinnes 英訳 (London: Routledge and Kegan Paul, 1961), 151.

4 キリストの姿(イメージ)に変換されて：
同一性(アイデンティティ)、人格、そして復活

アンドレアス・シューレ

　1997年世論調査でドイツ国民は「死後には何がやって来るのか？」と尋ねられた。調査の結果から至極明白になったことは、今の時勢にドイツ人が最も信じる気にならないのはキリスト教の復活の教義だということである。尋ねられた人々のうちおおむね5パーセントが、死後にやって来ると彼らが想像するものに対して「復活」という用語を受け入れた。自分たちをキリスト教信仰と結びつける人たちの大半でさえ、この問題についての自分たちの考えを表現するためにこの用語を選ぶことはしなかった[1]。

　確かに、単純な統計は面接者と被面接者が「復活」によって実際に何を理解したかを告げはしない。少なくとも、彼らは復活が「死後には何がやって来るのか？」という問いに答えを与えるということには同意しているように見えた。一般的な経験から、われわれは命と死とは何であるかについてある種の考えを抱いており、そして往々他の人たちもわれわれがこれらの用語に関連させるものを共有するのである。死はわれわれが知っているような命を終わらせる、つまり、体を持ち、他の人間たちと一緒に生き、われわれ自身を特定の個々人として意識させることを許すある種の認識能力を持っている命を終わらせるのである。一方では、死を越えた先に何かがあるのか、それともないのか、は「思弁的」なことに思われ、それについては——現代西洋社会においては——伝統、宗教、そして世界観は相当程度異なる。現代では、死は物理的かつ社会的存在を終わらせるものであるだけではない。それ

---

[1] R. Sachau, *Weiterleben nach dem Tod: Warum immer mehr Menschen an Reinkarnation glauben* (Gütersloh: Gütersloher, 1998), 21 から取られたデータ。

は、われわれの体が分解した後に、われわれがかつて語りそして行った全てのことが他の人々の消えていく記憶に残された後に、何が在るかについての文化的な意見の一致(コンセンサス)の限度をも示すのである。

現代の、死の意識の喪失

　現代的なものは確かに、「それから」どうなるかについて思いをめぐらすことに制限を加えてこなかった。最近のハリウッド作品——『シティ・オブ・エンジェル（City of Angels）』、『奇蹟の輝き（What Dreams May Come）』、『A. I.（Artificial Intelligence）』やその他の多くの作品——を見ると、真実は全く正反対である。物理的存在を超えたところに未知の空間を提供することが現代精神に特殊な魅力を与え、またそれは多岐にわたる形式をとっている。しかしながら、文化研究の視点から見れば、死後の命がどのようなものであり得るか、あるいはあり得ないかを信じる一般的に共有された信仰が、さほど本質的であるようには見えないことに注目する価値がある。古代と中世の社会では、来世を心に描くことは——ギリシア古代の地下世界のように、中世の民間カトリック信仰における天国、煉獄そして地獄のように、あるいはダンテの『天国篇と地獄篇（paradiso e inferno）』のように——美的想像や道徳的方向付け、また宗教的信仰だけでなく、科学的世界観を形づくっていたのであって、それゆえに共通の文化的取り組みに対する中心を提供していた[2]。その最も念の入った形では、墓の先の命を想像することは、現代人が時として想定しがちのように、決して文明開化の時代以前ならびに科学的時代以前のナイーブで擬似自然主義的な当て推量ではなかった。システィナ礼拝堂〔ヴァチカン宮殿にあるローマ教皇の礼拝堂〕壁面に描かれたミケランジェロの有名な『最後の審判』のような芸術作品は、来世を想像することがまず第一に「思弁的」な仕事ではなかったことを示している。むしろそれは——「こ

---

[2] 異なった宗教や文化における死の文化的コード化についての最近の概観は、C. von Barloewen, *Der Tod in den Weltkulturen und Weltreligionen* (Frankfurt am Main: Insel, 2000)、特に、死のユダヤ教的理解についてのツヴィ・ウェルブロウスキィ（Zwi Werblowsky）の寄稿と、イスラームにおける死についてのホルテンセ・レインティエンス＝アンワリ（Hortense Reintjens-Anwari）の寄稿を参照せよ。

の世界の終焉」よりも——この世界に関する科学的な知識を、美的また道徳的な考えや宗教的真理、そして宇宙の究極的な基礎を描くための社会的および政治的秩序の規範と結びつけたものである。

　他方で、近代的なものはその中心を来世から離して「この〔世の〕命」に移した。ヴィルヘルム・ディルタイの一弟子であったベルンハルト・グレーテュイゼンは、かつて現代の傾向を鋭く纏め上げた興味をそそるコメントをしたことがある。「ある者たちは神か地獄を信じるように死を信じる……が、他の者たちにとっては、死はもはや自分たちの信仰の対象ではなくなってしまった。死は単なる事実にすぎない。死はその宗教的な性格を失ってしまった」と[3]。この発言は現代世界における命が必ずしも無神論に、あるいは虚無主義にさえ、偏向していることを示唆していない。しかしながら、それが語っていることは、そしてグレーテュイゼンが正鵠を射ているように思えるところは、現代が死に先立つものと死の後に続くものについての見解の間に極めて明確な区別をしているということである。前者は人間の体と知力に関する科学的に確認される知識によって知らされ、後者は多種多様なタイプの想像と感情によって知らされる[4]。しかしながら、現代の知的な命〔＝生活〕において——われわれが命について知っていることと、われわれが死を越えた存在についてどのように心に描くかということ——この両者にある種の共通の土台を提供するような領域は存在しない。われわれが失ったものは——人によっては「克服した」と言いたいであろうが——伝統的な言い方をすれば、命と死、そしてそれを越えるものを、一つの首尾一貫した説明の枠組みの中で統合させようとする・宗・教・的・宇・宙・論である。

　そのような宗教的宇宙論の喪失を考慮すれば、当代の社会学の主要な流れの中で宗教が新しい役割を担っているのは全く首尾一貫したことのように思える。それはもはやあらゆるものを包括するタイプの人間的洞察や経験ではなく、まさしく死を越えた先に横たわると想定された存在部分、すなわち科

3　B. Groethuysen, *Die Entstehung der bürgerlichen Welt- und Lebensanschauung in Frankreich* (Halle an der Saale: Niemeyer, 1927), 1:134.

4　この識別についての神学的省察については、G. D. Kaufman, *In Face of Mystery: A Constructive Theology* (Cambridge, Mass./London: Harvard University, 1993), 7 を参照せよ。カウフマンが神学とはまず第一に想像的な課題であると心に描くことは（同書32–44頁）彼の実存論的アプローチと一貫している。

学的専門知識だけでは十二分に想像し得ないものへの展望と意味を与えてくれるものである。宗教はわれわれの経験と洞察の思弁的終焉での「最後の問い」に対する専門家となり[5]、それゆえ「宗教的」であることは「命」に関する前向きな知識がそれ自身の限界を示すところで決定的に重要なものとなるのである。この見解においては、「復活」という言葉は「死後には何がやって来るのか？」という問いに対して、特にキリスト教的な答えを与えるのである。それは死を越えた先に開かれた空間を与える一つの可能な方法を提供する——しかしながら、それは当代の文明にはそれほど魅力的ではないものに思われる方法である。

復活と過去、現在、および未来の命の終末論的妥当性

もしわれわれがこの〔キリスト教〕外部の展望からキリスト教信仰がそれ自身の復活理解について与える説明に移ると、事の様相は違ってくる。新約聖書本文、特にパウロの手紙を見ても、復活についての語りが主として物理的存在を越えた先にあるものに関わっているという考えを人が得ることはない。誰かが死に、その人の体が崩壊した後、その人がある「命」の状態に戻るかもしれない可能性について、またどのようにそのような命が想像できるか、実際にはパウロがどれほど論じることが少ないか、極めて耳目を引くことである。いろいろの折にふれて、パウロは「死後には何がやって来るのか？」という問いを語りかけているけれども[6]、これは実際には彼の関心の中心を指

---

[5] この宗教概念がキリスト教信仰の性格と相容れないとする批判については、D. ボンヘッファーの獄中書簡を参照せよ。そこでは、彼は信仰の「非宗教的」理解という考えを持ち出している。

[6] 特にテサロニケの信徒への手紙の中でそうである。そこでは、パウロは自分がキリストの第二の到来以前に死んでしまった人々に何が起こるかの問いに直面していることを知る。彼の答えは、「現在は」死んでいる人々さえ、生けるキリストに関係づけられる、と示唆する—— *syn Christō*、キリストと共に——彼らを再来（パルーシア）の日まで一種の「待機形態（ウェイティング・パターン）」に保持して、その時に彼らはまだ生きている人々と再び結びつけられる（Ⅰテサ4:13–18参照）という仕方で。終末論的時間の問題に関してパウロは、人々が生きそして死んだ時にはいつも、彼らはキリストの第二の到来によってしるしづけられる同一の時点に到達する状態を予見していることは注目に値する。当代の神学に

し示すものではない。復活は存在のある未来の点での・デ・ー・タではなく、むしろ、この言葉はある特定の・質を表している。パウロによれば、復活するということは復活した主としての・キ・リ・ス・ト・の・命・に・参・加・す・る・こ・とである。

「復活」という言葉のパウロ的用法に相伴した「参加する」、「キリストのうちに／と共にある」（en/syn Christō）というこのレトリックは、ずらりと並んだ比喩表現（イメージ）や隠喩（メタファー）に表れる。その意味するところは、キリストの命に「すっぽりと覆われている」こと（ロマ 13:14、Ⅰコリ 15:53, 54、ガラ 3:27）、キリストの「形」（シェイプ）を身に負うこと（ロマ 8:29、ガラ 4:19）、キリストの死と復活に「移植される」こと（ロマ 6:5）、そして「キリストの姿」（イメージ）と「同じ」にされること（ロマ 8:29）である。特にローマ書 6:5 と 8:29 から明らかになるのは、パウロが心に描いているのは二つの別々の存在物が一緒に育つ一種の有機的プロセスということである[7]。より抽象的な言葉で言えば、復活させられるということは、キリスト自身があらゆる創造の初穂（Ⅰコリ 15:20, 23）として受けた命の終末論的状態のうちに彼を信ずる人々を包含する意味で、キリストと結びつけられること[8]を意味している。

おいて、特に J. モルトマンが、それを「死後の魂の偉大なる目覚めと待ち構え」というカルヴァンの考えと結合して、この立場を取り上げている（Moltmann, "Is There Life after Death?" in *The End of the World and the Ends of God*, ed. J. Polkinghorne and M. Welker [Harrisburg, Pa.: Trinity Press International, 2000], 252–53 参照）。

7　H.-D. Betz, "Transferring a Ritual: Paul's Interpretation of Baptism in Romans," in Betz, *Paulinische Studien* (Tübingen: Mohr [Siebeck], 1994), 264–68 を参照。ローマ書 6 章をパウロの洗礼に関する教義の基礎とする解釈については、U. Wilckens, "Der Brief an die Römer II," Evangelisch-katholischer Kommentar zum Neuen Testament IV/2 (Neukirchen-Vluyn: Neukirchener, 2d ed. 1987)〔ウルリッヒ・ヴィルケンス（岩本修一、朴憲郁訳）『EKK 新約聖書註解 VI/2　ローマ人への手紙 6–11 章』教文館、1998 年〕、48–50 参照。われわれの関心にとって、パウロの最も明瞭な復活についての説明の幾つかが洗礼神学の脈絡で現れることは特に重要である。このことは、初期キリスト教が極めて重大なデータと考えていたのは物理的な死ではなくて、人々が洗礼によってしるしづけられる、キリストの死と復活に参加するようになる〔時〕点だということを示す。このことが意味するのは、命と死の境界線は人間の物理的また精神的構成によって固定されたものとして納得できるのではなく、正真正銘宗教的経験によって構成されるということである。このことが、生きるも死ぬも同じく「キリストに属すること」より副次的であるというロマ 14:8 の発言のような発言の背後にある理論的根拠である。

8　パウロの、「キリストにおける関係」理解について、本書所収のペーター・ランペの寄稿を参照せよ。

4 キリストの姿に変換されて:同一性、人格、そして復活

　これらの、パウロについての幾分短めのコメントからさえも、復活についてのキリスト教的理解がどうして物理的な死以前の命とそれを越えた命との間の連続性と不連続性の問いに限定されないかが明らかになってくる。復活を神学的な議題にのぼらせるのは、われわれが死ななくてはならないという事実ではない。もし発見的なモデルが主として、命と死に続くものとしての復活を伴う直線的な時間線に関するモデルであったとしたなら、復活の意義は単なる自然‐科学的信頼性だけの問題に還元されてしまうであろう[9]——たとえそれが個人の存在の問題であったにせよ、あるいは宇宙全体の興亡の問題であったにせよ。復活がキリスト自身の命に参加することと理解すると、それは終末論的妥当性の問題を問いかけているのであり、そしてそのようなものとして、時間の如何なる点からも三つの時間的次元の全てに関係している。教義学的な言葉で言えば、それは過去を贖罪の点から、現在を聖化の点から、そして未来を栄化と成就の点から資格づける。

　ここまでの私の議論を要約してみる。キリスト教信仰の象徴主義においては、復活は甦った主としてのキリストと結びつけられた新しい創造の命の中へと成育し、そしてその命に加わることである。そのようなものとして、復活は明らかに物理的存在を超える命の問題を問いかけているが、しかしそれは明らかに、はるかに一層広範囲にわたる意味を持っている。キリストの御前で生きることはわれわれの未来に関係しているのみならず、われわれの現在はおろか過去にさえも関係しているのである。それゆえ、復活についての考えを抱くことは、われわれが現在の如何なる瞬間にもあるところのもの、またわれわれが過去においてあったもの、そしてわれわれが未来になるべく運命づけられたもの、それら全てをキリスト自身の命の十全さに関係づけるようわれわれに要求する。

　われわれはこうした説明を、パウロが彼の復活理解を描き出すために使っている比喩表現や隠喩の影響下に提示することができるが、しかしそうした説明をより一層体系だった言葉で表そうとするやいなや、多数の一連の疑問が持ち上がってくる。われわれが、死すべく運命づけられた体を持ち、また誤りを免れ得ない認識力と感受性を持った、空間と時間によって限定され

---

[9] キリストの復活に関しては、この種の還元主義は正当にも I. U. Dalferth, "Volles Grab, leerer Glaube: Zum Streit um die Auferweckung des Gekreuzigten," *Zeitschrift für Theologie und Kirche* 95 (1998): 379–409 によって批判されてきた。

た人間である時に、われわれがすでに参加している、存在の究極的状態としての復活をどのように考えることができるのだろうか？　新しい創造の一部であることについて語ることに何の意味があるのだろうか、もしこのことが、どう見ても、われわれの感覚と思考について語る場合と同じ仕方で記すことができないとしたら？　感覚と思考とは、双方共に、「あるがままの」世界における方向付けには不可欠であり、またわれわれはそれら双方にわれわれの存在のあらゆる繊維でもって結ばれているのだが。要するに、もしこのことがわれわれの日常生活の経験を超えるとすれば、われわれの存在そのものの終末論的妥当性をわれわれはどのように論理的に考えることができるだろうか？

同一性(アイデンティティ)と復活

　したがって、ヴォルフハルト・パネンベルクが「同一性(アイデンティティ)」の問題を復活についての神学的説明の中心的問題として指摘したことは正鵠を射ているように思われる。「復活の観念の内的問題点」という表題のもとで彼はこう書いている。

> 　もし、復活の希望が何らかの意味を持つとすれば、現在の体の命と未来〔の体の命〕との同一性(アイデンティティ)が基本的である。この希望はまたわれわれの現在の命の変換をも含んでおり、それは、われわれの望むところであるが、現在の命の誤りや傷害や失敗に勝利することを意味するだろう。それにもかかわらず、この朽ちるべきものが朽ちざるものを着、この死ぬべきものが不死なるものを着ることになる（Ⅰコリ 15:53）。……われわれはここで互いに異なっていないものの同一性(アイデンティティ)に言及しているのではなく、互いに異なっており、また対照的でさえありながら、しかし依然として同一性(アイデンティティ)であるものに言及しているのである。[10]

　パネンベルクはこの〔世の〕命とその終末論的目的地との間の違いに印

10　W. Pannenberg, *Systematic Theology*, 3 vols. (Grand Rapids: Eerdmans, 1991–98): 573–74.

をつけるために時間的なカテゴリーの方を好むけれども、彼の言明からは、同一性(アイデンティティ)の問題が「今／その時」あるいは「すでに／未だ」というような二分法によっては解決できないことがはっきり分かる。むしろ、同一性(アイデンティティ)の概念は、上で議論した個性と人格という現代的理解に関係する問題を導入するのである。「〔個性ある一個人としての〕人」であるということは、ある特定の生活史を持つことに掛かり合っているのだということ、はっきり限定された一連の社会的関係や特徴的な体の様相、またわれわれがわれわれの「同一性(アイデンティティ)」としてわれわれ自身に帰属させるものの中に集合するようなものを持つことに掛かり合っているのだということは、現代的な考え方の原理の一つである。多数の学者は――人文学からも自然科学からも――絶えず変化する自然的また文化的環境の中で、人間たる〔個性ある一個人としての〕人に連続性と一貫性と安定性の感覚[11]を与えるのは同一性(アイデンティティ)〔意識〕を確立する能力であると見なす。もし事態がこうでないとしたなら、個人であることは「外部の世界」とのあらゆる接触点から引き離されたばらばらの断片以上のものではまずもってあり得ないだろう。より最近では「ポストモダン」な考え方の影響下で、そのようなデカルト版ないしロック版の同一性(アイデンティティ)の妥当性が疑問視されている[12]。啓蒙哲学が記述する同一性(アイデンティティ)は、人の命の唯一無二の様相を特徴づける能力ではなく、むしろ課題である――〔それは〕決して与えられたり定められたりする何かではなく、幾度も繰り返し達成されるべき何かである。この見解における同一性(アイデンティティ)は、われわれの現実(リアリティ)認識が埋め込まれる先験的(アプリオリ)な枠組みではない。それは、首尾一貫しまた安定した方法というよりも、断片的で異質な方法で創造され、発明され、また再発明される

---

11 G. H. Mead と H. E. Erikson の高くそびえる研究の他に、より最近の A. O. Cohen, *Self-Consciousness: An Alternative Anthropology of Identity* (London: Routledge 1994); Anthony Giddens, *Modernity and Self-Identity* (Cambridge: Polity, 1991)〔アンソニー・ギデンズ（秋吉美都、安藤太郎、筒井淳也訳）『モダニティと自己アイデンティティ――後期近代における自己と社会』ハーベスト社、2005 年〕を参照せよ。

12 特にデカルト的なアプローチへの批判については、A. J. Cascardi, *The Subject of Modernity* (Cambridge: Cambridge University, 1992); S. Toulmin, *Cosmopolis: The Hidden Agenda of Modernity* (Chicago: University of Chicago, 1990)〔スティーヴン・トゥールミン（藤村龍雄、新井浩子訳）『近代とは何か――その隠されたアジェンダ』法政大学出版局、2001 年〕を見よ。

何かである[13]。
　同一(アイデンティティ)性についての現代(モダン)の説明とポストモダンの説明との間の違いにもかかわらず、同一(アイデンティティ)性が個々の人間の活動として、その〔人間の〕主観的な認識と感情と共に、その自然な性向、その文化的/道徳的な構造が、経験の枠組みの中へと統合されることに向けられた活動として、記述できるという一つの意見の一致(コンセンサス)が存在するように思われる。その際、そのような枠組みが最終的にはどれほど一貫しているか、あるいは断片的であるかには関係ない[14]。
　復活を主に未来の出来事として捉えている神学者たちにとっては、それは極めて重大な問題となろう。もし来るべき世界において、つまり、炭素ベースの宇宙以外のものであろう世界において[15]、再び「同一(アイデンティティ)性」が存在するのであれば、すなわち、特定の種類の自己認識を持つ個々の実在があるのであれば、そして、もしこのことが、その時にはそれらの実在自身の「過去」であろうものに遡及的に関係する能力を意味するのであれば、のことであるが。より一般的な言葉で表現すれば、これは「この〔世の〕命」と「復活の命」の間の連続性と不連続性についての問いであり、また連続性と不連続性

13　P. Wagner, "Fest-Stellungen: Beobachtungen zur sozialwissenschaftlichen Diskussion über Identität," in *Identitäten: Erinnerung, Geschichte, Identität*, ed. A. Assmann and H. Friese (Frankfurt am Main: Suhrkamp, 1999), 3:44–72. ポストモダンな同一(アイデンティティ)性概念の包括的な概略は K. Tanner, *Theories of Culture: A New Agenda for theology* (Minneapolis: Fortress, 1997). 96–119, 151–55 が提供している。

14　ナンシー・マーフィー(本書所収)は、体、記憶、意識、そして道徳的性格を人格の同一(アイデンティティ)性にとっての中核的な要素として挙げている。「包括概念」というデイヴィド・ウィギンズの観念を利用して、彼女はこれらの構成要素とそれらの相互作用が「新しい創造」という象徴によって表現される未来的種類の存在にとって本質的であるということがどんな理由に基づいて正当化され得るのかを精査する。したがって、彼女の関心の焦点は哲学的観点から見られた「終末論的知識の可能性と限界」に置かれている。異なった強調点をもって、私自身のアプローチ(それは、終末についてわれわれは何を知り得るか、また知り得ないかの批判的説明を前提としている)は、有限の人間の特徴としての同一(アイデンティティ)性がどのようにキリストの命に与ることによって定義される新しい種類の人格に関係するのかということに狙いを定めている。それゆえ、マーフィーの副題を分かりやすく言い換えて、私の試論は人格の同一(アイデンティティ)性という概念の可能性と限界についての神学的批判と取り組んでいるのである。

15　この問題は、ロバート・ジョン・ラッセルによって詳細に論じられている(本書所収の彼の寄稿を参照)。

の双方がどのようにして復活の観点から認知されるのかについての問いである。しかしながら、もし復活の未来の次元を、私が上記で創造された命の終末論的妥当性と呼んだもの、そして、われわれのここでの関心にとってはそれ以上に、人間たる〔個性ある一個人としての〕人の終末論的尊厳という、より包括的な枠組みの中に含めようと試みるのであれば、異なったアプローチが必要とされる。すると、その問いは、われわれはどのように二つを共に言い得るか、というものである。すなわち、有限の存在としての個々の人は同 一 性を確立しようとする彼らの努力によって特徴づけられるが、しかし同時に、パウロが語っているように、甦ったキリストの命によって「すっぽり覆われている」ということである。一般的に言えば、神学的人間論は、人に形姿を与える創造性の二つの異なった根源に焦点を当て、そしてこれら二つの根源の間の関係について考える必要がある。現代的な、啓蒙された精神にとって、そのような努力は逆説的に思われるに違いない。なぜなら、その見解においては、人とは人自身の同 一 性によって含まれているもの以上ではあり得ないからである。他方で、復活についてのキリスト教的な説明は、この点で、人とは実際には彼ないし彼女自身の同 一 性に含まれているもの以上であるという幾分反現代的な主張を持ち出すことにおいて、異なる。この主張は、より正確には、同 一 性が生じる源である「データ」——体と知力を持ち、特定の社会的ネットワークの一部であり、等々——も同 一 性それ自体も、人が *symmorphos tēs eikonos tou Christou*,「キリストの 姿と同じ姿になる」変換プロセスに巻き込まれている、というものである。

　もし、神学が当今の言葉で復活の聖書的隠喩を展開しようとするのならば、今までに明らかになっているはずのことであるが、それは同 一 性についての現代的概念を説明しなければならないだろうし、また同時に、それを人間たる「〔個性ある一個人としての〕人」のより包括的な理解の中に含めなければならないだろう。本章の次節において、私はそのような努力に対して批判的かつ建設的な力として役立つかもしれない社会学的また哲学的立場との対話に従事するつもりである。このことは、アルフレッド・ノース・ホワイトヘッドによって説かれてきたもので、デレク・パーフィトの哲学と幾分似るところのある、「客観的不死」の観念の吟味に導いていくことになる。

〔個〕人的復活 対 客観的不死

　われわれはもう一度、先に挙げた世論調査の結果に立ち戻ってみよう。およそ50パーセントの被面接者たちが「不死への漠然とした信仰」と呼んで良いような立場に共感していた。死は人間存在を特徴づける全てのものの終わりと考えられていないのである。どのように存在が死を越えて継続し続けるのかについては、具体的な観念はないのだけれども、われわれが命の領域に、特に他の人々の、つまりわれわれが生涯において密接に結びつけられていた共同体の、言葉や感情や考えや行為を通して、参加し続けるということは、現実主義的な見通し(パースペクティブ)であるように思われる。これは、われわれが例えば古代ギリシアの不死の魂の観念において、あるいは、仏教的な輪廻の概念において持っているような、「強い」不死の観念ではない。当今の文化において発言力を持っているように見える漠然とした形の不死は、われわれの物理的あるいは精神的構成部分が、他の諸機能は最終的に終わった時にも、存続すると主張するわけではない。むしろ、その考えは、あるパターンが──長く続く感情とか記憶、あるいはある原因と結果の連鎖のようなものが──あって、それを通してわれわれは、たとえわれわれが存在のこの連続性を何ら積極的な仕方で経験することはないとしても、存在し続ける、というものである。

　例示のために、最近の映画の製作から一例を挙げてみよう。『タイタニック』という映画は最も成功したハリウッドの大ヒット作であったが、それはポピュラーなロメオとジュリエット物語を目玉に売り込んだものである。タイタニック号の船上で、若い上流階級の娘ローズが浮浪青年ジャックと出会い、すでに彼女は金持ちだがきざな彼女自身の社会階級の一メンバーと婚約していたにもかかわらず、その青年と恋に落ちた。重要なロマンチックなシーンの一つで、船が大災難に真っ逆様に突き進む少し前に、ジャックはローズのポートレートを描く。最後に、ジャックは、自分は北大西洋の凍るように冷たい水の中で凍え死ぬが、ローズの命は救う。この物語は85年後の視野(パースペクティブ)から語られている。ローズは今や100歳の婦人となっていて、タイタニック号の残骸の中で考古学者たちが発見したかのポートレートを再び見るのだが、その肖像(イメージ)を見て、彼女の記憶と感情が戻ってくる。それから、彼

女は昔話を語り始め、その昔話が映画の中でジャックの実質的な復活として上演される。愛と記憶とそして肖像(イメージ)のような物質的な対象さえが、一人の人格に不死——体的存在という制限を超越する一種の不死——を与える力を持つ、まさにその手段となる。

心理学的メカニズム（ピーター・バーガー）

　実存主義的立場を採って、そのように漠然とした形の不死は、われわれは皆死ななければならないという心をかき乱すような事実を、つまりわれわれが通過できず、そこでわれわれがかつてわれわれであったあらゆるものが決定的に終止符を打たれる一つの究極の境界線が存在するという事実を、切り抜ける当今の方法の一つを表すものと判断するかもしれない。何らかの仕方でわれわれが他の者たちの命の中で、あるいはわれわれが所属する共同体の命の中で存続し続けるという観念は、この見通し(パースペクティブ)においては、最終的に一切を包括する死の現実に直面する足場をわれわれに与えるように働く心理学的なメカニズムによって誘発される。心理学的説明が当今の宗教社会学や宗教哲学の多くの学派において重要な役割を演じている。ピーター・バーガーの著書『聖なる天蓋（*The Sacred Canopy*）』から引かれた次の引用は、この種のアプローチを例示するものである。

　　個人は、彼が死ぬことを、したがって、彼の不運の幾つかは決してこの生涯のうちに軽減されることはないということを知っている。例えば、もし彼が手足を失うなら、それが彼に回復されることは決してあり得ない。他方で、集合体は通常、不死的なもののように心の中で想い描かれることができる。集合体は不運を蒙るかもしれないが、しかし、こうしたことはその全体の歴史の中でのただ単なる一時的なエピソードとして解釈され得るのである。かくして、個人は、戦場において敵対する征服者の手で死にかけている時、自分自身の復活や不死を期待することはしないだろうが、しかし、彼は彼のグループに関してはそう期待することもあり得る。彼が主観的にそのグループと自分自身を同定する限り、彼の死は、たとえ何らの「個人主義化された」正当化でもって潤色されて

はいないにせよ、彼にとって意味のあるものであろう。[16]

　個々人の精神的また体的制限のゆえに、不死と復活は個々人にとっては獲得することはできないものである。しかしながら、個人が、彼自身ないし彼女自身が対人関係や社会関係のネットワークに埋め込まれていることを見出すという事実は、彼ないし彼女に同じ制限にさらされてはいない視野(パースペクティブ)を与える。バーガーおよびその他の人たちは確かに、実にこうした線に沿ってキリスト教的復活の説明を分析しようとするのにやぶさかではないことだろう。キリスト者が、自分たちはキリストの体の中へと、本質的には共同体的構造であって、ただ単に別の物質的な体ではないその体の中へと変換されるであろうと信じ、また彼らが精神と知力を持つだけではなくて神の霊に分かち与ると信じることは、「集団的不死の想像(イマジネーション)」と呼べるかもしれないパターンにおいてのみ入手可能な、死を越えた視野(パースペクティブ)を打ち開く方法である。
　明らかに、バーガーのようなアプローチのもっともらしさは、生物学的事実と文化的想像(イマジネーション)のカテゴリカルな区別を受け容れるかどうかにかかっている。死と命は、孤独な個人を、遅かれ早かれ彼ないし彼女の心と体が確実な終焉に至るという事実と対決させる、自然的／生物学的な既定の事実と見なされる。文化的想像(イマジネーション)一般、そして特に宗教的想像(イマジネーション)は、このことを否定できないが、しかし、それらは何らかの仕方で明白な生物学的事実を越えたところにまで達する意味の地平を打ち開く[17]。バーガーはそれを明確にはこのような仕方で表現することはしていないが、文化や宗教が、個人が苦しむ視野(パースペクティブ)の欠如を補うことは明白な、そして論理的な帰結である。文化的戦略を顕わにし、実存論的既定事実をつきとめることは、このアプローチの指導的関心の一つであるように思われる。死は「事実」と受けとめられ、

16　P. L. Berger, *The Sacred Canopy: Elements of a Sociological Theory of Religion* (Garden City, N.Y.: Doubleday, 1967)〔ピーター・L. バーガー（薗田稔訳）『聖なる天蓋――神聖世界の社会学』新曜社、1979 年〕, 61.

17　当代の宗教哲学や宗教社会学における同様のアプローチについては、D. Pollack, "Was ist Religion? Versuch einer Definition," in *Zeitschrift für Religionswissenschaft* 3 (1995): 163–90; U. Oevermann, "Ein Modell der Struktur von Religiosität," in M. Wohlrab-Sahr, *Biographie und Religion: Zwischen Ritual und Selbstsuche* (Frankfurt am Main: Campus, 1995), 27–102 を参照のこと。

そしてわれわれが映画『タイタニック』で見たような不死は、そしてキリスト教的意味における復活は、双方共にこの事実をより広範な範囲の意味に適合させるように仕組まれた構築物である。特に、伝統的な特定教派の見解が地盤を失ってしまった当今の社会においては、「漠然とした不死」のような控え目な立場が特にその仕事に適しているように見える。

　しかしながら、私にはここで問うに値する問いがあるように思われる。もし、死の観念に関して、物理的体の存在と自己認識的な知力が、実際には命と死との相違を確定するための最も決定的な基準で̇は̇な̇い̇としたら、いったい何がそうした基準なのだろうか？　もう少し挑発的にその問いを提起させて欲しい。『タイタニック』の内部で働いている、より深い論理的根拠が——その映画が感情を掻き立てるよう仕組まれていたという事実の他に——存在するということがあり得ようか？　雅歌の著者が「愛は死のように強い」（雅 8:6）と締め括る時、それはただロマンチックな感情が溢れ出たものだろうか？　ローマ人哲学者かつ詩人であるグナエウス・ナエヴィウスが彼自身の墓碑銘のために「私の墓の前で泣かないでくれ、私は何千という口を通して生き続けるだろうから！」と書く時、それは単なる巧みなレトリックにすぎないのであろうか？　対人関係の束縛、愛と記憶、語られた言葉と行われた事柄、全てのこうした事実が人格を特徴づけるが、しかし、それらの事実はわれわれが通常物理的な体や人間の知力にあてはめる命と死の差別化に左右されない。

　バーガーによって与えられたものよりも一層有益であると思われる二つの哲学的立場を挙げさせて欲しい。それは、われわれがキリスト教的な復活理解の特殊性を見るのを助けてくれるかもしれない、より差別化された像を提供する立場である。私は簡潔に、アルフレッド・ノース・ホワイトヘッドに、その後により詳細にデレク・パーフィトに、立ち戻ることにする。

客観的不死（A. N. ホワイトヘッドと D. パーフィト）

　ホワイトヘッドの基本的観念の一つは、あらゆる現実的存在、例えば人間たる〔個性ある一個人としての〕人は、彼が言い表すように、物理的、精神的、また社会的宇宙に「正真正銘の見　通　し（パースペクティブ）」を持ち込む、というものであ

る。かつては単に可能であったものが、直感的理解、感情、思考を通して、現実的存在の象徴化のプロセスを通して、現実的（real）なものとなる。われわれが秩序のパターンとして経験するものは何であれ、こうしたプロセスから生じる客観的結果であり、そしてわれわれはわれわれ自身の正真正銘の見通し〔パースペクティブ〕を展開し、そしてその見通しが再び他の現実世界の出現に影響を及ぼしている間ずっと、絶え間なくそれらに参与するのである。われわれが命と呼ぶもののあらゆる例は、そのような主観的な世界と客観化された世界が交互に浸透し合うプロセスから構成される複雑な現象である。

　この状況設定において命と死との慣習的な区別は人格の構成には当てはまらないことが明白である。これに関して、ホワイトヘッドは主観的な死すべき運命と客観的な不死について語る[18]。われわれの主観的見通し〔パースペクティブ〕はある時点で壊れるが、しかしこれは単にわれわれが実際にあるところのものの一部にすぎない。彼の最後の試論の一つである「不死」の冒頭部分で、彼は自分の基本的洞察を次のように要約している。

　　宇宙における全ての実体ないし要因は本質的に相互の存在に関連し合っていると前提されるであろう。完全な説明はわれわれの意識的な経験を越えた彼方にある。続く論述において、本質的関連というこの教義は不死の観念に関わるそうした基本的信条の解釈に適用される。[19]

「関連」という比較的不特定な用語は、宇宙の諸実体／諸要因を意識的に経験することに依存しない仕方で、それらを結びつける創造的相互依存のレベルが宇宙の中に在るという考えを表現している。近代的なものが同一性〔アイデンティティ〕と呼ぶものの中に集合する自己認識と体の知覚は、ホワイトヘッドの思考においては、宇宙が具体的ないし「現実的〔リアル〕」になるために必要なものである。

18　ホワイトヘッドの「客観的不死」の観念についての最も最近の解釈と批判に関しては、L. S. Ford, *Transforming Process Theism* (Albany: State University of New York, 2000), 148 を参照。経験的世界への秩序のパターン導入としての客観的不死に関しては、M. Welker, *Universalität Gottes und Relativität der Welt: Theologische Kosmologie im Dialog mit dem amerikanischen Prozeßdenken nach Whitehead* (Neukirchen-Vluyn: Neukirchener, 2d ed. 1988), 112 を参照。

19　Alfred North Whitehead, "Immortality," *Harvard Divinity School Bulletin* 7 (1941–42): 5–21.

しかし、もし具体性だけが存在するのであれば、宇宙は、その言葉の本当の意味で、ほとんど実質的な混沌にしかすぎないであろう。この意味で、「客観性」の観念が、命や死や創造性について語られ得る如何なることも、それが主観的認識に関係する限りにおいてのみ有意味であるという啓蒙主義思考の教義を相対化することに役立つ。

より最近、『理性と人格 Reasons and Persons』と言われる本の中で、英国の哲学者デレク・パーフィトはホワイトヘッドのアプローチに似通う幾つかの観察を行った（ただし、パーフィト自身は確かにプロセス思想家ではないのだが）。「何故われわれの同一性(アイデンティティ)はどうでもよいのか」という挑発的な標題を与えられた章の中で、パーフィトは明瞭に同一性(アイデンティティ)、人格、それに死の間の関係に焦点を据える。この章の中心的一節を引用させて欲しい。

> 後に、私の命についての幾つかの記憶が存在していることだろう。そして後に、私の思想に影響された思想、あるいは私の助言の結果としてなされた事柄が存在するかもしれない。私の死は私の現在の経験や未来の経験の間のより直接的な関係を断ち切るだろうが、しかし、それは種々様々な他の関係を断ち切りはしないだろう。これが、私であるだろう生者は一人も存在しないであろうという事実の全てである。私は今やこのことが分かったから、私の死は私にはそれほど悪くないように見える。[20]

パーフィトは主として同一性(アイデンティティ)の喪失として定義される死の観念を分析し、そしてその後に批判している。同一性(アイデンティティ)によって、彼が深く考えているのは、啓蒙主義現代がどのようにしてこの用語を作り出していったかということである。この背景設定で、同一性(アイデンティティ)は意識的になる経験と特徴づけられる。われわれの体的知覚や認識的知覚は、現れてはたちまち消え去る稲妻の閃光のようなものではない。もしそのようなものなら、こう議論は進む、われわれは情動の状態においてのみ、あるいは絶えず入れ替わりまた変動する状態においてのみ存在するが、特定の一組の経験から生じる限定された実体という何らの考えも伴うことはないということになろう、と。むしろ、われわれは多数の感覚的また認識的知覚を、われわれがわれわれの同一性(アイデンティティ)としてのわ

20　Derek Parfit, *Reasons and Persons* (Oxford: Clarendon, 1984), 281.

れわれ自身に帰属させるところの一つの包括的な枠組の中に結び合わせる能力を持っているというのが実情である。われわれが死んだ時に起こることは、本質的に、われわれがそのような同一性(アイデンティティ)を確立しまた維持する能力を失うことである。われわれの脳機能は停止し、われわれの体は朽ち果てる。

　パーフィトの批判は本質的に、現代性は、その同一性(アイデンティティ)の強調をもって、死をわれわれの人格の構成において、つまりまさにわれわれの存在の唯一無比の形の構成において重要な一切のものを終わらせるものと見なすようになった、ということである。他方で、われわれが死んだ後に残るものは何であれ——われわれの命についての記憶、ひょっとするとわれわれが書いた本や論文であれ——、本当に重要ではない。それは後に残された者たちを慰めるかもしれない、あるいはわれわれの名前が生き続けることを確実にするかもしれない。が、しかし、それの何一つ、もはやわれわれを生きている存在と資格づけるのに十分ではないだろう。かくして、命と死の相違は同一性(アイデンティティ)の状態と非同一性(アイデンティティ)の状態との間にはっきりとした区別をすることによって確立される。

　つい最近、ピーター・シンガーの倫理的な諸著作やそれらをめぐっての頭に血の昇った論争は、同一性(アイデンティティ)の状態でもって、命と死を暗号化(コード)することでもたらされる不充分さを明るみに照らし出すことになった。パーフィトはこの論争の中で自分自身の立場をはっきりさせている。当代のポストモダンな思想家と違って、彼は同一性(アイデンティティ)の観念を全く放棄しようとはしない。われわれを人として構成するものの相当部分が現代的な感覚での同一性(アイデンティティ)であるということは、彼にとって真実であり続ける。しかし、人を構成する一切のものが同一性(アイデンティティ)によって包含され得ないし、また包含されるべきでなく、そしてこのことは現代的観念にとって決定的な補充となる。パーフィトは二つの例を挙げる。他の人々の命におけるわれわれの言葉および行為の継続と変換と、そして単にある種の、次第に忘却されていく何かにとっての白鳥の歌〔作曲、業績、辞世、絶筆など、個人や団体や時代などの最後を飾るもの〕でなくて、むしろ時代と歴史を越えて〔個〕人的プロフィールを形成するきわめて重要な形式と彼が考える、社会的記憶の次元との二つである。

　これらの例はある意味で例示的であるが、しかし、それらはただ単に同一性(アイデンティティ)と非同一性(アイデンティティ)という現代的パラダイムを能動性と受動性、原因と結果というような他の二分法に変換する傾向にあるという点で、問題点をもは

らむ。そうすると、「命」とは、われわれがわれわれを特徴づける出来事や様相を能動的に生み出していくようなわれわれの経験の一部であり、他方、死とは全ての創造的力の喪失、われわれがかつてそうであった一切のものが他の人々の手中に残される状態を意味することになろう。もし、ひとたびわれわれがこのことを見て取るようになるなら、その時にはわれわれは「われわれの死はさほど悪くないように見える」というパーフィトの慰めを与える結論を共有するにやぶさかではないのかどうか、それは確かに見通し(パースペクティブ)の問題である。

しかし、私の信じるところ、パーフィトの議論には、神学的にも意義のある強みがある。それは、われわれの人格が種々の要素から成り立っているが、しかしそれらの全てがそれらは内省的自己によって制御されているとか、あるいは、それらが体的知覚の対象となっているとは前提していないという彼の基本的洞察に関わる。換言すれば、人格とは、物理的、精神的、また社会的特徴の個人的構成物として理解されるもので、その全ての面において、自意識的な「私」に依拠していない。例えば、われわれはわれわれの遺伝子のパターンについて考えて良いかもしれない。それは、ますますわれわれに明らかにされてきていることだが、われわれの現在あるところのもの、またどのようにわれわれがわれわれの能力を拡げることができるかについての相当部分を条件づけているが、しかしそれは、感じまた思考する「私」によって封じ込められてはいないのである。われわれはまた愛される経験のような、社会的関係について考えて良いかもしれない。それは、確かにわれわれの人格的構造に本質的であるが、しかし、それをわれわれはわれわれの心ないし体でもって決して完全に包み込むことはできないのである。たとえこれが、われわれがアガペーやエロースの種々の形において達成しようと努めるものであったとしても、である。

人格がどのように構成されているかについて、われわれがこうした説明を考慮する時には、命と死の区別は、同じ仕方で、人格の全ての構成要素に当てはまりはしないことが全く明々白々となる。われわれの遺伝暗号(コード)は物理的体が死ぬようには死なず、われわれは他の人々の記憶や感情や行為に、たとえもはやそれらに何ら新鮮な刺激を与えることはないとしても、なおも参与するのである。人格であることが実際に同一性(アイデンティティ)を持つこと以上であるという事実は、命と死との境界線を否定しないが、しかし、それはこの区別の絶

対性の幾分かを取り去る。人格は同一性(アイデンティティ)が包み込む以上のものであるということをわれわれがひとたび受け容れると、死と命の区別は全てか無かの事柄であるとすることは魅力を失う。そしておそらくこのことが、死は「現在の経験と未来の経験の間のより直接的な関係」を断ち切るが、しかし「それは種々様々な他の関係を断ち切りはしないだろう」というパーフィトの発言のより深い意味であろう。

個性(パーソンフッド)対同一性(アイデンティティ)

　私は、人格、同一性(アイデンティティ)、そして死の問題にこのような仕方でアプローチすることに神学的な意義を見る。それは特に神学的人間論が、われわれを〔個性を持った一個人としての〕人(*persons*)として決定するものが必ずしもわれわれが同一性(*identity*)としてわれわれ自身に帰属させるものと符合するわけではないという洞察に決定的に近づくということにおいて、である。神学が、義認、聖化、あるいは神の霊の前での命というような重大な人間論的問題に向かう時、それはわれわれを人として資格づける何かだが、現代的な意味での同一性(アイデンティティ)に含まれはしない何かを指し示す。義認、聖化、そしてキリストの姿(イメージ)へと変換されることは、われわれの体的知覚や認識的経験がそうであるのと同じ仕方で、われわれが自由に処理できるものではない。

　それにもかかわらず、キリストの姿(イメージ)と同形になることはわれわれを物理的にも精神的にも――要するに、有限の存在として――包み込むことであるというのがキリスト教的思考の主張である。それゆえ、「人」の神学的説明は、われわれが単に、体と知力を持って生きているからというだけで獲得できない、そしてひとたび体と知力が終結させられても「溶解し去る」ことのない、ある特徴に焦点を据える。それゆえ、キリスト教は命と死のキリスト教的理解を、その「人」の見方に対応するような仕方で、キリストの姿(イメージ)に変換されていくよう運命づけられているものとして表現しなければならなかったということが、最も重要なことであるように思われる。このことが、私に思われるに、まさに復活の考えの本質なのであって、その復活の考えを新約聖書諸伝承はヘブライ語聖書の中の先行する諸伝承の基礎の上に、種々

様々な仕方で練り上げていったのである[21]。

それにもかかわらず、人格、同一性(アイデンティティ)、命と死についてのホワイトヘッド的ないしパーフィト的説明とキリスト教的復活理解との間には、少なくとも二つの主要な相違が残る。

相違の第一の場合は、「物理的死の後には何がやって来るのか？」というわれわれの始めの問いに関連している。もし、私がパーフィトとホワイトヘッドを正しく言い換えるとすると、異なったシステムにおいてではあるが、両者が共に前提として仮定していることは、物理的死と共に最終的に失われるものはあらゆる形の主観的意識、あらゆる形の体的感覚や作用効果であるが、その一方で、ホワイトヘッドが「客観的」と呼ぶわれわれの人格の他の諸特徴は完全なままである、ということである。この点で、彼らは共に、不死の理論を提供している——ホワイトヘッドは明瞭に、パーフィトはより言わず語らずのうちに。しかしながら、キリスト教的な復活観念は一歩先に進んでいる。それは、死を越えた先に、ある人格的特徴が存在するのみならず、もう一度同一性(アイデンティティ)さえも存在すると主張する点で、単純に不死の概念についての一つの変種という以上のものである。このことがより具体的に意味することは、主観的思想や感情があるだろうこと、体があるだろうこと、変換された「私」ではあるけれども、復活を通して打ち開かれた新しい種類の現実(リアリティ)に自分が参与することを知っている自己認識があるだろうこと、である。聖書伝承が未来の復活の現実性を描写する時はいつでも、それらの伝承は本質的に肉感性と体的知覚を欠いた、何か幽霊のような存在として描写することはしない。復活は考え、感じ、そして社交する実体と関わりがある。このことは、私に思われることに、まさしく復活概念が客観的不死の概念から逸れる点であって、そこではそれはより特定の、よりはっきりと像を結んだ、そしておそらくさらにより見込みのある見通し(パースペクティブ)を打ち開くかもしれないが、しかし、そこではそれは確かに、自然科学によっておいそれと是認されないであろう主張をするのである。

もう一つの場合も第一の局面と関連しているが、ここでは復活は目に見えて上記の不死の説明と異なっている。ホワイトヘッドの意味で「客観的に不

---

21 A. Schuele, "Gottes Handeln als Gedächtnis: Auferstehung und kulturtheoretischer und biblisch-theologischer Perspective," in *Wie wirklich ist die Auferstehung?* ed. H.-J. Eckstein and M. Welker (Neukirchen-Vluyn: Neukirchener, 2002) 参照。

死」であることは、人格的特徴を無限の数の新しい形に整理しまた整理し直していく創造的プロセスの一部であることを意味するのであり、そしてホワイトヘッドによれば、実際の実体がこのように「現実の世界」[22]の中へと客観的に入り込むことこそが自然的および文化的秩序のパターンを提供するのである。しかしながら、このことが意味するのは、単一の実際の実体はそれ自体でこの変換プロセスにさらされているのではない（ないしは、ただそれが他の実際の実体を生じさせる限りにおいてのみ、それはこのプロセスにさらされている）ということである。他方で、復活はただ単に、客観的に与えられた「データ」を整理し直すことによって新しさを生じさせるタイプの創造性を前提していない。聖書の言葉において、誰かが地上から起き上がり、立ち上がって、そして直立の姿勢になることを意味する Resurrectio〔復活〕は、同一性（アイデンティティ）の喪失に関することではなく、どのような有限の実体によっても含まれ得るようなものよりもより十分かつ豊かではあるけれども、すでに一人の〔個性を持つ〕一個人としての人に属しているような類の同一性（アイデンティティ）に成長していくことに関することなのである。それを先鋭化して表現すると、復活はわれわれが包含された同一性と包含されていない同一性との間の関係について考えるように要求する。われわれが上で述べたように、パウロは有機的な成長やわれわれがキリストの体に参与するものとして身に受ける新しい morphē〔形姿〕の隠喩（メタファー）を採用している。直線的時間順序（命、死、それから復活）は黙示的思考には決定的であるが、パウロがキリストを死者の中から甦らせ、またわれわれを甦った主の命に与る者にする（ロマ 8:11）霊の存在について語る時、それはほとんど完全に背景に押しやられる。霊の arrabōn 「担保、手付け金」（Ⅱコリ 1:22、5:5）あるいは aparchē「初穂」（ロマ 8:23）は、われわれがその一部を実際に受け取った、そしてわれわれがその十全さと完全な栄光のうちに受け取ることを約束された、何ものかを指示している。

　パウロの人間論を解釈して、新約聖書学者のクリストフ・ブルヒャルトは人間の命と死の間の時間幅を建築中の建物と比較している[23]。建物は、その

22　「可能な」また「潜在的な」世界と対立しての。Whitehead, *Process and Reality: An Essay in Cosmology*, ed. D. R. Griffin and D. W. Sherburne (New York: Macmillan, 1978), 45–46, 60–61 参照。

23　Christoph Burchard, "1 Korinther 15,39–41," in Burchard, *Studien zur Theologie: Sprache und Umwelt des Neuen Testaments*, Wissenschaftliche Untersuchungen zum Neuen Testament 107

大半はまだ後には取り除かれる足場の下に隠されているかもしれないけれども、すでにそうなるべく定められたものの様相を示している。そのある部分はすでに居住可能であるが、他の部分は未完に留まり、居住不能である。この見方においてパウロは、祭司文書に見られるような創世記 1 章と違って、われわれに神的似姿(イメージ)の十全な威厳を与えることによって、神が力の最初の行為によって人類の創造を完成させたとは主張しない。パウロおよび新約聖書のパウロ後のテクストにおいて、似姿(イメージ)のレトリックはわれわれの起源の痕跡というよりは、むしろわれわれが成長していく終末論的形姿に関わっている。この意味で、キリストの姿(イメージ)と同形になることとしての復活は、〔個性を持つ一個人たる〕人であることは何を意味するかについてのキリスト教的理解の主たる要因の一つに、ないしは事実その主たる象徴に数えられるのである。

(Tübingen: Mohr [Siebeck], 1998), 222：「アダムは彼の罪を通して創造の廃墟に留まった。最後のアダムにおいてやっと、神は人間の創造に終焉をもたらした」。

第四部

復活、新しい創造、そしてキリスト教的希望

1　時間の流れの中の記憶と復活の概念

ディルク・エヴァース

> しかし時の中においてのみバラ園での瞬間が、
> 雨が打ちつけるあずまやでの瞬間が、
> 煙が降りて風の吹き抜ける教会での瞬間が
> 記憶に残される、過去と未来を相伴って。
> ただ時を通してのみ時は征服される。
>
> T. S. エリオット

　19世紀の近代物理学は逆転不可能な時間の流れを物理学の基本的特徴として発見せざるを得なかった。古典的ニュートン力学にとって、時間の進行は物理的過程の記述には無関係であった。ウィリアム・R. ハミルトン（1805–65年）〔アイルランドの数学者・物理学者、光学・力学を研究して「ハミルトンの原理」を確立、また四元数を発見〕によって展開された規範的定式が示すことのできたように、機械的システムの動力学は単一の関数、ハミルトン関数によって表現できる。これから導かれる規範的方程式はあらゆる機械的システムを、独立した、ただ時間の進行と共にのみ運動量〔運動する物体の質量と速度の相乗積〕の構成要素と空間中の位置の座標を変化させる、点のような分子のシステムとして十分に表現することができる。こうした微分方程式は正確に解くことができ、時間の方向が逆転してもなんら物理的矛盾に向かわない。ニュートン力学は時間の流れには無頓着であった。

時間の流れを見出す物理学

　逆転不可能な時間の流れが物理学の基本的特徴そのものとなり、また間も

なくわれわれの宇宙の際立った固有性の一つとなったのは、明らかに——ちょうど熱の消散のごとき——やがては崩壊と衰退を免れない散逸的な物理的プロセスを記述する19世紀後半期の物理学を伴って初めて起こったことであった。現代の科学的宇宙論は宇宙を一つの大きなプロセスとして示す。そのプロセスは、原初的等質性と混沌から秩序と構造と、そして——少なくとも宇宙の非常に狭い特殊な生態的適所(ニッチ)の中で——進化を通して生物とを発展させた。宇宙的プロセスの進行において、原初の密度の違いが増大し、物質は恒星に濃縮され、また、われわれの惑星である地球上の進化の源でもあり、そしてあらゆる形の散逸的システムと生物を維持するエネルギーの流れが生じた。

しかしそれと同時に、宇宙は長い目で見れば終焉に向かって動いているのであり、その途上で生起するあらゆる構造上のプロセスは崩壊し衰退するよう定められているという意味でそうだ、というのは広く受け入れられた科学的事実である。抗しがたい時間の流れとそれに結びついた全体的な崩壊ゆえに、全ての構造上のプロセスは個々にも宇宙的にも散逸し、破滅する運命にある。まさしくこのことゆえに、すなわちその起源ゆえに、宇宙的規模のプロセスでやがては立ち上がるあらゆるものが、その発端から不可避的にそれ自らの消滅に直面している。かくして、宇宙的終末論もまた現実主義的終末論の希望を展開するためには最も妨げになる障害の一つを与えるように見える。復活と永遠の命は超自然的な驚異としてのみ認識できるように見え、そして空間と時間の中のわれわれの一時的な物質的存在がどのようにして永遠と結びついているか、そしてそのような結びつきは本当に認識不可能なのか、という疑問が生じる。物理学的宇宙論全体としては人間存在それ自体の意味の価値を減ずるのである[1]。

---

[1] 例えば、スティーブン・ワインバーグによる『最初の3分間』の終わりにある有名な箇所。「この全て〔地球の美しさ〕が圧倒的に敵意ある宇宙のほんの小さな部分であることを悟るのは非常に難しい。この現在の宇宙が言いようもなく不案内な初期の状態から発展してきたのだということを悟るのはさらにもっと難しい。宇宙が理解できるものに思われれば思われるほど、それはますますとらえどころのないもののように思えてくる」(Steven Weinberg, *The First Three Minutes* [New York: Basic Books, 1977]〔小尾信彌訳『宇宙創成はじめの3分間』筑摩書房、2008年〕, 149)。

熱的死

　結果として、散逸的な物理的プロセスとそれの宇宙への適用を記述する19世紀の近代的熱力学の発展以来、死にかかっている宇宙という見解は当初から激しい否定と対決していた——今日もなおそうである。この論争の大半は熱的死の概念に言及しており、この概念は1852年にウィリアム・トムソン（ケルヴィン卿、1824–1907年）によって初めて予言されたもので、彼はあらゆる機械的プロセスには不可避なエネルギーの損失があるという考え方を一般化し、「機械的エネルギー散逸への自然における普遍的傾向」を述べた[2]。彼は宇宙が辿るべく定められている結末についての結果を展開した。「地球は、過去の時間のある有限の期間中に、もし物質世界において現在進行している既知の操作が支配されている法則の下では不可能である操作がなされなかったならば、現在構成されているような人間が住むには不向きであったに違いなく、そして来るべき時間のある有限の期間中に、そうした操作がなされる予定でなければ、地球はまたもや人間が住むには不向きであるに違いない」[3]。

　その後10年も経ずに、ドイツ人物理学者ルドルフ・クラウジウス（1822–88年）はエネルギー散逸の物差しとしての「エントロピー」概念を展開し、熱力学の二つの基本的法則を定式化した。「(1) 宇宙のエネルギーは一定である。(2) 宇宙のエントロピーは最大に向かう傾向がある」[4]。ニュート

---

[2] W. Thomson, "On a Universal Tendency in Nature to the Dissipation of Mechanical Energy," *Philosophical Magazine* 4.4 (1852): 304–6.

[3] 同書306頁。明らかな留保は、トムソンが例えば有機体の中で効果的な「非物理的」エネルギー産出力の可能性を排除したくなかったという事実のためである。その2年後に、良く知られた公開講義の中で、ヘルマン・フォン・ヘルムホルツは宇宙の最終状態を詳細に記述し、最後にはあらゆるエネルギーが熱に変わり、あらゆる熱の相違が最終的には均一化され、そしてそれゆえあらゆる物理学的プロセスが静止することになると述べた。Hermann von Helmholtz, "On the Interaction of Natural Forces," in *Popular Scientific Lectures*, ed. Martin Kline (New York: Dover, 1961) 参照。

[4] R. Clausius, "Über verschiedene für die Anwendung bequeme Formen der Hauptgleichungen der mechanischen Wärmetheorie," *Poggendorffs Annalen der Physik und Chemie* 125 (1865): 353–400, 特に400: "*1) Die Energie der Welt ist constant. 2) Die Entropie der Welt strebt einem*

ン物理学の見解と対照的に、あらゆる自然のプロセスは長い目で見れば反転不可能で単方向性のものと見られ、その方向はエントロピーの全体的な増加によって指示されている。かくして、熱力学の第二法則は宇宙の不可避的な最後的状態を暗示するのであって、それについてクラウジウスは「熱的死」(*Wärmetod*) という用語を創造した。「宇宙がエントロピーの最大となるこの制限的状態に接近すればするほど、さらに一層変化する機会は減少していく。そして、この状態がついには完全に達成されると仮定すると、それ以上の変化はいかにしても起こり得ず、宇宙は不変の死の状態となるだろう」[5]。宇宙の秩序は全体的で包括的な崩壊の内部での一時的な現象として心に描かれたのである。

　熱的死という概念は大いに論争の余地あるものであるが[6]、20世紀の宇宙論の標準モデルの発展は宇宙のプロセスの普遍的な衰退と最後的終焉の不可避性を確認した。しかし、それは二つの可能なシナリオを明示した、言わば、

Maximum zu."

5　R. Clausius, "On the Second Fundamental Theorem of the Mechanical Theory of Heat," *Philosophical Magazine* 4.35 (1868): 405–19, 特に 419.

6　例えば、フリードリッヒ・ニーチェは熱的死の概念を猛烈に拒否して、その中に世紀末のデカダンな傾向の一部としての破滅あるいは全滅への意志を識別した。トムソンの散逸理論とそのペシミズムに反対して、彼は「同一物の永遠の回帰」の教義を明確に述べた。楽観的あるいは悲観的な科学的世界観にとって決定的なもののように思われる熱的死についてのこの感情的な論争において、英国科学振興協会は委員会を設置して、この問題を 1891 年から 1894 年まで論争させた。協会は 1894 年に総会において最終報告を提示した。その総会はオックスフォードのシェルドニアン劇場で開かれたのだが、そこは、30 年以前に同世紀の現代科学の含蓄についての別の著名な論争、主教ウィルバーフォースと G. H. ハックスレイとの間に戦わされたダーウィンの進化論についての論争が見られたオックスフォード大学博物館からさほど遠く離れていなかった。Stephen G. Brush, *The Kind of Motion We Call Heat: A History of the Kinetic Theory of Gases in the 19th Century* (Amsterdam/New York/Oxford: North Holland Publishing Company, 1976), 2:617–19; Stephen G. Brush, *The Temperature of History: Phases of Science and Culture in the Nineteenth Century* (New York: Burt Franklin, 1978), 68–69 参照。68 頁で、ブラッシュはウィルバーフォース=ハックスレイ論争自体がシェルドニアン劇場で行われたとしているが、それは不正確である。"Report on the Present State of Our Knowledge of Thermodynamics" は *Report of the Sixty-Fourth Meeting of the British Association for the Advancement of Science* (London: John Murray, 1894), 64–106 に、その論争に参加したボルツマンによる補遺と一緒にして見出すことができる。

「熱い」熱的死と「冷たい」熱的死である。ロシアの数学者また物理学者であるアレクサンドル・フリードマン（1888–1925年）は今もって有効な当代宇宙論の標準モデルの枠組みを展開した折に、宇宙の三つの一般的タイプを区別し得ることを示すことができた。それらのタイプは未来の結末において特徴的に異なり、二つの異なった最後的状態を示唆する[7]。宇宙の質量／エネルギー密度と膨張の速度の間の割合次第で、重力は膨張を中止して、最後的崩壊（宇宙大崩壊(ビッグクランチ)）に終わる縮小収縮へと反転させるか、さもなければ宇宙は永久に膨張していくか、そのいずれかである。

各々の場合において、宇宙的プロセスの未来的展開は著しく異なっているであろう。最後的崩壊の場合には、宇宙は再加熱し、重力はあらゆる限度を越えて増加し、最後にはあらゆる質量とエネルギーを無限の質量密度とエネルギー密度を持った特異点の中に凝縮させるであろう。この最後的崩壊は終局的には宇宙のあらゆる構造と秩序を破壊し、それを巨大な熱炉の中に焼き尽くすであろう。終わりのない拡張の場合には、全ての宇宙のエネルギーと物質はあらゆる恒星の形成と放射が終了する点に分散するであろう。局部的には、銀河系は崩壊してブラックホールになるが、ホーキング輻射のためにブラックホールさえも徐々にその質量を失うであろう。陽子でさえも恒久的に安定しておらず、したがって全ての重粒子(バリオン)物質は最後には崩壊し、宇宙の全ての秩序と構造は減衰する最小の変動を伴って絶えず分散している輻射場の中に溶解するであろう。この差異化されていない宇宙のスープは有機的構造が欠如したものであろう。この場合には世界は、言わば、「爆発(バン)でもって、ではなく、すすり泣きでもって」終わるであろう（T. S. エリオット）。

今までのところでは、経験上の証拠がどんなタイプのフリードマン宇宙をわれわれの宇宙が表しているのか、われわれが決定することを許さない。言えることは、われわれの宇宙はまだ若く、拡大している時代にあり、異なったタイプの特質がまだ非常に近接している時だということである。そして、可能だと考えることのできるいくつもの宇宙の範囲内では、われわれの宇宙の質量の密度は異なったタイプを区別する敷居近くのどこかに位置している。

宇宙に含まれる質量の総計がその拡大の割合との関連で持ち得る別の結果

---

[7] Aleksandr Friedmann, "Über die Krümmung des Raumes," *Zeitschrift für Physik* 10 (1922): 377–86. また、本書所収のロバート・ジョン・ラッセルの章も参照せよ。

は、その時空の曲率である。臨界密度のパラメーターより上にある宇宙は有限の体積を持った球状に曲がった時空間を有している。それは空間と時間の双方において閉じている。一方では、臨界密度より低い密度を持った宇宙は開いており、その時空間曲線は負(マイナス)であり、そしてそれは拡張において絶えず無限であったし、未来も絶えず無限であろう。正確に臨界質量密度を持った宇宙も同じく開かれていようが、しかしそれは無限の時空間の中では平坦で、ユークリッド測定基準を示していよう。われわれが言えることは、われわれの宇宙はほぼユークリッド測定基準を示しているということである[8]。

最近の数十年間における宇宙論のさらなる展開は、インフレーション・モデルと呼ばれる初期宇宙についての強力な新しいモデルへと導いた。それは宇宙の特徴的な特質、特にその輻射背景の等方性(イソトロピー)を予言しており、これは拡張の最初のインフレーション局面によるもので、その後は若い宇宙が一つのフリードマン・モデルに溶け込んでいく。インフレーション・モデルは結果的に、正確に臨界密度のパラメーターと平坦なユークリッド測定基準とを持った宇宙を作り出すように設計されている。そこで、経験的かつ理論的理由で、永久に膨張し続ける、開かれているが、しかし平坦な宇宙が現在では最もありそうに思われるモデルと見なすことができるだろう[9]。

物理学者の復活？

宇宙論モデルのどれ一つも、世界とそのプロセスが終焉に至ることの必然性を避けることはできない。それにもかかわらず、——熱的死論争の線に則

---

8 しかしながら、宇宙の放射質量の見積り量は単なる質量エネルギー密度を提供するだけであって、それは臨界密度を越え出るために必要とされるものよりはるかに少ない。大量の隠された、いわゆる「暗黒物質(ダークマター)」が存在するに違いないと推定されている。その暗黒物質(ダークマター)はわれわれが観察するような、ほぼユークリッド宇宙に対して十分な質量を供給する。ことによるとニュートリノ、他種の物質とほとんど相互作用しない、そしてそれゆえ発見しにくい粒子は、ある最小限の質量を持っているが、それはその場合、全体的な質量バランスに相当大きな貢献をしていることになる。Walter Gibbs, "A Massive Discovery," *Scientific American* 278.8 (August 1998): 9ff. 参照。

9 Peter Coles and George F. R. Ellis, *Is the Universe Open or Closed? The Density of Matter in the Universe* (Cambridge: Cambridge University, 1997) 参照。

って——死につつある創造の見かけ上の無益さを超越し、宇宙論的終末論を復活の概念と結合して、その結果、ある種の現代的な *apokatastasis pantōn* 〔万物の更新〕において、終局的に、宇宙の歴史において有意義であったあらゆるものが自然のプロセスを通して再び存在へと連れ戻されるようにしようとする終末論的見解が展開されてきた。そうした見解は宇宙の終わりをその内部にある目的地を開示するものとして解釈するのである。私はこれらの線に沿って、二つの最も顕著な提案を短く扱ってみたい。

　フリーマン・ダイソンは、彼の著書のタイトル『全方向での無限性 *Infinite in All Directions*』が示しているように、開かれた宇宙に賛同した主張をしている。彼は時間の進行につれて命は「外部空間」の生存条件(零重力、零温度そして零圧力)に適応することができ、やがて「宇宙のあらゆる隅々でくつろぐことができるであろう」と憶測している[10]。加えて、ダイソンは彼が「抽象の仮説」と呼んでいるものを使っている[11]。それは意識と同じく命も物質よりもむしろ組織体の見地から説明しなければならないと言う。命と意識は「肉体と血から分離し、そして超伝導回路網の中に、ないし恒星間の宇宙塵雲の中に統合することができる」[12]。

　もし、命がどんな種類の物質にも移転でき、どんな環境にも適応できるならば、命は絶えず膨張する宇宙の中で熱的死を逃れることができる高い可能性があると推測できる。なぜならば低温は秩序に有利であり、そして同時に秩序を維持するために必要なエネルギーの新陳代謝の割合を低下させるからである。「環境が冷たければ冷たいほど、背景が静寂であればあるほど、命はそのエネルギー使用において倹約的になることができるのである。……膨張していく宇宙にあって、命は世(アイオーン)が過ぎていくにつれて適合し、絶えずそのエネルギー新陳代謝をその環境の低下していく温度に調和させていく」[13]。「心」は宇宙空間の至るところに広がっていくことができ、全宇宙に知識を与え、制御することだろう。かくして、心は宇宙が拡大している間に学びまた成長し、確実にわれわれの理解の度合いをはるかに越えていくだ

10　Freeman J. Dyson, *Infinite in All Directions* (New York: Harper & Row, 1988) 〔ダイソン(鎮目恭夫訳)『多様化世界——生命と技術と政治』みすず書房、1990年〕, 107.
11　同箇所。
12　同箇所。
13　同書 109, 111 頁。

ろう。すると、「心」は神と、われわれの全ての理解を越える心と、同一視することができるかもしれない。そしておそらく、われわれの個人的運命は最後には、その知的な力をもって、かつて偶々存在した全ての物を最後的に反復することができるかもしれない宇宙的心に含まれるのかもしれない、とダイソンは憶測している。かくして、氷結していく宇宙のすすり泣き（whimpers）は「不死のささやき（whispers）」として解釈できるのかもしれない[14]。

　他方では、フランク・ティプラーは不死と復活を明示的に含む自然的終末論を確立するために、閉じた宇宙の筋書き（シナリオ）を採用する。ティプラーは自分の議論を、永遠的回帰と熱的死という悲観的でいらだたしい教義を双方共に回避する代替説と見なす。テイヤール・ド・シャルダンの神学の概念と専門用語に言及して、ティプラーは彼が「最終点（オメガ・ポイント）理論」と呼ぶところのものを展開している〔最終点（オメガ・ポイント）とは、宇宙における複雑性と意識の最大限のレベルのこと、しばしばキリスト教の神と同一視される〕。彼は、命をその物質的構成要素からは独立した基本的に構造的な現象と見なしている点で、ダイソンに極めて近い。「重要なものはパターンであって、基質ではない」[15]。ティプラーは結果として命を「情報処理（プロセッシング）の一形式」と定義し、また人間の心を「非常に複雑なコンピューター・プログラム」と定義している[16]。そして彼はあからさまに自分が還元主義者であると告白しているが、還元主義者にとって人間の心と人間の魂は、ソフトウェアで制御されている特殊なタイプの機械以上の何ものでもないのである。

　ダイソンについてと同じく、ティプラーの未来像（ヴィジョン）は、情報処理構造としての心は──われわれの惑星上では依然として炭素ベースの命の形に結びついているが──何らかの仕方で宇宙的プロセスを統御し、かくして生きている体からは独立するであろうというものである。しかし、ダイソンと違ってティプラーは、あらゆるものの最終的な際限なき再収集を保証するエネルギーの源を見出すために、崩壊していく閉じた宇宙を使用している。ティプラーは特別なタイプの閉じた宇宙を前提にしている。それは「一方向にのみ」

14　同書 121 頁。

15　Frank J. Tipler, *The Physics of Immortality: Modern Cosmology, God and the Resurrection of the Dead* (New York: Doubleday, 1994), 127.

16　同書 124 頁。

崩壊するが、「しかるに他の二方向には本質的に同じ大きさのままである」[17]。そうした宇宙では、それを剪断(せんだん)することは輻射温度の違いを生じさせ、「そしてこの温度差が現在と最終的特異点の間の無限な情報処理量のための十分な自由エネルギーを供給することを示すことができる」[18]。

　最後の圧縮の瞬間のうちで、死んでいく宇宙が最終点(オメガ・ポイント)に近づいている時に、無限の情報が処理できるであろうし、知ることのできるあらゆるものがその時宇宙の意識によって知られ得るであろう。「それは物理的宇宙について（それゆえそれ自身についても）知り得ることは何でも知っている」[19]。ティプラーによれば、知ることのできる最大限のことが宇宙の波動関数に含まれており、それは宇宙のあらゆる命の中だけでなく、われわれの命の中でも実現された、そして実現され得たであろうあらゆるものを含んでいる。かくして、われわれの命全体が、その全ての可能性と共に、再度最終点(オメガ・ポイント)の意識の中に起こされるであろう。そして、これら最後の一秒の何分の一かで、宇宙、最終点(オメガ・ポイント)、その中の「進化していく神」[20] は、自分の無限に加速された心を通して、サイバネティックス的不死を獲得するであろう。「かくして、閉ざされた宇宙はただ有限な固有の時間の間しか存在しないけれども、それにもかかわらず、それは無限な主観的時間の間存在することができるだろう」[21]。

終末論的探究

　私はダイソンとティプラーに反対する物理学的議論を詳細に扱うつもりはない。他の人たちがそれをしており、それもこれらの過度に想像的な考え方(コンセプト)

17　同書 136 頁。

18　Frank J. Tipler, "The Omega Point Theory: A Model of an Evolving God," in *Physics, Philosophy, and Theology: A Common Quest for Understanding*, ed. Robert J. Russell, William R. Stoeger, and George V. Coyne (Vatican City State: Vatican Observatory, 1988)〔抄訳：G. コイン他編（柳瀬睦男監訳）『宇宙理解の統一をめざして——物理学・哲学・神学からの考察』南窓社、1992 年〕, 313–31, 特に 320.

19　Tipler, *The Physics of Immortality*, 154.

20　同書 323 頁。

21　Tipler, "The Omega Point Theory," 320.

331

が要求する程度にまで行っている。そして、彼らはダイソンとティプラーが思弁的物理学と異論の多い前提を非常に問題点のある仕方で用いていることに狙いをつけている[22]。われわれの議論にとっての主要点は、ダイソンとティプラーの方向に沿って進展する物理的宇宙の終末論が創造の一時性と有限性についてのわれわれの科学的見解の挑戦に応じるには不十分だということである。彼らは世界の存在が明らかに無益であることに、ただ単純にそれを物理的また技術的な手段を通して長引かせることによって立ち向かおうとし、かくしてゲオルク・F. W. ヘーゲルが「悪しき無限性」と呼んだところのものを採用しているのである[23]。かくして、彼らは復活と永遠の命という終末論的希望の中枢を見逃すが、それは過度な物理現象の拡大を通して到達する単純な概念ではなく、二つの焦点を持った楕円として想像(エンヴィジョン)できる複雑な構造なのである。終末論的希望というキリスト教的概念は、一方において、われわれの現実をただの物理的事実に減少させてしまう、命と創造についての還元主義的、非人間的、また身をすくませる概念を排除しかつ超越する。他方では、このことはわれわれの歴史的、一時的、実際的存在の意味を見下すことなく、むしろそうする代わりに、それでもってわれわれの各々が創造を豊かにするところの、その威厳、その積極的で創造的な局面が有する永遠的な意味深さを顕わにしつつなされるのである[24]。

　進化のプロセスの傾向に沿ってのみ構想され概念化された宇宙的終末論もまた、この挑戦を受けとめるには薄っぺらすぎる土台である。科学は未来を取り扱い、またその宇宙論的モデルの総体的な展開についての推測を構想することを控えることはできないが、その限界については意識していなくてはならない。科学的宇宙論から学ぶべき第一位の教訓は、われわれが住んでいる物理的世界はその最後にはその内的な意味と目的地に合致する企画(プロジェクト)として構想されてはいないということである。宇宙の宇宙論的宿命の中で創造の成就を探索することは、このわれわれの一時的で有限な、しかし同様に具体的で確かな、そして唯一無比の命から、それ自身の権利、その尊厳を剥奪す

22　例えば、John Polkinghorne, *Science and Christian Belief* (London: SPCK, 2d ed. 1994), 164–65 参照。

23　Georg F. W. Hegel, *Wissenschaft der Logik*, in *Gesammelte Werke* (Hamburg: Meiner, 1985) 〔ヘーゲル『大論理学』〕, 21:137 参照。

24　本書所収のミヒャエル・ヴェルカーの章を参照せよ。

ることである。そして、特に命が成就されないでいる時、その可能性が損なわれまた散乱される時、その時には成就と終末論的希望は、生きてきた命が、何らかの方法で、華々しく楽しげに思いにふける宇宙的意識の中で繰り返されるような時間の流れの中で探されてはならない。そのような宇宙的終末論は、ティプラーの場合のように、しばしば永遠の進歩について素朴な楽観論を育み、科学的進歩のリスクと曖昧さに対決させられた時には、具体的な意志決定プロセスにおいて手を施す術がないままである。熱的死の論駁は、それ自体で肯定的で当面の問題と関連性ある希望を確立しない。そうする代わりに、それは全ての物理的、感情的そして社会的局面を持った具体的で一時的である人間の存在を糾弾しがちである。

　例えば、ティプラーは、最終点(オメガ・ポイント)の中の総体的な宇宙的知性によって十分考えられ理解されるであろう宇宙の波動関数に符号化された宇宙的プロセスのあらゆる事例を検討している。終局の復活は、生きてきた命とそれに代わる可能性のある全ての代替物の実質的模擬実験(シミュレーション)以外の何ものでもない。最終点(オメガ・ポイント)では「物理的宇宙は模擬実験(シミュレーション)と厳密に一対一の対応をしている」[25]。するとしかし、われわれの実際の歴史的命と最終点(オメガ・ポイント)の最終的なコンピューター模擬実験(シミュレーション)におけるそれの復活との間の違いは無関係で無意味になる[26]。模擬実験(シミュレーション)が究極の現実である時、そもそも宇宙は何ゆえに存在の重荷を担うのだろうか？

　現実主義的で効果的な復活概念を持った強力な終末論は、ただ単に物理学よりもさらにそれ以上のものを採用しなければならない。それはわれわれの歴史的、宗教的また社会的経験や状態を真剣に受けとめねばならない。現実主義的な復活概念は過去にあったものの反復としてでも、それの終わりなき継続としてでもないように構想されねばならない。その代わりに、われわれは聖書がキリストの復活についての福音の中心に置いている論点を力説すべきである。すなわち、復活への希望はこの束の間の宇宙(トランジトリ)の内部に、つまりわれわれのただ中にあり、われわれの間にあり、そしていまだ到来していない神の国の確立の内部に存在していることを力説すべきである。空間と時間の

25　Frank J. Tipler, "The Omega Point as *Eschaton*: Answers to Pannenberg's Questions for Scientists," *Zygon* 24 (1989): 217–53, 特に 242.

26　同箇所. "How do we know we ourselves are not merely a simulation inside a gigantic computer? Obviously, we cannot know."

中でのわれわれの具体的で有限な存在の内部で、われわれは消滅していく創造の内部で永遠の命を期待することができるようにされ、それへと方向づけられ、またそれによって約束されるのである。過ぎていく時間の流れの内部で時間を超越するものが立ち上がる。復活の希望は、われわれの現在の命を永遠に意味深いものとするのであり、如何なる種類の、空間と時間を延長して何十億年も経った後に到来するはずの進展にも言及するのではない。新約聖書の福音のまさしく中枢において、甦ったキリストは歴史のイエスと同定されている、その結果、使徒たちは自分たちの復活経験において、今現在イエスの地上での存在が、彼の命と死が、永遠に意味深いものであることを理解したのである。復活はイエスの死の逆転ではなく、その歓呼であった。十字架につけられ、そして甦ったキリストにおいて終末論的希望がはっきりと構築されており、すでにこのわれわれの命の中で有効になっているのである[27]。歴史を通して、歴史は永遠の意味深さへと変換された。時間を通して、時間は征服された。

終末論と宇宙論に対する神学的代替案：
記憶の概念を媒介して、時間を通して時間を征服すること

それは如何にして可能なのか？　時間を超越し、生きてきた命に永遠の意味深さを帰するためにはどんな手段と構造上のプロセスが必要なのか？　これらの問いに答えるためには、われわれは物理上の時間だけでなく、物理上の時間の中でまた物理上の時間を通して生じるが、しかし同時に社会的また個人的記憶の複雑な相互作用を通して同一性（アイデンティティ）と持続性を構築することによって物理上の時間を超越する、人間の経験の構造化されかつ処理された時間をも分析しなければならない。読者諸氏・諸姉は、イエスの復活のみならず宇宙の終焉における全人類の復活と新たな創造に関して、私が前節で設定した挑戦に物理学と終末論によって答えようとはしていないことにお気づきであろう。そうする代わりに、私は議論を転じて、時間という難問、特に記憶

27　本書所収のペーター・ランペの章とハンス＝ヨアヒム・エックシュタインの章を参照せよ。

概念の難問に取り組むために、われわれの自由になる厳密に神学的な情報資源に焦点を絞ることにする[28]。

これまで見てきたように、宇宙は時間の点で非対称的であり、歴史と進化の発展はそのものとして宇宙的プロセスに深く根ざしており、空間－時間の全般的な歴史と最後の結末においても、またそれの局部的な熱力学的流れにおいても共々にそうであることは、現代の科学的宇宙論の基本的な特徴である。重力は物質の局部的密度の変動を増加させ、そして物質を恒星に凝縮させて、恒星が光を放射し始めるようにする。宇宙の膨張は重力崩壊を防ぎ、起源〔ソース〕－流出〔ドレイン〕の差異を保証する。「存在することができ、一つの型以上の相互に作用する物質を含む、重力に引かれる如何なる宇宙も、全体的にそれの運動においても、局部的に熱力学的においても、時間の点では非対称的でなくてはならない」[29]。

構造と組織の現象としての命が生まれることができ、かつ散逸システム〔すなわち、エネルギー散逸〕が展開し得るのは、現代の熱力学が描く、そして必然的に宇宙の熱的死へと導く、これらのエントロピーのプロセスの中においてのみである。エネルギーの局部的流れへと導き、それを維持する宇宙力学の時間の矢、生物系がその内部で進化している逆転不可能な熱力学的プロセスの時間の矢、そして時間の変化を知覚するわれわれの意識の時間の矢が、相互依存の階層を形成する。

そしてこの宇宙的プロセスの内部でわれわれの個人的同一性〔パーソナルアイデンティティ〕が進化する。個人的同一性〔パーソナルアイデンティティ〕は個体発生の進化の構造プロセスに付加された不死の魂に基礎を据えていない。それは人間的存在の時間的構造から生起し、そしてその破壊と共に死ぬ。もし、復活が宇宙的プロセスの物理的な続きでないなら、もし、物理学の言葉で表現して、われわれの現在の生存期間〔ライフタイム〕と来るべき世界におけるわれわれの命〔ライフ〕とを結びつける連続的な世界線〔相対性理論で時空の四次元空間において、質点が運動する軌跡のこと〕がミンコフスキー〔Hermann Minkowski 1864–1909 年、ロシア生まれのドイツの数学者、整数論および空間と時間に関

---

28 本書における他の試論は確かにこの難問に取り組もうとしている。例えば、ジョン・ポーキングホーンやロバート・ジョン・ラッセルの試論を見よ。

29 Paul C. W. Davies, *The Physics of Time Asymmetry* (Berkeley: University of California, 1974)〔P. C. W. デイビス（戸田盛和、田中裕共訳）『時間の物理学――その非対称性』培風館、1979 年〕, 109.

する研究で、空間と時間を別々の量としてではなく、四次元の多様体として統合して記述するミンコフスキー空間と呼ばれるものを考えつき、これはアインシュタインの理論への道を開いた〕の世界にないなら、われわれの現在の同一性(アイデンティティ)とわれわれの復活させられた同一性(アイデンティティ)との間の一貫性が主要問題になる[30]。われわれは復活を、この宇宙内部の物理的プロセスに基づいた宇宙的な有限の存在と新しい天と新しい地における永遠の命との間のインターフェースとして、つまり接続リンクとして、再構築しなければならない。

　この点で、入念に作り上げられ、差異化された記憶概念が極めて有意義である。われわれが人生行路において個人的同一性(パーソナルアイデンティティ)を獲得するのは、個人的記憶を通じてである。われわれ個々の(インディヴィデュアル)、また私個人の同一性(パーソナルアイデンティティ)が明確な形を与えられ形成されるのは、文化的記憶を通じてである。そして個人的ならびに文化的記憶の相互作用が束の間の世界における神の存在の手段となるのは、世界が神の国に向けて開かれるのは、神の記憶を通じてである。

　聖アウグスティヌスが彼の『告白』の中での有名な時間の分析で立証しているように、記憶は神の不滅で常に不変の永遠（*semper stans aeternitas*）と常に動いていて消滅していく創造の時間との間に連携(リンク)を与えることができる。その本質を、すなわち過去、現在そして未来の三つの在り方(モード)での実際の時間の存在を把握することは難しいとアウグスティヌスは指摘している。過去は去ってしまって、もはやない、未来は来るはずであるが、まだない、そして現在は未来が過去になるところの延長されていない転換点にすぎない。神はいつも自らの永遠において同じで「ある」が、時間はそうで「なく」て非存在に向かいがちであり（*tendit non esse*）[31]、それゆえ永遠とは全く隔離している。しかし、われわれは依然として時間を、創造されたものとしてのわれわれの存在の基本的な形として経験する。そして、われわれは時間をただ来りそして過ぎ去ってしまうものとしてだけでなく、長かろうが短かろうが、延長されている何か（アウグスティヌスのラテン語用語は *distentio*）として留

30　しばしば指摘されるように、不死の魂の概念は、死んだ人と復活した人との間の連続性を与えるという理由で、キリスト教の中に受容された、Wolfhart Pannenberg, *Systematic Theology* (Grand Rapids: Eerdmans, 1993), 3.575–80 参照。

31　アウレリウス・アウグスティヌス『告白』11.14.17。

まっているものとして経験する³²。時間は心の延長（*distentio animi*）であり³³、この時間が記憶の入ってくる場所なのである。私が時間の中で人間として生きる時、「私は自分の記憶の中に固定した印象として留まっている何かを計測する」³⁴。

しかし、記憶とはただ過去を覚えていること以上のものである。記憶は偉大な力を所有している（*magna vis est memoriae*）³⁵、なぜなら記憶は時間の流れの中でわれわれの命と同一性（アイデンティティ）を保持しているからである。記憶はそのより広い意味では時間の三つの在り方の統合である。ここでアウグスティヌスは言葉と音楽の時間的な音響的現象に言及しており、かくして修辞学の教師としての彼の経験に言及しているのかもしれない³⁶。歌を歌ったりあるいは詩を朗誦したりしている間に、人の心は歌われたことあるいは話されたことの全体を記憶の中に、そして歌われるであろうことあるいは話されるであろうことを予測の中に、何らかの仕方で形作り、そしてそれと同時に、音色あるいは言葉に音響を次々に与えることによって、十全に存在している。そしてわれわれの時間的な存在の基本的構造を提供するものは、この指向された命の構造、この記憶（*memoria*）と期待（*expectatio*）と注意（*attentio*）の相互作用である³⁷。

そして、そのことは時間の特定の知覚にとって有効だというだけでない。したがって、音楽や演説の知覚の場合に時間について言えることは、「人間の全ての命がその部分を成しているところの、人間の子らの全世代」³⁸に

32　同書 11.23.30：" tempus quandam esse distentionem."

33　同書 11.27.36：" In te, anime meus, tempora metior."、同書 11.26.33：" Inde mihi visum est nihil esse aliud tempus quam distentionem: sed cuius rei, nescio, et mirum, si non ipsius animi." を参照。

34　同書 11.27.35：" aliquid in memoria mea metior quod infixum manet."

35　同書 10.17.26。

36　Ulrich Duchrow, "Der sogenannte psychologische Zeitbegriff Augustins im Verhältnis zur physikalischen und geschichtlichen Zeit," *Zeitschrift für Theologie und Kirche* 63 (1966): 267–88 を参照。彼は、記憶と時間的な音響的現象に対するアウグスティヌスの関心は彼が教師として過ごした期間の集中的な言語と演説と修辞学的伝統の探究に由来するのかもしれないと示唆する。

37　アウグスティヌス『告白』11.28.37。

38　同書 11.28：" hoc in toto saeculo filiorum hominum, cuius partes sunt omnes vitae hominum."

とってはもとより、全体としての個々の人の命にとって、有効なのである。各々の人間の行為は過去から未来へのこの構造を明らかにしており、そして全体としての人間の歴史も同様である。かくして、アウグスティヌスのしばしば「心理学的」時間概念と呼ばれるものは徹底的に（もっとも、完全に首尾一貫してはいないが）彼の歴史と宇宙論についての見解に結びついている。

　しかし、絶えず消えていく時間もまた創造の一時性の理由である。かくして、われわれは時間と共に消えていくことに、その中で途方にくれてしまうことに敏感になる。われわれが時間の伸長を経験する時間的プロセスにおいて、また時間的プロセスを通して生存する存在物として、われわれはまた時間の気を散らすような力をも経験する。かくして、アウグスティヌスは気を散らすことがラテン語 distentio の第二の辞書的意味であるという事実を利用する。もしわれわれがわれわれの時間的存在を意図的に形成しはっきりした形にまとめるのでなければ、われわれは出来事の流れの中で、引き伸ばされすぎた、また緊張しすぎた命の中で、迷い子になりかねない。集中する意図は、われわれが時間の気を散らすような流れに従って存在するのでなく、集中する意図に従って存在するために、時間的な存在の膨張に対応しなければならない[39]。今一度アウグスティヌスは記憶概念を用いる。われわれの記憶は数え切れないほど多くのものに満たされた巨大で渾沌とした空間のように見えるが[40]、ところがそれはなお神が住み給う場所である。そして、忠実な信仰者として、彼〔アウグスティヌス〕は彼が神をそこで見出すことができることを知っており、そして神が彼の記憶と彼の魂を調整し正当化するお方であることを知っている。「私があなたを知ってからこのかた、あなたは私の記憶の中に住み給う。そしてそこで、私があなたを思い出した時に、私はあなたを見出し、そしてあなたに喜びを感ずるでありましょう」[41]。

　かくしてアウグスティヌスは、宇宙的プロセスとわれわれの個々人（インディヴィデュアル）の同一性（アイデンティティ）と命における方向づけとを神の存在と関連づける、記憶の重要性を指示する。しかしこの点で、われわれはさらに先に進んで、規範的な記憶の社会的また文化的な局面を含むことによって、そして記憶を創造に対する神の配慮という包括的領域に埋め込むことによって、アウグスティヌスの個人

39　同箇所：" non secundum distentionem, sed secundum intentionem."
40　同書 10.17.26。
41　同書 10.24.35。

1　時間の流れの中の記憶と復活の概念

主義的な記憶概念を越え出ねばならない。記憶は建設的で生き生きしている文化的達成であり、そこにおいて伝統的要素や革新的要素が現在の経験と相互に作用し合っている。記憶は苦心して作り上げなければならず、構造化しなければならず、また獲得しなければならず、そしてそのことはただ共同体の中でのみ、つまり口頭の、象徴的な、そして社会的なコミュニケーションの領域の中で可能である[42]。そして、記憶は常に記憶と共に始まる。記憶は記憶を整形し直し、新鮮にし直すことによってのみ継続させることができる。言わば、記憶は記憶の中に埋め込まれているのである。

　記憶の包括的領域は、われわれのことを気遣っておられて、彼の創造を覚えておられる神である。「あなたが気遣ってくださる人とは、あなたが配慮くださる人の子とは、いったい何者なのでしょうか」。詩編8編は不思議がって叫ぶ。たとえ命が、本当に始まる以前に、あるいは最終的にわれわれの心と記憶が体と同様に崩壊する以前に、消え去ってしまうとしても、われわれをつなぎとめ、われわれの完全無欠性と威厳とを保つものは、どんな種類の物質的魂でもわれわれがその一部となっている宇宙の波動関数についての算定情報でもなく、われわれを覚えている神、われわれが何を求めて努力し、われわれがどこで失敗し、──良い意味でも悪い意味でも、その豊かさにおいてもその喪失においても──何がわれわれの個人的同一性(パーソナル・アイデンティティ)を説明するかを覚えている神である。

　かくして、命の時間的構造は神と彼の創造の関係に従って形成されることが可能であり、時間を通して時間を征服することができるのである。私はアウグスティヌスの *memoria, expectatio, attentio*〔記憶、期待、注意〕の概念を、第一コリント書13章のパウロの有名な信仰と希望と愛の三つ組みと並行に見る。万物の由来する源である神がわれわれに行ってくださったことへの記念的な信頼と確信としての信仰、神が歴史的にまた永遠的にもたらしてくださりつつあることの忠実な期待としての希望、われわれの仲間である人間、われわれ自身、そしてわれわれがその一部を成している創造全体に対する注意深く意図的な配慮としての愛、の三つ組みである。愛は人間の現実の時間的存在(イグジステンス)を形成し凝縮する心の適切な現存(プレゼンス)と意図とを実現する限り、これら三つのうちで最も偉大である。

42　本書所収のデトレフ・B. リンケの章を参照。

信仰と希望と愛の複雑な相互作用を通して、われわれは個人として、また共同体として、気が散らされる時や疑いまた困惑する時を、将来の見通しや命を生きようとする意図の喪失を切り抜けることができる。信仰と希望と愛は記憶と期待を通して断定的でない情況に対する断固たる決断をもたらすことができる。われわれは行為の新しい見通し(パースペクティブ)や新たな自信や信頼を展開することができる。命の気を散らせる膨張作用に対処することができるその一時的意図において、信仰は注意深い生存の決して終わらない、決して完成されない形態であり、そこにおいてわれわれは、われわれの由来する源であり、われわれが生きる際の共存者であり、そしてわれわれの辿りゆく行き先でもある創造主の力を経験する。われわれは、記憶と期待と注意を通して、神自身が、命の新しい可能性と見通し(パースペクティブ)を打ち開き、また絶えず新たに打ち開く進行中の創造主として、人間の歴史に関与し、われわれに協力してくださることを経験することができる。記念的な、注意深い、そして意図的な愛と心遣いをもって、われわれは継続的に創造的なる創造主と協力し、またそうすることにおいて、われわれは神の似姿(イメージ)としてのわれわれの最終目標を実現する。

神の最終目標：審判と平安(シャローム)

　個人的、社会的、また規範的記憶は神がわれわれと御自分の創造のことを気遣っている総体的な領域に埋め込まれているが、その記憶の間の複雑な相互依存が永遠の命の基礎なのである。再び、神の記憶は単に過去の出来事を呼び戻して再経験する、ないしはそれらを無限に（*ad infinitum*）継続することだけではなく、建設的で意図的な、われわれが生きてきた命の凝縮また癒しである。伝統はこれを最後の審判として想像(エンヴィジョン)した。これはしばしば誤用された概念であり、新鮮な意味でもって名誉回復され更新されなければならない。結局のところ、それは神が彼の記憶と想起を通して、われわれの生きてきた命を新しい永遠の同一性(アイデンティティ)に変換する最後的裁きである。われわれの生きてきた命がその究極的な完全無欠性を賦与され、そのことを通してその成就を見出すのは、神の裁きを通してなのである。

　神の審判は、恐怖によって人間を鍛錬するために、恐喝の手段として採用

されてはならない。神の審判は矯正するのである、ちょうど神の義が〔人を〕義しくする効果的な義であるように。恐怖を呼び起こし、神の審判をただ破壊的にのみ考えるのは人間の利己性と自己中心性である。しかし、神に向けられた愛はあらゆる恐怖を払拭し、神の最後の審判を「治療効果のある出来事」として考えることができる[43]。

　新約聖書は、裁きをするのは来るべきイエスであると主張する。天と地を裁くために天使を伴って到来する人の子は十字架につけられたイエスと同一人物である。何が永遠に有効であるのか、何が永遠に破壊されなければならないか、そして何が矯正され賠償されねばならないか、それを決定するのは十字架につけられた者である。それは目隠しをされた Iustitia〔正義の女神〕ではなく、見失われた者たちや罪人たちの友、山上の説教者、多くの者たちのために自分の命を与えた者、である。最後の審判は単純にハッピーエンドではないであろう。もし、イエスが涙と傷を白日の下にさらすことがないとしたら、無慈悲であろう。さもなければ、傷は永遠に隠されたままであろうし、どんな時間も癒やすこともできないであろう。最後の審判は癒し、過ちを犯した者の恥のみならず犠牲者の傷をも顕わにすることによって癒やすのである。それはその真実において治療的効果があり、そのことは神の記憶から生じるのである。

　しかし、永遠の命として、審判は単にこれからやって来る何かであるだけではない。それはすでに歴史の中で効果的に働いているものと同定できる。ヨハネ福音書の中で、イエスは彼と共に神的光が、裁き（ギリシア語の krisis）が世に入って来た、と言った（ヨハ 3:19）。彼において、神の審判の修正の働きがすでに始まっている。イエスとザアカイ、マグダラのマリア、そして十字架上の犯罪者のような人々との出会いにおいて、われわれは神の審判の清浄化し救い出す働きを範例的に見て取ることができるのである。「あなたが御国に入られる時、私を思い出してください」と、自分のとがを知っていた十字架につけられた犯罪者は言った（ルカ 23:42）。

　イエスの復活は、弟子たちが歴史のイエスと共に経験したような、共同体と赦しが永遠に有効であり、それらの想起がわれわれの命と共同体の形姿を

43　Eberhard Jüngel, "The Last Judgement as an Act of Grace," *Louvain Studies* 15.4 (1990): 389–405, 特に 402.

作り上げるだろうし作り上げることができるという神の確言である。彼は永遠の平安(シャローム)を彼の審判を通して確立することができるお方である。そして、そのことがわれわれの最後の要点へと導く。

　創造の終わりを表現するのは平安(シャローム)である。平安は神の創造に関わる神の意図である。それは、生きとし生けるものが全体の部分として統合されて、あらゆる他の存在と相互に豊かにし合う関係において存在する状態である。この全体性と十全性は、終わりへと向かって懸命に努力する時間と歴史自体が終わりに至る新しい天と新しい地を必要として、確かに空間と時間を超越する。かくして、平安(シャローム)はあらゆる瞬間における成就のような何かであるかもしれない[44]。

　永遠の命の平安(シャローム)は同じくこの命においても始まる。「自然的命は永遠の命の一部であり始まりである」[45]、そうマルティン・ルターは書いた。われわれの命と共同体が近くにある神の国へと方向づけられる時には、滅びゆく宇宙におけるわれわれの命と、来るべき世界におけるそれとの間には、多くの一貫性と連続性がある。われわれの世界の関係は類推、すなわち永遠の命の譬えとなり得る。世俗的食事のただ中で、われわれは喜びの宴としての永遠の命の譬えを発見することができる、限定的な地上の共同体の内部での相互の尊敬の中で、そして正しい政治的状態の中で、われわれは新しいエルサレム、天的市民権（フィリ 3:20）の譬えを発見することができ、そして「*Augen-Blick*〔目を見ること〕」において、すなわち、われわれが愛する人の目と会った時にその人の目をのぞき込むことにおいて、われわれはいつの日かわれわれが愛していてくださる神と顔と顔を合わせて出会うことであろう（Ⅰコリ13:12）と悟ることができる。

44　Friedrich D. E. Schleiermacher: "ewig sein in einem Augenblick" ("Über die Religion: Reden an die Gebildeten unter ihren Verächtern," in *Kritische Gesamtausgabe*, ed. G. Meckenstock [Berlin: de Gruyter, 1984], 1:247) 参照。

45　Martin Luther, "Kirchenpostille (1522)," in *D. Martin Luthers Werke: Kritische Gesamtausgabe* (Weimar: Hermann Böhlaus, 1910), 10:200.

2　新しい生命への復活：
終末論的変転の聖霊論的含蓄

ギュンター・トーマス

これは命の終わり、私にとっては命の始まり。
ディートリッヒ・ボンヘッファー[1]

　聖霊の働きは、最後的復活のキリスト教的象徴についてのあらゆる健全で現実主義的な理解への鍵であって、それは根拠のない空論の誘惑に抵抗する。もしわれわれが最後の終末論的変転における聖霊の役割を正しく理解するなら、キリストの復活に根拠を置いている最後の復活はそれ自身の時間的、社会的また応答的な次元を持った新しい命への動きであることをわれわれは発見する。この新しい命は、たとえ生きてきた命がわれわれの現今の命と複雑な関係を示そうとも、それの発露ないし追憶という考え方をはるかに遠く超えたところに到着するのである。要するに、これは以下の考察の背後にある一般的な命題である。とは言え、この命題は 20 世紀の終末論的論証のより幅広い枠組みと特定段階の中に置かれる必要がある。

---

[1] これはディートリッヒ・ボンヘッファー〔1906–45 年、ドイツのルター派神学者、ヒトラー暗殺計画に関与、処刑された〕が彼の処刑される少し前にパイネ・ベストに語った最後の言葉である。Eberhard Bethge, *Dietrich Bonhoeffer: Eine Biographie* (München: Kaiser, 1967)〔E. ベートゲ（村上伸、雨宮栄一、森野善右衛門訳）『ボンヘッファー伝』全 4 巻、新教出版社、2005 年〕, 1037 n. 54 を見よ。

終末論的談話の三段階

　神学の歴史は驚きに満ちており、逆説にさえ満ちている。19世紀と20世紀の「中間に」立っていた神学者であるエルンスト・トレルチは数多く引用された所見を述べている、「現代の神学者は言う、『終末論的事務所は今日では大方の時間閉められている』」と。彼がこの所見を述べた時、彼は自分が観察し提唱した終末論的思考のまさしくそうした変換が通りの向かい側にある終末論的事務所に入る鍵を提供し、その事務所では残業が通常になったということを分かっていなかった[2]。事典『歴史および現代における宗教 *Religion in Geschichte und Gegenwart*』初版のために書いた終末論に関する彼の論説の中で、彼は極めて明瞭に、宗教それ自体は最後の事柄、すなわち究極的で、無限の、そして絶対的な価値を持った事柄に関わると述べている[3]。もし顕わにされた、真に究極的な現実が絶対的なものとして、つまり相対性のただ中における神的な命の現実として経験されるならば、その時われわれは諸々の終末論的問いに触れるのである。この理由で、トレルチはこう結論した、「最後の事柄は時間とは何の関係もない」と。トレルチの所見後に結果として起こったことはよく知られている[4]。その後の20年以内に、最後の事柄（eschata）から終末（eschaton）への動きを表現した膨大な数の出版物が現れた。神学的関心の中心にあったのは、個々の終末論的象徴とそれらの時間的局面ではなくて、神の永遠性と、如何なる有限の今の瞬間であれそれとの共存であった。パウル・アルトハウスの言い回しを使えば、「価値論的終末論」というこの第一段階の後に、第二段階として終末論的存在論と銘打つことのできる多くの神学的プロジェクトが出現した。それらは創造を終末

---

[2] Ernst Troeltsch, *Glaubenslehre: Nach Heidelberger Vorlesungen aus den Jahren 1911 und 1912* (München/Leipzig: Duncker & Humblot, 1924)〔トレルチ（安酸敏眞訳）『信仰論』教文館、1997年〕, 36.

[3] Ernst Troeltsch, "Eschatologie: IV. Dogmatisch," in *Religion in Geschichte und Gegenwart* (Tübingen: J. C. B. Mohr, 1st ed. 1910), 2:622–32.

[4] 短い概観については、Christoph Schwöbel, "Last Things First? The Century of Eschatology in Retrospect," in *The Future as God's Gift: Explorations in Christian Eschatology*, eds. David Fergusson and Marcel Sarot (Edinburgh: T&T Clark, 2000), 217–41.

に向かって移動しているものとして概念化する特性を共有している。なおさらに、「終末論は神の知識への問いに対してのみならず、神の実在(リアリティ)についての問いに対しても本質的な意味になる」[5]。しかしまたしても、驚くべき事実は、特異な最後の事柄(eschata)(例えば、復活、最後の審判、新しい創造、そして永遠の命)がもはや第一段階におけるように完全に無視されなかったが、それらは終末論的象徴の再構築を真に構成するために十分に徹底した仕方で取り扱われはしなかったということである。

しかしながら、近年においては神学的省察がゆっくりと徐々に別の(第三の)段階に入り、そこでは復活とか最後の審判のごとき独特の終末論的象徴が再び一層の注目を浴びている。この試論の目的は終末論的変転に関して特に聖霊論的観点を提供することである。そうすることで、それが神学的終末論における三つの問題点に取り組む上で役立つことを希望してのことである。第一に、それは多くの復活概念を支配する「閉鎖性」という至上の概念に取り組み、終末における命の奥深い構造としての「開放性」を提示する。第二に、それは永遠の命の一時性という決定的な問題に何らかの解明の光を投げかけるだろう。第三に、それは独特なものを覆う覆いを取り去り、そして同時に、こうした象徴の本来的、相関的性格を明らかにすることにも役立つだろう。最後の復活へのこれに代わるアプローチに比較して、以下の考察は幾つかの独特の象徴が結合されている結ばれ方を探究するキリスト教象徴体系の内部的推敲となろう。

復活への最近のアプローチ：
生きてきた命の完遂、回想、そして顕示

第二と第三の段階の間の特徴的な違いを例示するために、私は二人の現代の神学者の著作にある最後の復活に関する短い調査をもって始めたいと思う、

---

5 Wolfhart Pannenberg, *Grundfragen Systematischer Theologie* (Göttingen: Vandenhoeck & Ruprecht, 1967)〔W. パネンベルク(近藤勝彦、芳賀力訳)『組織神学の根本問題』日本キリスト教団出版局、1984年〕、1:5–6. ヴォルフハルト・パネンベルクやパウル・ティリッヒ、それに確実にユルゲン・モルトマンの神学的著作もそういう仕方で分類できる。しかしながら、モルトマンの後期の貢献は第三段階にも属する。

すなわち、エバーハルト・ユンゲルとヴォルフハルト・パネンベルクの二人である。ここ過去10年間、両神学者は最後の復活を理解するための洞察に満ちた注目すべき貢献をなしてきたが、それは同時に〔復活理解のみならず〕永遠の命の活発さに関する広範囲に及ぶ問いを喚起した。

　1971年出版の『死』の中で、エバーハルト・ユンゲルは特殊な背景に照らして復活の問題を取り扱った[6]。フリードリッヒ・シュライエルマッハーとカール・バルトに倣い、彼は死を有限な被造物としての人間の必然的含意と理解した。それゆえ、死それ自体がここでは問題ではなく、ただこの〔現世の〕命に落とすその暗い影が問題である。人間の罪は死に対しその痛ましい棘をもたらす（Ⅰコリ 15:56）。死をこのように理解すると、復活は命の一時的な限界を廃止することを意味しない。その代わりに、復活はこの有限の命が神の永遠の命に参与することで、有限の命のままに永遠にされることを意味する。復活した命はある種の精神身体的統一体ではなく、完全に顕わにされ明示されたわれわれの生きてきた命（offenbare Geschichte）である。復活の象徴は「救われそして名誉を与えられるであろう、生きてきた命」に関係している。全ての人々が、これまでそうであったように、自身が命である神の中に集められるであろう。そうして私の生きてきた命には何が起こるであろうか？　明らかにユンゲルは二つの変化を心の中で考えている。われわれの命がこれまで何であったかが、その全ての真実において公に開示される。加えて、彼はわれわれについての神の観点に言及する。われわれは自分自身を完全に認識するのに対して、神はわれわれがそうあるべきであったようなわれわれを認識する。要約すれば、「死者からの復活は私が自分の命と同一になる、生きてきた命の収集、永遠ならびに啓示を意味する」[7]。別の視点から見れば、出来事の全体は「*iustificatio impii*〔不信心なる者の義認〕の完遂」で

6　Eberhard Jüngel, *Tod* (Gütersloh: Gütersloher Verlagshaus Mohn, 1979; orig. 1971)〔エーベルハルト・ユンゲル（蓮見和男訳）『死——その謎と秘義』新教出版社、1972年〕. 終末論の話題についてのその後の重要な出版物は以下のものを含む、idem, "The Last Judgement as an Act of Grace," in *Louvain Studies* 15 (1990): 389–405; idem, "Thesen zur Ewigkeit des ewigen Lebens," in *Zeitschrift für Theologie und Kirche* 97 (2000): 80–87; idem, "Ewigkeit: III. Dogmatisch," in *Religion in Geschichte und Gegenwart* (Tübingen: Mohr Siebeck, 4th ed. 1999), 2:1774–76.

7　Jüngel, *Tod*〔前註参照〕, 153.

ある[8]。どんな種類のものであれ「現実なるものの恐怖」に立ち向かって、ユンゲルはこの生きてきた命の記憶はそれを取り囲む可能性の啓示を含んでいることを強調する。そのことが意味するのは、永遠にするということは、この〔世の〕命の一部ではあったが、実現できなかったような諸々の可能性の啓示と復興を含んでいるということである[9]。しかしながら、人格の同一性（アイデンティティ）の中には連続性について隠された問題がある。もし、ユンゲルが「われわれは今や神がご存知であるようなわれわれである」[10]と宣言し、そして同時に、義認のこの最後の行為を creatio ex nihilo〔無からの創造〕の神の行為として概念化するなら、その時には、われわれはどのようにしてこれまでそうであった人格としてのわれわれ自身を知り得るのか分からなくなる[11]。

われわれは神の永遠の命に参与するという考えをいかに理解すべきであろうか？ ユンゲルもまた神の無時間性を拒否し、永遠の概念を時間の諸次元の永遠の合併ないし絡み合いと解釈している点で、カール・バルトに従っている。永遠とは創造における過去、現在、および未来の様式の継続的な区別に対置するものとしての simul tota possessio temporum〔全時間の同時的所有〕としての過去、現在、および未来の凝縮である[12]。神の ad extra〔特別の〕創造的

---

8 Jüngel, "The Last Judgement as an Act of Grace," 401. ミロスラフ・ヴォルフはユンゲルがわれわれの生きてきた命の神による裁きにおける人間的作用を除外していると批判する。とは言え、この批判は行き過ぎのように思われる。ユンゲルの提案は二つの明確に異なったプロセスを示唆しているように読むことができる。諸行為と諸経験を啓示すること、そして生きてきた命の期間中のこれらの諸行為と諸経験の主体としての人格たる人間についての神の観点を肯定すること、の二つである。ユンゲルが神の命に参与する出来事において、人間は生ける主体となるだろう、と主張する時、彼は明らかに、ある種の主観性を前提している——たとえ彼が生ける人格を除外しているとしても、である。Miroslav Volf, "Enter into Joy! Sin, Death, and the Life of the World to Come," in *The End of the World and the Ends of God: Science and Theology on Eschatology*, ed. John Polkinghorne and Michael Welker (Harrisburg, Pa.: Trinity Press International, 2000), 256–78, 特に 263–64 を見よ。

9 Eberhard Jüngel, *Gott als Geheimnis der Welt* (Tübingen: Mohr, 4th ed. 1982), 293 n. 58; also Volf, "Enter into Joy!" 264.

10 Jüngel, *Tod*〔註 6 参照〕, 153.

11 この文脈における creatio ex nihilo の観念については、Jüngel, "Das Entstehen von Neuem," in *Wertlose Wahrheit: Zur Identität und Relevanz des christlichen Glaubens: Theologische Erörterungen* (München: Kaiser, 1990), 3:132–50, 特に 147 を見よ。

12 比較的特異であるのは、この永遠概念に三位一体的な論理的根拠を与えようとして、

行為は、時間と空間という点では元来共に並びまた相互のうちにあったもの（*beieinander und ineinander*）を分離する。アリストテレス的伝統と対照して、ユンゲルは永遠が可能性を除外しないと強調する。とは言え、この動きは神における（すなわち、神自身にとって）正真正銘の斬新さがあることを含意しない、なぜならこうした可能性は実現することによっては破壊されないであろうとユンゲルは力説するからである[13]。結果として、時間に関しては、われわれが生きてきた命の永遠を考え得る唯一の方法は過去、現在、そして未来の永遠的共存としてである。しかしながら、時間の様態化理論を応用するにあたっては、われわれは一層具体的に過ぎ去った過去、過ぎ去った現在、過ぎ去った未来の永遠的現存について語らなければならない。なぜなら一時的な命はその継続的かつ偶発的な現在の自然においては決定的に終わっているからである。

　エバーハルト・ユンゲルとヴォルフハルト・パネンベルクの神学は多くの基本的局面で異なっているが、それにもかかわらず、それらは終末論に関しては注目に値するほどに一致を示している。ヴォルフハルト・パネンベルクは有限性と死すべき運命を確かに区別している。かくして彼は、これら二つの局面の緊密な連結においてはバルトとユンゲルに追随していない。その代わりに彼は罪と死の間の強力な連結を表現し直すことを望む。かくして、彼は罪と一時性との絡み合いをわれわれの命の自然な状態の一部と考える。被造物としてのわれわれの時間経験の不統一さにおいては、時間は罪深さと絡み合っていることを示す。なぜならば、あらゆる一時的瞬間は罪の自己中心性の一部だからである[14]。したがって、過去、現在、そして未来はばらばら

父を過去に、御子を神の現在に、そして霊を神の未来に帰属させようとするユンゲルのより最近の試みである。Jüngel, "Thesen zur Ewigkeit des ewigen Lebens," thesis 4.1.1, 84 を見よ。永遠についての論文の中で（"Ewigkeit: III. Dogmatisch," 1774–76）、ユンゲルはわれわれが終局的には参与する神の永遠を、凝縮され集中化された命として概念化しようとする。彼はわれわれが神の中に革新のない連続性を見出すという形而上学的要請を反駁する一方、出来事の継続と豊かさは強調する。しかしながら、もし過去、現在および未来の時制の区別がただ神の *ad extra*〔特別の〕創造のみを特徴づけるのであれば、どのようにして神における命、出来事、そして本当の斬新さを考えることができるのか、全然明白ではない。

13　Jüngel, "Thesen zur Ewigkeit des ewigen Lebens," 86.
14　Wolfhart Pannenberg, *Systematic Theology*, Geoffrey W. Bromiley 英訳 (Grand Rapids: Eerd-

に引き裂かれてしまい、命の全体性は決して十分に期待できない[15]。この点で人間たる個性を持った人の復活が問題になる。パネンベルクは復活を、生きてきた命の総括とする考えを基本的に分かち合う。しかしながら、ジョン・ヒックによる強い批判に直面して、パネンベルクは最近になって変換、完遂、そして栄化の瞬間を強調した[16]。そのような変換は苦難に対する気楽さと慰め、すなわち「補償の瞬間」を許す、たとえパネンベルクが如何なる個人的な終末論的体の概念をも疑問に付すとしてもである[17]。とは言え、終末論的変転におけるこの最後的変換の後でも、われわれは有限の存在に留まる[18]。

復活と最後の審判は創造者としての神の意図の最終的結果である。それらは神の創造の最終的完成の結末であるが、とは言え、それと同時に創造の終わりである。パネンベルクの意味と全体性の概念ならびに部分と全体の概念の形而上学的文法の結果として、完了ないし完成が終わりでなくてはならない。一時的存在の全体ないし全体性は、時間が永遠の中に取り入れられた時に達成される——それゆえに神は時間の終わりなのである。永遠と時間の間の関係は、全ての時間への同時性と、創造の時間との間の関係である。この同時性を通して、何であろうと存在してきたものは神の永遠の中に保持される[19]。その集合体(コンステレイション)に基づいて、死者の復活は神が彼の被造物に全体性を与える、つまり、*Fürsichsein*〔「対自存在」、自己自身に対して独立的に存在するあり方〕の特定的な自己言及的様態における被造物の存在の全体性を与える、一

---

mans, 1998), 3:561.

15　同書 3:561 注 115。

16　John H. Hick, *Death and Eternal Life* (San Franscisco: Harper & Row, 1976), 221–27. パネンベルクの応答については、Pannenberg, *Systematic Theology*, 3:639ff. を見よ。

17　Pannenberg, *Systematic Theology*, 3:639. 復活させられたキリストの体に関して、パネンベルクは復活顕現の体的性質を軽視して、復活させられたキリストの集合的体というパウロの概念を指示する。同書 3:626–27 を見よ。ユンゲルの著作同様にパネンベルクの著作においても総括的モデルの本来的な制限についてのますます強まる認識があるが、とは言え、——時間においては——新しいものは何一つ起こり得ないのだから、強烈な概念上の袋小路がある。

18　Wolfhart Pannenberg, "Tod und Auferstehung in der Sicht christlicher Dogmatik," in *Grundfragen Systematischer Theologie* (Göttingen: Vandenhoeck & Ruprecht, 1980), 2:146–59, 特に 153.

19　Pannenberg, *Systematic Theology*, 3:606.

つの行為となることができる。被造物としての人間は彼らの全体としての Dasein〔現存在〕を受け取るが、とは言え、過去のものを新たに受け取るのである。この瞬間に、時間の様態ならびに時間の瞬間の間の区別は除外されないであろうが、しかしそれらはもはや分離されないであろう。復活した者は「神的命の永遠の同時性に」参与するのである[20]。

　復活の生命に関するこれら二つの支配的な立場は——少なくとも聖霊論的考察に照らして——かなり批判的な見解に値する多くの共有する構造的要素ないしは傾向を明らかにしている。

1. 永遠の生命は神の生命に参与するものと考えられている。しかしながら、この見解は神の永遠の命と創造された、有限の被造物の永遠の命とを区別するのを難しくする。われわれの永遠の命と神の三位一体的命とを混同する危険があるように思われる。相応して、永遠の命は創造なきもの、例えば、天と地のような特有の区別を持った新しい創造物でないように思われる。
2. 体の復活についてのほとんど如何なる概念も取り除かれる[21]。開かれた未来を持った一時性だけでなく如何なる種類の身体性も、すなわち命の如何なる自然的次元も、この体のない存在から除外される。体のない同一性（アイデンティティ）が関心の中心にあるように思われる。
3. 総括として理解された復活は新しい強化された命の贈り物ではなく、たとえこの〔世の〕命が何らかの仕方で、ある意味で、変換されるであろうとしても、主として人の過去の命の終わりないし全体性である。
4. この終わりという意味と一緒に、復活の応答的局面は如何なるものであれ過小評価される。
5. 全体として、終末論的変転の一般的理解は、喜ばしい命の深遠な意味というよりも、終わりの深遠な意味である。鍵となる隠喩（メタファー）は閉

20　同書 3:607。
21　パネンベルクは、体と魂の統一に彼の見解の基礎をおいて、死を越えた未来は体的な更新としてしか考えられないと論争する。パネンベルク、同書 3:573 を見よ。しかし、この洞察は神の永遠の命に参与する復活させられた命の体的状態を完全に展開してはいない。

鎖である。創造がその終わりに到達してからは何一つ新しいことは起こり得ない。一時的であることは基本的に消滅性と同等視される。とは言え、この終わりの概念は完成の概念のただの一局面にすぎない。完全という他の概念は必ずしも閉鎖と対になっていないし、それに完了は終わりを含意する必要はない。

私見では、こうした特徴のほとんど全てが終末論についての論説においては徹底的に聖霊論的な観点によって挑戦を受けるであろう。鍵となる問いは以下の問いであろう、すなわち、最後の復活の神学的象徴を聖霊の働きに照らして眺めたら、何が見えてくるだろうか？

聖霊の働きの完成としての永遠の命

最後の復活に関する如何なる意味ある論説もキリストの復活とわれわれの復活との間の結びつきを考えなくてはならないから、最初の問いは次のようになるはずである。すなわち、神の霊はどのようにイエス・キリストの復活に関わっているだろうか？　神の霊によってどのような未来が開けるのであろうか？　この関連で若干短い所見を基礎にして、私はわれわれの最後の復活とイースターの出来事との間の結びつきに、そして最後には霊における命の完成としてのわれわれの復活に話を進めたいと思う[22]。

復活におけるキリストと霊

神の霊が死者に新しい命を与えるという、預言者エゼキエルによって概略が述べられている幻（エゼ37章）についての考えを基礎に、新約聖書の著者たちは復活を霊の行為と解釈している[23]。パウロ神学の内部で、第一テ

22　方法に関する所見。私はキリストの復活の記録を未来の復活に関する「当代の」期待に照らして解釈することはしない。その代わりに、私は未来の復活をイースターの出来事の解釈的分析を通して解明したいと思う。
23　命を与えるという霊の次元については、Michael Welker, *Gottes Geist: Theologie des*

モテ書 3:16 はイエスが「肉において現れ、霊において義とされ」と述べて、復活による弁明をほのめかしている。同様な考えが第一ペトロ書 3:18 にははっきり述べられている。「彼〔イエス〕は、肉においては死に渡されましたが、霊では生きる者とされたのです」。双方の本文において、霊は神の霊を、命を与える霊と呼んでいる。パウロの文書の中では、ローマ書 1:3–4 がこの話題に関して最も頻繁に言及される本文である。パウロは自分をイエスの使徒と自己紹介し、「彼は、肉によればダビデの子孫から生まれ、聖なる霊によれば、死者からの復活によって力ある神の子であると宣言された。……」と述べている。こうした本文の中では、神の霊は死を征服するところの、命を与える力である[24]。復活したキリストの現在の支配は霊によって可能とされている。かくして、パウロは第二コリント書 13:4 で、「彼〔キリスト〕は、弱さのうちに十字架につけられましたが、神の力によって生きている……」と確言できる[25]。

われわれは神の力によるこの命をどのように考えるべきであろうか？ 非常に多くの組織神学者によれば、キリストの復活に関する論説は二つの概念

Heiligen Geistes (Neukirchen-Vluyn: Neukirchener, 1992) および Lyle D. Dabney, *Die Kenosis des Geistes: Kontinuität zwischen Schöpfung und Erlösung im Werk des Heiligen Geistes* (Neukirchen-Vluyn: Neukirchener, 1996) を見よ。

24　同様の考えについてはエフェ 1:19–20 とロマ 8:11 を見よ。*dynamis*〔力〕と *doxa*〔栄光〕が霊の力と密接に関係していることは注目に値する。Walter Grundmann, "Dynamai, Dynamis: The Concept of Power in the New Testament," in *Theological Dictionary of the New Testament*, ed. Gerhard Kittel, trans. Geoffrey W. Bromiley (Grand Rapids: Eerdmans, 1964), 2:299–317; and Gerhard Friedrich, "Dynamis," in *Exegetical Dictionary of the New Testament*, ed. Horst Balz and Gerhard Schneider (Grand Rapids: Eerdmans, 1990), 1:355–58, 特に 357 を見よ。ロマ 6:4 によれば、「キリストは父の栄光によって死者から甦らされた……」。栄光と霊との間の密な結びつきの解釈については、Ernst Käsemann, *Commentary on Romans*, ed. and trans. Geoffrey W. Bromiley (Grand Rapids: Eerdmans, 1980)〔E. ケーゼマン（岩本修一訳）『ローマ人への手紙』日本キリスト教団出版局、1980 年〕、166 を見よ。栄光と霊とのこの結びつきはⅠペト 4:14 ではっきり見出すことができる。*Dynamis* と *pneuma* は、パウロが「霊と力……の実証のために」もっともらしい知恵の言葉を対照させているⅠコリ 2:4 ではっきりと一緒に言及されている。

25　霊が復活の出来事に関わることは、すでに初期教会において認識されていた。テルトゥリアヌス『肉の復活について』30、ユスティノス『第二弁明』87、エイレナイオス『異端駁論』5.1 を見よ。

的枠組みに基礎を置いている。第一に、復活は主として十字架の意味の啓示であり——それはキリストの命と死に何ものも付け加えない。この神学的見解はエバーハルト・ユンゲルによって簡潔に表現されており、彼は以下のように言明している。「神は十字架につけられたナザレのイエスにおいて完全に明示されている」[26]。第二の枠組みにおいては、復活は神の命ないし神と共なる命の中に包含されることである。これら二つの概念的枠組みに対して、私は復活が、事実上、イエスの命における出来事であり、たとえこのイエスの命における出来事が同時にイエスの命に関する出来事であったとしても、すなわちイエスの命と十字架上の死全体を解釈するメタコミュニケーション的注釈であったとしても、そうであることを示唆したいと思う[27]。したがって、復活は二つの参照体系の内部で起きる出来事である。時間と空間を持ったわれわれの世界、ならびに新しい創造の新しい世界、の二つである[28]。もし、われわれが復活顕現、空っぽの墓の伝承、そして特に復活後の最初の40日間に関するルカ物語を真剣に受けとめるなら、復活の四つの局面が見えるようになり、そしてこの点でそれらは関連性がある、つまり、命の体的局面、時間的局面、共同体的そして応答的局面である。

第一に、イエスは新しい種類の体的存在に復活し、かくして神が自分の創造に対して誠実であることを確言し、かつそれの奥深い変換を指し示している。新しい創造は古い創造を破棄するのではなく、それを伴っていく。神と世界がキリストのペルソナにおいて共にあることを特徴づける

26　Eberhard Jüngel, "Das Sein Jesu Christi als Ereignis der Versöhnung Gottes mit einer gottlosen Welt: Die Hingabe des Gekreuzigten," in *Entsprechungen: Gott – Wahrheit – Mensch* (München: Kaiser, 1980), 276–84, 特に 277.

27　これらの考えは Günter Thomas, " 'Er is nicht hier . . .': Die Rede vom leeren Grab als Zeichen der neuen Schöpfung," in *Die Wirklichkeit der Auferstehung*, ed. Hans-Joachim Eckstein and Michael Welker (Neukirchen-Vluyn: Neukirchener, 2002) の中でより十分に展開されている。

28　Ingolf Dalferth, "Kreuz und Auferweckung: Das Wort vom Kreuz," in *Der auferweckte Gekreuzigte: Zur Grammatik der Christologie* (Tübingen: Mohr, 1994), 38–84, 特に 79 に反対して。ダルフェルトはこう述べている、「全ての歴史的事態はわれわれの世界の中にその場所を持っている、それゆえ、本質的に世界的であるが、しかし復活は本質的に神的である」と。復活が二つの現実に属していることの詳述については、Thomas F. Torrance, *Space, Time and Resurrection* (Grand Rapids: Eerdmans, 1976)〔トマス・F. トランス（小坂宣雄訳）『空間・時間・復活』ヨルダン社、1985 年〕第 4 章を見よ。

「位格的結合ヒュポスタティック・ユニオン」は、十字架の出来事においても復活においても終わらなかった。霊の力における復活は受肉に象徴化される動きを無にしない。それゆえ、甦ったキリストは神の更新された共同体と新しい、変換された創造物の最初のものである。空っぽの墓は神の創造物と共なるこの変換そして救い出す共同体、すなわち creatio viatorum〔旅人たちの創造〕となった共同体の真剣さ、広さ、そして深さを肯定しているのである。空っぽの墓は人間の命の体的性質と進んで取り組む神の意向を確証する。加えて、キリストの体は彼の記憶のための目に見える手段となる。十字架は復活させられた方の体に刻まれたままになっている。キリストの復活は記憶喪失の挿話エピソードの上に築かれたのではない。

第二に、十字架につけられそして復活させられたキリストの命の時間的次元は高度の複雑さを示している。イエス・キリストにおいて、神と人間の間の位格的結合ヒュポスタティック・ユニオンがその終局点テロス（telos）を見出す。この結合において、神の永遠の時間と創造の時間がもはや完全には分離できないような仕方で交わった。結果的に、復活と昇天は人間的な、つまり創造された時間を神の中へと取り上げられることを含意する、というのは、復活させられたロゴスは受肉したロゴス（logos ensarkos）に留まるからである。とは言え、もしイエス・キリストが新しい創造の最初の実りであるなら、「甦ったキリストにおいて、われわれの被造物的また時間的存在における人間的本性はその肯定された現実において神の命の中へと取り上げられることを通して救い出され、刷新されまた確立されるのである」[29]。顕現は、それ自身の特異的で知覚可能な仕方において、まさしくどのように復活において時間が無にされるかではなくて再−創造されるのかを明らかにしている[30]。イエスは、ただ神の永遠の命の中へと復活させられただけでなく、創造された時間が除外されないような豊かな多様性に富む時間を図らずも含む、新しい存在の中へと復活させられた

---

29 Torrance, *Space, Time and Resurrection*〔前註参照〕, 98.
30 顕現についての様々な証言は、イエス・キリストが体を与えられたこと、しかし比較的ユニークな形においてであったことをはっきりさせる。復活顕現の簡潔な労作については、Michael Welker, "Resurrection and Eternal Life: The Canonic Memory of the Resurrected Christ, His Reality, and His Glory," in *The End of the World and the Ends of God: Science and Theology on Eschatology*, ed. John Polkinghorne and Michael Welker (Harrisburg, Pa.: Trinity Press International, 2000), 279–90 を見よ。

2 新しい生命への復活：終末論的変転の聖霊論的含蓄

のである。40日と（キリストの体の時間としての）教会の時間は、創造された一時性の中のこの神の時間の存在が復活の後に置き去りにされないことを明らかにしている。復活はキリストの出来事に始まったことを普遍化し、履行し、完成する未来を開く。結果として、キリストの世界との相互作用は復活と共に終わらない。40日は、一方に創造された一時性を、他方に神の永遠性を置く二者択一を超越して、復活させられたキリストが第三の選択肢を開いたことを示しているのかもしれない。すなわち、神自身の三位一体的一時性と混同されてはならない時間である。これに相応して、イエスは特殊な未来を持った新しい命に復活させられた[31]。顕現を40日に限定されている

---

31 キリストの未来について語ることは、(a) イースターの復活と (b) 最後の復活とキリストの再臨（パルーシア）を含む終末論的変転が――われわれの被造物的立場から見られた、ただわれわれのためだけではなくて、キリスト自身のためでもある――二つの出来事であるという洞察を含意する。永遠の立場から見ると、それらが一つの出来事であるという広範に行き渡った神学的主張（カール・バルト、ヴォルフハルト・パネンベルク、そしてテッド・ピーターズによるような）は、神にとっては彼の永遠において「その間に」時間の中で起こることは差異がない、と提唱する。広く影響力の及ぶ問いは、受肉と、十字架と復活の特異性とが神自身における時間的秩序を含意するかどうかという問いである。パネンベルクがするように、神の現実の歴史的局面を経綸的三位一体に帰属させる一方で、内在的三位一体に関してはそれを拒否することは、少なくとも二つの理由で問題を解決することにならない。神が時間に関わり合うことを記述できるような方法に見えるものは、仮現説的キリスト論に対して少なくとも道を開く。その上、神と世界のどのような相互的な作用も視覚的幻想である――もし、神の永遠から見られたとするならば。キリストの復活と再臨の「一つの出来事モデル」は、神の観点においては救済の全てが十字架と復活において起こったのだと語り、終末に対しては「意味の啓示モデル」を提案するようわれわれに要求する。そのようなモデルについては、例えば Pannenberg, *Systematic Theology*, 3:645 ないし Carl Heinz Ratschow, "Eschatologie VIII," in *Theologische Realenzyklopädie* (Berlin: Walter de Gruyter, 1982), 10:334–63, 特に 359ff. を見よ。結果として、復活後の歴史の苦悶は一貫して軽視する必要があるし、キリストが彼の創造の中で、また創造と共に霊を通してなお苦しんでいること（ロマ8章）には目をつぶらなければならない。そうした理由で、神は最後には、（それまで）隠されていた歴史の意味を、そして歴史の進行を通じて時間と空間のあらゆる点において働いていたと推測される、（それまで）隠されていた彼の愛を、啓示する以上のことを行うであろう。歴史と向かい合っての神の義認は健全な説明よりもずっと多くのものであることだろう。むしろ、それはキリストの未来の一部である創造的行為であることだろう。これらの時間的局面についての明晰な議論に関しては、Luco J. Van den Brom, "Eschatology and Time: Reversal of the Time Direction," in *The Future as God's Gift*, ed. Fergusson and Sarot, 159–80 を見よ。

ことがすでに、甦ったキリストの時間がわれわれの創造された時間ないし時間なき永遠の終わりなき継続であるという考えの拒否である。新しい創造の完成の出来事は達成されているが、しかし完全には開示ないし現実化されていないので、甦ったキリストが新しい創造の最初の実りとして時間と未来を持っているとわれわれは語る資格があるのである[32]。十字架につけられ、そして復活させられたキリストの過去は確かに教会の規範的記憶の中に存在している、言い換えれば、それは決して「過ぎ去った過去」にはならないのである。とは言え、栄光の中に存在するキリストの未来はこれまでわれわれにとってはただ現在的未来にすぎない[33]。この理由で、初期キリスト教徒は叫んだ、マラナタ！〔われらの主よ、来てください〕、と。

　第三に、この体的また時間的次元と甦ったキリストの共同体的局面は密接に結びついている。復活したキリストも昇天したキリストも、どちらも自身の弟子たちなしでいることは望まない。顕現の物語によれば、甦ったキリストは彼が期待された場所にも、探された場所のいずれにも現れないで、ただちに意気消沈し落胆した人々との交わり(コミュニティ)を求める。たとえ、キリストが顕現

パネンベルクに関連して、Niels Henrik Gregersen, "Einheit und Vielheit der schöpferischen Werke Gottes," *Kerygma und Dogma* 45.2 (1999): 102–29 を見よ。さらに *Dialog* 39:1 (2000) にある寄稿論文も見よ。

32　キリストの一時性は、甦ったがまだ現在しているキリストの顕現を一方に、そして甦ったがまだ不在の（昇天した）キリストの聖霊論的存在を他方に、はっきりとした一線を引くことをわれわれに要求する。イースター前のキリストとイースター後のキリストの経験を緊密に結びつけ——最終的に書き下ろされた福音書へと導く——記憶と想像を刺激するのは後者である。しかしながら、根本的な枠の作り直しは顕現の助けでもって起こる。昇天における空間的言葉で表現された主たる不在は時間的言葉でもまた説明することができる。彼は「彼が到来するまで」不在である（Ⅰコリ 11:26）。教会の命に対する昇天の終末論的含意については、Douglas Farrow, *Ascension and Ecclesia* (Edinburgh: T&T Clark, 1999) 第 5、6 章を見よ。昇天は——なかんずく——新しい時間と、命を破壊する無益さの征服とを含む新しい創造の十全さがわれわれから隠されていることを意味する。それは押し止められており、霊を通して部分的にのみ存在している。Torrance, *Space, Time and Resurrection*〔註 28 参照〕, 98 を見よ。別の角度から見ると、昇天とイエスの栄光の内なる帰還との間の時間的相違が含意するのは、神が時間を必要とするということではなく、神が最後の救いをもたらし、同時にこの創造を展開させるためには時間をかけようと欲しているということである。

33　この過去と現在と未来のキリストの間の複雑な緊張関係は主の晩餐の典礼に反映されている。

した共同体と現今の聖餐式でのキリストの存在に基づいた共同体とは区別される必要があるとしても、双方共に復活者の命に本来備わっている共同体的また意思疎通的(コミュニカティブ)性質を証言している。体的、時間的、そして共同体的次元は相互に絡み合っている。共同体と意思疎通(コミュニケーション)は時間を必要とし、そしてどんな体の形状であろうと時間的範囲(ホライゾン)を持っている。

第四に、そして最後に、甦ったキリストの体にある十字架の傷が示しているように、復活はそれが十字架上の状況へと遡及的に指示するという点で応答的局面を持っている。少なくとも磔刑についての最古の記事は、瀕死のキリストを神の不在についての詩編22編の言葉（マコ15章）でもって嘆く者として描写している[34]。イエスが死んだ時、彼は弟子たちに見捨てられ、彼の民に拒絶され、ユダヤ律法によって裁かれ、また軍事的および政治的権力によって嘲笑されただけでなく——彼はまた命の源である神によっても見捨てられたのである。十字架それ自体が、「何故か？」という嘆きの問いの事例となった。マルコが、神学者として、詩編22編に従って磔刑場面全体を整えているとすると、聖霊の力における復活は、それが現存の共同社会を刷新する限り、群を抜いて父〔なる神〕の不在についてのこの嘆きへの応答である。死を越えてさえも、神はイエスの苦痛、苦悩そして嘆きに答えるのである。

キリストの復活と未来の復活の間をつなぐものとしての霊

キリストの復活に聖霊が関わっていることは、われわれの最後的復活が目に見えてくるところではさらに一層強調されている。Ⅰコリ6:14で、パウロはキリストの復活をわれわれの復活の約束として紹介している。「神は、主を甦らせた、また、その力によって私たちをも甦らせてくださるでしょう」。しかし、われわれの復活は、あたかも二つの出来事がちょうど因果律的に依存し、そして連続的な出来事であるかのごとく、ただキリストの復活

---

34 マルコにおける詩編22編の受容の問題についての最近の議論と概略については、Martin Ebner, "Klage und Auferweckungshoffnung im Neuen Testament," in *Klage* (*Jahrbuch für Biblische Theologie*, vol. 16), ed. Ebner et al. (Neukirchen-Vluyn: Neukirchener, 2001), 73–87 を見よ。

に基づいた約束だけなのではない。両出来事ともに霊の同じ力が働いているという事実に根拠づけられている。この考えはパウロによってローマ書 8:11 に詳しく述べられている。とは言え、この場合には、パウロは霊の現実的で進行中の存在に言及することによって、〔二つを〕つなぐものにさらに一層の複雑性を加えている。「もし、イエスを死者の中から甦らせた方の霊があなたたちのうちに住んでいるなら、キリストを死者の中から甦らせた方は、あなたたちのうちに住んでいる彼の霊を通して、あなたたちの死すべき体に命を与えてくださるでしょう」。復活したキリストは霊の力を通して生き、そしてキリスト者のうちに住んでいるのはこの同じ霊なのである。目下存在している霊は復活において完成される始まりと見なされるが、これは霊的な体 (sōma pneumatikon) において完了するプロセスである[35]。甦ったキリストと霊との間のこの結びつきは非常に強烈なものになり得るので、パウロはキリストを最後のアダム、すなわち「命を与える霊」と見なしている（Ⅰコリ 15:45）。キリストと霊は混ざって一つの存在になってはいないが、しかしキリストを新たに創造した霊はキリストの存在のための媒体となった。それはキリスト者の命の中で働いているのと同じ力であるから、パウロはややもすれば、われわれがすでに復活に与っていると言うのである、とは言え、われわれの復活に与っているのではなく、キリストの復活にであるが。

　霊の予期的ではあるが、しかし現実の存在と未来の復活との間の連鎖は、未来の復活と霊の贈り物との間の結びつきにもまた見出すことができて、それはパウロの霊についての説明の中では aparchē〔初穂〕と呼ばれている。この用語でもってパウロは、犠牲に捧げられた収穫の最初の実りであることをほのめかしている（ロマ 8:23）。初穂は全収穫ではない、すなわち苦難と死の終末論的克服を必要とするような何かではない。同様に、最初の割賦金としての arrabōn（Ⅱコリ 1:22、エフェ 1:13–14）という概念は、霊の現在的経験と未来における全額支払金としての霊の仕事の完了を結び合わせる[36]。

---

[35] 未来の霊的な体（sōma pneumatikon）と目下の物理的な体（sōma psychikon）とのパウロの対比は、目下の霊の存在を見くびるのではなく、限界ないしは近似を指示するのである。それは、霊の目下の変換の働きには——少なくともキリストの変換された体が不在である限りは——本来的な限界がある（ロマ 8:11, 23、フィリ 3:21）ように見えることを示唆している。

[36] ヘブ 6:4–5 は聖霊を来るべき世の前触れとして記述する。

両イメージは三つの局面を共有している。(a) 初穂は全収穫と同じ「代物」であり、最初の割賦金は全額支払金と同じ通貨である。(b) 到来するものは、ある意味では、「同じもののより多く」であるが、それにもかかわらず同時に、それは——発生の全プロセスにおいてそうであるように——決定的で広範囲に及ぶ質的な違いを付け加える。すなわち、われわれの体的存在全体の最終的な栄化である。(c) 両者とも、過小に評価すべきでない実際に与えられたものと、圧倒的な完成を伴った目覚ましい未来とを強調している。それにもかかわらず、この「与えられたもの」は現在と未だ与えられていないものの間の相違を深めている（ロマ 8:23）。

霊における命の完成としての復活：四つの軌跡と傾向

　死者の中からイエスを甦らせ、かつ信仰者たちの中に住む同じ霊が、彼らの復活の力となり、また彼らの霊的な体（*sōma pneumatikon*）としての永遠の命を形づくる事実が暗に意味することは何であろうか？　もしわれわれが霊におけるこの連続性を考えるとしたら、復活させられる者たちの命を、彼らがすでに自分たちの命で経験している霊の他の働きとの連続性の中で考えることは適切であるように思われる——たとえ創発的プロセスは本質的な相違に導くとしても。聖霊はわれわれの命の中で始めたことを拒否もしなければ捨て去ることもなく、むしろそれを完成し、洗練し、変換し、そして完全にする。この完全化は復活した者の命を特徴づける。霊の四つの例示的で特徴的な特性が永遠の命と、多くの人々が「神の永遠の命への参与」と呼んでいるものとに幾分の光明を投じるかもしれない。それらの全ては甦ったキリストを明示する四つの局面（体、時間、共同体、そして応答）に一致している。

1．体化

　霊の力は体化することを通して、またそのことのうちで——ただ一つの体だけに含まれることなく——働く。霊こそが、時間的また空間的に具体的な状況の中で、特定の文化的また言語学的環境の中で働きかつ作用し、そ

して最終的には体的命の中に住むのである[37]。この、霊が住みついているということは、われわれが sōma として聖霊の神殿であるというパウロの洞察（Ⅰコリ 6:19）に表現されている。命を与える霊は有限で消滅する人間の体に住んでいる[38]。この居住は過ぎていく出来事ではなくて、霊的な体（sōma pneumatikon）の創造においてその完成を見出すであろう（Ⅰコリ 15:44）[39]。この体化への動きは霊の有効性の可能な磁場構造(フィールド・ストラクチャ)に矛盾することもなければ、霊の公的人格としての特徴に疑いを差しはさむこともない[40]。全く反対である。もし霊の公的人格が意思疎通(コミュニケーション)において生きているならば、体化することはこの意思疎通(コミュニケーション)が発生してくるプロセスの必要条件なのである。

しかしながら、われわれは体のどんな概念が復活の体的局面を明らかにできるのか？と問うかもしれない。何らの疑いもなく、体は多種多様な区別の複雑な統一体、すなわち多くのレベルでの自己指示的および他者指示的プロセスの間の区別の複雑な統一体、そしてこの点で諸境界の集合体の肉感的に

37　Welker, *Gottes Geist* を見よ。人間と教会の中に体化されることを強調することは、ルターやカルヴァンによって非常に力説された言葉と霊との結びつきの重要性を減じるわけではない。言葉は霊の現在進行中の到来の媒体であるけれども、言葉に基礎を置いた意思疎通(コミュニケーション)プロセスの目的地は、個人的また社会的命を形作り、また如何なる審美的距離と言えども克服することである。

38　霊が住みつくことは心／体あるいは体／魂の二元論の新しい形態へとは導かない。霊の形成力はニクラス・ルーマンの複雑な媒体と形式の区別という理論的枠組の内部で構想することができる。Niklas Luhmann, *Die Gesellschaft der Gesellschaft* (Frankfurt am Main: Suhrkamp, 1997), 1:190–202〔ルーマン（馬場靖雄、赤堀三郎、菅原謙、高橋徹訳）『社会の社会 1』法政大学出版局、2009 年〕を見よ。形式は媒体の諸要素を連結することから生じる。その際、どんな種類の形式もそれ自体がさらなる形式の媒体となり得る。

39　*sōma psychikon* と *sōma pneumatikon* との対立は、どんな心／体の二元論も終末論的変転における体の問題を公平に評価することができないということの指示と受けとめることができる。しかしながら、体的存在の決定的局面は *sōma* が第一に人格と理解される時に危うくされる。もしそのような理解が（Rudolf Bultmann, *Theologie des Neuen Testaments* [Tübingen: Mohr, 3d ed. 1958]〔川端純四郎訳『ブルトマン著作集 3–5　新約聖書神学Ⅰ‐Ⅲ』新教出版社、1963–80 年〕, 193–203 におけるように）支配的となれば、終末論的希望の物質的局面は片付けられがちである。

40　聖霊を磁場(フィールド)として概念化することについては、Wolfhart Pannenberg, *Systematic Theology*, 2:76–115, 特に 105, 110, 同書 1:382–84 を見よ。霊を公的人格また反響の磁場(フィールド)と理解することについては、Welker, *Gottes Geist*, 224–31, 286ff. を見よ。

知覚できる場所である[41]。これらのレベルは物理的レベルから創発的(イマージェント)な精神的ならびに社会的レベルにまでおよび、同時に互いに可能にする[42]。そのような区別の場所として、体はこれらのプロセスにその形を与える制限と見ることができる。こうした拘束は自然的そして社会的環境に対する関係への必要条件である。このような区別の多層的な特性は楽しみ、苦痛、そして喜びを経験するために必要であり、それらは、結局のところ、観察されまた解釈されることの可能な体の状態なのである。区別と関係のこの動的(ダイナミック)なネットワークは完全に自己決定的でもなければ、固定されてもいないので、体は銘刻の媒体になることができる。この点について、体はわれわれの心の生きている器官を超えた彼方に達する記憶の媒体である。たとえ人間は想像、意思疎通(コミュニケーション)、そして行動を通じて彼ないし彼女の体を超越しようと試みることができるとしても、このような技法はその基礎としての体に縛りつけられたままなのである。全てのこうしたプロセスの中で、体は区別と関係の形態形(コンフィギュレーション)である、つまり、何か基礎的な素材あるいは媒体に依存した一つの形である。物質は重要なのである、なぜなら「アダム」は「地の塵」で作られているのだから[43]。

　こうした考察がどのように神の霊の体化を理解する助けになろうか？　霊が体を与えられる時、こうした区別に基づいた諸関係のネットワークはそれ自体が霊によって形成されていく媒体になる。神の霊はわれわれであるところの諸関係のネットワークを設定する。こうした考察に照らしてみると、霊

41　この定義は、生きている体が不可避的にそれらの自然的、心理学的、そして社会的環境に関係し、そして――もしそれらの体が解体するのを望まないとすれば――閉鎖と分離を働かせる必要があるということを考慮に入れようと努める。

42　言い換えれば、体の中に非還元主義的物理主義の諸概念において記述された現実(リアリティ)の諸レベルはもろくて消滅し得る、とは言え創造的な統一を見出す。こうした差異の統一は、たとえこうした差異が不断に変化しているとしても、非常に選択的な仕方においてのみ意識的に認識することができ、そして非常に断片的な仕方においてのみ、操作しまた処理することができる。結果として、(a)記憶を含むこうした差異の操作上の統一としての同一性(アイデンティティ)、(b)選択的、断片的、文化結合的、また社会的に処理された自己記述、そして最終的に(c)われわれについての神の観点を区別しなければならない。

43　この基礎的素材への依拠は如何なる種類の物理的還元主義にも導くべきではない。しかし、新しい創造において物質の同等物がどんなものとなるにせよ、それは新しい体の基礎である。

の居住ないし体化の概念はわれわれの意識的自己認識が捕捉できるよりも「一層深く」進んでいくプロセスを指し示す。それは霊が結局はわれわれの体の命の複雑な統一体全体を変換しているということを暗示している。この点で、霊は「われわれが考えることができる以上に深く」生きているのである[44]。「神の霊は命を生み出しているので、霊的な体が生じてくる」[45]。結果として、終末論的変転は区別と制約を持った命へと至る。霊の体化は同一性（アイデンティティ）だけでなく、造形された、それゆえ制限された命を保持するのである。体は——多くの物の中でも——社交的性格、および私がつけ加えたいように、永遠の命の〔永遠でない〕時間的な性格を指し示す。体の上と中に銘刻がなければ、記憶も、歴史も、そして多分時間意識もないであろう。結果として、体は被造物の構造として残る、つまり、古いものであり、そして新しいものである[46]。

2. 共同体と個性化

この体化への衝動力と密接に関係しているのが、贈り物を与えるという霊の性質である。霊の贈り物はただ緊張状態にあるように見えるだけの二重の効果を持っている。それら贈り物は特定の人格とのつながりを通して個々の人格の啓発に貢献する。すなわち、彼らの性格、習慣、ならびに個性の改造である。それら贈り物は差異化し、文化適応し、そして明確な人格を形成し、またそれによって個性化する。とは言え、同時に霊は絶えず共同体を作り上げまた共同体へと導いていく[47]。霊的賜物（カリスマ）は相互的な豊かさと包容を備

---

44 Bernard Meland, *Fallible Forms and Symbols: Discourses on Method in a Theology of Culture* (Philadelphia: Fortress, 1976), 24 を見よ、ただし、メランドはわれわれ自身の命に言及しているのだけれども。

45 Joachim Ringleben, *Wahrhaft auferstanden: Zur Begründung der Theologie des lebendigen Gottes* (Tübingen: Mohr [Siebeck], 1998), 112, イエス・キリストに言及して。

46 Ⅱコリ 5:1–2 において、パウロは死んだ者たちが強化された体を受け取ることになると指摘することによって、体から離脱した命を構想する如何なる試みも突き崩す。「なぜなら、もし私たちの住んでいる地上の幕屋が壊されたら、私たちは神から建物を受け取ること、手で造られた家でなく、天にある永遠の家を受け取ることを私たちは知っているからです」。

47 エフェ 3:14–21 は心のうちに住むキリストの愛のみならず内的存在の強化を指摘することによって、この二重の傾向を記述する。体を与えられた力として、霊は他者にと

えた共同体を強め、作り上げ、そして一人一人の信仰、愛、また希望の実践に独特の特異性を与えることによって、個性を強め、作り上げる。この二重のかつ同時的な動きによって、霊は個性を弱らせることなく共同体に対する動的(ダイナミック)な力であるだけでなく、私物化に導くことなく個性化する力である。霊は、同時的に文化的差異を保持しまた超越し（ペンテコステの出来事における母語の保持に示されるように、使2:1–13）、そして多様性を培いながら、社会的命〔＝生活〕を育む。もしわれわれがこれら二つの傾向の完了を想像し、霊の機能の動的(ダイナミック)な局面を心に留めるならば、社会的命〔＝生活〕の独特な形態の中で相互に社会的に豊かになることがなくては、終末論的変転が安定した状態、変化のない持続、そして永遠の休息に通じていくものとわれわれは想像することはできない[48]。この二重の強化がその完全化された形姿を霊的な体（*sōma pneumatikon*）の中で取る。〔対象を信じる〕信仰が〔実際に目で〕見ることへと変換され、希望が成就される時には、愛は存続する——三位一体の神への愛のみならず、われわれの他の被造物との相互作用を特徴づける愛もまた存続する。とは言え、相互作用と意思疎通(コミュニケーション)は時間、偶発性、体化、そして最後には記憶の領域を含む正義をも暗示する。

3. 信仰の存在

霊の存在が神の救済行為や救出行為に密接に結合しているということは、霊の有効性の中心的特質である[49]。霊はキリストの物理的存在に効果的に取って代わるから、神の救済行為と贖罪行為の現実を今現在のことにする。霊を通じて、われわれはキリストの父なる神との親密な関係に参与できる。教

って知覚できる力となる。もし、霊が日常活動や習慣を形づくり、感情を引き起こし、意思疎通(コミュニケーション)を刺激し、認識や行為のパターンを創造し、才能が見えるようになるのを助け、そして特徴的な特性を「色づける」とするとするなら、霊の働きは社会的相互作用なしには心に描くことはできない。

48 ペンテコステと終末の間の中間時の機関としての教会は来るべき命においては存続しないであろう。しかし、このことは教会と非教会との区別が消え去る限りにおいてのみ、真である。それゆえ、教会をしるしづける社会的命は存続する。Christoph Schwöbel, "The Church as a Cultural Space: Eschatology and Ecclesiology," in *The End of the World and the Ends of God*, ed. Polkinghorne and Welker, 107–23, 114 を見よ。

49 Welker, *Gottes Geist* では、このことは〔旧新〕二つの聖書にまたがる霊の特質であるように見える。

義学的伝統における霊の行為と信仰の強いつながりに言及する代わりに、私はしばしば誤用される隠喩(メタファー)、つまり生まれ変わり、に注意を喚起したいと思う。パウロは興味ある思考集合(コンステレイション)を指示している。「彼〔神〕は私たちを救ってくださいました、私たちが行った如何なる義の業によってでもなく、御自身の憐れみに従って、聖霊による生まれ変わりと更新の水を通してです。この霊を、彼は私たちの救い主イエスを通して私たちの上に豊かに注いでくださいました、私たちが、彼の恵みによって義とされて、永遠の命の希望に従って相続人となるようにと」(テト 3:5–7)。未来のではなく、現在の新しい創造としてのこの生まれ変わりが、洗礼において聖霊を通して起こるのである。業を通して義を達成する人間的試みは、信仰による義認と対比されておらず、霊の注ぎと対比されている[50]。死へと運命づけられた罪人の客観的な無力さが霊の到来と対比されている[51]。とは言え、霊を通した生まれ変わりの隠喩(メタファー)は未来の成長という力強い概念を携えている。確かに、この隠喩(メタファー)は人間の死によって打ち立てられる厳密な不連続性の単純な図式に完全には適合しないけれども、とは言え、それはわれわれの現今の「中間的な命」と来るべき命との間の聖霊論的連続性を指し示している。聖霊を通してわれわれはすでに復活したキリストの豊かな現実の中に引き入れられているのである。もし生まれ変わりがたまたま霊を通しての命の賜物だとしたら、最後的な復活はただの新しい命であることなく、過去の命の保存でしかあり得ないのか？ 最後の審判の象徴がこの後ろ向きへの方向性を非常によく捉えているが、聖霊による生まれ変わりと更新の概念は古いものを変換し、また徹底的に更新する完成と完全化の形式を要求するのである。

4. 嘆き、親密、および栄化

霊の存在についての如何なる熱烈なあるいは無害な解釈に対しても、この存在についての危険でひょっとすると痛ましい側面について指摘しなくてはならない。すでに贈られた霊の存在は根本的な違いの認知を深めるというこ

---

50 Ⅰペト 1:3 はイエス・キリストの死者の中からの復活を生ける希望への生まれ変わりの記事として紹介する。このことは、霊の復活への関わりを考えると、同じ考えについての変異形と見なすことができる。

51 このテクストは、ヨエ 3:1 やイザ 32:15 以下のような、多くの他のテクストと共鳴する。

とである。霊における命はすでに与えられた救いと未来の救いとの相違を認知させて、「私たちが目に見えないものを望むこと」を奨励するのである(ロマ 8:25)。この相違を意識することは、死と苦悩と、そして結果的に人間的ならびに非人間的な本性のうめきとの深い連帯となる苦痛への強烈な感受性を打ち開く(ロマ 8:19–25)。この点において一つの逆説を認めることが必要である。キリスト者にとって霊の存在もまた神の不在についての嘆きへと、その完成がいまだ到来していない救いについての嘆きへと、導いていく[52]。霊が現実に存在していなければ、この条件つきの違いはキリスト教的な形の嘆きで明確に表現することはできないであろうし、またその嘆きを神に向けて呼びかけることもできないであろう。この点に関しては、嘆きは神の癒しと、霊における、命を与えてくれる存在の経験ならびに信頼と希望を前提とするのである[53]。

嘆くことを可能にし、慰めを与える霊は、最終的にはわれわれの命が神を完全に認識して栄光を賛美することへと打ち開いてくださる。神の命に参与することは神とのこの上ない親密さと近さを暗示する。とは言えこの近さは、神と衝突するあらゆる対話(*Konfliktgespräche*)に終止符を打つ、苦難への創造的応答を必要とするであろう。霊によってすでにこの命において啓示された神(Ⅰコリ 2:10–11)は、応答的な愛に満ちた乱されることのない関係において称賛されかつ栄光を賛美されるであろう。すでにわれわれの神との意思疎通(コミュニケーション)の主体であり(ガラ 4:6)また媒体である(ロマ 8:15)霊は、死の危機を超えた信頼に満ちた近さを可能にする。霊という手段によって、われわれはキリストと父との信頼に満ちた、その上動的(ダイナミック)な関係、復活のみならず十字架をも含む関係に参与するのである。イエスの復活が十字架での嘆きへの神の答えを包含していたように、われわれの復活はこの世界における

---

52 嘆きについての啓発的な貢献については、Ebner et al., ed., *Klage* (*Jahrbuch für Biblische Theologie*, vol. 16)、また特に、Ottmar Fuchs, "Unerhörte Klage über den Tod hinaus! Überlegungen zur Eschatologie der Klage," in *Klage*, 347–79 を見よ。

53 イエス自身がわれわれの日毎のパンおよび悪からのわれわれの救助を求めるようにわれわれに教えている限り、嘆きと主の祈り(マタ 6:9–13)との間には強い関連が存在する。如何なるキリスト的嘆きもこの祈りを真剣に受けとめ、われわれとの神の恵み深く憐れみ深い関係に基づいて神に挑む。嘆きは主の祈りの終末論的視界を強調するのである。

苦痛、苦難、そして悪への神の愛に満ちた最後的な応答を結局は包含する終末論的プロセスの一部である[54]。主の祈りにおいてすでに予期されている親密さは来るべき命において完全にされるのである。

最後の復活の相関的な性格（特徴）：終末論的補完性（相補性）

　要約すれば、霊における現在的命は、来るべき命の活発さそのものが神の側での時間、社会的相互作用、体化、それに創造的な応答性と親密に結びついていることを暗示する。霊の力におけるキリストの復活のみならず上記の四つの傾向は、神の終末論的行為が人間の有限の命の回想という統一された事象を超越していることを示している。同時に、最後の復活の聖霊論的含意はその深遠な相関性を可視的にし、終末論的象徴のネットワークに幾分の光を投げかける[55]。
　補完的で時間的な方向性と、同様の補完的で連続性に関連した方向性とが、一方では復活に、他方では最後の審判に、あるように思われる。最後の審判は主として過去への方向性を表現し、未来への方向性についてはむしろ間接的にのみ表現するだけである[56]。復活は人間の側（新しい体）での不連続性と、霊の側（同じ命を与える霊）での連続性との強固な概念を示すのに対し、最

54　復活と神の応答は親密に関係しているけれども、それらは二つの出来事である。復活は人間の嘆きが死によって永遠に沈黙させられはしないという可能性の条件である。Ottmar Fuchs, "Dass Gott zu Rechenschaft gezogen werde – weil er sich weder gerecht noch barmherzig zeigt?" in *Das Drama der Barmherzigkeit Gottes*, ed. Ruth Scoralick (Stuttgart: Katholisches Bibelwerk, 2000), 11–32 を見よ。

55　この相関性は、最後の審判、神の国、永遠の命、キリストの再臨、復活、そして新しい創造といった種々様々の終末論的象徴がジグソーパズルのように、神の終末論的行為についての一つの大きくそして統一のとれた絵を提供するために組み合わさるかのような、偽りの主張に導いてはならない。より良いイメージは、全ての部分が各々自身の場所を持ちながら、それでも相互によって平衡させられ解釈される、動く彫刻（モビール）のそれであろう。動く彫刻（モビール）もまた終末論的変転が相互に関係している出来事の複雑なネットワークから成ることを目に見えるようにする。

56　和解のプロセスを含むことについてのヴォルフの力説は未来的方向性の包括と読まねばならない。この観点で見れば、最後の審判は霊における未来の命を可能にする。Miroslav Volf, "The Final Reconciliation," *Modern Theology* 16.1 (2000): 91–113 を見よ。

後の審判はわれわれの命の連続性と恵み深い審判者であるキリストによって可能とされる不連続性とを指摘する。復活は死を超えた新しい命の問題にわれわれを対決させるのに対し、最後の審判はこの「最初の」創造とこの命の歴史の中で築かれた同一性(アイデンティティ)の選択的で、永続的な意味に言及する。しかし、最初の創造全体のただ単なる記憶からはるかにかけ離れて、それに対して神は識別的な立場を取るのであり、そうすることにおいて神は過去と活動的また選択的に関係を持つのである。

新しい未来へと開かれた復活の開放性は、新しい天と地の創造における神の新しい創造的な活動と共鳴していて、その創造は明らかに、創造の特徴である特異性を保持した創造である。もしわれわれが〔個〕人的同一性(アイデンティティ)を持った新しい命への復活の概念を真剣に受け取るならば、過去についての全的健忘も全的記憶も、最初の創造における不義と苦難が提起する問いに取り組むことはないであろう。一方で、全的健忘は皮肉にもこの上ない苦痛と苦難の歴史を忘却し、同一性(アイデンティティ)の保持のみならず責任についての如何なる考えも解消させてしまうであろう。他方で、全的記憶はすでに起こってしまったことを独自の仕方で繰り返すから、地獄のようなものとなろう。しかし、復活によって打ち開かれた未来を形づくるために、神は過去に向かって選択的にまた変換的に取り組まなくてはならず、また少なくとも三つの方法によってそうしなくてはならないのである。

最後の審判は細部に対する神の愛と犠牲者を進んで探し求める意志とを打ち明ける。このことは、悪事を働く者たちの行為共々彼らと対決することのみならず、犠牲者たちの尊厳を回復することに関係しているであろう。しかしながら、来るべき命の社会的次元は犠牲者たちと悪事を働く者たちとを和解させる対決を必要とする。人間の命のこの創造的で識別的な回想は必然的に人格の同一性(アイデンティティ)に影響し、またそれゆえそれを変換するのである。われわれであるところの諸関係のネットワークはわれわれの同一性(アイデンティティ)のこの恵み深い再交渉において姿を変えられるだろう[57]。復活と審判の要約反復モデルは

---

[57] 人格の同一性(アイデンティティ)は、なかんずく、プロセス的選択性から——すなわち、選択性の選択的取り扱いから——生じるから、過去の全的な要約の反復は如何なる現在の、現実の同一性(アイデンティティ)であれ、これを破壊するだろう。過去の幾つかの局面が忘却されているからこそ、私はまさに今ある私なのである。幾つかの現在の瞬間が過去となりそして過去に留まるからこそ、特定的な未来の可能性の空間が打ち開かれるのである。この本来的なプ

われわれの同一性(アイデンティティ)の保持(ユンゲル)と最後的成就(パネンベルク)に集中しているが、過去と未来に照らした深遠な同一性の再交渉について考えることが一層適切であるように思われる。最後の審判の象徴は復活という事象が creatio nova ex vetere〔古いものからの新しい創造〕(ex nihilo〔無から〕ではない)の一部であることを非常に説得力のある仕方で述べているが、そこにおいてはこの過去の命が重要なのである。永遠の命は、「聖霊が創造の終末論的完全化のための原因であるから」この〔現世の〕命から解きほぐされはしないであろう。

マタイ福音書が示しているように、最後の審判はまたキリストがこの世界の悲嘆と悲惨の中でどこにおられたかを公表するであろう(マタ 25:31–46)。そのようなものとして、この啓示は、「古い世界」における命の腐敗の公的承認、神が苦難と祝福において世界と深く情緒的に関わり合っていることの公的承認であることだろう。この点では、最後の審判は最初の創造の影と欠陥に対する神の探究を示している。キリストは彼が苦難しつつ存在することを指摘して、どこで教会と彼の弟子たちと出会おうとしたかを打ち明ける。異なった言い方をすれば、神は霊の働きの痕跡と、そのあらゆる深さとそのあらゆる限界にまで向き合うだろう。最後の審判は聖霊の働きの完遂の必要性を——post festum〔確定後に〕——明らかにする。しかし、神ご自身の苦難しながらの存在についての知識は、苦難と苦痛そのものから生じてくる問いには答えないだろう。逆に、そのような知識はそうした問いを激しくして、過去と関係する第三の方法を要求する。

最後の審判と復活の象徴を超えて、神は創造を伴った神自身の歴史に向かい、革新的、集中的、また拡大的な仕方でそれに応答する。全ての人々が悪や苦難や苦痛を嘆き、そして全ての答えのない祈願は、歴史全体に対する何らかの意味の啓示をはるかに超え出る、創造的な応答を要求するであろう。死者からの復活を前提とするこの応答の一部として、「神は〔人の〕目から涙をことごとくぬぐい取ってくださる」(黙 21:4)、そして如何なる問いも答えられないままにしてはおかない感情的にも認識的にも満足を与える慰めを与えてくださる。この神の義認は嘆きから賛美への終末論的変化に示唆されている約束である。(霊の助けによって人間によってはっきりと語られま

ロセス的選択性は時間の十全さの中で消え去る。

た記憶されている）神の創造における計り知れない苦難に反応すべき神の側での必要性が、緊急性さえが、一方では、キリストの復活によって増大され、そして他方では、呼びかけられている。この最後の応答は霊の力によってなされるであろう、たとえそれがイースターの復活を凌ぐことができず、ただ単にそれを過去の中に伝達するだけになろうとも。この応答に対して、神は全ての必要な時間をおかけになるだろう。そして霊の力のうちに、また三位一体的命に密接して生きる復活させられた者たちもまた、自分たちの社会的かつ個人的命を審判してもらい、癒してもらい、そして救ってもらうために必要な全ての時間を持つことになるだろう。過去の重荷や苦痛や罪はもはや未来に影を投げかけはせず、命の原動力(ダイナミック)を縛りつけもしない[58]。神の、新しい創造の創造的行為と過去の救いとに緊密に結びついているのは、神の進んで忘れようとする意志である。イザヤ書43:25 はこのことを詳細に述べている、「私はもうあなたの罪を思い出さない」、たとえまさにこの「忘れやすさ」の可能性がそれ自体永遠にキリストの傷に「記憶される」としても、である[59]。霊の力における復活を通して、復活した方の命は終わることなく、完全にされた永遠の命として、霊によって満たされた、そして時間、関連性、社会性、活動性、そして動的(ダイナミック)で最終的には危険にさらされない開放性によってしるしづけられた命として、新しい始まりを経験したのである。

---

[58] 来るべき命の原動力(ダイナミック)と関係性に関する同様の考察について、Luco J. van den Brom, "Ewiges Leben: V. Religionsphilosophisch; VI. Dogmatisch," in *Religion in Geschichte und Gegenwart* (Tübingen: Mohr [Siebeck], 4th ed. 1999), 2:1765–69 を見よ。

[59] エレ 31:34、ヘブ 8:12 「私はもはや彼らの罪を思い出しはしない」も見よ。

3　復活、有限性、そして生態学(エコロジー)

エルンスト・M. コンラディ

　キリスト教終末論はアヘン剤であって、この地球への責任に対してわれわれを無感覚にするのであろうか？　復活への信仰は現実逃避的であろうか？　来世の希望は反生態学的(エコロジカル)であろうか？　新しい創造への希望はまさしくこの地球に対する強い関心にはつながらないような彼岸性や逃避主義を助長するだろうか？

　実際のところ、いったい何が死者の復活に対するキリスト教的希望の生態学的(エコロジカル)重要性であり得ようか？　何が死者の復活への希望の積極的な生態学的(エコロジカル)重要性であり得ようか[1]？　生態学的(エコロジー)神学の分野における多くの寄稿が人間の有限性を受け入れる必要性を強調している[2]。この必要性は、実際に有限の惑星上の成長には限度があることを認めることから生じている。したがって、有限性は神の善き創造の一部であり、人間がそこから「救われ

---

[1] 救済論と終末論の関係についてのより詳細な探究については、E. M. Conradie, *Hope for the Earth* (Bellville: University of the Western Cape Publications, 2000) を見よ。私の議論は、キリスト教終末論は福音の救済論的焦点を維持すべきだ、というものである。しかしながら、創造神学のように、終末論は救済論に還元できない。これは、創造、救済、そして完成のより統合された洞察力(ヴィジョン)を要求する。

[2] 私は *Hope for the Earth* の中で、キリスト教終末論は伝統的に人間の窮境の三つの次元に応答してきた、と論じた。つまり、(1) 罪と世界における罪の悪しき影響、(2) 時間的な有限性（死を免れないこととはかなさ）、そして(3) 人間の知識や力の限界に明らかであるように、空間的な有限性、の三つの次元である。こうした窮境に応答して、キリスト教的希望は（体の復活という人格的イメージや新しい地という宇宙的イメージに表現されるような）死を越えた命に対する希望を組み入れるために、罪からの救いへの欲求や抑圧からの解放や悪に対する究極的勝利を越えて推測してきた。それはさらに先に、(*visio Dei*〔神を見ること〕に要約されて) 全知全能の神の面前において人間の知識や力の制限を乗り越える希望にまでさえも拡大されてきた。

る」必要のある窮地ではないのである[3]。救いはただ人間的性質が有限であることの確認であり得るにすぎず、それからの逃避ではない[4]。しかし、死者の復活に対する希望のそうした評価が示唆するものは何であろうか？

リューサー対モルトマン

　ここで関わっている問題はローズマリー・リューサーとユルゲン・モルトマンの対照的な見解によって例示できるかもしれない。リューサーは不死に対する執拗なまでの探究は男性が自分自身の限界を認めたがらないことに関係していると主張する。女性の体は、永遠の命のために魂を清めるためには人が逃れなくてはならない、堕落しやすい身体性を象徴している。多くの古典的な神学テキストの中では女性の命のプロセス（妊娠、出産、授乳、ありていに言えば女性の肉体そのもの）は汚らわしく不純なものとして表現されている。女性たちは腐敗と死の汚点を自らに携えている。「人格的不死の問題は、人格的あるいは個人的自我(エゴ)それ自体を存在の全共同体に対して永続的なものとして絶対化する努力によって創造される」、と彼女は言う[5]。その代わりに、リューサーが提案するのは、われわれは人間としてわれわれ自身の有限性、われわれ自身の人間的規模、そして死を、個性化した自我の、物質およびエネルギーの宇宙的母体(マトリックス)の中への最後的放棄として受け入れるべきだ、ということである。地球はわれわれが誕生の時に生まれ出てくる子宮であり、そしてわれわれが死の時には満足して戻っていくその子宮である。われわれの個性化した自己を作り上げるために融合した物質とエネルギーの全ての構成部分は喪失されはせず、存在の大母体(マトリックス)の中に取り上げられ、かく

3　Michael Welker, "Resurrection and the Reign of God," *The Princeton Seminary Bulletin Supplementary Issue* 3 (1992): 3–16 を見よ。

4　私は *Hope for the Earth* の中で (165–90)、連続性と不連続性との間の終末論的緊張は有限性の窮境への応答という点で理解されねばならない、と論じた。同様に、「すでに」と「未だ」の間の典型的な終末論的緊張は罪と悪の窮境への応答として理解すべきである。

5　Rosemary Radford Ruether, *Sexism and God-talk: Toward a Feminist Theology* (London: SCM, 1983)〔R.=R. リューサー（小桧山ルイ訳）『性差別と神の語りかけ——フェミニスト神学の試み』新教出版社、1996年〕, 257–58.

して新しい存在が生じるための食物となるのである。

モルトマンはこうした見解に対してリューサーを批判した。モルトマンはキリスト教的希望がこのようにして「永続する命の母体(マトリックス)の汎神論的遍在」に変えられていると主張する。彼は付け加えて、「この善き地球への賛辞は地球の有機的組織体の脆弱さと壊れやすさを、かくして地球自身の救いの必要性を、見逃している」と言う[6]。それは地球自身の有限性を考慮することができない。これは地球そのものを希望のないままに置き去りにしてしまう。リューサーが神の超越性を認めることに気乗り薄であることは、物質とエネルギーの宇宙規模の循環についての汎神論的な好意的評価と大差ないものに余地を残す。

対照的にモルトマンは、惑星と宇宙の有限な歴史の彼方に(かくして創造と終末の間の不連続性を強調して)存在してくる徹底的に新しい創造としての彼の終末概念を理由に、これまでしばしば批判されてきた。モルトマンにとって、終末は罪によって引き起こされた苦難だけでなく、有限性の窮境から結果として生じる苦難をも克服しなくてはならない。われわれが知るような創造は脆く、かつはかなさゆえに依然として束縛状態にある(*Knechtschaft unter die Vergänglichkeit*)[7]。徹底的に新しい創造だけが、はかなさの窮境とそれから結果として生じる計り知れない苦難に対する適切な解決を与えることができる。この徹底的に新しい創造(*re-creatio* に代わる *nova creatio*)[8]を強調することはこの創造の善さを弱めることになるかもしれない[9]。それはまた

---

6 Jürgen Moltmann, *The Coming of God: Christian Eschatology* (Philadelphia: Fortress, 1996)〔蓮見和男訳『J. モルトマン組織神学論叢 5 神の到来――キリスト教的終末論』新教出版社、1996 年〕, 276.

7 Jürgen Moltmann, *God in Creation: An Ecological Doctrine of Creation* (London: SCM, 1985)〔沖野政弘訳『J. モルトマン組織神学論叢 2 創造における神――生態論的創造論』新教出版社、1991 年〕, 69.

8 創造と終末の関係を表現するために、*nova creatio* の代わりに *re-creatio* を用いることについては、A. A. van Ruler, *Theologisch Werk* (Nijkerk: Callenbach, 1972), 6:222–23 を見よ。前者の用語〔*nova creatio*〕は救われるのがこの地球、この命、この体であるという関心事を正当に評価できない。新しい地球は異なった地球ではなく、この、古い地球、徹底的に新たにされ、もはや罪によって壊されない地球である。*creatio nova ex vetere*〔古いものからの創造〕の概念について、本書のジョン・ポーキングホーンによる寄稿もまた見よ。

9 Steve Bouma-Prediger, *The Greening of Theology: The Ecological Models of Rosemary Radford*

容易に見さかいのない思弁と神秘主義に導き得る。

こうした観察は数多くのさらに先の問いを提起する。体の復活に対するキリスト教的希望は惑星と人間の有限性を超越することを暗示しているのだろうか？　もしそうであるなら、どのようにして有限性は超越されるのだろうか？　こうした問いをより詳細に調べてみよう。

有限性を評価すること

人間の罪の窮境と有限性の窮境とを注意深く区別する必要がある。環境的劣化は主として人間の罪の産物であり、地上で悪がのさばって作り出したものである。有限性はわれわれが直面する第一の問題ではない。罪はそうである。しかしながら、苦難、暴力（自然的悪）、腐朽、死、そして種の消滅は、惑星の初期の歴史から、自然の不可欠の部分である。この評価は地球上の命の進化の科学的再構成から十二分に明白である。進化論的科学は原始の宇宙的完璧さの想定を時代遅れで理解不能のものとした。苦難は悪によって増幅されるけれども、それは時間の中での神の創造の本来的一部分である。死はただ人間の罪の結果としてのみ世界に入り来たったのではない[10]。罪は死の棘(とげ)であり、死の物理的原因ではない。それゆえ、罪の（環境上の）影響と（自然環境の）有限性の結果として生じる苦難は、たとえ明瞭さと誠実さのためだけとしても、重要である。

幾つかの有限性の発露がある。最も明白なものは死すべき運命の発露である。有限性は人間についてのみならず、全ての生ける有機体についても、限られた命の期間を含意している。そのうえ生物学は、われわれが個々の標本

Ruether, Joseph Sittler, and Jürgen Moltmann (Atlanta: Scholars Press, 1995), 89, 247 を見よ。

10　G. C. Berkouwer, *Man: The Image of God* (Grand Rapids: Eerdmans, 1962), 234–78 は、聖書の限界がこの点で認められなくてはならないと説得的に議論している。ただ聖書だけに基づいて人間が死すべきものとして創造されたのか否かを決定することはできない。しかしながら、もし聖書がこの問いに争う余地のない答えを与えることができないとするなら、宇宙の歴史についての現今の科学的再構成はそうした答えを与えることができる。それゆえ、死を免れないことが創造の不可欠の機能であると語ることは、神学的真理主張というよりも、むしろ科学から派生した洞察の神学的承認である。

の有限性だけでなく、種全体の有限性を評価するのを助けてくれる。これも
また人間という種に当てはまる。われわれは宇宙規模のドラマにおける短い
挿話(エピソード)以上の何ものでもない。山、河、生態系、大洋、そして全大陸さえも
時間の矢にさらされている。地球の目立った地形的特徴の多くが地質年代上
は比較的最近に生じてきた。同様に、天体物理学はわれわれが地球、太陽系、
銀河、そしてひょっとして宇宙そのもの有限な命の期間を理解するのを助け
てきた。それゆえ、有限性の経験は人間に限定されたものではない。それは
宇宙的次元を持っている。世界そのものが過ぎ去る運命にあるのである。

空間、時間、そして変化に対する不安

　自意識を持った、そして思索にふける人間として、われわれはある種の不
安を持って有限性(死を免れないこと)を経験するのを逃れられない。しか
しながら、このことが生態学的(エコロジカル)意味を持つ、有限性の二つの他の局面を認識
することからわれわれの注意を散らすことになってはならない。
　第一に、空間における有限性は創造それ自体の一つの機能であり、前提条
件である。物質的な体(人の体を含めて)に制限があることは、創造に非常
に典型的な差異化と個性化を許容するために必要である。宇宙の歴史は確か
に、各々が独自の無比な特徴を持った何百万という種と個々の標本に進化し
ていく、驚異的な差異化と個性化の一つである。同じ種からの如何なる二つ
の標本も全く同じではないし、また同じであったこともなかった。地球上の
命のこの信じられないほどに豊かな多様性は畏敬と驚嘆の源であり、神話や
宗教儀式の中で祝福されている。あらゆる物質的なものは他のものから明確
に区別されており、その基礎の上でのみ、諸関係のネットワークの中で他の
ものと相互に作用することができる。そのような差異化は先入観をもって予
想されたパルメニデス〔紀元前5世紀のギリシアの哲学者〕の一元論、等質の文
化ないし強制された全体主義的構造の中でのみ、一つの脅迫と見なされる[11]。
どのようなキリスト教的終末概念も、明らかにそのような差異化と個性化を

11　等質の文化について、Colin Gunton, *The One, the Three and the Many: God, Creation and the Culture of Modernity* (Cambridge: Cambridge University, 1993) を見よ。

374

許容する必要がある。

　同時に、物質的な体の有限性はある種の不安に導くことを認めなければならない。「意識の中にある有限性は不安である」[12]。人間としてのわれわれは体に根を下ろしていることによって据えられた空間的な限界を甘受しなくてはならない。全ての生きているものは空間、物理的居場所、体、一片の土、家、都市、国、惑星を得ようと努める。空間の必要性はまた社会的次元、すなわち家族、共同社会、職業、市民社会制度等々における影響の領域を持っている。こうした空間の社会的次元の制限は人間の自由の有限性を構成する。そして有限であるということは不安だということである。このことは人間の・力・と・知・識に重要な含蓄を持っているのである。

　われわれは、われわれが影響を及ぼすことのできる空間的領域に対する制限を経験する。人間の力には限界がある。われわれは社会的制度、政治的権力、組織された労働、そして改善された技術によって、われわれの物理的力や統制力を拡大することができるかもしれないが、しかしそのような力も、最後には限界があるままにとどまってしまう。神と違って、われわれは全能ではない。同じように、人間の知識もわれわれの体であることによって据えられた制限のために、限界があるままにとどまってしまう。空間におけるわれわれの物理的居場所と人間の脳の限られた大きさと能力は、われわれが同化し蓄積できる知識に限界があることを示唆する。われわれは単純にあらゆることを知ることはできない。われわれは人間の歴史において積み重ねられた知恵を通して、また協力的な探究企画や絶えず進歩する情報技術を通して、知識の境界（フロンティア）を拡大できるかもしれないが、しかしそのような知識も、究極的には限界があるままにとどまる。神と違って、われわれは全能ではないのである。

　人間の知恵はこのような人間の知識と力の限界を受け入れることから生じてくるかもしれない。このことは基本的欠乏という背景（コンテクスト）で特に重要である。有限の惑星はその資源に対する絶え間ない、拡大していく要求に耐えることはできない。「成長の限界」という概念は本当に空間における有限性の機能である。しかしながら、そのような物質的な有限性を受け入れることは不安

12　Paul Tillich, *Systematic Theology* (Chicago: University of Chicago, 1951), 1:191–94 を見よ。〔パウル・ティリッヒ（谷口美智雄訳）『組織神学』第1巻、新教出版社、1990年〕

と心配の意識を取り除きはしない。それゆえ、他の生きている有機体と共に、人間は自分たちの空間を保護し増大させるために、安全保障のシステムを創造する。それに続いて、文化、哲学、芸術そして科学の追求が、可能な限りにおいて、知識（および力）の境界（フロンティア）を拡大してきたはずであった。この探究は、宇宙と、何であろうと宇宙を超越するものとの究極の神秘への洞察を得るために、数多くの宗教的伝統において過激化されている。

　第二に、時間的な有限性は命そのものの機能として認められなければならない。命は、定義上、絶え間ない変化と動きの可能性と不可避性を含意している。生きている有機体は何らかの安定性を要求するが、命の喜びは新しい刺激に反応し、変化する環境に適応する可能性と密接に関係している。このことはまた、生きている有機体の如何なる比較的均衡状態も限定された持続期間を持っていることを言外に意味している。持続的であるものは、生きている有機体の命の周期の中では限定された価値のものである。そのような限定された持続は、真実であるものは変化を蒙ることはあり得ないというプラトン的想定の中でのみ一つの脅威と見なされる。宇宙そのものは絶えざる流動状態にあるということが進化生物学において、また天体物理学における膨張している宇宙の発見において、劇的に例証されている。自然は（人間性のみではなくて）本来的に歴史的であるというこの意識は、近代科学の最も重要な発見の一つを成している[13]。

　それにもかかわらず、そのような、時間的な有限性（限定された持続期間）を受け入れることは、はかなさという形で経験される、異なった形の不安に導く。命は死という絶えず切迫した脅威のただ中で持続するが、有限性の窮境がはかなさ、あるいは「永続的消滅」（ホワイトヘッド）という形で経験されるのである。はかなさの窮境は今という瞬間の束の間の性質と、人間がかつてあったものに戻ることができないこととに関係している。それゆえ、それは常に喪失感を――すなわち、過ぎ去ったばかりのあらゆる貴重な瞬間と各々の機会の喪失感を――漂わせる。それはまた、週や季節の周期、年毎のクリスマスや誕生日の祝いの推移にも当てはまる。このはかなさの意識はまさしく、時間が「静止しているように見える」〔運命的な機会としての時

13　J. F. Haught, "Ecology and Eschatology," in *And God Says That It Was Good: Catholic Theology and the Environment*, ed. D. Christiansen and W. Grazen (Washington: United States Catholic Conference, 1996), 57 を見よ。

間を意味する〕「カイロス的時間」——宗教祭儀の祝い、神話や宗教儀式、あるいは休息日の森の散策におけるそれ——を経験することによって例証される。

罪と有限性の棘(とげ)

　人間がこのような有限性の発露を主として罪の衝撃の機能として経験するということを、われわれは絶えずわれわれ自身に想起させなければならない。われわれは自分たちの知識と力の限界を受け入れることができると分かる——われわれの個人的、社会的、経済的、また政治的空間が他人の力（と技術的専門知識(ノウハウ)）によって脅かされない限りは。われわれは命の中の美しくそして楽しいもののはかなさを受け入れることができると分かる——過ぎていく瞬間、日々、そして年々が失われた機会、台無しになった計画、あるいはもっと悪いことには苦難の遺産、不正、性的いやがらせ、抑圧、飢え等々の記憶に満たされていない限りは。それで、何事も、より喜ぶべき結末ないしは後になっての正当性の証明さえも、悲惨のうちに非常に長い年月が過ぎ去ったという感覚を軽減することはないだろう。われわれは成熟した老齢での死を、十全に生きた命の終わりを受け入れることができると分かる——私の命（そして私に近い人たちの命）が時期尚早に、また残酷に死によって中断されない限りは。現実には何百万の人々が戦争、殺人、飢え、悲劇的事故、あるいは死に至る疾病（エイズ！）によって時期尚早な、そして非業の死を遂げている。純粋に「自然な死」は実際には稀である、特にいわゆる第三世界においてはそうである。実際に、有限性の棘(とげ)はわれわれが経験する多くの悪の形での人間の罪の衝撃である。それにもかかわらず、（死を免れないこと、はかなさ、空間上の制限のような）有限性そのものの窮境に対する神学的応答は、正しく罪の衝撃の結果として、避けることは難しい。このことは、有限性の窮境と取り組むために救済論の範囲を越えて進もうとするキリスト教終末論における不屈の傾向を説明する。

　すると、有限性の棘(とげ)とは厳密には何であろうか？　有限性のどんな局面をキリスト者は終末において、より具体的に言えば体の復活において、克服することを正当に望めるのだろうか？　私は有限性の棘(とげ)は二面的であることを

示唆したいと思う。

　第一に、時間における（人間の）有限性を認めることは、われわれが終わりのない命の継続を望むことはできないのだということを意味する。われわれは如何なる瞬間も永久に持続することも期待できないのである。無限の持続は必ずしも終末の特徴ではない。しかしながら、われわれは自分自身の命の物語を完全に語り終えることへの願望を確かに感じる。そのことが、時期尚早の死が年をとってからの死よりも一層精神的外傷を与える理由である。しかしながら、私自身の命の物語は私の死をもって完了しない。私の命が後続の世代の記憶の中で依然としてあがめられる限り、そして私の命の働きの物質的衝撃が依然として明白である限り、私の物語は継続するのである。その後に、私の命（そして私の体としての残存物）は忘却の中へ消失していくように見える。しかしながら、その時でも物語はその語りとしての結びに達してはいない。私の物語は私が参与している特定の家系、文化、種、惑星そして銀河のより大きな（歴史）物語の一部を形成している。この意味で、私の歴史は宇宙の歴史が終わる時にのみ完了するのである。これが、ほとんど全ての文化および宗教的伝統において死の境界を超越し、ある種の存在を、それも望むらくは意識的な存在を歴史の継続の中で維持することをあこがれる理由である。

　第二に、それと同時に、一人の人の命の物語の完了は十分ではない。事実、人は自分の死後に何が起こるのか正確に知らない方がより幸福なのかもしれない。また必要なことは、（死によって縮図的に示される）分解の脅威を防ぐために、物語全体を再統合することである。それゆえ、われわれは物語を再統合し、回復し、癒すために、過去を思い出す必要を感じるのである。命のあらゆる束の間のはかなさにおけるその絶えざる流動性のただ中で、このことはただ部分的にのみ可能である。幾つかの先行する経験を思い出し、そうした経験の否定的衝撃、例えば、他人が私にもたらした害とか、あるいは私が他人にもたらした害を癒すことは可能かもしれない。しかしながら、命が継続している間に全てのそうした経験を癒すことは可能ではない。経験によっては、はかなさと死を免れないことの双方への罪の衝撃の結果として、原則的には回復することも癒すこともできないものがある。過去の想起は、過去と現在と未来を生きられた瞬間において関係づけ調整するために、ある程度の同時性と空間的近接を必要とする。

有限性に対する種々の反応

（人間の）有限性の窮境に対して、たとえ問題があるとしても、考え得るものとして、下記のような神学的応答が確認できるであろう。

第一に、一つの選択肢は人間が死を免れないことを終局的なものとして受け入れ、そして地上での命とエネルギーの循環の継続に喜び浸ることであるかもしれない。われわれの存在が死と新しい命の生態学的(エコロジカル)プロセスの中で取り上げられていることを知ることは、十分な慰めを与えてくれる。せいぜい、われわれはわれわれの子孫の遺伝子とおそらく記憶の中で継続する存在を望むことができる。この立場は、神が（死を含んで）空間と時間の次元を超越しないのかどうかという神学的問いを巧みに避けているのだろうか？

第二に、人によってはまた、人間ならびに惑星の有限性を認めることは、歴史の範囲内で「正義、平和、そして創造の完全無欠性」を確立するための苦闘に緊急性を加えるだけだと主張するかもしれない。如何なるこの命を超え出た摂理の中で復元するという（現実逃避的な）希望も、この命とこの地球に対するわれわれの責任をそらすことができるだけである。われわれは、此処、この地球上において、より良い未来を望み、そのために働くように召し出されている。過去の苦悩についてはわれわれはほとんど何もできないけれども、われわれには現在と未来の苦悩を軽減する責任がある。この立場は過去の犠牲者にはほとんど何の慰めも与えない。地球上に正しい社会を樹立することは創造の最後から二番目の目的にはなり得るが、決して最後の目的にはなり得ない[14]。

第三の立場は有限性（と死）を終末において克服しなくてはならない最重要な問題と見なす。もし、有限性（と死）が時間（と命）の必須の機能だとしたら、終末は時間の（また変化の）廃止を伴わなくてはならない。かくして、永遠は無時間的なものと理解される。この立場は明らかに、キリスト教的伝統の聖書的根源において描かれているような、生ける神が歴史と掛か

14　Bram van de Beek, *Schepping: De Wereld als Voorspel voor de Eeuwigheid* (Baarn: Callenbach, 1996), 207–8 を見よ。

り合うことを正当に扱い得ない。典型的に、そのような終末概念は狭い知的思索上の焦点を持っている。終末は顔と顔をつき合わせて神を見る機会、神を十分に知る機会を与えてくれる。かくして永遠の命は知識の一形式であり、命の一形式ではないのである。

　第四に、また有限性をはかなさとして無視して、死を免れないという窮境にだけ焦点を合わせることもできるであろう。したがって永遠の命は終わりのない命の継続として理解される。これがポピュラーな敬虔の中で永遠が理解される仕方、すなわち「非常に長い時間」として理解される仕方である。それゆえ、永遠の命は一時的な命が死後にも継続することと見なされるのであり、あるがままの一時性を含むだけではなくて超越さえする命と見なされるのではない。この立場は惑星そのものの有限性を考慮に入れていない。復活の希望は「死の後の命」への希望に減じられることはできないのである。

　第五に、有限性に対する如何なる適切な神学的応答も、宇宙と終末との間の関係（連続性と不連続性）の一層知的に洗練された理解に基礎づけられていなければならない。この関係はしばしば、時間と永遠の間の関係に照らして理解される。時間におけるわれわれの存在を性格づける有限性と永遠の間の違いを説明する二つの古典的戦略をここで明確に識別できるであろう。それは同時性戦略と持続期間戦略である。

　同時性戦略は時間内部での永遠の存在を強調する。それは時間の流れを止める時間的な今の内部での「永遠の今」（*nunc aeternum*）である（ティリッヒ）。それは永遠の一つの属性であり（アウグスティヌス）、「永遠の原子」である（キルケゴール）。同時性の感覚は極めて重要であり、強力でもある。同時性は過去、未来、そして現在の相互作用を許容する。記憶と期待がなければ、われわれはメロディを聞くことも、如何なる動きも認識できないであろう。一層重要なことに、それは赦しと和解の力を通して過去を癒す可能性を説明する。それはまた約束、契約、そして約定に基づいた未来のための計画作成の可能性を説明する。それゆえ、永遠の今は終末論的意義を持つ――キルケゴールとバルトが確認したように。それはまた実存論的決断に対する意義をも持っている、ブルトマンとティリッヒが確認したように。

　しかしながら、この現在的同時性は断片的なままにとどまる。時間の中で分離されているものをわれわれが同時的な統一体として保持できるのは、部分的に、そして一時的にのみである。如何なる「今」の経験も持続期間を持

たない。時間の流れの中で、各々の「今」は別の「今」によって取って替わられる[15]。このことはまた過去を癒し、未来を体系化するわれわれの能力を制限してしまう。必然的に限定された命の生存期間においては、人間は現在において〔その都度〕新たに生きている一方で、過去を想起し、未来を想像しなければならない。過去を癒し、現在において生きるための十分な時間は、単純に十分ではない。それゆえ、過去は絶え間なくより一層複雑になり、その一方で未来はより一層限定されたものとなる。

　持続期間戦略は「永遠の今」が欠けている持続期間の可能性を説明しようと努める。そのような持続期間の意識がなければ、キリスト教的希望は内的な自意識の暗号に減じられてしまうだけだろう。すると、キリスト教的希望はカイロス的瞬間の豊かな実存論的経験以上の何ものも提供できないことになる。そのような持続期間の可能性は通常永遠の領域の問題として前提される。ボエティウス〔Anicius Manlius Severinus Boethius c.480–524 年、ローマの哲学者で、著作に『哲学の慰め』がある〕による永遠についての有名な定義の中では、同時性と持続期間の双方が統合されている。永遠は「限りのない命の同時的で完全な存在である」。それゆえ、持続期間はまた永遠の「絵（ピクチャー）」ないし「心像（イメージ）」と見なすことができるかもしれない[16]。

　こうした同時性と持続期間の二つの局面は、私が有限性の棘（とげ）として確認した二つの局面、すなわち、（持続期間の意識を必要とする）物語を完了することの必要性と、（ある種の形の同時性を必要とする）その分断を癒すために過去を思い出すことの必要性とに、（厳密にではないが）漠然と一致している。しかしながら終末が、永遠の中に時間を「取り込む」ということによって正しく理解できるかどうか、問いが残る。こうすることは、一時性とその後の変化にほとんど余地を残さない、時間の不毛な合計と厳格な統一という罠に陥ることにならないだろうか[17]？

15　Wolhart Pannenberg, *Systematic Theology* (Grand Rapids: Eerdmans, 1998), 3:598 を見よ。
16　同書 3:601。
17　危険は、永遠性がまたもや、時間の差異化された複数性を許容することなく、単なる抽象的な全ての時間の全体性（持続期間）ないしは統一的合同と考えられるかもしれないということである。「時間の収集」としての永遠概念について、Michael Welker, "God's Eternity, God's Temporality, and Trinitarian Theology," *Theology Today* 55 (1998): 317–28 を見よ。

死者の復活に対する希望

　死者の復活に対するキリスト教的希望は人間の有限性を超越したいという欲望だけに基づいているのではない。それはまた、第一に死後の命において正しさが証明されることに対する希望に基づいているのでもない。それは、空間と時間の境界を越えた永遠の領域が存在するという思弁的前提に基づくこともまたあり得ない。そうではなくて、死者の復活に対する希望は本質的に神自身に対する希望である。それは、生ける永遠の神の約束と永続的な忠実さについての、ユダヤ・キリスト教的伝統における複雑でかつ多層的な証言から生まれている。それは、人間と宇宙の有限性を超越し、創造された秩序との無条件に創造的な関係を維持する創造主たる神への信頼の推測と先鋭化である。より具体的には、それは甦った方たるイエス・キリストへのキリスト教的信仰の確認である。それは万物を新しくする霊の力へのキリスト教的希望を表している。このことは、死においてわれわれは無に出会うのではなく誰かある者に出会うのだという希望に結実する、つまり、イエス・キリストを死から甦らせた恵みの神にである。

　しかし、この希望はどのように新しく明確に表現されるべきであろうか？　この希望は、死後の命に対するどんな希望も現実逃避の一形式を成しているというニーチェの疑念にどのように語りかけることができるであろうか？　死者の復活に対する希望はこの地上に対して真実であり続けられるだろうか？　どのようにしてわれわれはこの世界の領域を超えた仮想現実（ヴァーチャル・リアリティ）について単に思弁しているだけという（イエスがマタ 22:29 においてサドカイ人たちに警告している）罠を避けることができるだろうか？　どのように「現実主義的終末論」[18] はわれわれが此処で、地上において、われわれの責任を担うために、この地上の現実（リアリティ）をよりよく理解するのを助けてくれるであろうか？　この希望は、人間の有限性は超越されるだろうことを示唆しているのか、それとも有限性の幾つかの局面もまた終末の特徴なのだろうか？　人

18　John Polkinghorne and Michael Welker, ed., *The End of the World and the Ends of God: Science and Theology on Eschatology* (Harrisburg, Pa.: Trinity Press International, 2001), 4–5 を見よ。

間が体を持っていることと復活した体との間の連続性はどのように理解すべきであろうか？　このことは、この地と新しい地との間の連続性についてという、さらなる問いを回避してしまう。適切な宇宙論的終末論は明らかに適切な個々の人格の終末論のための前提条件を形成している。

私はこうした問いに対する建設的な応答に向けての以下のような仮の指針を提示したいと思う。

　a．私の体と体の復活への希望との間の連続性と不連続性は、キリストの体の復活との類似という観点から最もよく理解される。キリストの体の復活は死体の蘇生という観点からは理解できないという合意が大きくなりつつあるように思われる。復活は命のこの地上での形への復帰ではない。甦ったキリストの顕現はイエス・キリストの死の前の体的な存在とは異なった秩序を持った終末論的出来事と理解すべきである。同様に、死者の復活に対する希望は地上的命の終わりなき継続という観点から理解することはできない。

ここでの神学的想像にとっての問題は実に、創造と終末、時間と永遠、有限と無限の間の相違を理解するという問題である。このことを特に難しくしているのは、この相違が、有限な人間としてのわれわれが、原則として、決して十分には理解することのできないであろうような何かだということである。もしそれが、定義からしてわれわれの知識の限界を超越するのであれば、われわれはどのようにして超越性の理解を始めることができるだろうか？　われわれは永遠について、隠喩(メタファー)と類推によってのみ語ることができる。その上、われわれはこれらの隠喩(メタファー)と類推を、われわれの隠喩(メタファー)が単なる人間の想像上の構築物以上のものを指示するという希望のうちに用いなければならない（さもなければ、こうした隠喩(メタファー)は幻想的で現実逃避的なものになってしまうだろう）[19]。それにもかかわらず、われわれはこの問題を避けることができない、たとえキリスト教的談話にはびこっている永遠についての不十分

19　死を越えた命とこの地上を越えた新しい地上の夢は、マルクスやニーチェがはっきり理解したように、容易に現実逃避的になる。（罪の窮境に呼応した）抑圧からの解放についてのユートピア的展望(ヴィジョン)は、おそらく奮起させ解放的であるかもしれないが、このことは（有限性の窮境に呼応した）死を越えた命の展望(ヴィジョン)には当てはまらない。明らかに、もしこうしたイメージが言葉、単なる人間の構築物、美しくはあるが、しかし誘惑的な隠喩、それら以上の何ものでもないなら、それらは避けられるか、あるいは罪の窮境への応答としてのみ再解釈されるべきである。

383

な概念に対して防御するためだけだとしてもである。おそらく、この点に関しては *via negativa*〔否定的方法〕が最善の神学的道筋を示してくれる。例えば、この近寄りがたい神秘(ミステリー)の〔否定的言説によって神を規定するような〕陽否陰述的(アポファティク)承認を根拠に、この問いと取り組むことを拒否することは、長続きしない。パウル・ティリッヒが観察したように、宗教は常に、詩と神話において、この神秘(ミステリー)を表現するために不法に侵入してきた[20]。それゆえ、われわれは終末について省察することを避けることはできないが、しかしそうすることの中で、われわれは決してそれを把握することができないだろうという認識に直面する。

　b．創造と終末の間の関係を記述する隠喩とモデルを探究することの中で、多様な次元[21]を考えることは、超越性を理解するための魅力的な方法を提供してくれる。特にそれはわれわれの人間としての存在が物質的（そして生態学的(エコロジカル)）根源を持っていることを正当に評価することができるからである。

　多様な次元のモデルは空間 – 時間と永遠との間の関係を理解するのに役立つかもしれない。したがって、永遠は空間 – 時間の連続体の縁(エッジ)を越えた「深さ」の次元と考えられる。永遠は、何らかの仕方で未来に開かれたままの、単に非常に長い時間というだけではない。それは時間を越える永遠の超越性を、純粋に時間の方向性に基づいて理解することになろう。永遠の領域は空間と時間を含むが、しかしこれらの次元を超越もするのである。より具体的に言えば、時間と永遠との間の関係は長さと面積、あるいは面積と体積、あるいは体積と時間の間の関係に類似するものとして理解することができるだろう。各々の場合に、質的に新しい次元が導入される。面積は単に非常に長い線というだけではなく、体積は単に非常に大きな面積というだけではなく、そして時間は単に非常に体積の大きなものというだけではない。時間に関連して永遠によって導入される新しい「深さ」の次元とは何であろうか？ここで、永遠の次元が少なくともわれわれの時間経験が不足している同時性と持続期間の可能性を含むことを推測してよいだろう。過去と現在の出来事

20　Tillich, *Systematic Theology* (Chicago: University of Chicago, 1963), 3:396.
21　多様な次元のモデルについては、L. J. van den Brom, *Divine Presence in the World: A Critical Analysis of the Notion of Divine Omnipresence* (Kampen: Kok Pharos, 1993) を見よ。この多種多様な次元の観念は、空間をその中で物質が動く容器と見る見方を必ずしも前提としない。

は永遠の領域内で一緒に経験できるかもしれない。新しい創造は必ずしも古い創造の終わった「後に」始まるわけではないであろう。この可能性は、受肉（キリストの神的性質と人間的性質）、キリストの来臨、そしていわゆる中間段階状態（死と復活の間の死者の地位）のような、幾つかの古典的な神学的問題に対する深遠な含蓄を持っているかもしれない。死者たちは一つの軸の上で神と共にいるのかもしれない、たとえその間に彼らの死んだ体は地上で別の軸の上にとどまっているとしても、である。

各々の新しい次元は全ての「より下位の」次元を含んでいることに注意しておくべきである。時間は空間を含意し、体積は面積を含意し、そして面積は直線性を含意する。それゆえ時間と永遠の間の関係は常に空間を含んだ時間と永遠との間の関係である。永遠は無時間性も無空間性も含意しない。永遠は一時性の抹消を含意しない。それにもかかわらず、三次元の領域は（空間用語を用いれば）二次元のみの領域とは全然別のものであるかもしれない。もし、これら二つの領域が相互に交差するとしたら、三次元的であるものは二次元的世界においてはただ二次元でのみ認識することができる。とは言え、この交差において、三次元的領域をただの二次元に減少させることはできない[22]。

神の超越性についてのそのような次元概念の長所の一つは、それが実際に考え得ること[23]が、還元主義的ではないということである。如何なるより高度の次元も、定義上、決して十分に理解することはできない。われ

---

[22] 二つのそのような領域のこの別個さと可能な交差はキリストの復活を理解するのに助けになるかもしれない。復活したキリストは弟子たちが認識できた体の形において彼らに顕現した（例えば、彼らに彼の傷を見せたり、魚を食べたりして）。しかしながら、復活したキリストは十字架につけられたイエスの体に還元させられない。したがって、イエスは弟子たちの視界に現れたり消えたりできた。それに加えて、「交差」の観念はこの世界に「突入してくる」ものとしての終末（例えば、神の国の到来、キリストの到来）に言及する聖書的伝統を正当に評価することができる。創造は終末に向けて変形されるだけではない。終末もまたこの世界に突入してくる。これらの洞察はデイヴィド・フィールドによる所見から出ている。

[23] Van den Brom, *Divine Presence in the World*, 264. そのような次元モデルの可能性のみならず蓋然性もまたはっきり示されなければならない。ただし、この蓋然性の基準は自然科学にとって蓋然があるものという基礎の上に考案されるべきではない。

われ人間の心は単純に、そうするにはあまりにも「平坦」すぎるのである[24]。より高度な次元は、定義上、科学的検討にとっては近寄りがたく、それゆえどんな科学的適性能力をも超越するであろう——たとえ人が空間と時間の次元を理解するには限られた科学の能力を十分に認めるかもしれないとしても[25]。現実により豊かな次元を認めることについては、ある程度の常識的な素朴さ(ナイーヴテ)さえもある。現実には目に触れる以上のものがあるのである。それゆえ、われわれの次元を超えた次元における神の存在について語ることは、われわれは単なる地上の被造物であるが、神は天におられるという敬虔な認識を再確認するかもしれない。それゆえ、われわれは言葉数を少なくしよう（コヘ 5:2）！　それゆえこの確認は思弁的神学の一形式に導く必要はないが、しかしまさしく人間の知識の限界を認めることによってそれに対して警戒するための企てである。それは、ここ地上において知ることができるような、神の超越性を認めるのである。永遠の領域の存在というまさにその仮定が多分純粋に思弁的となるだろうから、多様な次元のモデルは、神が宇宙の創造主であり、それゆえ神は宇宙の既知の次元を超越しているというキリスト教的伝統の主張を説明するための省察的試みとするのが最もよい見方である。

　ｃ．それにもかかわらず、終末は時間と永遠の間の抽象的な区別によっては十分に理解することはできない。キリスト教的希望は、時間の中に存在し

24　「平坦さ」の隠喩は Edwin Abbott の *Flatland: A Romance of Many Dimensions* (London: Seeley, 1884) から出ている。より詳細な議論については、拙著 *Hope for the Earth* (360–61) を見よ。

25　このことは宇宙の未来に関する長期にわたるシナリオにとって重要な含蓄を持っている。キリスト教神学は、今の科学と一緒になって、宇宙の有限性を受け入れるかもしれない。キリスト教的希望は宇宙それ自体の終わりなき継続の上に基礎づけられてはいない。キリスト教的希望は死を免れることを期待してはおらず、有限性を創造の不可欠の一部として受け入れることができる。それゆえ、どちらの科学的シナリオがより蓋然性が高いと証明されようが、人は終末論的主張の誤りを立証することにはならないだろう。キリスト教的希望は究極的に神のうちに留まる。その神は空間－時間の中にのみならず、空間と時間の次元を超越することもするのである。キリスト教的希望は全宇宙がこの神の超越的現存在の中で変形されることを信頼している。神におけるこの希望は新しい科学的理論によってその誤りを立証されることはできない、それは物理諸科学には近づくことのできない「より高度の」次元に関わるまさにその理由からである。この点に関する異なった見解については、本書所収のロバート・ジョン・ラッセルによる寄稿を見よ。

たものが永遠なものになる、あるいは有限なものが無限なものになる、ということを必ずしも意味しない。神を永遠ないし無限と混同すること（例えば、抽象的有神論）を防ぐために、創造、終末そして神との間を注意深く区別することが重要である。永遠は神ではない、そして神は永遠の領域の「中に」は存在しない。永遠は神的命（「永遠の神」）の一属性であるかもしれないが、終末のそれではない[26]。

　私の見解では、この点で天という範疇が役に立つかもしれない。キリスト教的希望は天における神と共にいること、あるいは（さらに良いのは）ここ地上において神の天的存在を経験することであり、神的ないしは永遠的なものとなることではない。天と地の二元性は創造と終末と神との間の関係を解く鍵を与えてくれるかもしれない。天は創造の次元であり（神の次元ではない）、神に開かれた次元であって、そこに神が住み、そしてそこで神の存在が認識される（例えば、天使たちによって）かもしれないのである。天は、たとえ至高の天が神を含み入れることできないとしても（王上 8:27-30）、神の住む場所であり得る。天は地の相対的超越であるが、地は天の相対的内在である[27]。

　超越性の次元モデルの観点から、天は地を超越するが、しかしまたそれを（そして、実際には宇宙を）含んでいる次元と主張してよいかもしれない。しかしながら、天的なものは神と、ないしは永遠の領域と、同等視できない。永遠の次元は天の次元を超越する、そう人は仮定してよいかもしれない。神が天に住むことは、神の永遠性に言及しているというより、むしろ空間 – 時間の連続体を超越するような創造の次元と神の関係に言及しているのである。私は、創造と終末の間の関係はこのことを基礎に想像してもよいだろうと提

26　パネンベルクは有限なものと無限なものを区別するが、神と終末との間を十分明瞭に区別しない。彼はしばしば神の永遠の栄光に参与しての有限の創造について、そして創造が神の永遠の存在に編入されることについて語る（例えば Pannenberg, *Systematic Theology*, 3:594, 601 を見よ）。しかし、神と終末の両者が永遠の領域に存在するのであれば、両者の間の終末論的相違とは何であろうか？　もし創造が神の永遠の領域に参与するなら、無限なものの（かくして神の）特徴のうちのどんな特徴が終末に当てはめることができないのか？

27　Moltmann, *God in Creation*, 163–64、および、それに代わってわれわれに相対的に近づき得るものと相対的に近づき得ないものとの対比を用いる Michael Welker, *Creation and Reality* (Minneapolis: Fortress, 1999), 33–34 を見よ。

案する。終末は天的なものの領域における宇宙の変換を伴う。あるいは、伝統的なキリスト教的敬虔を思い出させる言葉では、死と腐朽の後に、地と私の体は天に「行く」であろう。すなわち、それは死と腐朽がもはや効果を持たない新しい次元に入っていくであろう。朽ちるべきものが朽ちないものを着るであろう（Ⅰコリ15:53）。天に「行く」という言葉は不幸にして空間的動きと、それゆえより高度な次元（例えば、「至高の」天）の空間的概念を示唆することに注意すべきである。このことはなんとしても避けるべきである。なぜなら、そのような空間的動きは簡単に地上からの一種の現実逃避の形に導くからである。天は、この地上とその空間と時間の次元を含む「より高度な」次元へとこの地上が変換されることと理解しなければならない。多様な次元という観念の価値は、まさしく如何なる一つの次元も全ての「より低位の」次元を含んでいるということである。

　d.「より高度な次元」としての天の範疇は、どのような方法によって物語の完了の意味と有限性の棘である過去の回復とを許容するのであろうか？ 思弁の危険が再びここでぼんやりと大きく現れてくるけれども、私はこの可能性を「物質的銘刻」の隠喩（メタファー）によって視覚化してもよいと提案する。

　宇宙の歴史、すなわちこの大きな「宇宙的遍歴」が終末に刻まれる。われわれの命の歴史は、少しずつ時間を追って、「命の書」に書き下ろされる（ハーツホーン）。物語が完了する時（すなわち、死の瞬間に）、その書物は終わるが、破棄されることはない。一旦この銘刻が行われると、それを抹消することは絶対に不可能である――全能の神によってさえも不可能である。永遠は時間と空間の壊滅を含意しない。過ぎ去ったものは何ものも過ぎ去ることはできない（ゲオルク・ピヒト）。何ものも失われない。あらゆるものが永久に刻まれたままである。この銘刻は、宇宙の歴史が最後的に終わった時（$finis$）に完成する。この「客観的不死」（ホワイトヘッド）は持続期間の可能性を許容する。

　物質的銘刻の観念は単に書く形式に言及しているものと誤解してはならない。銘刻は神の心の中でのみ起こるものでもない。宇宙の全歴史が物質的に刻まれているのである、すなわち空間の三次元とそれに付加された時間の（一つないし複数の）次元に固定されている。このことは物質的創造の善さを永久に肯定する。人は一冊の書物、多分「命の書」の表（おもて）表紙からの類推を土台に、この銘刻を想像するかもしれない。宇宙の歴史が、言わば、当の

書物の表表紙に書き下ろされている（もっとも、銘刻の隠喩が暗示するように見えるただの二次元でなく、少なくとも四次元において）。キリスト者にとっては、父、子、そして霊の働きがその書物の表題そのものに反映されている。ただし、命の書は表表紙に縮小され得ない。終末は、表紙の頁に書かれた宇宙の歴史が示唆するかもしれないものよりもはるかに豊かな深さの次元を持っている。このことは宇宙の歴史の終末論的変換を許容する。

そのような物質的銘刻は終末において入手可能であろう建築用ブロックを提供してくれる（そして制限する！）ことに注意することが重要である。終末は人間が死を免れないことや一時的であることを無効にはしない。終末論的「命の書」の中で、われわれはわれわれのありのままの有限で死すべき被造物にとどまる。永遠の命はこの命の終わりなき延長を含意しない。宇宙の歴史の交響曲は多分終了するだろう、おそらくは交響曲の全ての音符が残響する長い、付きまとう沈黙の後に。命の書の表紙の頁は実際に有限である。このことはまた地上の旅のあらゆる瞬間が生態学的意義のみならず永遠の意義を持っていることを示唆する。そのことが、地球とその全ての被造物に気を配り、またこの旅での悲劇的事故を防ぐことが依然として避けられない理由である。われわれが今地球に気を配っている時に、表紙の頁の内容が仕上げられ、新しい地球のための建築材料が集められているのである。

e．人間の苦痛と苦難の歴史の銘刻は、それ自体では希望を誘発しないだろう。それは喜びの源ではなく、恐怖の源であろう。それは事実、地獄の悲惨な、責め苛むようなイメージを構築するだろう[28]。それは永遠的な持続期間を歴史のあらゆる悪と苦難と苦痛に与えるだろう。それはそのような悪の

28　この点に関するモルトマンの警告はその後に続く議論にとって重要である。

神の永遠性における客観的不死性についての考えは、まだそれ自体では慰めを与える考えではない。われわれは本当にわれわれが語った、行った、そして経験したあらゆることのあらゆる永遠性を想起させられたいであろうか？　しかし、旧約聖書の詩編によれば、神の記憶はわれわれの人生の、天から録画されて、あらゆる永遠に再生されるようなビデオではない。それは、事柄を訂正する憐れみに満ちた、癒しをもたらす思い出である。「汝の憐れみに従って、私を思い出してください」。そして「私の若い頃の罪を思い出さないでください」。私たちを眺めるのは神の愛の輝く顔つきであって、国家の治安当局によって据えられたモニターの冷たく、非人格的なレンズではない。("Is There Life after Death?" in *The End of the World and the Ends of God*, ed. Polkinghorne and Welker, 245)

継続的な儀式的再演に扉を開くだろう。多様な次元と物質的銘刻のモデルは何らの救済論的な推力を持っていない。それらはそれら自体で解放的ではないのである。このことが、全体としての歴史の癒しを許容するためには過去の回復の可能性が重要な理由である。

多様な次元と物質的銘刻のモデルは、そのような癒しが起こるという如何なる保証も与えることはできない[29]。しかしながら、キリスト者にとっては終末論的な命の書はイエス・キリストに起こったことに照らして読まれなくてはならない。イスラエルの神の誠実さと教会における神の霊の力への多様な証言に基づいて、キリスト者はこの書物の内容が歴史の終末論的癒しを許容するのを望んでもよいだろう。かくして、キリスト教的希望は、イエス・キリストにおいて集約的に示されている神の愛情深い、そして癒しを与える存在が終末には宇宙に行き渡るだろう、というものである(「天におけるごとく地にも」)。空間と時間は終末において廃棄されることはない。両者は癒され、そして回復されるのである。

もしこの癒しが起これば、(キリスト教的敬虔においてしばしば想像されるように)「即時に」ではないが、しかしわれわれ自身の体を与えられた人間的意識の仲介を通して、これは終末に対し終わりのない(!?)量の「未完の仕事」を残すであろう。終末の付加された次元、父の家庭の「多くの家」は、この未完の仕事と取り組むために、われわれに十分な部屋(空間)と変化のための機会(時間)を与えてくれることだろう。かくして、神の愛情深い存在に魅惑されて、われわれはキリストと共に、また神のおられる面前で全ての被造物の共同体と一緒になって、自分たちの過去の分断を癒し、また赦しの喜びを祝福するために、われわれの過去の、今は限界のある建築用ブ

---

29 これらのモデルは、体の復活に対する希望をすでに別の根拠に基づいて肯定する者たちが、体の復活の可能性を回顧的に想像するのを助けることができる。こうしたモデルは、現実にはわれわれの目に触れるものよりもより多くのものがあること、科学的還元主義が現実についてのわれわれの多層的経験を正当に取り扱い得ないこと、をわれわれに想起させてくれるかもしれない。ただし、キリスト教的希望はただ単に永遠的持続期間に対するものだけではない。罪の窮境と有限性の再統合が求められているのである。死者の復活を希望することのスキャンダルはそのような復活の可能性を想像することの認識上の問題ではない。キリスト教的希望の救済論的推進力は死と破壊の力が神の愛によってさらされ、裁かれ、そして征服されるだろうということである。主たるスキャンダルはこのことがイエス・キリストの十字架を通して起こったということである。

郵 便 は が き

料金受取人払郵便

新宿北局承認

7174

差出有効期間
2017年6月30日まで
（切手不要）

１６９-８７９０

１６２

東京都新宿区西早稲田２丁目
３の１８の４１

日本キリスト教団出版局

愛読者係行

|ɪlɪlɪ|ɪ|ɪ|ɪ||ɪ|ɪ||ɪ·|ɪ·||ɪ·|ɪ·|ɪ·|ɪ·|ɪ·|ɪ·|ɪ·|ɪ·|ɪ·|ɪ·||ɪ·|ɪ||ɪɪ|

ご購読ありがとうございました。今後ますますご要望にお答えする書籍を出版したいと存じますので、アンケートにご協力くださいますようお願いいたします。抽選により、クリスマスに本のプレゼントをいたします。

ご購入の本の題名

ご購入　　1　書店で見て　　2　人にすすめられて　　3　図書目録を見て
の動機　　4　書評（　　　　　）を見て　　5　広告（　　　　　）を見て

本書についてのご意見、ご感想、その他をお聞かせください。

（定価）　高い　　普通　　安い
（装丁）　良い　　普通　　悪い
（内容）　良い　　普通　　悪い

ご住所　〒		
	お電話　（　　　　）	
お名前	（性別）	
	（年齢）	
（ご職業、所属団体、学校、教会など）		

図書目録のご希望	定期刊行物の見本ご希望
有　・　無	信徒の友・こころの友・他（　　　　　）

このカードの情報は当社およびＮＣＣ加盟プロテスタント系出版社のご案内以外には使用いたしません。なお、ご案内がご不要のお客様は下記に〇印をお願いいたします。
　　　　　　　　　　　　　　　　　・日本キリスト教団出版局からの案内不要
　　　　　　　　　　　　　　　　　・他のプロテスタント系出版社の案内不要

ご購読新聞 ・　雑誌名	朝日　毎日　読売　日経　キリスト新聞　クリスチャン新聞　週刊朝日　図書 信徒の友　季刊教師の友　説教黙想アレテイア　礼拝と音楽　教団新報 本のひろば　福音と世界　百万人の福音　あけぼの　婦人之友　明日の友

ご購入年月日	年　　　　月　　　　日

今回書籍のお買い上げ書店名

　　　　　　　　　　市・区・町　　　　　　　　　　　　　　　　　　書店

ご注文の書籍がありましたら下記にご記入ください。
お近くのキリスト教専門書店からお送りいたします。
なおご注文の際には電話番号をご明記ください。

ご注文の書名	冊数
	冊
	冊
	冊

ロックと取り組む（同時性を要する）ための十分な機会を持てる（持続期間を要する）であろう。聖者たちの交わりがなくては、死者の復活はないのである。

　f．体の復活はそのような終末観念の背景(コンテクスト)の中でどのように考えればよいのであろうか？　これは、われわれの地上的存在を特徴づける食べることや飲むこと、泳ぐことや踊ること、性的快楽、讃美と礼拝といった物質的次元を正当に評価するある種の体的存在を許容するであろうか？　そして、この存在はどんな仕方でもって体の「復活」となるのであろうか？　そのような観念は、復活が物理的蘇生でもなければ単なる過ぎ去った摂理の記憶でもないことを明確にすることに役立つであろうか？　体の復活に対する希望は体の存在の前提条件を成す生態系の生態学的(エコロジカル)な完全無欠を正当に評価できるだろうか？　あるいは終末は、生態学的生活環(エコロジカル・ライフサイクル)から抽象されなければならない、束の間の体化（例えば、知識の「体」）の感覚だけを許容するのだろうか？

　もしさらに想像に耽ることを許されるならば、私は物質的銘刻の隠喩がまたもやこの点に関して暗示的であるかもしれないと提案する。もし宇宙の全歴史が物質的に刻まれたとしたら、その後はあらゆる瞬間、あらゆる生きられた命、あらゆる時代が、終末には神の臨在のもとで一緒に存在していることであろう。最後には、宇宙の全物語、全宇宙的遍歴がその完了に到達するであろう。けれども、何ものも失われないであろう。あらゆるものが回復されるであろう。宇宙の旅が終わった後で帰宅した時には、祝賀行事が始まる。祝賀行事の間に旅で撮ったおびただしい「写真」（あるいは「ビデオ」）を引き出している神を想像できるであろう。あらゆるビデオが特定の時代を生き返らせる、ただ単に記憶ないし「仮想現実(ヴァーチャル・リアリティ)」の中でのみならず、生きて体化された経験として、である。こうした経験は二次元においてのみ「刻まれる」のではない（ここでビデオを連想させることは誤解を招きかねない）。それらは、こうした出来事の回復がもとの生きた経験と同じほどに現実的で具体的となるように、空間と時間の中に刻まれるのである。唯一の違いは、各々の物語の結末が後から振り返って分かるということである。（神だけでなく）あらゆる物とあらゆる人が神の臨在のもとで出来事を再体験することができるであろう。それゆえ、焦点はこの〔地上の〕命に絞られたままで、死を越えた先の命にはそれほど絞られてもいないのである。事実、神はアブ

ラハムの神、イサクの神、ヤコブの神であり、生きている者の神であり、死んだ者の神ではないのである（マタ 22:32）。

　全ての回復された出来事は神の審判と憐れみを通過しなくてはならない。全てがキリストの贖罪の業に照らして現れる。あらゆる回復は霊の力と愛を通して起こる。もちろん写真によっては他の写真よりも記憶の薄いものがある。多分、幾つかの出来事は全く忘れてしまった方がよいのである。何枚かの当惑させるような写真はいつまでもアルバムの中に隠されたままにしておかねばならないだろう。しかし、旅をしていた間の幾つかの悲劇的で破壊的な瞬間には断じて取り組まなくてはならない。神の統治は審判なしに、人間の歴史を特徴づけた多くの悪と対決することなしに、やって来ることはできないのである。このことは、居合わせる者たちの間で最後的な和解を求めるであろう[30]。おそらく人は、銘刻がドラマの脚本化あるいは音楽の作曲ほどにはビデオ録画には似ていないと想像するであろう。この脚本の中の「隔たり」（イーザー）は、ただ単に回復だけでなく、即興と絶え間ない「主題の変化」を許容するのである。それゆえ、それらは神の臨在のもとで再統一、癒しが行われることを許容するのである。おそらく、非業の死や時期尚早の死を遂げた人たちの命の物語が新たに完成する余裕さえあるかもしれない。終末論的な命の書の中には、表紙の頁に記された刻文を抹消しないで、その意味を変更する銘刻の複数の層のための目次頁には余裕があるかもしれない。このようにして、宇宙の全歴史が神の臨在のもとで再び活気づくのかもしれない。この活気づくというのは単なる遠い過去の記憶以上のものである。それは、あらゆる人々が宇宙の歴史に刻まれて、神の臨在に与ることのできる、体を与えられた祝福である。

　この想像的な耽溺の瞬間は死者の復活に対する希望についての聖書的証言に忠実であり続けるだろうか？　これはキリスト教的伝統において表現された希望の正当な省察的推測であろうか？　それは創造と終末の間の連続性と不連続性を十分に表現しているであろうか？　これは聖書学者、歴史家、そして読者としてのあなたがたが判断すべきことである[31]。

30　最後的和解の必要についてのミロスラフ・ヴォルフの示唆を見よ（Miroslav Volf, "Enter into Joy! Sin, Death, and the Life of the World to Come," in *The End of the World and the Ends of God*, ed. Polkinghorne and Welker）。

31　私にとっては、多様な次元のモデルに関して未解決の問いが残っている。諸次元の観

結論：生態学的(エコロジカル)観点での死者の復活

　それではいったい死者の復活に対する希望の生態学的(エコロジカル)意義とはどんなものであり得ようか？　ここでは幾つかの短い結論的所見で十分としなければならないだろう。

　生態系の生活環(ライフサイクル)の連続性を強調する（リューサー）ことは、必ずしもその完全無欠性の保証を与えることにならない。これは人間の罪の衝撃(インパクト)を十分に考慮していない。同時に、創造の有限性は終末において克服されるべき何かであると見なす必要はない（モルトマン）。時間における有限性は命と変化の条件であるが、空間における有限性は差異化と個性化の要件である。有限性の棘(とげ)は、死を免れないことというよりも罪の衝撃である、つまり、物語を完了することの中断であり、歴史のはかなさのただ中で過去を取り戻し、また癒すことができないことである。

　終末と、より特定的に、死者の復活は、人間の有限性に照らしてどのように理解すべきであろうか？　物質的銘刻の観念は宇宙の歴史におけるあらゆる瞬間の重要性を強調する。そうした銘刻の物質性は、体の復活に対する希望の生態学的重要性を維持するために重要である。あまりにしばしば、体であることのはかない観念が創造と終末の間の連続性を理解するための逃げ道を与えてくれる。これは地球とか創造の完全無欠性を正当に評価することができない。終末における歴史の物語的回復の観念は地球の歴史の（認識的な記憶の癒しのみならず）具体的な癒しを許容する。

　死を超えた命に対するキリスト教的希望に表現された創造と終末の間の不連続性は、しばしば現実逃避主義として批判されてきた。そのような不連続性を排他的に強調する危険は、この希望がこの〔現世の〕命とこの地球に対するわれわれの責任を逸らすことができるだけの危険な幻想として機能するかもしれないということである。しかしながら、この〔現世の〕命に心を奪われてしまうこともまた深刻な歪みに導くかもしれない。死を越えた先の

念は神と世界の関係の万有内在神論的理解を前提しているだろうか？　多様な次元の観念は十字架につけられたキリストの体にイースター後に起こったことをわれわれが理解するのを助けてくれることができるだろうか？

命を否定することは必ずしもこの地球に対する責任を奨励することにならず、勝利主義、快楽主義、そして消費者主義の風刺画(カリカチュア)に成り下がってしまうかもしれない。この〔現世の〕命を超越するものの展望(ヴィジョン)がなければ、われわれは簡単にこの〔現世の〕命に心を奪われてしまうかもしれない。

　死者の復活に対する希望は必ずしも現実逃避の一形式を構築するものではない。それはこの地上、この命、この特定の体の意義の一層深遠な肯定を示唆するかもしれない。体の復活に対する希望は、われわれがこの命を永遠の命のより広い視野の中に置くことを助けてくれるかもしれない。逆説的に言えば、体の復活の展望(ヴィジョン)はこのようにしてこの命とこの地上に向けての傾倒献身に力を与え、またそれを奨励してくれるかもしれない。

4　復活：概念的挑戦

テッド・ピーターズ

> 死は光を消してはいない、
> 死はただ燈火を消しているだけだ
> 夜明けがやって来たからだ。
>
> 　　　　　　　　　　ラビンドゥラナート・タゴール

　なぜわれわれ神学者は命を自分たちにとってそれほど難しいものにしてしまうのだろうか？　なぜわれわれは明らかに信じがたいことを信じることを選び、そしてそれを正当化しようとするのか？　アンセルムスの *credo ut intelligam*〔私は理解するために信じる〕でもって、われわれはそれを難しい道にしている。われわれはまず最初に信じて、その後にそれを理解できるものにしようとする。なぜわれわれは科学者が取ると言われている易しいルートを辿らないのだろうか、経験で得た証拠が信じることを要求するまでは懐疑的なままにとどまるというルートを。

　おそらくわれわれは、神的啓示によって犠牲とされたので、困難な細道を辿ることを選んできたのである。天は地を訪れた。超越的なものが内在的なものに侵入してきた。無限なものが有限なものに挑戦した。神秘的で測りがたいものが自然で理解可能なものを定義し直した。神が、すなわち、最後から二番目の諸現実全てはこれを通して解釈されなくてはならない究極の現実が、さもなければ普通であったはずの人間的知性の行程を変えてしまった。

　とは言え、啓示はわれわれに恩恵と言えるものは、たとえあったとしても、ほとんど施していない。われわれが啓示から欲しがるであろうものは、超越的なもののはっきりとした光景に向かって開かれている窓である。しかし窓は閉まったままであり、そして鏡のように、われわれ自身の俗世の現実を見るようわれわれをその方向に振り向かせる。われわれが啓示から欲しがる

第四部　復活、新しい創造、そしてキリスト教的希望

であろうものは、われわれを直接に超宇宙的理解に導く黄色い煉瓦道である。しかし、われわれはせいぜい漠然とした方向感覚でもってわれわれ自身の地図を描き、われわれ自身の踏み分け道を切り拓かなければならないことが分かるのである。啓示は、われわれの世界の真向かいに立っている神的現実が・ある・と・い・う・事・実・をわれわれに思い起こさせるが、しかし、その神的現実が・ど・の・よ・う・な・も・の・であるかを余すところなく知ることは、この世界によって境界を定められた知識の範囲内では不可能である。このことは控えめに言っても、認識論的な欲求不満〔フラストレーション〕に導く。

　一見したところ、自然科学者たちはこの欲求不満を逃れ、彼らは人間の知識を拡大しようとする彼らの探究に容易に充足感を覚えるように見える。結局のところ、この探究が自然世界の宇宙内部の理解に限定されているなら、超越的な挑戦に苦しめられている神学者を巻き込んでいる不可避の難問を科学者は逃れることができる。もちろん、科学者たちは（ヘラクレスを思わせる）彼らの大変な努力が、単に宇宙的なものとして軽視されることを願わないであろう。なぜなら、結局のところ、宇宙はとてつもなく大きく、また無数の自然の神秘で満ち満ちているからである。そこで、これは誰の頭が無知という頑固な煉瓦壁により強くぶつかるかということに関する数量的比較ではない。むしろ、ここでの要点は、神学者の仕事はかなりの部分が、科学的に知り得ることを含んで、入手可能な知り得る現実によって、超越的なものを理解しようとする試みから成っている、ということである。

　このことは確かに、神学者たちが聖書的また信条的象徴である「体の復活」を概念的に詳説する時に直面する挑戦に当てはまる。復活についての最近の研究の中で、私は四つの込み入った問題を系統立てて述べた。(1) 復活における体（sōma）の場所、特に肉（sarx）のそれ、(2) 死者を甦らせることにおいて神的力が果たす役割、(3) 死ぬものと甦らされるものとの間の連続性と不連続性を見分ける時の個人の同一性〔アイデンティティ〕の問題、(4) 連鎖的食い尽くしの問題——すなわち、まさにどの物理的要素が、もしあるとすれば、切り離せないほどに個人の体に所属しているのかを識別する問題[1]。ここでの私の

1　Ted Peters, "Resurrection of the Very Embodied Soul?" in *Neuroscience and the Person*, ed. Robert John Russell, Nancey Murphy, Theo C. Meyering, and Michael A. Arbib (Vatican City State: Vatican Observatory; and Berkeley, Calif.: Center for Theology and the Natural Sciences, 1999), 305–26.

396

4 復活：概念的挑戦

課題はこの初めの議論を止めたところから再開して、これらの問題がさらに示唆するものをなんとか引き出すこと、そしてこれらを解決するために取るべき方向を探すことである。

神学的説明と概念構成は二組の新約聖書本文で始まる、すなわちイエスの元来のイースターの復活についての福音書記事と第一コリント書15章の中のわれわれの復活についてのパウロの記述の二つである。確かに、二つは一致している、なぜならキリストは「死んだ人たちの初穂」（Ⅰコリ15:20）だからである[2]。われわれはここで第一コリント書15章の中でパウロが霊的な体、すなわちキリスト教的復活概念にとって中心となる聖書的象徴について言っていることを注意深く見ることから始めよう。われわれはその後に、復活した体の概念がどの程度まで首尾一貫し得るか、特に生物学的相互依存に照らして、どの程度われわれの体が連鎖的消費の問題によって例示されている周囲の物理的世界と等しく分け合っているか、を調べることにしよう。

この後に続く議論は、ある者たちが「自然の神学」と呼んでいるものに属するかもしれない。イアン・バーバーは、自然の神学を「歴史的啓示と宗教的経験に基づいた伝統の中で、自然に関する神学的信仰が現代科学に照らし再定式表現化されている批判的省察」に言及するために採用している[3]。伝統的信仰が再定式表現化されるかどうかは分からない状態である。しかし間違いなく、それらの信仰は現代科学により理解される自然に照らして吟味され、また分析されることだろう。

この吟味と分析を押し進めるために、われわれは教父神学者のニュッサのグレゴリオスと現代物理学者のフランク・ティプラーにおける復活の象徴の概念的詳述を考察することにしよう。なぜなら、両者にとって人間は体と魂から作られており、魂は思考作用ないし情報処理の形式ないし型（プロトタイプ）だからで

---

[2] パウロはⅠコリ15:20でイエスのイースターの復活とわれわれの終末論的復活の間の連続性を強調するが、若干の解釈者たちは徹底的な同一性を認めるまでには至らない。この使徒は「キリストの復活をわれわれの復活の厳密な原型（プロトタイプ）として提示していない」とジェラルド・オコリンズは書いている。なぜなら、キリストの救済論的出来事の方がそれから利益を得るわれわれ人間に起こることよりも重要だからである。Gerald O'Collins, *Jesus Risen: An Historical, Fundamental and Systematic Examination of Christ's Resurrection* (New York: Paulist, 1987), 180.

[3] Ian Barbour, *Religion and Science: Historical and Contemporary Issues* (San Francisco: HarperSanFrancisco, 1997), 360.

ある。われわれは自分たちの現在の物理的体における命と、復活させられた霊的体の中でわれわれが享受するような命との間の、個々人の同一性(アイデンティティ)を維持することの首尾一貫性について検討してみる。われわれは現在の創造から新しい創造へ、死から復活へ移動する時、連続性と不連続性の問題に直面するであろう。

　ジョン・ポーキングホーンは羅針盤を、つまり自然の神学がわれわれをニュッサのグレゴリオスとフランク・ティプラーを超えて先導してくれるかもしれない方角を示す方法を、提供している。われわれは連続性と不連続性の弁証法へと導く道を進まねばならないだろう。不連続性ゆえに、われわれが頼らなければならないと思えるのは「現実の神学的な理解である。……もし宇宙が完全な意味を成すものであるなら、それは何かキリスト教的復活の希望の連続性／不連続性のようなものを通じてであろう。その希望を抱く神学的動機はイエスの復活と神の誠実さ (ḥesed) に存する」[4]。

霊的な体

　復活の話題でもって、われわれは自分たちが二本の蔓(つる)に、すなわち内在的な連続性と超越的な新しさとに、逃れようもなく絡まってしまっていることに気づくのである。根底には、完全な死と完全な新しい命の概念がある。これは地に蒔かれた種のイメージに頼るパウロの訴えに力強く表現されている。成長する花ないし木は、植えられてあったものとは全く違って見える。種はあたかも死んでいるように見えるのに、新しい植物は生きている。そしてその将来の種によって、それは再生することができるのである。パウロは典型的な種が見せる、死にかけている外見を活用して言っている、「あなたが蒔くものは、死ななければ命を得ないではありませんか」（Ⅰコリ 15:36）。この類推は微妙である。パウロは現在の現実と将来の現実との間の連続性と不連続性を肯定したいのである。復活は厳密には無からの創造ではなく、むしろ別の何かからの何かの創造である。死んだ種が蒔かれる、しかし収穫され

---

[4] John Polkinghorne, "Eschatology: Some Questions and Some Insights from Science," in *The End of the World and the Ends of God*, ed. John Polkinghorne and Michael Welker (Harrisburg, Pa.: Trinity Press International, 2000), 18.

るものは新しい命である[5]。

いったんパウロが墓に埋葬された体のように、土に蒔かれた種のイメージを利用するや、彼はその後四つの補足的対比によって終末論的収穫を描く。

> 死者の復活もこれと同じです。蒔かれる時は朽ちるもの（腐敗したもの、*phthora*）でも、朽ちないもの（腐敗しないもの、*aphtharsia*）に甦らされます。それは卑しいもの（*atimia*）に蒔かれますが、輝かしいもの（*doxa*）に甦らされます。それは弱いもの（*astheneia*）に蒔かれますが、力強いもの（*dynamei*）に甦らされます。精神的体（*sōma psychikon*）が蒔かれますが、霊の体（*sōma pneumatikon*）が甦らされるのです。（Ⅰコリ 15:42–44）

イエスにとってもあるいはわれわれにとっても、「朽ちないもの」に甦らされることはとこしえの命に甦らされることである。人の体はただ人の日々の労苦に立ち返る目的のために蘇生させられるのではない。*Doxa* は天的な体に関連して通常は輝きを意味するが、此処ではわれわれが名誉のうちに甦らされることを意味している。われわれがその中へと甦らされる力、*dynamis* は、癒しの奇跡が遂行されるのと同じ力である（Ⅰコリ 12:28）。

われわれが超越性の入口にいるのが分かるのは、聖パウロが *doxa* ──栄光か、きらめきか、あるいは輝きを暗示する──を持った天的体（*sōmata epourania*）について語り、それを死者の復活と同定していることから明らかである。栄光のうちに甦らされることは新しい創造へと甦らされることであり、現在の創造に戻ることではない。新しいものに移り入っていくために、われわれは古いものに死ななくてはならない。ここでの栄光はきらめきとか

---

[5] ロイ・ハリスヴィルは、パウロの種の類推は死と復活の間の不連続性を強調するものだと注記している。「しかし、どちらの場合も、農耕学からキリスト教的存在への動きではなく、まさしくその真逆である。類推はそれが役立つものへと歪められ、ここでは不連続性の主張に適合するようにされる、つまり、『死者から』〔の復活〕でなければ、復活はないのだという論点に適合するようにされるのである。その話題に役立つために像を歪めねじれさせることが何を意味するかは、結局のところ、自然においては此処で想像している神の活動への類推は存在せず、歪曲しかないということである。この世界で観察され得ることから『神の知恵』を推論する可能性は存在しない」。Roy Harrisville, *1 Corinthians* (Minneapolis: Augsburg, 1987), 274–75.

他のそのような性質を持った体を強調していない。「むしろ、これは義人の将来的状態に対するユダヤ教の終末論的言葉を反映している」[6]。これは死を通じて存続する如何なる持続的命の力も否定する。「『蒔かれる』と『甦らされる』の間には、体がまたぐことのできない無限の深淵が横たわっている」[7]。もし復活があるなら、それは新しい創造である。

パウロは地上の体を「精神的」体（*sōma psychikon*）と記している。ここで、*psychē*〔精神〕ないし魂は命の根源、地上の命である。死んで埋葬されるものは呼吸している体である。パウロは、われわれが復活に見出すものは *psychē*〔精神〕ではない、それは *sōma*〔体〕である、と言う。われわれが精神身体的（サイコソーマティック）な統一された人（パーソン）として知っているものは埋葬される。もし、われわれが *sōma psychikon* から *sōma pneumatikon* への変転における専門用語に注意してみれば、霊的な体に再度現れるものは、*sōma* ないし体であって、*psychē* ないし魂ではない。ジョエル・グリーンはこの含蓄をヘレニズム的な体-魂の二元論によって要約している。

> この世界における現在の命と、とこしえに神と共なる命との間には、深遠な連続性が存在する。人間にとって、この連続性は体的存在と関係がある。……パウロは此処で「魂の不死」について考えてはいない。彼は死の際に体を逃れていた霊の容器として役立つかもしれない死んだ体の蘇生について宣言しているのでもない。そうする代わりに彼は自分の聴衆の前に彼らの体が栄光ある体に変わるという約束を与えているのである（フィリ 3:21 参照）。[8]

「霊的な体」という用語は、変換した状態についてわれわれが持っている最善の表現である。パウロ書簡群の他の箇所で、われわれはパウロがこの霊的な体と、肉の体ならびに魂を吹き込まれた体を対比させているのを見る。

---

6 Gordon D. Fee, *The First Epistle to the Corinthians*, The New International Commentary on the New Testament, ed. F. F. Bruce (Grand Rapids: William B. Eerdmans, 1987), 785.

7 Harrisville, *1 Corinthians*, 276.

8 Joel Green, "Bodies – That Is, Human Lives: A Re-Examination of Human Nature in the Bible," in *Whatever Happened to the Soul?* ed. Warren S. Brown, Nancey Murphy, and H. Newton Malony (Minneapolis: Fortress, 1998), 170.

キリスト教的存在を特徴づける緊張を表現する中で、パウロは頻繁にそれを肉（sarx）と霊の間の戦いという観点から描写している（ガラ 5:13–26）。肉は死に導く罪の力である。霊はそれの偉大な敵対者である。霊は創造と新しい創造の力である。双方の力がわれわれを侵略しかつ支配しようとする。

ここで重要であるのは、パウロがこうした用語を用いている時、彼は人間の性質に関して形而上学的言説をしようとしてはいないこと——すなわち、肉と霊は各々の人間の別個の存在論的要素ではないこと——を理解することである。これは別の型の体‐魂の物質二元論ではない。むしろ、肉と霊は、体と魂も含めて、全人格を支配することを求めて競う性向ないし力である。オスカー・クルマンがこれらを実体化する時、彼は少々度を越して、肉と霊を外部からわれわれの中に入ってくることのできる「二つの超越的な力」であると記述している[9]。とは言え、彼が「そのいずれも、人間存在そのものに伴ってはいない」と言うのは正しい。この背景から、われわれはパウロがなぜ「肉と血は神の国を受け継ぐことができない」（Ⅰコリ 15:50）と言うのかを理解できる。

それはさておき、腐敗するものとしての肉という概念は、ただ朽ちるだけの物質的な体としての、その形而上学的名称から分離することはできない。そして双方の意味が第一コリント書 15 章にあるように見える。そこから、肉（sarx）と体（sōma）の間には、オスカー・クルマンのような幾人かの学者がこれらの間に楔を打ち込んで分けようと試みたにもかかわらず、重複する部分がある。ある程度の互換性の余地があることが、殉教者ユスティノスのようなギリシア教父の著述によって証明されており、ユスティノスは「肉の復活」という語句を用いることができたし、肉は神によって創造されたのだから肉は神によって価値あるものと見なされているはずだと断言できた[10]。使徒信条の初期版は第三条の一部を「私は肉の復活を信ずる」と表現した。このことはクルマンをうろたえさせ、これは「聖書的でない」と彼は不満を述べた。「肉」の代わりにそれは「体」と読むべきだ、と彼は書いた。クルマンに反し、私の判断ではそれは全く聖書的であるように見える。ルカ

---

[9] Oscar Cullmann, "Immortality of the Soul or Resurrection of the Dead?" in *Immortality and Resurrection*, ed. Krister Stendahl (New York: Macmillan, 1965), 25.

[10] ユスティノス『復活について』第 2 および 7 節, in *The Ante-Nicene Fathers* (9 vols. Grand Rapids: William B. Eerdmans, 1982), 1:194 および 297。以下 ANF と略記。

24:39 にある、復活したイエスの傷に手を置くようにとの疑い深いトマスに対する挑戦はこのことを明らかにしているが、それは特にアウグスティヌスによって解釈されている通りである。アウグスティヌスは、われわれの復活させられた霊的体にさえも「肉」という言葉が当てはまるであろう、それがちょうどイースター後のイエスに当てはまったごとくに、と断言している[11]。多分クルマンの問題は、彼が伝達されている概念性に注視しないで、この問題を厳密に言葉の選択の事柄として処理しようとしたことである。多分彼の想定は、「肉」(*sarx*) という言葉は単に呼吸をしている体 (*sōma psychikon*) としての肉というより、罪 (*hamartia*) により汚染された肉に言及しているのである。

それでも、クルマンの後に続いて、われわれは *sōma*〔体〕というものを、肉 (*sarx*) であれ霊 (*pneuma* ないし *doxa*) であれ、いずれかの力と共存することができる形として考えることで、ここでパウロの根底にある概念性を把握することができるかもしれない。ハンス・コンツェルマンはそのような形式−実体の理論を提示して、全てそれだけで *sōma*〔体〕であるようなものは存在しないと主張している。*Sōma* は *sarx*〔肉〕あるいは *doxa*〔栄光、霊〕のいずれかとして、常に特定の存在様式で存在している。その形式は、常にその具体的な存在様式に関連している。それは常に天的なものか地上的なものか、そのいずれかである。それはそれ自体として個々の人間を構成してはいない。それはそれ自身では抽象的概念としてのみ存在している[12]。コンツェルマンはここでわれわれの助けになるけれども、彼の理論は、〔前記の〕パウロの対比が実際には肉的体と栄化された体との間の対比ではなくて、精神的体と霊的体との間の対比であるという事実を、この考え方がまさにどのように考慮しているか、それを示すことには注意を払っていない。

神学的には、霊は他のものと代替可能な単なる一つの物質ではないように私には思える。霊は、それによって現実(リアリティ)が決定される神の力である。*sōma pneumatikon* は聖霊によって決定される復活した体である。それはわれわれがなるであろう現実(リアリティ)である、なぜならば神はこの形にわれわれを創造——われわれを再−創造——しているであろうから。それは新しい創造に属する

---

11 アウグスティヌス『エンキリディオン』第 91 章、in *Nicene and Post-Nicene Fathers* (14 vols.; Grand Rapids: William B. Eerdmans, 1994), first series, 3:266。以下 NPNF と略記。

12 Hans Conzelmann, *1 Corinthians* (Philadelphia: Fortress, 1978), 282.

終末論的現実(リアリティ)であるがゆえに、またわれわれはなおも古い創造のただ中に生きているがゆえに、われわれはこれがまさに何を意味しているのかを明瞭に理解することを期待できないのである。今のところ、われわれは鏡を通してぼんやりと見ることができるだけであり、そしてキリストはその鏡であり、われわれの現在の暗闇のただ中で未来の栄光の光を映しているのである。われわれが確信を持って言えることは、人間の自己の復活があるであろうということである。われわれがこの時点では言えないことは、その復活した存在様式が正確にどんな様相をしているかということである。

　私が読むところでは、パウロはコリント人たちとの対話の中で初めてこのことを考え抜いているように見える[13]。彼は、何らかの確立した世界観に以前から属していた既存の一連の考えを単純に再述しているのではない。彼は、数ある中で一つの不死についての理論を提案しているのではない。ここでパウロは、福音を説明し、彼がイエスの復活に関し知っていることをわれわれの約束された復活に当てはめるべく、苦闘しているのである。パウロはすでに福音と対決し、今は、物質的体が霊的なものに反目すると多分信じている聴衆に対して、それを再－提示しようと努力しているのである。コリントでの彼の手紙の読者は、多分ヘレニズム的な知的伝統により強く影響を受けていて、人間が死を免れないことと永遠の命にとって福音の意義が何であるかを誤解しているのである。今日の読者は、パウロが福音をコリント人たちに説明する以前にはそれをどのように考えていたか正確には知っていないから、それでわれわれにとって、この手紙は「あの方が起こされた！」というイースター宣言で始まる福音の含意するものを考え抜く最初の段階として役立つのである。

死のこちら側とあちら側の同一性(アイデンティティ)

　上記の神学的議論は三つの問題ある結び目を、たとえ完全に解きほどくまではしないにしても、緩めはするのである。(1) 復活させられた存在は、た

13　Ted Peters, *Science, Theology, and Ethics* (London: Ashgate, 2002) 第19章にある付加的な詳述を見よ。

とえ肉の否定的道義の力が消滅させられようとも、体を与えられた存在となるだろう。(2) 死から新しい命に通過していくことは、われわれに生来備わった能力ではない。むしろ、それは神的力の特別な行為を必要とする。そして (3) 甦らされる者は、死ぬ者とは少なくともある意味でそれと分かるほど連続している――すなわち同一性(アイデンティティ)が維持されるのである。

この第三項目の同一性(アイデンティティ)の問題は二つの連続性を含んでいる。第一に、われわれはイースターのキリストと、あなたと私の未来の復活との間の連続性を認識するが、これを、私はここで *prolepsis* 〔先取り〕と呼ぶ。第二に、われわれは個人としてのわれわれ各人が、われわれの地上の体にある今の命と霊的な体としてのわれわれの未来の命との間に持つことになる連続性を認識する。

「プロレプシス」という用語は、神学的には、未来の現実の現在的受肉の意味で、予期を表示するために使われてきたけれども、それはまた組み入れあるいは包含をも表示するのである。「プロレプシス」はイエスのイースターの復活を両方の意味で記述する。聖パウロが甦ったキリストを「死んだ人たちの初穂」として言及する時（Ⅰコリ 15:20）、われわれはキリストをわれわれ自身の未来の復活の予期と理解するのである[14]。聖パウロが「全ての人がアダムにおいて死ぬように、キリストにおいて全ての人が生かされることになる」と付け加える時（Ⅰコリ 15:22）、われわれはわれわれの復活がキリストの復活の中に組み入れられることが分かるのである。二つ〔の復活〕は一体なのである。二つは、いつかは分離されるとしても、存在論的な一包み(パッケージ)となってやって来る[15]。ハンス・フライはそれをこのように表現して

14　われわれは、キリストを眠りについた人たちの初穂とするパウロ的観念を子供の誕生になぞらえることができる。ゲルハルト・ザウターは、この点についてマルティン・ルターを解説しながら、子供の誕生において頭が先に出てくるさまに注目している。それから、頭は全ての肢体を頭と共に引き出す。そのように、キリストの体もまたその頭と一つであり、全ての肢体は〔それに〕続くのである。Gerhard Sauter, "Luther on the Resurrection," *Lutheran Quarterly* 15.2 (Summer 2001): 195–216, 特に 206. "Die Verkundigung des Auferstandenen als Zusage des Lebens bei Gott," in *Relationen-Studien zum Übergang vom Spätmittelalter zur Reformation: Festschrift zu Ehren von Prof. Dr. Karl-Heinz zur Mühlen*, ed. Athina Lexutt and Wolfgang Matz (Münster: Lit, 2000), 383–98 から、アウストラ・レイニス Austra Reinis によって翻訳された。

15　「それゆえ、われわれにとって、〔イースター〕復活と再臨(パルーシア)は二つの分離された出来

いる、「この単一の連続する個人的なものとしての」キリストの「同一性〔アイデンティティ〕、すなわちナザレのイエスは、人類をその単一性の中に含んでいる。彼は代表的で包括的な人格である」[16]。

フライはイエスとわれわれの双方に関して、連続性の問題をわれわれに思い起こさせる。一方で、聖書は死のこちら側におけるわれわれと復活におけるわれわれとの間の人格的連続性について証言する。他方で、われわれは終末論的現実についての物理学的ないし形而上学的な理解に欠けている。これを説明しようとする時には、「神秘」が、われわれが最後の拠り所としなければならない単語となる。

> 新約聖書記事が証言する——あるいは新約聖書記事がわれわれに対して不適切であるがやはり適切なテクストとして示す——神秘は、現実の完全な死の中断を通してのイエスの同一性〔アイデンティティ〕の連続性である。彼は死の前後で同じである。われわれは、死がいったん始まると、全うされた死の物理的状態の逆転については何も知らない。その上、われわれはまた物理的でない人間の同一性〔アイデンティティ〕についても何も知らない。……死を免れない状態にあるわれわれを救うことができる状態にあり続けるのは、われわれのために有効であり続けるのは、イエス・キリストである。……このメッセージはわれわれが復活の本質について形成できる如何なる理論よ

事である。しかし、彼にとっては、それらは単一の出来事なのである。彼の再臨〔パルーシア〕が復活の完成と成就であるように、復活は彼の再臨〔パルーシア〕の予期である」。Karl Barth, *Church Dogmatics* (4 vols.; Edinburgh: T&T Clark, 1936–62)〔バルト『教会教義学』〕, III/2:490. IV/1:756 を見よ。「キリストの再来はイエスの受肉と復活において始まった霊の働きの完成であろう。永遠の観点から、われわれはここでたった一つの同じ出来事を持つ。なぜなら、受肉はすでに神の未来の突入であり、永遠が時間の中に入ることだからである。しかしながら、私たちにとって受肉の告白はその土台をイエスの復活に持っており、そして彼が戻ってくる時にのみイースターの出来事の現実についての討論は終わり、かの現実が決定的かつ公共的に効力を発する。なぜなら、イエスの復活はイエス自身における救済の新しい、終末論的命の現実の先取的示威だからである。……」Wolfhart Pannenberg, *Systematic Theology* (3 vols.; Grand Rapids: William B. Eerdmans, 1991–98), 3:627.

16　Hans W. Frei, *Theology and Narrative: Selected Essays*, ed. George Hunsinger and William C. Placher (New York and Oxford: Oxford University, 1993), 204–5.

りもはるかに重要なのである。……[17]

フライにとってこれは「このメッセージの真理主張であると同時に神秘である」[18]。ミヒャエル・ヴェルカーは連続性の問題を量子物理学の分野におけるコペンハーゲン学派の相補性原理との類推によって系統立てて述べている。「人は『終末論的相補性』について語ることができるだろうが、これはわれわれが一方で地上の命を永遠の命に変えられることを、他方では地上の命と永遠の命との間の違いを、把握しまた考えることを必要とする」[19]。

　この連続性は、もしそれがわれわれの現在の性質に本来的に存在していないとしたら、何処から生ずるのだろうか？　それは神が神的な創造的――再‐創造的――行為において与えてくださる連続性である。クリストフ・シュヴェーベルは不連続性を死と、連続性を神と、同一視している。われわれが頼らなければならないのは創造と新しい創造の双方における神の誠実さである[20]。

黙示的正義と復活させられた体

　神の誠実さに頼ることは、不正に直面してさえも復活を信じる信仰の台頭における歴史的要因であった。不正な苦難の経験、特に迫害による犠牲の経験は、来世の命において要求される神の正義への期待を呼び起こした。これが審判の要点である。「地の塵の中に眠っている者の多くが目を覚ます。ある者は永遠の命に、ある者は恥と永遠の蔑みに」（ダニ 12:2）。この〔世の〕命で不当なものとして経験されたものは、来世では正されて、公正なものと

17　同書 204 頁。
18　同箇所。
19　Michael Welker, "Resurrection and Eternal Life: The Canonic Memory of the Resurrected Christ, His Reality, and His Glory," in *The End of the World and the Ends of God*, ed. John Polkinghorne and Michael Welker (Harrisburg, Pa.: Trinity Press International, 2000), 289–90.
20　「死の不連続性と神の忠実さの連続性は、神がその被造物と結ぶ霊における神の創造的な、また新しい創造的な関係において結合される。……」Christoph Schwöbel, "Auferstehung: 5. Dogmatisch," in *Religion in Geschichte und Gegenwart* (Tübingen: Mohr Siebeck, 4th ed. 1998), 1:919.

されるであろう。そこでは、正しい者たちは報酬を与えられ、不正な者たちが罰せられるであろう。

　黙示的な視野の中で中間時代のテクストや新約聖書テクストが書かれまた解釈されたのであるが、その視野は神的正義についての鋭敏な意識を呼び起こす。紀元前2世紀におけるアンティオコスⅣ世エピファネスの統治期間中のセレウコス王朝の暴政の下での苛立ちにせよ、あるいはイエスの時代のローマの皇帝たちの下での苛立ちにせよ、ユダヤ人は抑圧された人々であった。モーセの契約に最も忠実であった者たちは、迫害ではなかったとしても、社会的差別に苦しんだが、その一方で、支配的な外国の文化的また政治的圧力に降参した者たちは社会的報酬を得た。これは不当であった。地上で否定された正義は天において肯定されなければならない！　これが黙示的な論理である。復活において、彼らの正義のために苦しんだ者たちは永遠の報酬を与えられるであろう。黙示的審判は歴史において間違っているものを正すのである。

　クローディア・セッツァーは、ユダヤ人共同体は最初はファリサイ派によって、後にはラビたちによって指導されたが、この共同体は、ユダヤ人の社会組織をそれと確認し維持するために、復活概念を象徴的に採用した、と主張する。「復活はユダヤ文化の一揃いの工具から製作されたのである」、とセッツァーは書いている。「死者の復活は、それを信奉する者たちは正義と報酬と罰の問いに対する、またこの世界における神の活動についての問いに対する解決を考え出す権利を持つという、修辞学的に強力な象徴として機能する」[21]。特に、復活とそれに伴う審判の日は、ローマへの服従下で支配的であった不正の構造に対する抗議となっている。

> 死者の復活は現状の世界に対する、ローマの覇権に対する、そしてイスラエルの無力さに対する、暗黙の抗議の役を果たしている。それは、これらのことが広く行き渡ることはないだろう、と語る。それは、不正を受け入れ、本当の正義、審判、報酬、あるいは罰などは存在しないと言う者たちに答えている。より一般に支持されている霊的不死という考え

21　Claudia Setzer, "Resurrection of the Dead as Symbol and Strategy," *Journal of the American Academy of Religion* 69.1 (March 2001): 65–101, 特に 90、傍点〔原文イタリック〕は元来のもの。

に代わって復活を強調することにおいて、この共同社会は一つの場所をより大きな社会の内部に、しかしそれからは分離して、苦労して切り出した。[22]

　こうした論議をする一方で、セッツァーは体の思考（ボディ・シンキング）への言及を付け加えている。彼女はメアリー・ダグラスの人類学的著作をそれとなくほのめかしており、それによれば、体の態度は社会と個人の関係についての凝縮された見解となっている。その後に彼女は、体の復活の観念について幾つかの広範囲な含蓄を引き出している。通常は、体は有限、制限を言外に含む。とは言え、復活させられる時、体は無限、すなわち限界を超越するという意味を持つようになる。一方の側で、体は「死、すなわち究極的限界、全ての可能性を剥ぎ取られた体に従属する。とは言え、体の復活と回復は体の他方の側、限界の完全な欠如、それは全ての可能性であるという意味、を打ち明ける」[23]。

　われわれは、正義に対する関心を持った、復活の元来の背景（コンテクスト）の意味から、復活における体的存在についての考察の方へとちょうど移ったところである。ここで記述した体は、われわれが今知っている物理的限界によって禁じられている可能性を持つようになる。死後の存在における体を想像することは困難かもしれない。しかし、復活させられた体がわれわれの現在の体よりもより霊的かどうかを想像することはさらに一層困難なことかもしれない。

体、本当に？

　復活させられた体に対するこの神学的傾倒は、現在体を持っていることについての科学的理解とは不調和であるように見える。これは、特に人格としてのわれわれが今あるところの全てをわれわれの生物学的基層に還元してしまう現代の科学者たちの場合に当てはまる。DNAの二重螺線形構造の発見で果たした役割で有名な分子生物学者のフランシス・クリックは還元主義の旗幟を鮮明にしている、「あなた、あなたの喜びとあなたの悲しみ、あなた

22　同書96頁。
23　同書88頁。

の記憶とあなたの野心、あなたの人格の同一性(アイデンティティ)と自由意志の意識は、実際には、神経細胞とそれらの関連分子の膨大な集合体の振る舞い以上の何ものでもない」[24]。

　クリックの挑戦について二つの点に注目しておこう。第一に、人格ないし魂についての非物質的な意識は、物質的なもの、物理的なものに還元される。第二に、われわれは一つの全体の代わりに、複数に還元される。われわれは「神経細胞とそれらの関連分子」の集合体以上の何ものでもない。ここには全体的な人あるいは統合する魂はなく、物理的な構成要素の集合、ないしは総計があるだけである。かくして、クリックにとって、如何なる首尾一貫した人も復活させられた体へと甦らされることはあり得ない、なぜなら明らかに、現在の体の中に今、全体的な人が存在していないからである。われわれの現在の存在は生物学的プロセスの集合体にすぎない。

　このことを概念的にかくも挑発的にするものは、体的な物質と、霊と関係する物質との間の推定される不一致である。とは言え、キリスト教的人間論はこれまで常に全体論的であり、霊的なものとは体と魂とを一緒に相補的統一体としてまとめるものであると考えてきた。このことは、アテナゴラスがそう断言したように、復活に当てはまる。「人の存在の終わりは二つ〔体と魂〕が一緒になった、そして同じ生ける存在の、何らかの再構成の中で現れることが絶対に必要である。そして、このことは必然的にそうであるから、何が何でも、死んでいるか、あるいは完全に溶解さえしている体の復活があるに違いなく、また同じ人間が新たに形成されるに違いないのである」[25]。アウグスティヌスは同じように、われわれ人間は「体が魂と結びついている時にだけ、全体的で完全である」と主張した[26]。

24　Francis Crick, *The Astonishing Hypothesis: The Scientific Search for the Soul* (New York: Scribner's, 1994)〔クリック（中原英臣訳）『DNA に魂はあるか――驚異の仮説』講談社、1995 年〕, 3.
25　アテナゴラス『死者の復活について』、ANF 2:162.
26　アウグスティヌス『神の国』10:29, NPNF, first series, 2:199.

物理的回復：ニュッサのグレゴリオスによる、
われわれの物質を復活させること

　信仰の聖書的象徴の説明に始まる建設的な論究を辿るためには、われわれの問題をニュッサのグレゴリオスの心に見えてくるままに辿ることが有益だと私は思う。グレゴリオスは上記にそれとなく言及した自然の神学を巧みに例証しており、われわれはそこで自然、特に自然を理解する科学的アプローチに照らして、われわれの信仰的傾倒が暗に意味するものを考え抜くよう努めたい。

　グレゴリオスの最初の観察は、人間の想像力にとって、自然は十分ではない、ということである。もし死が自然的だとしても、これは十分ではない。人間の魂の内部にある何かがより以上のものを切望する。「全ての人間に本能的でまた奥深くに居座る死への嫌悪がある。臨終を看取る人々はその光景にほとんど耐えられない。そして死が近づいてくる人々は後ずさりする。……事実、われわれが如何に生き続けるべきかについての考えは全て死ぬことへの恐怖によって引き起こされている」[27]。これは多くの文化において不死の問題を惹起する人間意識の実存論的次元である。復活のキリスト教教義はこの普遍的な人間の探究に対する一つの答えである。

　グレゴリオスにとって、われわれ人たる者は単にわれわれの体以上のものである。われわれには魂がある。魂とは何か？　おおざっぱに言って、魂は心であり、われわれをわれわれ自身に作り上げている知的次元である。「魂は創造された本質であり、生存し、そして知的であり、それ自身から組織化された、そして知覚力のある体に向かって生きる力、そして知覚の対象を把握する力を移転している、こうすることができる自然的構造が一緒にまとまっている限りにおいて」[28]。ギリシア哲学の影響を受けた古代世界の非常に多くの人々と同じように、グレゴリオスは心の合理的能力はわれわれを神的理性に調和させると信じていた。「……理性を賦与された全ての力の中で、

27　ニュッサのグレゴリオス『魂と復活について』、*Nicene and Post-Nicene Fathers of the Christian Church*, second series, ed. Philip Schaff and Henry Wace (14 vols.; Grand Rapids: William B. Eerdmans, 1954), 5:430.

28　同書 433 頁。

幾つかの力は神の最奥の聖堂にある聖なる祭壇のごとくに据えられている。……」[29]。「思弁的また批判的能力は魂の神に似た部分の特性である。なぜならば、われわれが神をも把握するのはこれらによってだからである」[30]。とは言え、グレゴリオスはプラトン的タイプのありふれた物質二元論を拒絶した。「それゆえ、われわれはプラトン的な二輪戦車とそれに頸木でつなげられた異なった力の一対の馬、それにその御者を無視しなければならない、それによってかの哲学者は魂に関するこのような事実を寓話化しているのである」[31]。

　魂が恒久的に体から逃亡するプラトン的体系とは対照的に、グレゴリオスは魂の帰還と体の復活を提唱した。とは言え、ちょうど今日のわれわれのように、グレゴリオスはこれを理解可能なものにするのはやりがいのあることだと思った。「われわれは復活があるということだけでなく、復活が馬鹿げたことではないということを信じなければならない」[32]。馬鹿げたことを回避するために、グレゴリオスは常識ないし科学的知識の批判的流用との対話に従事する復活の見解を作り上げることを方法論的に探し求めた。われわれは「弁証法のルールと、結論を導きまた破壊する・科・学・とによって、われわれの教義を築き上げる」[33]。

　グレゴリオスが観察し得たことは、死んだ体は腐敗すること、その構成要素は周囲の環境の中に消散していくことである。時が経てば、腐敗する体はその同一性(アイデンティティ)を失い、再度自然と混ざり、何か他のものになる。そのような体はどのようにして復元されるだろうか？　グレゴリオスはこの問いについて熟考し、それから魂が、すなわちわれわれの知的な自己が、われわれの体

29　同書 461 頁。

30　同書 449 頁。

31　同書 439 頁。物質二元論は実際には正統信仰におけるグレゴリオスの遺産の中に残っているかもしれない。しかし、受け継いだギリシア思想との違いは、人格の本質が魂と同じく体にも存在するということである。ウラジミール・ロスキィが、「……体と魂の分離が死の基本的局面［である］。……人間の人格は人間の魂の中と同じく、諸要素に奪還された人間の体の中にも同等に存在し続ける」と書く時、彼はこの二重の同一性(アイデンティティ)を暗にほのめかしている。Vladimir Lossky, *Orthodox Theology: An Introduction* (Crestwood, N.Y.: St. Vladimir's Seminary, 1989), 117.

32　ニュッサのグレゴリオス『魂と復活について』、NPNF, second series, 5:464.

33　同書 439 頁。強調は加えられたもの。

を作り上げている原子単位を見張っていると提案する。魂はわれわれの体の原子が自然の何処に移住していくのかの跡を見失わない。それで、復活の日には、魂は元の体の再組み立てができるように、原材料一覧を呼び集める用意をしている。「……魂は、この分割の後に、正当に復活となり、またそう呼ばれるであろう、かの溶解した体の新たな形成のために、再び同じ方法で諸分子の集合が起きるまで、その認識力によって各々に接近し、また執拗に親しい原子に執着する」[34]。

> 魂は異なった体の部分を一緒に混ぜてしまう間違いをすることがあるだろうか？　そんなことはない。その形がばらばらの断片になった時、この特定の器の女主人であった魂は、その断片からでさえ、それの正確な知識を持っていることだろう。またその女主人はこの特性を全ての他の断片と共通に混ざった状態に放置しておくこともないし、あるいはそれが、諸原子の由来してきた元となった物質のいまだ無形の部分に投げ込まれたとしても、放置しておくこともない。彼女はいつも、体の形にぎっしり詰まっていた時に、自分自身のものであった通りのそれを記憶しており、そして溶解した後は、残留物に依然として固着している印に導かれて、それについて如何なる間違いも決して犯すことはない。[35]

もしフランシス・クリックが人間の体はただの化学的プロセスの集合体だと考えても、グレゴリオスはこの集められたものを全体的な人の構成要素と見なし続けるのである。

> すると、もし魂が、体の原子が宇宙と再び混合した時に、それと一緒に存在しているなら、魂は体全体を形成するためにかつて一緒であった全集積を知っていて、それと一緒に存在しているだけでなく、さらにその上、諸原子の中のどの部分によってわれわれの肢体が完全に形成されていたのかを思い出すために、体の部分の各々の特定物質を知らないでいるようなことはない。すると、完全な集積の中に存在しているものは、

34　同書 445 頁。
35　同書 446 頁。

集積の各部分にもまた存在していると仮定しても何らあり得ないことではない。[36]

グレゴリオスにとって、どのようにこれが神的力の行為であり、魂ないし体に生来的に備わった固有の能力なのではないかに注目されたい。「これらの原子が再び合体するための合図が、全てを処理する力によって与えられたら、その後は……かつて相互に非常に親密であったこれら全て〔の原子〕は時を同じくして一緒になって邁進してきて……それらの一個一個が以前の隣人と結ばれ、懐かしい知人を抱擁するのである」[37]。

グレゴリオスは同一性(アイデンティティ)の問いに関心がある。連続性は堅持されねばならない、と彼は主張する。もしわれわれが死によって完全に絶滅してしまうとしたら、それなら甦らされるであろうものは新しい人格であろう——すなわち、われわれである者とは異なった誰かである。とは言え、復活の恵みを受けるのはわれわれ自身である。

> なぜならば、もし同一の個人の分子が戻らず、同質ではあるが、しかし同一ではない何かが持ってこられるだけだとしたら、あなたはかの最初のものに代わって、何か他のものを持つことになろう、そして、そのようなプロセスは復活ではなくなり、単に新しい人間の創造ということになるであろう。しかし、もし同じ人間が自分自身の中に戻ってくるとしたら、その人間は全く同じでなくてはならず、そして自分の構成要素のあらゆる一つ一つの原子の中で自分の元来の形を取り戻さなければならない。[38]

目下の議論に間接的に関係している古くからの問いの一つはこれである。すなわち、復活において、われわれはどれほど歳をとっているのであろうか? われわれの体は常に変化している——成長しており、強壮になっており、弱っており、衰えており、病気が治ってきており、等々——ことに注意すると、われわれの地上の命のどの段階でわれわれの体は復活するのであろ

---

36 同書 448 頁。
37 同書 446 頁。
38 同書 446 頁。

うか？　アウグスティヌスは30歳を示唆していた、なぜならこれがわれわれが最盛期にある歳と思われるからである。グレゴリオスは、奇妙なことに、生命周期(ライフサイクル)の全ての年齢を結びつけた。復活によってわれわれの体が再び命に回復される時、各々の「単一の人間は人間の集団になり、その結果、彼が再び立ち上がると共に、赤ん坊、幼児、少年、青年、成人、父、老人、そして彼が一度はそうであった全ての中間段階の人格が見出されるであろう」[39]。言い換えれば、「復活はわれわれの本性の、その元来の形での復元である。しかし、神自身が創造主であったその命の形においては、年齢も、幼児期も、われわれの現在の様々な疾患から生じるどのような苦難も、また如何なる種類の体の苦痛もなかったと信じるのは理に適ったことである」。それは「悪のない」命である[40]。「復活とは単にわれわれの原始的な恩寵の状態への復帰なのである」[41]。

連鎖的食い尽くし

　グレゴリオスの原子再集合理論は二つの困難と対決しなければならない、一つは科学的な、もう一つは神学的な困難である。科学的な困難は、連鎖的食い尽くしという好奇心をそそる問題である。もし人の復活の展望が、かつては個々の人間の肉的体を構成していた物理的原子を再集合することにあるとしたら、われわれは次のように尋ねる必要がある、どの原子は誰のものなのか、と。問題はこうである。〔食物〕連鎖の中で命が命を食べてしまうとするなら、いったいどの要素がどの人のものなのか？　古代ローマ世界では人肉食いに関する問題が発生した。もし一人の人が別の人を食べるとしたら、すると食べられた人の肉は食べた人のものなのか、それとも食べられた人のものなのか？　神は審判の日にどのように識別するのであろうか？　人肉食いそのものは稀であるが、人間が——ローマの闘技場におけるキリスト者殉教者のように——野獣に食べられるということは普通であり、恐れられ、また困惑させることであった。

---

[39]　同書463頁。
[40]　同書465頁。
[41]　同書467頁。

414

古代の人々は次のような問題を提起することができた。船員が船外へ落ちて、鮫に食べられたと仮定してみる。その後、その鮫が漁夫に捕らわれ、魚の揚げ物に料理されて、共同体の人たちに食べられてしまう。さて、この魚を食する人々は自分たち自身の体の中に以前の人間の原子を吸収するだろうか？　復活においては、これらの原子は誰のものだろうか？

　われわれ自身の時代では、われわれが連鎖的食い尽くしの問題の中により長期にわたる進化の時間の感覚、死を通しての自然の諸要素の循環や再循環、植物の施肥と成長、食物としての植物の消化、死、等々を組み入れるにつれて、問題はさらに一層複雑になっている。われわれはまた新陳代謝、7年ないし同様の周期での古い細胞の死と新しい細胞の誕生を考慮しなくてはならない。もし復活が個人のものである以前の物理的諸要素の再組み立てを意味するなら、どの要素がどの個人のものであり、あるいはいつのことなのか、明白でない。アウグスティヌスは彼の著書『神の国』の中でこの問題に取り組んでいる。

> 飢えが食べ尽くした全ての肉は蒸発して空中に紛れ込むが、そこから……全能の神は肉を呼び戻すことがおできになる。それゆえその肉は、それが最初に人の肉になった［人］に回復されることになる。なぜならば、その肉は他の人によって借りられたものと見なさねばならず、そして、借入金のように、貸し手に返済されねばならないのである。[42]

　アウグスティヌスは、連鎖的食い尽くしの問題は最初の人間に体の要素を持つように優先権を与えることで解決できると考えた。おそらくグレゴリオスと同じように、彼は各々の人間がこれまで使用されなかった物理的諸要素の新たな組み合わせでもって生命を始めるのだと想定した。進行中の生命周期（ライフサイクル）における諸要素の相互関係についてわれわれが持っている現代的理解を考えると、物理的諸要素についてのそのような専有的理解に至ることは困難であろう。われわれは全て、程度の差こそあれ、同じ物理的諸要素を分かち合っている。

　アーサー・ピーコックは科学的情報に基づいた、アウグスティヌスのそれ

---

[42]　アウグスティヌス『神の国』22:20。

とは異なった解決策を提案している。ピーコックは変換と再‐創造との間を少しばかり区別する。「人の体の構成要素は死の際に不可逆的に地球中に撒き散らされており、結局（他の生ける有機体だけでなく）他の、〔彼より〕後の人間の体に貢献することは至極明らかである」と彼は書いている。「それだから、個々の人間の体の実際の変換はそれ自身で死を通じての個人の同一性〔アイデンティティ〕の連続性を確保できないだろう」。変換を、われわれの死すべき体を単に不死なるものにすることと理解するのは概念的に不十分である。なぜなら、やがては、われわれはわれわれの体の諸要素を他の被造物と分け合うからである。かくして、十分な概念的説明には新しい創造の構成要素、すなわち「新しい様態の存在への再‐創造」の構成要素が含まれねばならないのである[43]。ピーコックは、われわれの復活させられた体と同じく、イエスの復活させられた体は現存する自然の秩序の中での奇跡ではないこと、むしろ、それらは神の再‐創造に属する終末論的現実であることを強調している。このことは、復活を通じてのわれわれの同一性〔アイデンティティ〕の連続性は神の創造的行為によって達成される何ものかであることを示している。

物理的な処分：フランク・ティプラーによる、われわれの形を復活させること

グレゴリオスの解説の二つ目の困難は神学的なものである。それは彼による物理的原子の回復の強調は、「肉と血は神の国を受け継ぐことができない」（Ⅰコリ 15:50）というパウロの原則に違反することになる実体論的連続性を必要とするというリスクである。永続的な肉と血よりも、われわれは変換された体、あるいは再‐創造された体、すなわち霊的な体を待ち望む。しかし、この変換ないし再‐創造は以前の物理的原子の集合と再組み立てを必要とするだろうか？　もし必要としないとしたら、われわれは物理的実体なしに体の形をただ複製するだけで同一性〔アイデンティティ〕を維持できるのだろうか？

そのような建設的な代替案が最近になって物理学者フランク・ティプラーによって提示されている。彼は人間の意識の情報処理に付随し続ける未来の

---

43 Arthur Peacocke, *Theology for a Scientific Age* (London: SCM Press, enlarged ed., 1993), 285.

仮想の体——われわれの元来の物理的体の複製——を企画している。ティプラーは、サイバネティックス的不死を前提にした科学的終末論者の新しいタイプに属する。この思想学派によれば、魂は意識と同等である。そして、意識は頭脳の複雑さから現れ出る属性と理解されている。われわれ人間は基本的に、その唯一無比の同一性(アイデンティティ)が頭脳に蓄えられたパターンの中に見出せる生物学的機械である。もしこれらのパターンがコンピューター技術によって複製できるなら、われわれは人間の魂を複製することができ、また保存することができる。ティプラーが付け加えていることは、魂によってそれ自らの享楽のために創造される仮想の体である。

ティプラーの終末論はイエスのイースターの復活の先取的期待を飛ばしてしまっている。ティプラーはイエス・キリストが死者から復活したという主張をあからさまに拒絶している。それから、この拒絶した主張を基にして、彼は自分がキリスト者ではなく、無神論者であると宣言している[44]。ティプラーの復活観は厳格に終末論的であり、何らのキリスト論的先取(プロレプシス)を伴っていない。

神なくして、そしてイースターなくして、ティプラーは何に未来の復活に対する彼の科学的論拠を置いているのだろうか？　進化。ここにおける復活は未来の進化の事象の結果であり、そこでは情報処理として理解されている命は、物理的世界が自壊する瞬間の直前に、それ自身の運命を掌握して、その存在のために超物理的(スプラフィジカル)環境を創造するのである[45]。

人間の意識の本質は情報処理である、とティプラーは言う。そこで、これがわれわれの未来のポスト物理的な体の中に保存される必要のあるものの全てである。この未来の体はわれわれの現在の体の模倣(エミュレーション)だが、しかしそれは生物学的な体の短所は持っていないだろう。われわれの未来の意識はそれが今持っている、体化された形を維持する。とは言え、それはその歴史的な体化を超越する。これは解釈学的論理構成となり、ティプラーはそれによって聖パウロが霊的な体で意味するものを解釈している。

聖パウロの用語を借用すれば、われわれは模倣された、改良された、そ

44　Frank J. Tipler, *The Physics of Immortality* (New York: Doubleday, 1994), 305, 309–13.
45　同書 225 頁。

して死なない体を「霊的な体」と呼ぶことができる。なぜならば、それは人間の心が今そうであるのと同じ「物」、すなわち、「心の内部の思想……」であるから。かくして、霊的な体はより高度な達成レベルにある（改良を伴った）現在の体である……模倣された人は、自分が現実的であると認め、またわれわれが現在持っていると認める体と同じだけ堅固な体を持っていると認める。模倣された体については「幽霊のような」ものは何もないだろうし、また模倣された体が自身を見出した模倣された世界について非実体的なものは何もないであろう。[46]

ティプラーはここで幾つかの神学的な関心事に注意を払っている。第一に、彼は完全に対する人間の憧れに敏感である。われわれの現在の存在状態は満足のいくものではない。われわれは単に死を超越した命を渇望しているのではない。われわれは救いを渇望しているのである。そこで、「救い」という言葉を使わないで、ティプラーは、模倣された体は手足がないというような体の欠陥を取り除くことによって、以前のモデルを超越するだろうと告げる。青年期が老年に取って代わる、視覚が見えない目に取って代わる、等々。

第二に、ティプラーは同一性の連続性は維持されると言う。完全な再－創造が後に続く完全な死は、連続性を否定するという反論を予想して、ティプラーは意識的な自己－同一性における連続性は必要でもあり、また可能でもあると応答的に主張している。複製は絶滅ではない。人の以前の自己の複製として復活させられることは、それが同じ自己であることを否定しない。われわれがその内部で世界とわれわれ自身についての経験を意識する情報パターンの同一性が、ティプラーにとっては十分であるように見える。要するに、復活させられるものは非物質的な形であるが、しかし、われわれが現在あるところの者の物質的な実体ではない。

> われわれ自身の正確な複製が遠い未来のコンピューターの心の中で模擬実験されている。長期間死んでいた人々のこの模擬は、哲学者が「パターン一致理論」と呼ぶものをわれわれが利用する時にのみ、「復活」となる。すなわち、異なった時間に存在する二つの実体の

---

[46] 同書242頁。

同一性(アイデンティティ)の本質はそれらのパターンの（十分に近接する）一致(アイデンティティ)の中に存在する。物理的な連続性は関係がない。[47]

これは単に、非物質的な魂が物質的な基礎から恒久的に抽出されるというプラトンの体－魂二元論の別例であるだけでない。ティプラーの模擬(シミュレーション)は物理的な体を非常によく模写しているので、実際上は、復活させられた魂が経験するものは物理的に現実のものである。ティプラー自身の「霊的な体」の説明は適切である。

> 下位模擬(サブシミュレーション)としての観察者——考え、感じる存在——を含むに十分なだけ複雑である模擬(シミュレーション)が物理的に存在する。そしてさらに、これらの模擬(シミュレーション)は、定義上、物理的に存在するのである。なぜならば、このことがまさしくわれわれが存在ということで意味するものだからである、すなわち、考えそして感じる存在が、自分たちが存在すると考えそして感じる、ということが。模擬(シミュレート)された存在の模擬(シミュレート)された思考と感情は現実のものであることを覚えておくことだ。[48]

この見解によれば、復活させられた魂は自分の環境の中で自分自身を経験し、この環境はあたかも物理的であったかのごとくに経験される。驚くべき動きにより、ティプラーはウィリアム・バークレー主教の主観的観念論を反復している、存在するとは知覚されることである、と[49]。もしも、コンピューターによる模擬(シミュレーション)実験のように、われわれが物性を知覚するなら、そのことにより物性は存在することになる。

われわれの現在の物理的体の実体ではなく形態が復活に入るというティプラーの複製理論は、パウロの記述に忠実であろうか？　この理論は、われわれが完全な死と完全な再－創造を経験するというパウロの主張を代替の隠喩(メタファー)を用いて適切に表現していると言ってよいだろう。このことは、われわれの物理的原子もわれわれの魂の知的内容もそれ自身で死を超えて永続しないことをほぼ間違いなく示唆している。コンピューター処理のイメージの

47　同書 227 頁。
48　同書 210 頁。
49　同書 211 頁。

明らかな冷たさにもかかわらず、ティプラーのイメージは、死んで、そしてその後に芽を出す種というパウロのイメージとおおよそ相関関係にある。

ただティプラーの理論は科学的にどれほど妥当なのであろうか？　非常に、とは言えない、物理学的にも、あるいは生物学的にもそうである。ジョン・ポーキングホーンはこうした考えを、

> 特にティプラーの場合において、未踏査の状況の中での物理的諸プロセスに関してこうした考えがなす想定においてあまりにも思弁的であると呼んでいる。崩壊していく宇宙の閉じる諸瞬間は、われわれが理解していると主張できた如何なる型のエネルギーをもはるかに凌駕したエネルギーでの物理的諸プロセスを伴っている。……物理的終末論者の思弁はまた、口調においてぞっとするほど還元主義的でもある。命は単なる情報の処理に等しいのである。人が人間は肉でできたコンピューターにすぎないと信じる時にだけ、物質の異様な状態でできたコンピューターに自分たちが取って代わられることが〔現在の自分の〕持続的実現の 像(ピクチャー) を提供していると見なすことができることだろう。[50]

たとえティプラーがこのことを進化の歴史の未来の延長と見なしたとしても、命は命から方向や目的もなく糧を得て生きているという進化論的生物学の仮説に違反しているように思われる。分子物理学者で敬虔なユダヤ教徒のロバート・ポラックは、ダーウィン理論の二つの構成要素に直面して、命の意味の問題を提起している。共通の系譜と自然淘汰の問題である。彼は自然の中に本来備わっている救いへと向かう推進力を認識していない。〔生物分類の基本単位たる〕人類は単に数ある種の中の一つの種であり、設計図も目的も完全になり得ることも備わっておらず、さらに最悪なことに、一時的である。自然も、自然を超越するものも、人類に気を遣っているように見えない。この自然的な無意味さという 環境(コンテクスト) の中で、死はその冷淡で無情な役割を果たす。「死を免れないという事実と、あらゆる種のあらゆる個が死なねばならないという確実さがなければ、一組の形と機能が別のそれによって置き換えられることはあり得なかった、つまり、自然淘汰のゆっくりとした除草と種(たね)

50　Polkinghorne, *The End of the World and the Ends of God*, 33.

蒔きがあり、それから生じてわれわれと蛙らの双方が現在の結果となる、ということはあり得なかった」[51]。

　物理学者ティプラーからわれわれは神学的に何を学ぶことができるだろうか？　神に対して、われわれの以前の体の全ての分子の在処をつきとめてつなぎ合わせることを要求するというよりも、むしろわれわれが誰であるかは分子のパターン化の中に見出されるとわれわれは言ってよいだろうか？　物としての分子というよりもむしろ、重要なものは形であるとわれわれは言ってよいだろうか？　神はわれわれの形ないしはパターンを覚えておられて、再び肉体を与えてくださるのだろうか？　ティプラーはオリゲネスを想起させる。「以前の形は消滅しない、たとえそれがより栄光ある形へ移行することになっても……形は保存されるけれども、われわれは復活においてほとんどの［あらゆる］地上の性質を捨て去ることになる……［なぜならば］『肉と血は神の国を受け継ぐことができない』から（Ⅰコリ 15:50）」[52]。オリゲネスとティプラーにとって、形は保存されるが、しかし実体は保存されない。これは個人の同一性（アイデンティティ）の連続性を保証するのに十分であろうか、それも特に、われわれが自らの同一性（アイデンティティ）を、時間の経つうちに徐々に手に入れた何かとして、また自らの記憶にある思想と共に自らの四肢に埋め込まれた傷跡のような何かとして、考える時に？　われわれ個人の意識には情報処理以上のものがないだろうか、すなわち、われわれの体の機能によって知らされ、そして影響された、われわれ自身の情報処理というものがないだろうか？

　今一つ考えてみる。もしサイバネティックス的不死への鍵が魂のパターンの複製であるとしたら、多重複製の場合には何が起こるだろうか？　われわれはすでにコンピューターのクローンが何であるかを知っている。原理的には、魂のパターンは何度も複製できるのであって、ただ一度ではない。そのいずれが、個人の同一性（アイデンティティ）を維持するのだろうか？　唯一無比な個人の同一性（アイデンティティ）の連続性は、ある程度の実体の連続性を要求するだろうか？

51　Robert Pollack, *The Faith of Biology and the Biology of Faith* (New York: Columbia University, 2000), 53.

52　Origen, "Fragment on Psalm 1:5," Carolyn Walker Bynum, *The Resurrection of the Body in Western Christianity, 200–1336* (New York: Columbia University, 1995), 64 によって引用。

変換された実体を持った形態：
ジョン・ポーキングホーンによる復活

　われわれはここで、〔進退窮まった情況を表す（231 頁参照）〕スキュラとカリュブディスの場合に直面しているのだろうか？　グレゴリオスのスキュラは、同一性(アイデンティティ)は物理的回復によって維持されるが、しかし首尾一貫性を犠牲にしての上である。グレゴリオスの理論は首尾一貫性を欠いている。なぜなら、非物質的魂は物質の構造に加えて物理的原子の存在場所を記憶し、そしてさらに、復活においては、物質的部分の再組み立てを行う仕事を割り当てられるからである。さらに、元来の原子の再組み立てを通して、物理的連続性を主張することによって、グレゴリオスは復活を、われわれの生物学と外部世界との関係についてわれわれが知っていることに調和させることができないのである。そして彼は、肉と血は神の国を受け継ぐことができないというパウロの論点を十分真剣に受けとめることができないでいる。

　ティプラーの物理的処分というカリュブディスは、同一性(アイデンティティ)が情報処理のパターンの中に維持されるというものであるが、しかし物理的連続性を維持することができないことによって、彼は創造された物理的世界に対する神的敬意を失っている。われわれ自身のパターンないし形をわれわれの以前の物理的歴史から剥ぎ取り、その後に仮想的な非物理的情報処理で置き換えようと試みることで、ティプラーは最終的には、旧い実在ときっぱり決別する新しい実在になるのである。これは首尾一貫していない、なぜならそれは進化の計画(スキーム)ないし発展の計画(スキーム)に依存しており、それによれば体から離脱した未来の状態のための種子は現在の体を与えられている現実によって今蒔かれねばならないからである。ティプラーは彼の徹底的な霊の新しさを、物理的連続性を要求する進化の計画(スキーム)の上に作り上げる。

　ティプラーを批判して、ジョン・ポーキングホーンは純粋に自然主義的説明はどれも満足のいく終末論を提供しないと主張する。彼は何故に進化論的終末論が必然的に破綻するかを説明している。

　　宇宙に対する暗い予測は、如何なる進化論的楽観主義の観念も、単に
　　現在の物理的プロセスの展開の範囲内だけでの満足のゆく実現の観念も、

疑問に付する。……キリスト教神学は、進化論的楽観主義の基礎の上にその主張を、単に歴史の変遷を通じただけの神の国到来の主張を、賭けることは決してしなかった。……究極の希望は究極の現実の中に、すなわち、永遠の神御自身の中に、存在していなければならず、神の創造の中にではないであろう。[53]

前にも見た通り、ポーキングホーンは多くの方面でティプラーに批判的である。とは言え、ポーキングホーンはただ単純にグレゴリオスの跡についてはいけない。ポーキングホーンは、原則的に、肉と血は神の国を受け継ぐことができないというパウロの合図（シグナル）に固執する。このことは、現在の創造と新しい創造の間に存在論的不連続性を認めている。そして、われわれ個々の復活はその場所に関して新しい創造に依存しているというのである。ここで問題となっているものは、単に死を超えた生き残り、すなわち現在の創造において再び生きる機会を持った生き残りではない。むしろ、ここで必要なものは、まず第一に世界の創造と等しい変換という神的行為である。現在の創造が ex nihilo、すなわち無から生じたのに対し、新しい創造は ex vetere、すなわち現存する創造の変換であろう。ここで鍵となるのは、個人の復活は万物の更新に解きがたいまでに結びついているということである。

新しい創造は、かの宇宙がその創造主との新しくかつより密接な関係を自由に結ぶ時の変換を表しているので、宇宙は神的存在がみなぎった完全に神聖（サクラメンタル）な世界となる。そのプロセスは苦難を免れる。なぜならば、それ自体の進化の歴史を通じて自らを作り上げている世界に適切な、神的に定められた自然法則が、自立からその創造主と統合された存在に「自由意志で戻った」宇宙に適切な、異なった仕方で構築された「物」の形に道を譲ることが考えられるからである。[54]

現在の宇宙は変換された自然法則を伴った物質を持つであろうことに注目せよ。われわれは苦難と死を回避することに資する新しい法則を持つであろう。

53　John Polkinghorne, 1993–94 Gifford Lectures in *The Faith of a Physicist* (Princeton: Princeton University, 1994) or *Science and Christian Belief* (London: SPCK, 1994), 162–63.
54　同書 167 頁。

こうした新しい自然のプロセスは〔悲しみや悩みを〕癒し、命を与える。なぜなら、それらは神の存在が、すなわち癒しと命の源泉がみなぎっているからである。

ポーキングホーンは、新しい創造が現在の創造の内部にある現存の源泉を土台に徐々に展開するのではないことを強調する。ただ神の行為だけがこの変化を起こさせることができる。このことに付随する帰結は、われわれの不滅が人間の魂に固有のものではないということである。死は精神身体的人格(サイコソーマティック)の完全な消滅である。少なくともわれわれの視点からはそう言える。死を免れ得ない存在としてのわれわれの内部にある如何なる特質も、不死へのしっかりした足掛かりを持ち合わせていない。もしわれわれが死者たちの間から甦るとすれば、それはただ神的力の行使によるのみであろう。「それゆえ、キリスト教的希望は、私にとって、死を生き延びることの希望ではなく、本来備わっている不死を所有する、ないしは与えられてきた、霊的構成要素が *post mortem* 〔死後〕も持続することの希望でもない。むしろ、キリスト教的希望は死と復活の希望である」[55]。

しかしながら、ポーキングホーンは連続性について依然として魂に依拠している。彼は魂を、情報を帯びたパターンであると定義する。アリストテレスやトマスにおけるように、魂は体の形なのである。ポーキングホーンが死から新しい生命への移行を、旧い創造から新しい創造への移行を記述しようと試みる時、彼の発言はどこかティプラーやグレゴリオスにさえ似たように響く。「私であるパターンは神によって記憶され、その例示が、神が自ら選ばれた新しい環境の中で私を再構築なさる時に、神により再・創造されるであろうということは、完全に首尾一貫した希望であると私は信じている。それが復活という神の終末論的行為なのである」[56]。ポーキングホーンがティプラーとグレゴリオスの両者と異なっているところは、われわれ個々の同一性(アイデンティティ)を帯びたこのパターンないし魂が、この死を免れない命にある者たるわれわれによって維持されているのではないこと、むしろ、それは神の記憶の中に維持されているということである。死は完全であり、全てである。われわれの生物学的原子が周囲の物理学的環境の中に消散することは完全で

55 　同書 163 頁。
56 　同箇所。

あり、全的である。われわれが過去において物理的に誰であったかは、その元来の物質においては回復されない。われわれは連鎖的食い尽くしを取り囲む問題に関わる必要はない。復活は霊的体への変換から成り立っており、その形は神によって新しい個々の存在へと呼び戻されるのである。

ここでのポーキングホーンの発言の明瞭さにもかかわらず、われわれは依然として、彼がどうして連続性を神によって記憶された魂ないしパターンの中に置くのか尋ねるかもしれない。パウロの語彙の中で繰り返されているのは体ないし *sōma* であることを思い出してほしい。魂ないし *psychē* は霊的体、*sōma pneumatikon* の中で生き残らない。

変化させられるものは未来の復活させられた体を作り上げる新しい創造の素材であると、ポーキングホーンは正しく語っている。新しい素材は新しい自然の法則に、すなわち死の法則というよりむしろ命の法則に、従うであろう。そのような復活の考えは「人をとてつもなくわくわくさせると共に深く神秘的である」[57]。

> かくしてキリスト教的希望は、神の力と憐れみ深い誠実さによってもたらされる現実の復活が後に続く、現実の死を中心とする。……しかしながら、こうした体の「物質」はこの現在の世界の肉体を作り上げている物質と同じである必要はない。事実、そうでないことが必須である。それは、この世界の物質的体は死すべき運命と腐敗を免れないからである。もし復活させられた命が本当の成就であり、究極的には無益な歴史のただの反復でなければ、その来るべき世界の体は異なったものでなければならない。なぜならば、それらの体は永久に死すべき運命から解放されるであろうから。科学はただこの世界の物質だけを知っているが、しかし、それは神学が神は何か全く新しいものをもたらすことができると信じることを禁じることはできない。[58]

要するに、ポーキングホーンに賛同して、われわれは復活させられた霊的体

---

57 同書 164 頁。

58 John Polkinghorne, *Science and Theology: An Introduction* (London: SPCK; Minneapolis: Fortress, 1998)〔J. ポーキングホーン（本多峰子訳）『自然科学とキリスト教』教文館、2003 年〕, 115–16.

を物質と考えることができるが、しかし、われわれ自身が現在生物学的組成において享受しているのと同じ物質ではない。われわれは、体の形として定義された魂を持っている——すなわち、体の複雑な情報処理のパターンである。しかしながら、この魂ないしパターンはそれ自体で不死ではない。むしろ、それは神の心がそれによってわれわれを記憶し、またそれを基礎に神が新しい創造においてわれわれを再‐創造する形を供給するのである。新しい創造においてわれわれである者は、われわれが今ある者である。しかしこの同一性（アイデンティティ）の連続性は神からの賜物である。

結論

ニュッサのグレゴリオスとフランク・ティプラーはわれわれにある種のジレンマを率直に語る。二者択一の一方では、グレゴリオスの原子の再組み立てという考えには二つの困難がある。それは連鎖的食い尽くしの問題を解決できないし、それに、死が物理的体に終止符を打つことを十分真剣に受けとめることができない。とは言え、二者択一のジレンマの他方——物理的実体なしの、体の複製された形というティプラーの考え——に移ると、同一性（アイデンティティ）の連続性を失う危険を冒す。われわれはどのように進むべきだろうか？

おそらく、実体理論と形態理論の双方の困難は、それらが持続性を通して、すなわちわれわれがこの物理的存在の中で持っていた、あるいはわれわれであった、何かが持続することを通して、連続性を探していることである。肉と血が神の国を受け継ぐことはできない限り——これは、死が決定的であるということの別の言い方である——おそらくこうした問題は再‐創造に転嫁されねばならない。これはピーコックがそれを据えた場所である。オリゲネスにとっては「形は保存される」が、ピーコックにとっては、復活させられた体は新しい創造に等しい。われわれが見た通り、ポーキングホーンは神によって記憶されたパターンに従っての再‐創造に賛成票を投ずるであろう。

ここでの関連場所は神学的人間論ではない。むしろ、それは神の教義である。問題はこうである、神は行為なさるだろうか？　復活は、いやしくも起こるとしたら、神的な行為であるに違いない。ちょうど神がイースターにイエスを甦らされたように、われわれを起こすその行為の一部として、神は

われわれを新しい創造に変換している間に、われわれの同一性(アイデンティティ)の連続性を維持するために必要なものを提供してくださる。グレゴリオスがしたように、われわれの物理的原子の記憶の在処を個々の魂の中につきとめるよりも、われわれの連続する同一性(アイデンティティ)の在処を神の記憶の中につきとめる方がすぐれている。われわれに創造におけるわれわれの存在を与えてくださったのは神である。新しい創造においてわれわれに存在を与えてくださるのは神であろう。われわれは、神が復活させられた霊的体におけるわれわれの同一性(アイデンティティ)を維持する責任のある方であることを確言できるけれども、われわれは依然として説明不足である。これは超越的現実であり、超越のこちら側を説明することは難しい現実である。しかし、ここでは如何なる苦情も正当化されない。カール・ブラーテンはわれわれに思い起こさせる、「それ［復活］が約束する命に近づくには説明が必要であると主張することは、馬鹿げたことであろう。それは、電気について説明できるまでテレビを見ることを拒むようなものか、恋に落ちたいきさつを説明する前に恋に落ちていたことを認めることを拒むようなものである」[59]。

59　Carl E. Braaten, *The Future of God* (New York: Harper, 1969), 75.

寄稿者

ヤン・アスマン Jan Assmann はハイデルベルク大学のエジプト学教授である。彼の主要研究分野は比較文学および比較宗教学の背景(コンテクスト)での古代エジプト文学と宗教、エジプトの葬礼信仰と習慣、ラメセス時代のテーバイ墳墓、文化理論(特に、「文化的記憶」)、宗教史(特に、古代世界における一神教の起こり)、そして近代のエジプト文化概念(「エジプトマニア」)である。英語による彼の著書には、*Solar Religion in the New Kingdom*, *In Search of God: Theology and Piety in Ancient Egypt* および *Moses the Egyptian: The Memory of Egypt in Western Monotheism* がある。*The Mind of Egypt: History and Meaning in the Time of the Pharaohs* は 2002 年に発刊予定〔2003 年刊行〕。

エルンスト・M. コンラディ Ernst M. Conradie はウェスタン・ケープ大学の宗教と神学の准教授である。以下の文献の著者である。*Rus vir die hele aarde* (Lux Verbi, 1996), *Hope for the Earth – Vistas on a New Century* (UWC, 2000), *Ecological Theology: A Guide for Further Research* および *Ecological Theology: An Indexed Bibliography* (いずれも UWC, 2001). また以下の文献の共著者である。*Fishing for Jonah* (UWC, 1995), *Die Bybel in Fokus* (Lux Verbi, 1997), *A Rainbow over the Land: A South African Guide on the Church and Environmental Justice* (Western Cape Provincial Council of Churches, 2000), *Angling for Interpretation: A Guide to Understand the Bible Better* (UWC, 2001).

フランク・クリューゼマン Frank Crüsemann は 1958 年から 1964 年の間ハンブルク、ハイデルベルク、マインツ、およびエアランゲンの諸大学で神学を学んだ。彼は 1968 年にマインツで博士号を取得し、1975 年にハイデルベルクで旧約聖書で大学教授資格論文を完成させた。1985〔1980?〕年以来彼はベテルのルーテル派神学校〔Kirchliche Hochschüle in Bethel〕で旧約聖書の教授として勤務。彼の刊行著作には以下のものが含まれる。*Tora: Theologie und Sozialgeschichte des alttestamentlichen Gesetzes* (München, 1992), *Elia – Die Entdeckung der Einheit Gottes: Eine Lektüre der Erzählungen über Elia und seine Zeit* (1997), *Ich glaube an den Gott Israels: Fragen und Antworten zu einem Thema, das im christlichen Glaubensbekenntnis fehlt*, ed. with U. Theissmann (1998).

イエズス会士ブライアン・E. デイリー Brian E. Daley, S.J. は 1978 年から 1996 年までマサチューセッツ州ケンブリッジのウェストン・イエズス会神学校で歴史神学、特に教父神学を教えた。それ以降、彼はノートルダム大学キャサリン・F. フイスキング神学教授として勤務する。彼はダンバートン・オークスのフェロー（1981–82 年）、ニュージャージー州プリンストンの神学研究センターのメンバー（1999–2000 年）、ジョン・キャロル大学のトゥオハイ講師（1991 年）、そしてオックスフォード大学のダーシー講師（2002 年）として勤めた。彼はまた、1978 年以来 Traditio ならびに Journal of Early Christian Studies の編集委員会メンバーを務めている。彼の著書には以下のものが含まれる。The Hope of the Early Church: A Handbook of Patristic Eschatology および The Dormition of Mary: Early Greek Patristic Homilies.

ハンス＝ヨアヒム・エックシュタイン Hans-Joachim Eckstein は現在ドイツのチュービンゲン大学新約聖書学教授である。彼の刊行著作には以下のものが含まれる。"Der Begriff Syneidēsis bei Paulus: Eine neutestamentlich-exegetische Untersuchung zum 'Gewissensbegriff,' " Wissenschaftliche Untersuchungen zum Alten und Neuen Testament 2/10 (Tübingen, 1983); "Verheißung und Gesetz: Eine exegetische Untersuchung zu Gal 2,15–4,7," Wissenschaftliche Untersuchungen zum Alten und Neuen Testament 86(Tübingen, 1996); Wie wirklich ist die Auferstehung? Biblische Zeugnisse und heutiges Erkennen, ed. H.-J. Eckstein and Michael Welker (2002).

ディルク・エヴァース Dirk Evers、神学博士（チュービンゲン）、はチュービンゲン大学（ドイツ）の解釈学研究所で助手として組織神学を教えている。彼はヴュルテンベルクの福音主義ルーテル教会の叙任牧師でもある。彼は 1999 年に博士号を授与された。著書である Raum – Materie – Zeit: Christliche Schöpfungstheologie im Dialog mit naturwissenschaftlicher Kosmologie (2000) で彼は「科学と神学研究ヨーロッパ学会」の 2002 年の ESSSAT 賞を授与された。

ノリーン・ヘルツフェルド Noreen Herzfeld はミネソタのカレッジヴィルにあるセント・ジョンズ大学のコンピューター科学准教授である。彼女の学問的関心はコンピューター操作、人工知能、霊性とテクノロジーの倫理的含蓄を含む。彼女の次の著書はフォートレス・プレスから In Our Image: Artificial Intelligence and the Human Spirit の題名で近々出版される〔2000 年刊行〕。

ペーター・ランペ Peter Lampe はドイツのハイデルベルク大学新約聖書神学教授である。彼の教育領域と研究領域は聖書学、初期キリスト教考古学および碑文学、初期教会の社会史、初期キリスト教のヘレニズム的背景、それに方法論の諸問題である。彼は叙任されたルーテル派牧師である。

デトレフ・B. リンケ Detlef B. Linke は現在ボン大学の臨床神経生理学および神経外科リハビリテーション教授である。彼の研究プロジェクトは人間脳領域の神経力学および選択的知覚麻痺の領域におけるものである。彼は癲癇研究において受賞し、*Das Gehirn*〔2004 年刊行〕, *Einsteins Doppelgänger – Das Gehirn und sein Ich*〔2000 年刊行〕, *Kunst und Gehirn*〔2002 年刊行〕を含む 10 冊の著書を含め、200 以上の出版物がある。

ナンシー・マーフィー Nancey Murphy はカリフォルニア州パサデナにあるフラー神学校のキリスト教哲学教授である。彼女は哲学と神学の双方で博士号を持ち、6 冊の書籍の著者、6 冊の書籍の共編者である。彼女の最初の著書 *Theology in the Age of Scientific Reasoning* はアメリカ宗教学会（American Academy of Religion）の優秀賞を、またテンプルトン財団からは神学書に与えられる賞を受賞した。彼女の研究の関心はキリスト教神学形成における現代哲学およびポスト・モダン哲学の役割と、神学と科学の関係に焦点を定めている。彼女は神学と自然科学センター（CTNS）理事会メンバーであり、またブレザレン教会の叙任牧師である。

ベルント・オーバードルファー Bernd Oberdorfer は 1993 年にミュンヘン大学から博士号を授与された。彼の博士論文は青年フリードリッヒ・シュライエルマッハーの著作についてのものであった。1999 年に彼はミュンヘンで組織神学の教授資格論文を完成させた。その論文はフィリオークェ問題についてのものであった。2000 年に彼はルーテル派牧師として叙任された。2000–2001 年に彼は南アフリカのステレンボッシュ大学での研究のためにドイツ研究協会（Deutsche Forschungsgemeinschaft）のハイゼンベルク奨学金を受けた。2001 年以来、彼はドイツのアウグスブルク大学組織神学の教授席に就いている。彼の研究分野は教義学、特に三位一体の教義、エキュメニカル神学、シュライエルマッハー、現代世界における宗教、特にニクラス・ルーマンの社会理論に関連してのそれ、を含む。

テッド・ピーターズ Ted Peters は太平洋ルーテル派神学校および神学連合大学院の組織神学教授である。ピーターズはかつて教区牧師であり、アメリカ福音主義ルーテル教会で叙任された。彼は神学と自然科学センター（CTNS）・科学と宗教

コースを管理指導しており、多数の著書と論文を執筆している。

ジョン・ポーキングホーン卿 Sir John Polkinghorne は長年理論素粒子物理学者として働いてきた。1968 年から 1979 年まで彼はケンブリッジ大学の数学物理学教授であった。その後、彼は辞職してイングランド国教会の牧会のための教育を受けた。教区牧師として働いた後、彼はケンブリッジに戻り、1996 年にクィーンズカレッジの学長を退職した。彼はアングリカンの牧師かつ英国学士院フェローであり、1997 年に女王によってナイト爵を授けられた。彼は科学と宗教について多数の著書を著したが、その中に *The Faith of a Physicist* (1994) も含まれる。2002 年には彼は霊的現実についての研究ないし発見への向上に対してテンプルトン賞を受賞した。

ロバート・ジョン・ラッセル Robert John Russell はカリフォルニア州バークレーの神学と自然科学センター（CTNS）の設立者かつ所長、そして神学連合大学院の学内居住の神学と科学教授である。高等教育における牧会のために米国キリスト合同教会で叙任された。ラッセル博士は、CTNS とバチカン天文台による、科学と神の行為に関する諸巻の筆頭編集者として奉仕し、多数の論文を執筆してきた。

ジェフリー・P. シュロス Jeffrey P. Schloss はウィートン・カレッジで学部生として生物学と哲学を学び、生物学分野の学士号取得後教育をヴァージニア大学とミシガン大学で継続し、生態学と進化生物学の博士号をワシントン大学から授与された。彼はミシガン大学、ウィートン・カレッジ、ジャガー・クリーク熱帯研究所で教鞭を執り、現在はカリフォルニア州サンタ・バーバラにあるウェストモント・カレッジの生物学教授、そしてキリスト教環境協会のための生物学プログラムのディレクターである。彼の研究上の二重の関心は変湿生物体（poikilohydric organism）の生態生理学的戦略と利他的倫理性の進化論理論を含む。彼の最近年のプロジェクトはオックスフォード大学出版から共同執筆近刊予定の *Altruistic Love: Scientific and Theological Perspectives* である〔2002 年 *Altruism & Altruistic Love: Science, Philosophy & Religion in Dialogue* 刊行〕。

アンドレアス・シューレ Andreas Schuele はハイデルベルク大学の聖書神学助教授である。彼の主要出版書（*Die Syntax der Althebräischen Inschriften*, 2000; *Israels Sohn – Jahwes Prophet: Ein Versuch zum Verhältnis von kanonischer Theologie und Religionsgeschichte anhand der Bileam-Perikope*, 2001）はヘブライ聖書の言語史および文学史に焦点を定めている。創造、復活、愛の概念のような中心的神学問題についての多数の試論において、彼は聖書学と組織神学の交差部分を研究調査している。

目下、彼は *Canon and Culture: A Theology of Scripture* と呼ばれる書物に従事している。

ギュンター・トーマス Günter Thomas はハイデルベルク大学で組織神学を講じている。彼の研究は 20 世紀の組織神学、神学と文化、神学と科学、宗教理論の諸領域を含む。彼は *Medien – Ritual – Religion* (1998) および *Implizite Religion* (2001) の著者であり、また、*Religiöse Funktionen des Fernsehens?* (Wiesbaden, 2000) の編者でもある。彼は目下、新しい創造をテーマにしたプロジェクトの研究中である。

ミヒャエル・ヴェルカー Michael Welker は哲学者かつ神学者で、現代文化の諸問題に取り組むために聖書伝承を通して研究としている。ハイデルベルク大学神学部の組織神学教授および主任として、彼は 1996 年以来大学の国際学術フォーラムのディレクターをしてきた。ヴェルカー博士はチュービンゲン大学の卒業生で、大学ではユルゲン・モルトマンに学び、1973 年に神学の学位を取得した。プファルツの福音主義教会で叙任され、彼は 1978 年にハイデルベルク大学から博士号を授与された。1983 年から 1987 年までチュービンゲン大学神学部で組織神学教授、続く 4 年間はミュンスター大学神学部で改革派神学の教授および主任であった。1993 年以降プリンストンの神学探究センターの科学と宗教についての協議会メンバーであり、彼は 100 以上の論文を公刊し、19 冊の書物の著者ないし編者である。その中には *God the Spirit* (1995)〔片柳榮一、大石祐一訳『聖霊の神学』教文館、2007 年〕および *Creation and Reality* (1998) が含まれる。彼の最近年の研究は *What Happens in Holy Communion?* (Eerdmans, 1999) である。

訳者あとがき

　2001年にハイデルベルクで開かれた国際学術フォーラムにおいて、自然科学と神学の分野から第一級の学者チームが集められ、「復活」問題を巡って一連の会議(カンファレンス)が開催された。それはキリスト教神学と自然科学の間の創造的対話を目的としたものであり、本書は翌年にその成果として出版された[1]。その5年ほど前には、ヨンカーズ（ニューヨーク）のダンウッディで開かれた「復活」シンポジウム[2]が学際的とは言え神学諸領域の枠内に留まっていたのに反して、この会議は「われわれが体の復活をどのように理解すべきか」という神学的問いを巡って、物理学、生物学、神経科学、哲学、聖書学、エジプト学、教会史、組織神学の諸分野からの応答がなされた文字通りの学際的研究会であった。

　本書の特色は、一つには、すでに述べたような多方面の研究領域において第一線で活躍する識者たちが、まれに見る真剣さでもって信仰と科学思想の学際的で真摯な交流を模索していることである。二つには、「復活」を巡る問題が、過去の出来事としてのイエスの復活の史実性の検証という歴史的問題として論じられるだけではなく、その終末論的展望の内に、われわれ人間一般の復活という、「死者の復活」の可能性の考察として展開されていることである。三つ目には、これらの論者たちは復活が「体を伴った」復活として考えられねばならないこと、そしてその体は世俗的な環境から分離した形では存在し得ない、と考えていることである。それゆえ、通常の科学と神学の対話とは逆方向に、「体の復活はどのように理解されるべきか」という非常に具体的な神学的問いでもって始められ、その問いを巡って自然科学者たちとの学際的対話が試みられていることである。

　本書に収集された18の論考はドイツやアメリカで活躍する、それぞれの学問分野で第一級の学者たちの手になるものである。それぞれの概要につい

---

[1] T. Peters, R. J. Russell, and M. Welker, eds., *Resurrection: Theological and Scientific Assessments* (Grand Rapids: Eerdmans, 2002).

[2] S. T. Davis, D. Kendall, and G. O'Collins, eds., *The Resurrection: An Interdisciplinary Symposium on the Resurrection of Jesus* (Oxford: Oxford University Press, 1997).

433

ては、本書「序論」の形で T. ピーターズによる紹介があるので、繰り返すことは避ける。此処ではむしろ、特色で触れたような本書の意義を個人的な関心と視点から記しておきたい[3]。

パウロがコリントの信徒に宛てた手紙Ⅰの中で「死者の復活がなければ、キリストも復活しなかったはずです。そして、キリストが復活しなかったのなら、私たちの宣教使信は空疎だし、あなた方の信仰も空疎です」と記している（Ⅰコリ 15:13-15）ように、復活信仰はそれによってキリスト教信仰が立ちも倒れもする、キリスト教信仰の中心であり、イエスの復活を主張するその証言が偽りである可能性が当初から意識され論争されていた重要な問題であった。

ところが、新約聖書学において復活の問題は、学問的（科学的）探求としての新約学の領域外の問題として、避けられる傾向が強かった。そもそも、新約聖書に記される「復活」の記事は、イエスの復活の出来事そのものについての証言ではなくて、弟子たちへの復活のイエスの顕現から演繹された出来事についての彼らの証言である。そして、その顕現でイエスが彼らに宣教を委託し、彼らを新しい生き方へと駆り立てたということは、イエスの復活の出来事が、イエスにのみ関わるのではなく、彼の信徒者たちをも包み込む出来事となった、ということであった。その意味では明らかに、イエスの復活証言は弟子たち自身の体験の解釈を含み、出来事としてのイエスの復活を弟子たちの復活信仰から分離させて語ることはできない。

それでは、復活のイエスの顕現はどのように解釈されるのか？ 弟子たちの体験は外的な現実性（リアリティ）に基づいていると考えて、歴史的信憑性を弁護する G. R. ハバーマス[4]も、それをきっぱりと否定するリューデマン[5]も新約学者の間では例外的で、大抵はその点を曖昧なままにしている。

弟子たちによるイエスの復活の体験は物理事実的に解釈すべきなのか、それとも比喩的（メタフォリカル）にかということは、これまでも論争されてはきた重要問題であるが、心理学が発達し、臨死体験などが一般的に語られる現代では、J. ヒックのように、それをアナロジーで解釈して、弟子たちの体験は、今日、彼

---

[3] 以下の論述は、拙論「復活信仰についての最近の研究を巡って」（『キリスト教学』50 号、立教大学文学部キリスト教学科紀要、2008 年、99-107 頁）の簡約である。

[4] G. R. Habermas, "Resurrection Research from 1975 to the Present: What are Critical Scholars Saying?" in *Journal for the Study of the Historical Jesus*, 3.2 (2005): 135-53.

[5] 下記の註 16 参照。

岸世界を見たと主張する臨死体験をした人々の体験に似るものであるとするか[6]、あるいは愛する者をなくした者が抱く哀悼の念になぞらえてイエスの弟子たちの心理体験として解説する試みに傾くことが目立つ[7]。しかし、それらには共通して、なぜ弟子たちがイエスの死からの復活を信じたのかという正当な問いと、イエスに起こったと彼らが信じ主張する出来事についての問いとを暗黙のうちに同一視しており、その結果、弟子たちの体験と、イエスに起こった出来事とを同等視している。だが、弟子たちがなぜイエスの復活を・信・じ・た・の・か・の問いと、何・を・信・じ・た・の・か・の問いとは、明瞭に区別しておかねばならない[8]。さもなければ、復活信仰はごく安易に、イエスは弟子たちの心の中にのみ蘇ったとか、あるいは彼の信奉者たちが生み出した思慕あるいは夢であった、という主張へと誘われていく。

ところで、弟子たちの意識であれ（S. マックファーグ[9]、佐藤　研[10]）、弟子たちによって継承続行された宣教の業であれ（R. ブルトマン、W. マルクス

6　J. Hick, *The Metaphor of God Incarnate* (London: SCM Press, 1993).（間瀬啓允、本多峰子訳『宗教多元主義への道──メタファーとして読む神の受肉』玉川大学出版部、1999年）

7　M. Goulder, "Did Jesus of Nazareth Rise from the Dead?" in S. Barton and G. Stanton, eds., *Resurrection: Essays in Honour of Leslie Houlden* (London: Society for Promoting Christian Knowledge, 1994), 5–68 はそのような心理学的解説の一例。W. Alston, *Perceiving God: The Epistemology of Religious Experience* (Ithaca: Cornell University Press, 1991) がキリスト教神秘主義における類似の宗教体験を探求している。ただし、S. Schneider, "The Resurrection of Jesus and Christian Spirituality," in M. Junker-Kenny, ed., *Christian Resources of Hope* (Dublin: Columba Press, 1995), 81–114 が神秘主義者によるイエスの幻視はイースターの顕現と同一の性質のものでないし、匹敵するだけの意義も持たない、と警告していることも指摘しておきたい。

8　G. O'Collins, "The Resurrection: The State of the Questions," in *op. cit.*（上記註2）, 5–28, 6.

9　S. McFague, *Models of God: Theology for an Ecological, Nuclear Age* (London: SCM Press, 1987), 59. 復活顕現の証言がイエスの永続的存在の意識の主張であるという見解は、J. D. クロッサンにも見いだせる（J. D. Crossan, *The Birth of Christianity: Discovering What Happened in the Years Immediately After the Execution of Jesus* [San Francisco: HarperOne, 1998], 404 他）。クロッサンは、彼が復活をメタファーと理解しているという批判を激しく退けるが、復活とはイエスの存続する、不可視的な存在の意識の象徴的表現と理解している限り、事実上、彼はそれを歴史出来事としては否定し、メタファーとして理解していると言うしかない。

10　「『復活』信仰の成立」（1998年、現在は大貫隆編著『イエス・キリストの復活──現代のアンソロジー』日本キリスト教出版局、2011年、300–312）。

セン[11])、弟子たちが「自分たちの中で」起こった現象を「イエスに」起こった現象として証言したとすれば、初代のキリスト教徒は彼らの無学を曝け出して、およそ言葉による表現の仕方を知らなかったか、彼らの間でしか通用しない独特な表現方法を用いた、と言うべきだろう。表現方法という点では、復活が蘇生ではなくて、天使的存在へと高められるという表象と、終末時における神の天使の天的世界への昇天という当時のユダヤ教黙示的イメージとの関連は無視できない[12]。

弟子の体験とイエスに起こった出来事とが同一視される所以は、復活のイエスが「現れた」出来事が、ステファノないしパウロが彼を「見た」出来事として記されているテクストの存在である（使 7:54–60、9:3–9、22:6–11、26:12–18）。それが、原始キリスト教最古の伝承の一つである第一コリント書 15:3–5 の「ケファに現れ、その後十二人に現れた」の出来事をも、弟子たちに「見られた」現象と解釈されることを許す。

1960 年代の終わり頃には、日本でも、山谷省吾が「復活は史実ではないが、真実である」と発言していた。「信仰するに至ることが奇跡だ」と言うマルクスセンには十分な説得力を持つ物言いであっただろうが、これも通常の言語感覚には言葉の遊びとしか響かない。

しかし、このような概念と（歴史的）現実との対応という真理理論の軽視に反対して、W. パネンベルクの一連の著作[13]が、復活を歴史的出来事として理解することを実に明解に主張して、賛否両論の活発な神学論争を引き起こした。もっとも、新約学の領域では彼のテーゼはさほどの影響力を持たなかった[14]。ただし、1987 年発行の、G. R. ハバーマスと A. G. N. フリューの間

---

11 W. Marxsen, *Die Auferstehung Jesu als historisches und als theologisches Problem* (Gütersloh: Gütersloher Verlagshaus Mohn, 1964); idem, *Die Auferstehung Jesu von Nazareth* (Gütersloh: Gütersloher Verlagshaus Mohn, 1968). これは、復活を十字架の有意義性の使信としたブルトマンの神学的テーゼを歴史行為として表現し直したもの、と解釈できる。

12 これをメインテーマとして取り上げた探求に、H. Cavallin, *Life After Death* (Lund: Gleerup, 1974); G. W. E. Nickelsburg, *Resurrection: Immortality and Eternal Life in Intertestamental Judaism* (Cambridge, Mass.: Harvard University, 1972); A. F. Segal, *Life After Death: A History of the Afterlife in Western Religions* (New York: Doubleday Religions, 2004); E. Puech, *La croyance des Esséniens en la vie future* (Paris: Gabalda, 1993) がある。

13 W. Pannenberg, *Offenbarung als Geschichte* (Göttingen: Vandenhoeck & Ruprecht [1961] 5. Aufl. 1982) 他。

14 C. F. D. Moule, ed., *The Significance of the Message of the Resurrection for Faith in Jesus*

で交わされた歴史的信憑性を巡るディベート[15]の報告があり、その後も歴史的事実か否かの論争は一定の間隔を置いて繰り返されている。1990年代中頃には、G. リューデマンが復活の史実性を否定する一連の著作を公表して[16]激しい論争を巻き起こし、独語圏でC. P. ティーデとのディベートが[17]、それに英語圏でもW. L. クレイグとのディベートが公刊されている[18]。さらに、J. D. クロッサンとの間でもやはり、復活が歴史的出来事か、それとも神学的な解説なのかという問いを巡って、クレイグ[19]やN. T. ライトとの論争的対決[20]が公刊されている。そのような論争は、双方の距離が縮まるというよりは、むしろ、かえって双方の立場をより先鋭化・過激化させるだけの結果に終わっているようである。

　実はこのような論争で中心的な神学的問題は、一つには顕現したイエスと彼の死体との関係をどう考えるのか、二つには、復活が蓋然性の高い歴史的出来事であるという結論が、はたして信仰的決断を正当化するのかどうか、である。

　復活顕現を巡る論争とそこでの議論を読むと、顕現体験は実は「体の復活」をどう理解するかが重要な問題として関わっていることが見えてくる。イエスが弟子たちに現れたとき、彼の死体はどこにあったと考えられていた

　　　Christ, Studies in Biblical Theology, 8 (London: SCM Press, 1968); E. Dhanis, ed., *Resurrexit* (Rome: Libreria Editrice Vaticana, 1975) 参照。後者は1970年に開催された20名の著名神学者によるローマでの復活についての国際シンポジウムの講演集。釈義的な研究である。

15　G. R. Habermas, A. G. N. Flew, and T. L. Miethe, *Did Jesus Rise from the Dead?* (San Francisco: Harper and Row, 1987). 論文のみの寄稿者も含んで5名の論文集。

16　特にG. Lüdemann, *Die Auferstehung Jesu: Historie, Erfahrung, Theologie* (Göttingen: Vandenhoeck & Ruprecht, 1994); G. Lüdemann, A. Özen, *Was mit Jesus wirklich geschah. Die Auferstehung historisch betrachtet* (Stuttgart: Radius-Verlag, 1995).

17　C. P. Thiede, G. Lüdemann, *Die Auferstehung Jesu – Fiktion oder Wirklichkeit?. Ein Streitgespräch* (Gießen: Brunnen-Verlag GmbH, 2001).

18　*Jesus' Resurrection: Fact or Figment?: A Debate Between William Lane Craig and Gerd Lüdemann*, eds. by P. Copan and R. K. Tacelli (Downers Grove, Ill.: IVP Academic, 2000).

19　W. L. Craig, *Assessing the New Testament Evidence for the Historicity of the Resurrection of Jesus* (Lewiston, NY: Edwin mellen Press, 1989); *Will the Real Jesus Please Stand Up?: A Debate between William Lane Craig and John Dominic Crossan*, ed. by Paul Copan, (Grand Rapids: Baker Publishing Group, 1997), 249–271.

20　R. B. Stewart, ed., *The Resurrection of Jesus: John Dominic Crossan and N. T. Wright in Dialogue* (Minneapolis: Fortress, 2006)（対話は16–47頁、その他8人の寄稿論文）.

のか？　その点が曖昧にされるから、顕現の実態も曖昧にされる。空っぽの墓の物語の神学的問題は、それが史実か、あるいはフィクションかではなくて、イエスの死体をどのように考えるか、ということである。イエスの死体が墓の中に横たわっていたままであるとか、あるいはイエスの死体が野犬の餌になったか野鳥についばまれたと考えるなら、弟子たちに現れたイエスをどのように難解な神学的概念と表象で解説しようと、それは弟子たちの幻想と解釈することが現代的な言語慣用に照らして正当であろう。言い換えれば、本来、復活顕現の理解は空っぽの墓の物語の理解と分離して考察することはできないはずである。

　ところが、空っぽの墓の物語こそ最古の復活証言と見なした古代キリスト教史家フォン・カンペンハウゼンは例外で、N. ペリンが指摘するほど[21] 大多数の合意とは言えないまでも、現代の新約学では伝承史的に二次的で史的信憑性がないとされているばかりか、時にマルコの編集的創作（フィクション）とさえ[22] される。そして、その起源の問いという伝承史的歴史的問いにすり替えられ、復活信仰にとっては「どうでもよい」問いとして、神学的意義を剥奪される。「体の復活」は復活問題の重要なテーマのはずであるのに、復活の考察において、イエスの死体がどうなったのかを真剣に考えることはなかった、あるいは少なくとも、この問題が現代の復活の議論の中では、これまであまり重要視されることはなかった。そのことが、復活の解説に曖昧さを残す理由であった、と訳者は考えたい。しかしここでも、C. W. Bynum, *The Resurrection of the Body in Western Christianity, 200–1336* (New York, Columbia University, 1995) の名著は、イエス自身の復活より、われわれの体の復活の概念やイメージに焦点を当てた研究ではあるが、このテーマが西洋キリスト教の歴史の中で重

21　N. Perrin, *Resurrection Narratives* (London: SCM Press, 1977), 82–3. S. T. Davis や W. L. Craig のように、その史的信憑性を熱烈に弁護する研究者は少数の例外である。

22　A. Y. Collins "The Empty Tomb in the Gospel according to Mark," *Hermes and Athena: Biblical Exegesis and Philosophical Theory*, eds. by E. Stump and T. P. Flint, (Notre Dame: University of Notre Dame, 1993), 107–37. 彼女のテーゼは 20 年ほど前の J. D. Crossan, "Empty Tomb and Absent Lord (Mark 16:1-8)," in Werner Kelber, ed., *The Passion in Mark* (Philadelphia: Fortress Press, 1974), 135–52 の仮説を、多数の主としてギリシア・ローマの資料に依拠して、展開させたものである。現在、このテーゼは R. M. Price and J. J. Lowder, *The Empty Tomb: Jesus Beyond the Grave* (Amherst, NY: Prometheus, 2005) に集められた 15 人の論文集で様々な仕方で推敲されている。

訳者あとがき

要な問題として語り継がれてきたことを想起させてくれていた。ところがこの点で、最近になって、新約学者であるN. T. ライトが800頁余の大部な著作でもってイエスの復活の歴史性を擁護し、その際に500頁の紙数を費やして、紀元2世紀に至るまでの異教、ユダヤ教および初期キリスト教において、「復活(アナスタシス)」や「起こす(エゲイロー)」および同語源の用語はほとんど例外なく「体の復活」を意味していたと議論していることに注意しておきたい。魂ないし霊の死後の生を語るときには、異教作家はそれとは異なった用語を用いている、と[23]。

これには、おそらく現代の思潮の影響もある。今日、コンピュータ・サイエンスの目覚ましい進展によって、人工頭脳学(サイバネティックス)が注目を浴びるようになると、かつてのように、復活思想の本質要素としての人格的同一性が単なる抽象的な記憶の連続では解釈しきれなくなる。それにはいきおい、「体」を伴う復活が再び強調されなければならない。

このような思潮の中で、本書のような復活へのアプローチが一流の学者によって試みられていることは大いに歓迎できることである。ポスト・モダンの論争を経て、近代科学のアプリオリな形而上学的前提が意識されるようになればなるだけ、神学理論の変更や修正のみならず、科学理論の側でも変更や修正を模索するような試みも現れる、ということであろう。そのような模索は、いまだ恐る恐るではあるが、科学者たちによっても始められている。本書は、まさしくそのような模索の一つの証である。

とは言え、われわれが本書から学ぶことは復活信仰の科学的基礎づけといった積極的な成果ではない。現代の科学的研究分野においては、何ひとつ体の復活や宇宙の新たなる創造の可能性を肯定してはいない。科学的宇宙論は如何に厳正かつ緻密な理論であろうとも、過去と現在の観察に基づいて、その延長上に宇宙の最後を予測してみせるだけである。宇宙と人間がその終末において新たに甦るはずであるとするなら、それはわれわれが過去と現在の経験から得られた知識を覆して、宇宙の創造者であるはずの神が気ままに振る舞う行為でなければならないことだろう。

23　N. T. Wright, *The Resurrection of the Son of God* (Minneapolis: Fortress, 2003), xvii–xix, 31, 71, 82–3, 200–6. なお、C. Setzer, "Resurrection of the Body in Early Judaism and Early Christianity," in *The Human Body in Death and Resurrection*, T. Nicklas, F. V. Reiterer, and J. Verheyden, eds. (Berlin/New York: Walter de Gruyter, 2009) は社会学的・修辞学的な研究で、体の復活の内容というより、その効用に焦点をあてたものであるが、「体の」復活が一貫して堅持されている点は確認している。

本書の中で、イエスの復活であれ、あるいは個々の信者に約束された新しい生であれ、著者たちはいずれも、復活が「体を持ったもの」でなければならないこと、そしてわれわれの体はこの世界の環境から分離されて存在し得ないことを仮定して議論している。神学者たちは科学者たちが復活理解に関して何事かを提案してくれると期待しているが、それが一体何なのかは依然として明瞭ではない。ただ、科学者たちもその期待に応える方向で、おずおずと問い始めている状況は読み取れる。自然科学は体の復活がどのようなものでありうるか、あるいはどのように理解すべきか、経験的知識の延長上で想像可能な様々のモデルを提供してくれる。しかし、復活信仰の正しさの保証は、科学が与えることはできない。それは結局のところ、神学的熟考のうちに為される信仰の決断によってしか得られない。そこで問われているのはまさしく、われわれのこの世の命の終わりが最後的な終わりではなく、天の楽園において復活のキリストに相まみえて彼の祝宴に与るであろうという約束を信頼するか否か、その問いに他ならない。復活信仰は究極的には神の約束を信じることからしか力を得ることはない、ということである。それが、本書全体が示唆してくれる復活信仰の本質であるように訳者には思われる。

　最後に、本書の翻訳について手短に触れておきたい。まず第一に、本書の翻訳は、キリスト教神学を専攻する訳者の専門外の分野に関わる論文に関して、それぞれの専門領域の識者による訳文の閲読とアドヴァイスなくしては完成させられなかった。そのための労を厭わず快く協力し援助の手を差し伸べてくださった元青山学院大学講師で理学博士の有田浩三氏、東京工業大学助教村井源氏、大阪府立大学名誉教授角田茂氏には、紙面を借りて心よりの感謝を表したい。

　第二に訳語についてであるが、18名の著者による論文の収集である場合、たとえ重要と思われる概念であれ、同一の原文単語を同一の日本語単語に置き換えることは不可能であるとすべきだが、いずれも同一テーマを巡るものであることを顧慮して、できる限りは統一することを試みた。その上で、訳語が異なる場合も、同じ原語であることを明示するために、ルビをふることにした。この点では、日本キリスト教団出版局の秦一紀氏が訳文を原著と丹念に照合し、全文にわたって訳語の統一を検討してくださった。秦氏の助けによって、断続的になされる翻訳ゆえに不可避的に生じる多数の恣意的な訳語の不統一は避けることができた。また、原文と訳文の丹念な照合ということでは、吉田忍氏にも大変貢献していただいた。吉田氏の指摘によって、数

多くの箇所で、不適切な学術的訳語やまた訳者の理解不足による誤訳などを取り除くことができた。両氏の並々ならぬお働きには感嘆を込めての感謝を送りたい。

なお、訳語の選択に関してであるが、rise, raise は「甦る」「甦らせる」、resurrect は「復活」と一貫して訳し分けた。ただし、自動詞と他動詞の違い以外に、概念内容としての違いを意図してのことではない。それより、person はもっと重要である。これは「個性を持った一個人としての人」を基本的な意味としており、文脈によって「個人」「個性」「人」「人格」となっている。日本語表記だと、「人格」は道徳的な含蓄が強すぎて、「人格」で押し通すことは躊躇われた。「人」とあるところではこの基本的な意味を念頭に置いていただきたい。identity も「帰属意識」「自己認識」「正体」など様々な意味を持ちうるが、ほぼ「同一性」と訳すことにした。本書の議論では基本的に、「自分が同じ自分であると認識できること」の意味で用いられているからである。

最後に、本書を訳することになった事情を語っておきたい。本書は訳者の所属教会である世田谷の祖師谷教会の読書会で読みあった書籍である。英文であったが、JICA を定年退職して求道者として「英語で聖書を読む会」に通っておられた大庭淳二兄が毎回前もって訳文を用意され、それを私小河が修正する形で読み進めた。読書会で読み終えたのは第1章だけであったが、大庭兄は関心を持続させて翻訳を続けられた。しかし、完成を見ることなく癌のために天に召された。最後に病床を見舞ったとき、「未訳の部分が少し残ってますね」という私の言葉に反応して浮かべられた残念そうな顔が忘れられない。求道者ゆえに、神学用語や内容理解で大幅な修正を余儀無くされたが、そもそもの始まりに大庭兄の下訳があることをここに明記しておきたい。訳注として補足されたコメントの大半も、兄が残されたもので、一般読者には必要なのかもしれないと考えて残すこととした。

最後の最後になったが、本書の出版を引き受けてくださった日本キリスト教団出版局出版第一課の英断と編集部の方々の寛大な援助へ衷心からの感謝を献げて、少し長すぎたあとがきを終わることにしたい。

2015年12月

小河　陽

小河　陽　おがわ・あきら

1944 年岡山県生まれ。1967 年国際基督教大学教養学部人文科学科卒業。1969 年東京大学人文科学研究科修士課程修了。1970–73 年東京大学助手。1975 年ストラスブール第二大学プロテスタント神学部博士課程修了（宗教学博士）。1989–91 年弘前学院大学文学部教授。1991–2010 年立教大学文学部キリスト教学科教授。2010–14 年関東学院大学教授。現在、関東学院学院長（2014 年〜）。

日本基督教学会、日本新約学会、国際新約学会（SNTS）所属。

著書　『イエスの言葉──その編集史的考察』（教文館、1978 年）、『マタイ福音書神学の研究──その歴史批評的考察』（同、1984 年）、『マタイによる福音書──旧約の完成者イエス』（日本キリスト教団出版局、1996 年）、『新共同訳 旧約聖書注解Ⅲ・続編注解』（同、1993 年、共著）他。

訳書　コンツェルマン『異教徒・ユダヤ教徒・キリスト教徒──ヘレニズム−ローマ時代の文献に現れる論争』（新地書房、1990 年）、コンツェルマン『新約聖書神学概論』（新教出版社、1974 年、共訳）、ローゼ『新約聖書神学概説』（日本キリスト教団出版局、1982 年）、ヘンゲル『神の子──キリスト成立の課程』（山本書店、1988 年）、ウォールバンク『ヘレニズム世界』（教文館、1988 年）、ルツ『EKK 新約聖書註解　マタイによる福音書Ⅰ－Ⅳ』（同、1990–2009 年）、『新約聖書Ⅴ　パウロの名による書簡・公同書簡・ヨハネの黙示録』（岩波書店、1996 年、共訳）、ボウカム『ヨハネ黙示録の神学』（新教出版社、2001 年）他。

T. ピーターズ、R. J. ラッセル、M. ヴェルナー編
死者の復活　神学的・科学的論考集

2016 年 2 月 22 日　初版発行　　　　　　　ⓒ 小河陽 2016

訳　者　小　河　　陽
発　行　日本キリスト教団出版局

〒169-0051　東京都新宿区西早稲田 2-3-18
電話・営業 03(3204)0422、編集 03(3204)0424
http://bp-uccj.jp

印刷・製本　精興社

ISBN 978-4-8184-0896-8　C3016　日キ販
Printed in Japan